应用型高等教育"十三五"经管类规划教材

公司理财

理论·实务·案例·实训

李园园 邹亚新 王桂莲 编著
李 贺 主审

Corporate Finance

- 项目引导
- 任务驱动
- 知识精讲
- 技能实操
- 案例跟进
- 资源配套
- 理念新颖
- 贴近实际

上海财经大学出版社

图书在版编目(CIP)数据

公司理财:理论·实务·案例·实训/李园园,邹亚新,王桂莲编著.
—上海:上海财经大学出版社,2018.3
(应用型高等教育"十三五"经管类规划教材)
ISBN 978-7-5642-2911-5/F·2911

Ⅰ.①公… Ⅱ.①李…②邹…③王… Ⅲ.①公司-财务管理-高等学校-教材 Ⅳ.①F276.6

中国版本图书馆 CIP 数据核字(2017)第 328576 号

□ 策　　划　台啸天
□ 责任编辑　台啸天
□ 封面设计　张克瑶
□ 联系信箱　404485100@qq.com

GONGSI LICAI
公司理财
理论·实务·案例·实训

李园园　邹亚新　王桂莲　编著
李　贺　主审

上海财经大学出版社出版发行
(上海市中山北一路 369 号　邮编 200083)
网　　址:http://www.sufep.com
电子邮箱:webmaster @ sufep.com
全国新华书店经销
上海华业装璜印刷厂有限公司印刷装订
2018 年 3 月第 1 版　2024 年 7 月第 2 次印刷

787mm×1092mm　1/16　22.75 印张　568 千字
印数:4 001—4 110　定价:46.00 元

前言

面对高速发展的信息技术，瞬息万变的市场环境，公司理财的魅力越发显现，如何使公司理财顺应时代发展的潮流，如何对公司的各种资源进行优化配置和综合管理以提高公司价值，已成为理论界和实务界共同关注的热点话题。

本教材的编写围绕着应用技能型职业教育人才培养目标和培养模式，以创新创业为导向，以与公司理财实际工作有关的岗位为核心，按照高等职业和应用技能型学生的认知特点，让学生在完成具体项目、任务的过程中构建相关理论知识框架，并形成职业素养，培养职业能力。在教材的内容上结合了目前最新的理论动向和大量的实际案例，在表述上力求语言平实，使得纯理论的内容变得生动有趣、通俗易懂、层次分明。实务部分萃选精华，深入浅出，使学生更容易掌握公司理财的最新知识。

全书共涵盖 9 个项目，37 个任务。在结构安排上，尽可能考虑到财经类和管理类专业的不同层次需求，每一个项目都有【学习目标】【项目引例】【知识支撑】；内容上含有【实例】；课后编排了【关键术语】【应知考核】【应会考核】【项目实训】。使学生在学习每一项目内容时做到有的放矢，增强学习效果；应知应会练习对学生所学习的知识的巩固加深大有裨益，同时案例、实训又使学员加深对公司理财理论与实务的理解，学会在实际工作中把基本的理论和实务应用技巧赋予实践。本书具有以下特点。

1. 结构合理，体系规范。本书针对高等职业和应用技能型院校财经类和管理类课程的特点，将内容庞杂的公司理财基础知识系统性地呈现出来，力求做到理论知识必需、够用，体系科学规范，内容简明实用，帮助学生为今后从事相关工作打下基础。

2. 内容求新，突出应用。本书从高等职业和应用技能型院校教育教学规律出发，与实际接轨，介绍了最新的公司理财理论知识和案例，在注重公司理财必要的理论的同时，强调公司理财实务基本技能的应用；主要引导学生“学中做”和“做中学”，一边学理论，一边将理论知识加以应用，实现理论和实训一体化，在课后的应知考核和应会考核、项目实训中得以体现。

3. 栏目丰富，形式生动。本书栏目形式丰富多样，每个项目设有知识目标、能力目标、素质目标、项目引例、应知考核、应会考核、项目实训等栏目，丰富了教材内容与知识体系，也为教师更好地教学和学生更好地掌握知识内容提供了首尾呼应、层层递进的可操作的教学方法。

4. 案例跟进，资源配套。为了配合课堂教学，我们设计制作了教师课件、习题参考答案、课程教学大纲、配套习题、模拟试卷等，并充分发挥网络课程资源的作用，探索课堂教学和网络教育有机结合的新途径，需要者可以登录 http://www.sufep.com/，在教学资源中下载，或者与责任编辑联系，电话：021－65904195、邮箱：404485100@qq.com。

本教材适合高等职业和应用技能型教育层次的金融学、会计学、财务管理、审计、资产评估、国际经济与贸易、市场营销、工商管理等专业方向的学生使用，同时也可作为专升本层次学生考试的辅助教材。

本教材由李园园、邹亚新、王桂莲编著，李贺主审。赵昂、李明明、李虹、美荣、李林海、王玉春、李洪福七人负责全书本套教学资源包的制作以及写作中的资料收集工作。本书在编写过程中，参阅了参考文献中所涉及作者的教材、著作，同时得到了上海财经大学出版社的大力支持，在这里一并表示衷心的感谢！由于编写时间仓促，加之编者水平有限，本教材难免存在一些不足之处，恳请专家、学者批评指正，以便改进与完善。

编　者

2017 年 9 月

大　连

目录

项目一　公司理财概述

学习目标

知识目标

理解:企业组织形式、公司理财的概念;

熟知:公司理财目标的协调、公司理财的原则、公司理财的环境;

掌握:公司理财的内容、公司理财的基本环节与方法、公司财务关系与公司理财目标、公司理财的具体目标。

能力目标

能够对公司的理财活动进行分析,具备分析问题和解决问题的能力。

素质目标

能够结合企业实际组织财务活动,进行公司理财。

项目引例

无锡尚德的失败引发的理财思考

无锡尚德太阳能电力有限公司(以下简称无锡尚德)是2001年成立的一家光伏产业高新技术企业。当时,全世界光伏产业蓬勃发展,无锡尚德主要创始人施正荣先生对技术非常重视,使公司在短短的几年内就占据了市场竞争的有利位置,并将其产业推广到世界各地。2005年,经过股权重整,新成立的尚德电力于纽约证券交易所上市交易,成为中国第一个在纽约证券交易所上市的民营企业。

在经历了2004~2010年的跨越式发展后,无锡尚德在2011年却遇到了巨大的发展阻碍。有产业发展形势逆转、海外市场保护主义干预等外界因素,也有其自身原因。经过分析,我们不难发现其理财方面的失败之处,比如巨额贷款无法偿还、过度投资引发效率下降,甚至有涉及金融诈骗的融资行为。在一系列负面消息的裹挟下,无锡尚德于2013年3月被当地法院宣判破产重组,它的辉煌历史仅仅持续了10余年。

分析讨论:

公司理财应该树立何种目标?应该坚持怎样的原则?公司理财又应该承担何种职能?

知识支撑

任务一　企业组织形式

企业作为社会基本经济单元,有着多种属性与复杂形态。按照企业财产的组织形式,可以分为三种基本的企业形态:个人业主制企业(private business system)、合伙制企业(cooperative business system)和公司制企业(company system)。个人业主制企业和合伙制企业在法律上均属于自然人企业,公司制企业属于法人企业。

一、个人业主制企业

个人业主制企业又称独资企业或个体企业,是最简单的企业形式,也是企业组织的最初形式和古典形态,它是由业主个人出资兴办并由业主自己经营的企业。业主个人拥有企业的全部资产,完全自主经营,享有全部经营所得,同时个人以全部资产对企业承担无限责任。这种企业易于组建,不需要正式的章程,不需要支付企业所得税。企业的规模一般较小,其优点是经营方式灵活,决策迅速;缺点是难以从事大规模的经营活动。这种企业组织形式适合于中小企业,如小型零售商店、家庭农场、服务行业等。律师、医生、会计师等也多采取这种形式。

二、合伙制企业

合伙制企业是指由两个或两个以上的业主共同出资、共同拥有、共同经营的企业。合伙制企业有一般合伙制企业和有限合伙制企业两种。在一般合伙制企业中,所有合伙人按照他们对企业的出资比例分享利润或分担亏损。同时,所有合伙人均承担无限责任,包括对其他合伙人的行动负无限责任。在有限合伙制企业中,只有一个业主是一般合伙人,其余为有限合伙人,有限合伙人不参与企业管理。合伙制企业本身不缴纳企业所得税,其收益直接分配给合伙人。合伙制企业规模较小,其优点是比个人业主制企业具有更强的筹资能力和信誉度;缺点是重大决策需要得到所有合伙人同意,容易造成决策延误和差错,而且由于负连带无限清偿责任,增加了合伙人的风险。

三、公司制企业

公司制企业是指由若干所有者以认购股份的形式出资、联合组成并按出资比例进行收益分配、具有独立法人地位的企业。公司制的核心内容是公司法人制度,即企业有自己独立的财产,可以独立承担经济责任,同时享有相应的民事权利。与个人业主制企业和合伙制企业相比,公司制企业的优点是:第一,有限责任。股东对企业承担的责任仅限于其股份,如果企业破产,股东最多损失其投资。第二,无限存续期。股份公司的法人地位不受某些股东死亡或转让股份的影响,即使原有的股东撤出,公司可继续经营。第三,易于获得外部资金来源。因其永久性及借款或增股的能力,股份公司具有较大的筹资弹性。

公司制企业是一个集合范畴,它包括无限责任公司、有限责任公司、两合公司、股份两合公司、股份有限公司五种组织形式。其中有限责任公司和股份有限公司是现代公司制企业最主要的形式。

公司理财是公司经营管理的重要组成部分，而股份公司是现代公司最典型的组织形式。为了更好地理解公司理财的内容与特点，了解和掌握有关股份公司的基本知识是十分必要的。

(一)股份公司的基本形式

股份公司又称股份制公司，是指全部注册资本由股东共同出资，并以股份形式构成的公司，包括有限责任公司和股份有限公司两种形式。

1. 有限责任公司

有限责任公司是依据有关法律组建，由股东共同出资，每个股东以其所认缴的出资额为限对公司承担责任，公司以其全部资产对其债务承担责任的公司法人。

有限责任公司的特点如下所述。

(1)股东所负债务责任以其出资额为限，是典型的“资合公司”；

(2)不公开发行股票，由股东协商确定各自的出资额，公司给股东出具书面的股份权利证明；

(3)公司股份不能随意转让，如需转让必须通过全体股东同意，现有股东对被转让股份具有优先认购权，公司股东通常直接参与公司的经营管理；

(4)组建程序相对简单，是一种重要的资本联合形式，这类公司在各国占有较大比例。

2. 股份有限公司

股份有限公司是依据有关法律组建，其全部注册资本由等额股份构成并通过发行股票来筹集，股东以其所认购的股份对公司承担有限责任，公司以其全部资产对公司债务承担责任的公司法人。所发行的股票可以在证券市场上公开交易的股份有限公司称为上市公司。股份有限公司股票申请上市须符合《公司法》所规定的条件，并经国务院授权的证券管理部门批准。

股份有限公司股东人数众多、资本来源广泛、经营规模大、竞争力强，是一种具有活力的现代企业组织形式，也是各国最主要、最基本的公司组织形式。股份有限公司的特点如下所述。

(1)股份有限公司是典型的“资合公司”，其全部资本被划分为若干等额的股票，由发起人全额认购(发起设立)或发起人部分认购，余额向社会公开募集。股东的债务责任仅限于其投资额，与有限责任公司相同。

(2)所有权与经营权相分离。全体股东选举管理决策机构——董事会，董事会任命的经理人员执行董事会决议，并负责公司日常事务，股东通过董事会对公司进行间接控制。

(3)股票可以在证券市场自由转让。股份有限公司在法律法规及相关政策的监管下发行股票，投资者可以在证券市场上自由买卖股票。

(二)股份公司的组成要素

1. 股票

股票是股份公司签发的，证明股东按所持股份享有权利和承担义务的书面凭证。股票在法律上具有如下特征：①反映财产权；②可以流通；③要式证券。其制作和发行必须经过有关主管机关的审核批准，并受国家严格控制和监督。此外，股票还是一种非返还证券，即持有者不能要求公司退还本金，它是一种收益与风险共存的有价证券。股票按股东享有权利和承担风险大小的不同，可分为普通股股票和优先股股票。

普通股股票是股票的一种最普遍的形式，也是一种标准型的股票。其最基本特点是持有者享有股东的一切权利和义务，是代表股东地位及其相应份额的一种股票。普通股股东有权出席股东大会并行使表决权。公司对普通股分配股利的多少视公司盈利状况而定。

优先股股票又称特别股，是一种在资产、利润方面比普通股享有优先权的股票，但优先股股东无表决权。公司对其支付的股利,是按照公司章程事先确定的股利率进行的。

2. 股份

股份是股份公司资本构成的基本单位,也是表示股东法律地位的计算单位。根据我国《公司法》规定,股份有限公司的资本总额必须平均分为金额相等的股份;有限责任公司的股份可以不均等。公司的股份按投资主体分为国家股、法人股、个人股和外资股。

国家股是有权代表国家投资的政府部门或机构以国有资产投入公司形成的股份,它一般是普通股;法人股是公司法人以其合法可支配的资产投入公司形成的股份,或具有法人资格的事业单位和社团以国家允许用于经营的资产向公司投资形成的股份;个人股是社会个人或公司内部职工以个人合法财产投入公司形成的股份;外资股是外国与我国港、澳、台等地区投资者以购买人民币特种股票形式向公司投资形成的股份。

3. 股东

股东是公司股份的持有人,是公司资本的投入者。在我国,股东可以是法人,也可以是自然人。股东按其持有股份的类别和份额享有权利,承担义务。

股东的权利主要有:①对公司管理有参与权,如出席或委托代理人出席股东大会并行使表决权,查阅公司章程、股东会议纪要和财务报告并提出建议或质询,有选举和被选举为公司董事会成员、监事会成员的权利;②对公司盈利的分配权,如按出资份额取得股利;③剩余财产分配权,如公司终止后可依法分得剩余财产等;④公司章程规定的其他权利。

股东的义务主要有:①遵守公司章程;②缴纳所认缴的出资股金;③依所持股份为限,对公司债务承担责任;④在公司办理工商登记后股东不得退股;⑤公司章程规定的其他义务。

(三)股份公司的组织机构

1. 股东大会

股东大会由全体股东组成,是公司的最高权力机构。股东大会不是代表机构或执行机构,而是决策机构公司,一切重大事项均须由它做出决策,如决定公司的经营方针和投资计划;选举和更换非由职工代表担任的董事、监事,决定有关董事、监事的报酬事项;审议批准董事会的报告;审议批准监事会或者监事的报告;审议批准公司的年度财务预算方案、决算方案;审议批准公司的利润分配方案和弥补亏损方案;对公司增加或者减少注册资本作出决议;对发行公司债券作出决议;对公司合并、分立、解散、清算或者变更公司形式作出决议;修改公司章程等。股东大会不具体执行公司业务,也不能对董事会的业务决策任意干预,它只对公司的重大问题进行决策。股东大会是定期或临时举行的,由全体股东出席的一种会议制度。

2. 董事会

董事会是公司的常设机构,向股东大会负责,它由股东大会选出的5～19位董事组成。董事是负责公司业务决策和行使经营管理权的机关或者个人,它可以是自然人,也可以是法人。董事会的首要任务是管理公司,并保护股东的权益。在管理公司方面,它执行公司的经营方针,如执行股东大会决议;制订公司发展规划、年度生产经营计划;制订公司年度财务预算、决算和利润分配方案;决定工资报酬等。此外,董事会还有权任免公司经理、财务主管人员等高级管理人员,并审定他们的工作业绩。

3. 监事会

监事会是公司经营活动的监督机构,代表股东大会对董事会及其成员和经理等管理人员行使监督职能。监事会作为公司的监督机构,其成员不得参与公司的实际管理活动。股份公司监事会的成员不得少于 3 人，董事、高级管理人员不得兼任监事。

股份公司的内部组织机构，一般应包括上述的股东大会、董事会、监事会及各职能部门，如图 1—1 所示。

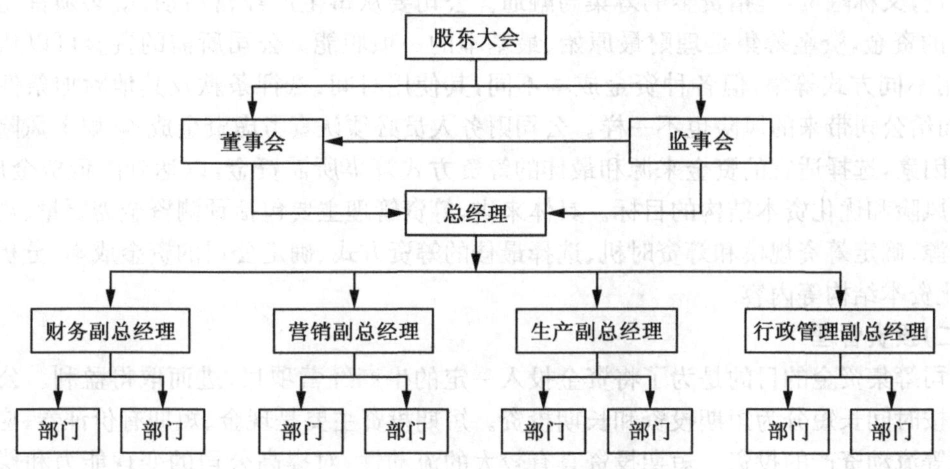

图 1—1　股份公司的内部组织机构

任务二　公司理财的主要内容

在汉语词典中，“财”是钱和物质的总称，那么，“财务”自然是指涉及钱和物质的业务。“财”或者“财务”与我们每一个人的生活都息息相关，无论是个人、家庭、企业，还是国家，其生存和发展都离不开“财”，并以各种不同的形式开展着“财务”活动，从而使不同的主体及其管理者面临各种不同的“财务”问题。一个国家、一个地区有关钱财的事务，一般称之为财政；一个企业、一个家庭有关钱财的事务，一般称之为财务。企业财务是指企业在生产经营过程中，与资金的筹集、投放和分配等有关的事务。企业对财务的管理活动就是企业理财。

公司是现代企业的主要形态，具有规模、体制、运作、监管等特点，公司的运作方式代表了现代企业发展的主要方向，公司理财的内容也涵盖了一般企业的各类理财问题。因此，现代企业的财务管理都以公司为出发点，分析和论述也从公司理财的角度展开。

在本书的叙述中，公司和企业的称谓会同时出现，但企业指的也是公司制企业。

一、公司理财的概念

公司理财(Corporate Finance)又称公司财务管理，是指对公司财务活动所进行的管理。它主要是根据资金的运动规律，对公司生产经营过程中资金的筹集、使用和分配，进行预测、决策、计划、控制、核算和分析，提高资金运用效率，实现资本保值、增值的管理工作。公司理财的本质是一种价值管理活动。公司理财解决的是企业经营活动中的资金运行与管理问题。它是从微观的角度去分析公司的财务问题，但又不仅仅局限于企业内部从事封闭式的理财活动，而是在特定的金融环境下，密切联系金融市场和金融机构从事理财活动。

二、公司理财的内容

(一)筹资管理

筹资,又称融资,是指资金的筹集与融通。公司要从事生产经营活动,就必须首先筹集一定数量的资金,资金筹集是理财最原始、最基本的一项职能。公司所需的资金可以从不同来源,利用不同方式筹集,但各种资金成本不同,其使用时间、抵押条款及其他附加条件也不一样,从而给公司带来的风险也不一样。公司财务人员必须认真考虑资金成本、财务风险和资本结构等因素,选择适宜的资金来源和最佳的筹资方式筹集所需资金,以达到降低资金成本、减少财务风险和优化资本结构的目标。具体来讲,筹资管理主要包括预测资金需要量、规划公司资金来源、确定筹资规模和筹资时机、选择最佳的筹资方式、确定公司的资金成本、分析财务风险、优化资本结构等内容。

(二)投资管理

公司筹集资金的目的是为了将资金投入一定的生产经营项目,进而取得盈利。公司的投资活动按时间长短分为短期投资和长期投资。短期投资主要是现金、短期有价证券、应收账款和存货等流动资产的投资。短期投资具有较大的流动性,对提高公司的变现能力和偿债能力有利。但短期投资盈利能力较差,公司如果将资金过多投资于流动资产,很可能会减少公司盈利。长期投资是固定资产和长期有价证券等资产上的投资,其中主要是指固定资产投资。与短期投资相比,长期投资的盈利能力大,但其风险也大。理财人员在进行投资决策时,要在充分考虑投资项目的成本、风险和收益的基础上,运用投资决策的专门方法,对投资项目作出评价,从而决定进行短期投资还是长期投资、固定资产投资还是证券投资,并进一步确定投资项目或企业。具体来说,投资管理主要包括预测公司的投资规模和投资时机、确定公司的投资结构、研究公司的投资环境、评价投资项目的经济效果、选择最佳投资方案等内容。

(三)营运资金管理

营运资金是指公司在生产经营活动中占用的流动资产上的资金。营运资金有广义和狭义之分,广义的营运资金又称毛营运资金,是指公司流动资产的总额;狭义的营运资金又称净营运资金,是指公司流动资产扣除流动负债后的余额。营运资金在公司全部资金中占有相当大的比重,且具有周转的短期性、实物形态的易变性、数量的波动性和来源的灵活多样性等特点。因此,营运资金管理是公司理财的一项重要内容。实证研究也表明,公司财务经理的大量时间都用在营运资金的管理上。营运资金管理的主要内容包括:根据公司生产经营状况合理确定营运资金的需要量、挖掘潜力、节约使用资金、加速营运资金周转、提高资金使用效果、合理安排流动资产与流动负债的比例,以保证公司有足够的短期偿债能力等。

三、公司理财的基本环节与方法

按管理学的基本原理和公司理财的主要内容,公司理财的方法体系应由财务预测、财务决策、财务计划、财务控制和财务分析等五个环节构成。

(一)财务预测

财务预测是指利用公司过去的财务活动资料,结合市场变动情况,对公司未来财务活动的发展趋势作出科学的预计和测量,以便把握未来,明确方向,为财务决策服务。

财务预测的内容涉及企业资本运作活动的全过程,一般包括流动资产需要量的预测、固定资产需要量的预测、成本费用预测、销售收入预测、利润总额与分配预测及长短期投资预测等。

财务预测的一般程序是：①明确预测目标；②收集整理资料；③建立模型进行初步预测；④论证预测结果。

财务预测的方法包括定性预测方法和定量预测方法两大类。定性预测方法是由几位熟悉情况和业务的专职人员，根据过去的经验和专业知识，各自进行分析、判断，提出初步预测意见，然后通过一定的形式（如座谈会、讨论会、咨询调查、征求意见等）进行综合意见，并将其作为预测未来的依据。定量预测方法主要依据历史的和现实的资料，建立数学模型，进行定量预测。常见的财务预测模型有因果关系预测模型、时间序列预测模型、回归分析预测模型等。以上两类财务预测方法并不是相互排斥的，在进行预测时，应当将它们结合起来，互相补充，以便提高预测的质量。

（二）财务决策

财务决策是指在财务目标的总体要求下，选择和确定最佳财务方案的过程。在市场经济条件下，公司理财的核心是财务决策。

财务决策的内容非常广泛，一般包括筹资决策、投资决策、股利决策和其他决策。筹资决策主要解决如何以最小的资本成本取得企业所需要的资本，并保持合理的资本结构，包括确定筹资渠道和方式、筹资数量与时间、筹资结构比例关系等；投资决策主要解决投资对象、投资数量、投资时间、投资方式和投资结构的优化选择问题；股利决策主要解决股利的合理分配问题，包括确定股利支付比率、支付时间、支付数额等；其他决策包括企业兼并与收购决策、企业破产与重组决策等。

财务决策的基本程序是：①确定决策目标；②提出实施方案；③评价选择方案。

财务决策的技术方法有确定性决策方法、不确定性决策方法和风险决策方法三类。决策树法、决策表法、大中取小法、小中取大法、对比法、综合平衡法等都是常用的决策方法。

（三）财务计划

财务计划是将财务决策提供的目标和确定的方案形成各种主要计划指标，拟定指标完成措施的过程，是财务决策的具体化。财务计划也是落实企业经营目标和保证措施的重要工具。企业编制的财务计划主要包括筹资计划、固定资产增减和折旧计划、流动资产及其周转计划、成本费用计划、利润和分配计划、对外投资计划等。财务计划的编制要做到科学、先进，力求反映企业的实际和客观经济规律的要求。

财务计划的一般程序是：①制订计划指标；②提出保证措施；③具体编制计划。

编制财务计划的方法有平衡法、余额法、限额法等，其中平衡法有时期平衡法和时点平衡法。

应当注意的是，在企业实践中，财务计划常常以财务预算的形式表现出来。财务预算是一系列专门反映企业在未来一定预算期内预计财务状况、经营成果及现金收支等价值指标的各种预算活动的总称。财务预算是企业全面预算体系的重要组成部分。企业全面预算体系包括特种决策预算、日常业务预算和财务预算三大类。特种决策预算最能直接体现决策结果，是优选方案的进一步规划，如资本支出预算；日常业务预算是与企业日常经营业务直接相关的预算，如销售预算、生产预算、直接材料预算、直接人工预算、制造费用预算、产品生产成本预算、销售及管理费用预算等；财务预算以价值形式、综合反映企业特种决策预算和日常业务预算的结果，也称为总预算，包括现金预算、预计资产负债表、预计损益表、预计现金流量表。

(四)财务控制

财务计划的执行要依靠财务控制。财务控制就是依据财务计划目标,按照一定的程序和方式,发现实际偏差与纠正偏差,确保企业及其内部机构和人员全面实现财务计划目标的过程。在企业经济控制系统中,财务控制是一种连续性、系统性和综合性最强的控制,也是财务管理经常进行的工作。

财务控制从不同的角度分析有不同的分类,从而形成了不同的控制内容、控制方式和方法。按控制的时间分为事前控制、事中控制和事后控制;按控制的依据分为预算控制和制度控制;按控制的对象分为收支控制和现金控制;按控制的手段分为绝对数控制和相对数控制。财务控制是由确定控制目标、建立控制系统、信息传递和反馈、纠正实际偏差所组成的一个完整的控制体系。

(五)财务分析

财务分析是以企业会计报表信息为主要依据,运用专门的分析方法,对企业财务状况和经营成果进行解释和评价,以便于投资者、债权人、管理者及其他信息使用者作出正确的经济决策。

财务分析的目的不同,分析的侧重点也不同。一般而言,财务分析的主要内容如下。

1. 偿债能力分析。企业偿债能力分析包括短期偿债能力分析和长期偿债能力分析。短期偿债能力分析主要分析企业债务能否及时偿还;长期偿债能力分析主要分析企业资产对债务本金的支持程度和对债务利息的偿付能力。

2. 营运能力分析。营运能力分析既要从资金周转期的角度来评价企业经营活动量的大小和资产利用效率的高低,又要从资产结构的角度来分析企业资产构成的合理性。

3. 盈利能力分析。盈利能力分析主要分析企业营业活动和投资活动产生收益的能力,包括企业盈利水平分析、社会贡献能力分析、资本保值增值能力分析及上市公司税后利润率分析。

4. 综合财务能力分析。从总体上分析企业的综合财务实力,评价企业各项财务活动的相互联系和协调情况,揭示企业经济活动中的优势和薄弱环节,指明改进企业工作的主要方向。

财务分析常用的方法有对比分析法、因素分析法、趋势分析法和比率分析法。财务分析依据的资料主要是企业编制的财务报告。

任务三　公司财务关系与公司理财目标

一、公司财务关系

公司在资金的筹集、投放和使用、分配的过程中,与内外各方面形成了不同的联系。公司财务关系,是指公司在组织财务活动过程中与有关方面发生的经济联系,这种联系很广泛,主要可以概括为以下几个方面。

(一)公司与投资者之间的财务关系

公司与投资者之间的财务关系是指公司的投资者向公司投入资金,获得公司所有权,公司向其投资者支付投资报酬所形成的经济利益关系。公司与投资者的这种财务关系实际上体现了经营权与所有权的关系。公司的投资者必须按照投资合同、协议和章程的约定履行出资义务，以形成公司的资本金；公司在利用资本金进行经营并获得利润后，应按照合同、协议或章程的规定向其投资者分配利润。公司与投资者之间的财务关系体现为所有权性质的被投资与投资的关系。

(二)公司与债权人之间的财务关系

公司与债权人之间的财务关系是指公司向债权人借入资金，并按借款合同的规定按时支付利息、归还本金所形成的经济利益关系。公司在经营过程中，投资者投入的资本不能满足公司需要时，就需要从债权人那里借入一定数量的债务资金，债务资金可以降低公司的筹资成本。公司的债权人主要包括本公司债券持有人、银行等金融机构、供应商及其他出借资金给公司的单位或个人。公司使用债权人的资金，必须按合同的约定及时向债权人支付利息并归还本金，否则会对公司的信用造成不良影响。由此可见，公司与债权人之间的财务关系在性质上属于债务与债权关系。

(三)公司与债务人之间的财务关系

公司与债务人之间的财务关系是指公司以购买债券、提供借款或商业信用等形式，将资金出借给其他公司所形成的经济利益关系。公司将资金出借后，有权要求债务人按借款合同的约定按时支付利息、归还本金。公司与债务人之间的财务关系体现的是债权与债务关系。

(四)公司与政府之间的财务关系

公司与政府之间的财务关系体现在：政府作为社会管理者，行使国家行政管理职能，维持社会秩序、保障国家安全以及组织、管理和监督社会活动。因此，政府通过征收各种税金，无偿参与公司的收益分配，而公司必须依照国家税法的规定缴纳各种税款。这种经济利益关系体现的是公司与政府间强制的、无偿的分配关系。

此外，政府作为公司的投资者，通过有关授权部门或机构对公司进行投资，形成国家资本金，从而以投资者的身份参与公司的收益分配。这种经济利益关系体现的是公司与政府间所有权性质的被投资与投资的关系。

(五)公司与被投资公司之间的财务关系

投资公司与被投资公司之间的财务关系是指投资公司以直接投资或间接投资的形式向其他公司投资所形成的经济利益关系。随着市场经济的不断发展，公司经营规模和经营范围的不断扩大，公司收购或兼并其他公司和对其他公司进行参股、控股的现象越来越普遍。公司向其他公司投资，应按投资合同、协议和章程的约定履行出资义务，并根据其出资额参与被投资公司的经营管理和利润分配。公司与被投资公司之间的财务关系在性质上属于所有权性质的投资与被投资关系。

(六)公司内部各单位之间的财务关系

公司内部各单位之间的财务关系是指公司内部各部门、各单位之间在生产经营中相互提供产品或劳务所形成的经济利益关系。公司内部各部门、各单位之间既有分工又有合作，为了确认各部门、各单位创造的利益，在实行公司内部经营责任制的情况下，公司各职能部门以及各个生产单位之间相互提供产品和劳务时要求按内部转移价格进行结算，以便客观地考核和评价各部门、各单位的经营业绩。因此，公司内部各部门、各单位之间的财务关系是一种资金结算关系，体现了公司内部各部门、各单位之间的责任与经济利益关系。

(七)公司与职工之间的财务关系

公司与职工之间的财务关系是指公司向职工支付劳动报酬过程中所形成的经济利益关

系。公司职工向公司提供了劳务,公司应向职工及时足额支付工资、津贴、奖金等劳动报酬,从而实现按照职工提供劳动数量和质量对公司收入的分配。公司与职工之间的财务关系,体现了职工个人与公司在劳动成果上的分配关系。

(八)公司与供应商、公司与客户之间的财务关系

公司与供应商、公司与客户之间的财务关系主要是指公司购买供应商的商品或接受其服务,以及公司向客户销售商品或提供服务过程中形成的经济关系。

公司在生产经营活动中正确地认识和处理好与各有关方面的财务关系,可以更好地把握和处理好公司与各有关方面的经济利益关系,从而为公司的形象、信誉和发展奠定良好的基础;反之,公司对财务关系的重要性认识不足,将会使公司的生产经营活动陷于被动境地。

上述财务关系广泛存在于公司财务中,体现了公司财务管理的实质,是公司财务管理的重要内容之一。公司在实现其财务目标时需要正确处理和协调各利益相关者之间的财务关系,努力实现各种经济利益的协调和均衡。

二、公司理财的目标

(一)学术界关于公司理财的目标的观点

公司理财的目标,从总体上说,是公司经营目标在财务上的集中反映和概括。具体如何设定公司理财的目标要求如下。

1. 利润最大化

利润最大化观点来源于亚当·斯密的"经济人"假说。20 世纪 50 年代以前,此观点在西方经济理论界很流行,并据此来分析和评价公司的行为和业绩。该观点认为:企业是一个经济机构,衡量其工作效率的指标就是利润。公司理财的目标就是通过对公司财务活动的管理,不断增加公司利润,使公司利润达到最大化。

以利润最大化作为公司理财的目标,有其合理的一面。这是因为:①利润越多,公司的财富增加越多,利润最大化可以在一定程度上反映出企业经济效益的高低和对社会贡献的大小。②在市场经济条件下,资金的使用权最终将属于获利最大的公司。利润最大化是公司获取资金的最有利条件,取得资金,也就等于取得了经济资源的支配权,因此,利润最大化有利于资源的合理配置。③公司追求利润最大化,就必须讲求经济核算,加强管理,改进技术,提高劳动生产率,降低产品成本,这些都有利于经济效益的提高。

但是,以利润最大化作为公司理财的目标也存在一定的局限性,主要表现为以下方面。

首先,利润最大化没有考虑利润形成的时间,没有体现资金时间价值观念。一方面,利润最大化通常是指当期或最近几期的利润总额最大化,很难将其扩展至企业经营的较长时期。具体而言,利润最大化只适宜用作单期目标,不适宜作为多期或长期目标。例如,今年获利 100 万元和明年获利 100 万元,哪一个更符合企业的目标?不考虑资金的时间价值,就难以作出正确的判断。再如,一个投资项目是在第五年年末得到 100 000 元利润有价值,还是每年年末得到 15 000 元更有价值?答案取决于资金的时间价值,几乎没有人愿意接受 100 年后提供的哪怕是更高的回报。

其次,它没有考虑风险因素。一般来说,报酬越高,风险越高,追求利润最大化有时会忽视面临的风险。例如,同样投入 500 万元,本年获利 100 万元,一个企业获利已经全部转化为现金,另一个企业则全部是应收账款,并可能发生坏账损失。哪一个更符合企业的目标?若不考虑风险的大小，就难以作出正确判断。不考虑风险，会使财务陷入困境，甚至可能破产。此外，片面追求利润最大化必将导致企业的短视行为，即只顾实现眼前利润的最大化，而不顾企业的长远发展。如忽视产品开发、人才开发、技术装备水平、履行社会责任等；忽视公司的长远发展；忽视股东的长远利益。

再次，没有考虑所获利润和投入资本额的关系。例如，同样获得100万元利润，一个企业投入资本500万元，另一个企业投入600万元。哪一个更符合企业的目标？若不与投入的资本额联系起来，就难以作出正确判断。无法在不同时期、不同规模企业之间以利润额来比较、评价企业的经济效益。不考虑利润和投入资本额的关系，会使财务决策优先选择高投入的项目，而不利于高效率项目的选择。

最后，利润最大化不是一个很明确的概念。例如，所说的利润指的到底是短期利润还是长期利润？是税前利润还是税后利润？是经营的总利润还是分配给股东的利润？这些都不明确。例如，当年的利润意味着什么？是不是越大越好？如果是这样，那么推迟设备维护或取消其他支出性项目，不摊销有关费用，都可以提高当年利润。但这些行为都是不合理的财务行为。

可见，利润最大化的提法存在一定的片面性。所以，现代财务理论认为，利润最大化不是公司理财的最优目标。

2. 每股盈余最大化

每股盈余最大化又称资本利润率最大化，这种观点认为应当把企业的利润与股东投入的资本联系起来考察。用每股盈余或资本净利率来概括企业的理财目标，能够说明企业的盈利水平，既可以保持利润最大化目标的优点，又可以避免它的缺点。但是这种观点也存在着以下不足：①仍然没有考虑每股盈余取得的时间。②仍然没有考虑每股盈余的风险。可能导致企业不顾风险大小而一味地追求每股更多盈余。最后的结果是，企业利润虚增，资产虚估，把许多潜亏留在账上，一旦进行清产核资，潜亏变成明亏，会使企业背上沉重的财务包袱。

3. 股东财富最大化

股东财富最大化又称企业总价值最大化，是指通过企业的合理经营与财务管理，在考虑资金时间价值和风险价值的情况下，不断增加企业的财富，使企业的总价值达到最高，从而使股东财富达到最大。这种财富在表现为企业的利润之前，首先表现为企业资产的价值。以财富最大化作为公司财务管理的目标有以下优点。

(1)财富最大化目标考虑了取得报酬的时间因素，并用资金时间价值的原理进行了科学的计量。

(2)财富最大化目标能克服企业在追求利润上的短视行为。因为不仅过去和目前的利润会影响企业的价值，而且预期未来利润的多少对企业价值的影响会更大。

(3)财富最大化目标有利于社会财富的增加。各种企业都把追求财富作为自己的目标，整个社会的财富也就得到了增加。

(4)财富最大化目标科学地考虑了风险与报酬之间的联系，能有效地克服企业财务管理人员不顾风险的大小只片面追求利润的错误倾向。因此，以股东财富最大化或企业总价值最大化为公司的经营与理财目标，有利于克服管理上的片面性和短期性，对企业的生产经营和理财活动都会产生重大影响。

但是，以财富最大化作为企业财务管理的目标，也存在着如下缺陷。

(1)企业财富最大化是一个十分抽象而很难具体确定的目标。从非上市企业来看,其未来财富或价值由于既不能在日常会计核算中加以揭示,也不能依据股票价格的变动来加以显示,只能通过资产评估确定,但由于这种评估要受到某些标准或方式的影响,因而难以准确地确定。从上市企业来看,其未来财富或价值虽然可以通过股票价格的变动来直接加以显示,但由于股票价格的变动是多种因素影响的"综合结果",因而也难以被准确地确定。所以,财富最大化目标在实际工作中难以被企业管理部门和财务管理人员所掌握。

(2)从上市企业来看,由于现代企业大都采用环形持股方式,相互参股,其目的在于控股或稳定购销关系,这种股东结构对企业影响深远。事实上,由于法人股东对股票市价变动的敏感程度远不及一般个人股东,因而对股价最大化目标没有足够的兴趣,或者说,法人股东似乎并不把股价最大化作为其财务管理追求的唯一目标。

(3)企业是所有者的企业,其财富最终归所有者所有。所以财富最大化目标直接反映了企业所有者的利益,是企业所有者所期望实现的利益目标。但这就可能与其他利益主体如债权人、经理人员、内部职工等所期望实现的利益目标发生矛盾。

财富最大化目标尽管存在这些缺点,但与利润最大化目标相比较,国内学术界仍认为它是一个较为合理的财务管理目标。实际上,这与一个国家的资本市场发展状况有关,如果资本市场高度发达,市场效率很高,上市公司可以把财富最大化作为理财的目标。

4. 企业价值最大化

公司在生产经营过程中要与公司外部的各种利益主体发生不同的关系,现代企业大多是负债经营,公司所需要的资金不仅来自于投资者,还有相当一部分来自于银行及其他金融机构或债权人,如果公司将这一部分主体的利益置之度外而单纯追求股东财富最大化是不合理的。实际上,债权人与股东共同承担着公司的风险。此外,公司管理者、一般雇员也与公司的利益密切相关,如果忽视他们的利益,对于公司生产经营的顺利进行及发展无疑是不利的。

基于以上考虑,企业价值最大化的目标被提出,该观点认为:应当站在企业整体角度,追求整个企业的价值最大化。在这里,企业价值是指企业全部资产的市场价值,也就是公司资产未来预期现金流量的价值。企业价值不同于利润,它不仅包括公司新创造的价值,而且还包括公司潜在的或预期的获利能力。

以企业价值最大化作为公司财务管理的目标有以下两个优点。

(1)企业价值最大化目标具有财富最大化目标的所有优点。因为公司的价值是由两部分组成,即负债的市场价值和股票的市场价值。在公司负债水平一定的情况下,公司价值主要表现在其股票价格上,所以,公司价值与股票价格的高低直接相关。由此可以看出,企业价值最大化与股东财富最大化基本上是一致的。所以,股东财富最大化目标的那些优点,企业价值最大化目标也同样拥有。

(2)企业价值最大化目标比财富最大化目标更为合理。首先,从目标提出的视角来看,企业价值最大化是从整个企业的角度出发,这样就使公司理财的目标与公司理财的主体相统一,即两者都是从企业整体的视角来看问题的;而股东财富最大化是站在股东的角度看待各种财务行为,显然其合理性不如前者。其次,企业价值最大化目标综合考虑了企业各相关方面主体的利益,因为企业关系是多种利益关系的集合,如果忽略某一利益主体,发生的矛盾必然不利于企业的经营和财务决策。

5. 相关利益者价值最大化

相关利益者价值最大化的观点认为：企业的本质是利益相关者的契约集合体，利益相关者是所有在公司真正拥有某种形式的投资并且处于风险之中的人，包括股东、经营者、员工、债权人、顾客、供应商、竞争者以及国家等。由于契约的不完备性，使得利益相关者共同拥有企业的剩余索取权和剩余控制权，进而共同拥有企业的所有权。对所有权的拥有是利益相关者参与公司治理的基础，也是利益相关者权益得到应有保护的依据。

在利益相关者框架下，企业是一个多边关系的结合体，它不只是由单纯的股东或单一的利益相关者构成，而是由所有的利益相关者通过契约关系组成。也就是说，企业是使许多冲突目标在合约关系中实现均衡的结合点。对众多利益相关者专用性资源进行组合，其目的是获取单个组织生产所无法达到的合作盈余和组织租金。各产权主体在合作过程中，由于向企业提供了专用性资源并承担着企业的经营风险，因此都有权获得相对独立于其他利益相关者的自身利益。但是相关利益者之间的目标很多时候是冲突的，选择该目标无法消除和解决这些冲突，因而在现实中操作的难度很大。

6. 社会价值最大化

企业的主体是多元的，因而涉及社会方方面面的利益关系。为此，企业目标的实现，不能只从企业本身来考察，还必须从企业所从属的更大社会系统来规范。一方面，企业要在激烈的竞争环境中生存，必须与其周围的环境相适应，这包括与政府的关系、与员工的关系以及与社区的关系等；另一方面，企业必须承担一定的社会责任，包括解决社会就业、诚信营业、保护消费者、支持公益事业、环境保护和搞好社区建设等。社会价值最大化就是要求企业在追求企业价值最大化的同时，实现预期利益相关者的协调发展，形成企业的社会责任和经济效益间的良性循环。这一目标兼容了时间性、风险性和可持续发展性等重要特性，体现了经济效益和社会效益的统一。但是社会效益在实践中很难度量，因此选择该目标不利于公司在实践中的操作。

（二）公司理财目标的合理组合

从以上分析不难看出，从理论上讲，公司理财的目标应是“财富最大化”；但从实践上来看，由于各国的社会、政治、经济环境存在着差异，各国企业所设定的财务管理目标并非完全一致。因此，企业如果只是单纯地追求“财富最大化”这一目标，而不考虑其他因素，就会不可避免地与企业经营者、债权人等有关的其他利益主体发生矛盾与冲突，从而使其财务活动难以顺利而有效地开展。为了较好地解决这一问题，就需要对企业财务管理的目标加以合理地选择或组合，而要做到这一点，就必须综合考虑以上各方面的因素。在现代市场经济条件下，企业理财的目标，从其实现的客观效果来看可由以下三部分构成：

(1)提高效益目标。即在提高企业经济效益，确保企业资本保值与增值的同时，也注重讲求社会效益，履行社会责任。从资本保全、资本保值与增值、利润和经济效益四者的关系来看，提高经济效益是关键，是核心。因为没有经济效益，就没有利润；没有利润，就没有资本保值与增值；没有资本保值与增值，就没有资本保全。

(2)提高“三个能力”目标。即科学而有效地组织企业财务活动，不断提高企业的营运能力、偿债能力和盈利能力。其中，营运能力是指企业根据外部市场环境的变化，合理配置各项生产要素的能力，它对盈利能力的持续增长和偿债能力的不断提高均有着决定性的影响；偿债能力是指企业偿还各种到期债务的能力；盈利能力是指企业赚取利润的能力。企业的所有者、债权人、经营者等有关方面都十分重视企业的这三个职能。企业只有具备了这三个能力，才能在市场竞争中立于不败之地。

(3)维护利益目标。即正确地处理与协调企业与各方面的财务关系,维护它们的合法利益。

上述三个目标的关系是:要提高企业的经济效益和社会效益,就必须科学合理地组织财务活动,提高“三个能力”,也必须以各种财务关系协调发展、各方的合法利益不受损害为前提;对财务活动实施科学而有效的决策与管理,实质上是经济效益方面的决策与管理;提高“三个能力”,实质上是提高经济效益的具体能力与保证;维护各方的合法权益,实质上是使各方的经济效益和谐统一。因此,提高效益目标是企业财务管理的根本目标,而提高“三个能力”目标和维护利益目标则是企业财务管理的直接目标和基本目标。

三、公司理财的具体目标

公司理财作为一项独立的管理工作,除了总体目标外,还应具有反映其自身特点的、与其他管理工作不同的具体目标,否则就失去了其独立存在的意义。公司理财的具体目标是公司各项具体财务活动所要达到的目的。公司的财务活动根据资金筹集、资金投放、资金营运和资金利润分配四个不同方面的活动,相应具有不同的管理目标。

(一)筹资管理的目标

公司为了保证生产的正常进行和扩大再生产的需要,必须具有一定数量的资金。公司的资金可以从多种渠道、用多种方式来筹集。不同来源的资金,其可使用时间的长短、附加条款的限制、资金成本的大小及资金风险的高低等都不相同。因此,公司筹资管理的具体目标是:在满足资金需要的情况下,不断降低资金成本和财务风险。

(二)投资管理的目标

投资是指公司在其所选的一定项目上进行原始垫资的财务活动。公司无论对内或对外投资都是为了获取利润,但投资可能成功,也可能失败,只要投资就会产生投资风险。因此,公司投资管理的具体目标是:认真进行投资项目的可行性研究,提高投资报酬,降低投资风险。

(三)营运资金管理的目标

营运资金管理是对企业流动资产及流动负债的管理。加强营运资金管理就是要加快现金、存货和应收账款的周转速度,尽量减少资金的过分占用,降低资金占用成本,利用相同数量的资金,生产出更多的产品,取得更多的收入,获得更多的报酬。因此,公司营运资金管理的具体目标是:合理安排和使用资金,处理资金营运过程中的不确定因素,加速资金周转速度,不断提高资金的利用效率。

(四)利润分配管理的目标

利润分配就是将公司取得的利润在公司与相关利益主体之间进行分割。这种分割涉及各利益主体经济利益的多少,涉及公司的现金流出量,从而影响公司财务的稳定性和安全性,影响公司的价值。具体而言,公司当期分配给投资者的利润较高,会提高公司的即期市场评价,但由于利润大部分被分配,公司或者即期现金不够,或者缺乏发展(或积累)资金,从而影响公司未来的市场价值。因此,公司利润分配管理的具体目标是:采取各种措施,处理利润管理过程中的不确定因素,努力提高利润水平,合理分配公司利润,从而提高公司的总价值。

四、公司理财目标的协调

将企业价值最大化目标作为企业财务管理目标的首要任务就是要协调相关利益群体的关

系，化解他们之间的利益冲突。

(一)所有者与经营者的矛盾与协调

1. 矛盾

企业经营者一般不拥有占支配权地位的股权，他们只是所有者的代理人，所有者期望经营者代表他们的利益工作，实现所有者财富最大化；而经营者则有其自身的利益考虑。对经营者来讲，他们所得到的利益来自所有者。因而，经营者和所有者的主要矛盾就是：经营者希望在提高企业价值和股东财富的同时，能更多地增加享受成本；而所有者和股东则希望以较小的享受成本支出带来更高的企业价值或股东财富。

2. 协调

为了解决这一矛盾，应采取让经营者的报酬与绩效相联系的办法，并辅之以一定的监督措施。

(1)解聘。所有者对经营者予以监督，如果经营者未能使企业价值达到最大，就解聘经营者，经营者害怕被解聘而被迫实现财务管理目标。

(2)接收。如果经营者经营决策失误、经营不力，未能采取一切有效措施使企业价值提高，该企业就可能被其他企业强行接收或吞并，相应经营者也会被解聘。因此，经营者为了避免这种接收，必须采取一切措施提高股东财富和企业价值。

(3)激励。即将经营者的报酬与其绩效挂钩，以使经营者自觉采取能提高股东财富和企业价值的措施。激励通常有两种基本方式：①"股票期权"方式。即允许经营者以约定的价格购买一定数量的本企业股票，股票的市场价格高于约定价格的部分就是经营者所得的报酬。②"绩效股"方式。即企业运用每股收益、资产收益率等指标来评价经营者的业绩，视其业绩大小给予经营者数量不等的股票作为报酬。

(二)所有者与债权人的矛盾与协调

1. 矛盾

所有者有可能要求经营者改变举债资金的原定用途，将其用于风险更高的项目，这会增大偿债的风险。若成功，额外的利润就会被所有者独享；若失败，债权人与所有者共同负担由此而造成的损失。所有者也可能未征得现有债权人同意，而要求经营者发行新债券或举借新债，致使旧债券或老债券的价值降低。

2. 协调

为协调所有者与债权人的上述矛盾，通常可采用以下方式。

(1)限制性借债。在借款合同中加入某些限制性条款，如规定借款的用途、借款的担保条款和借款的信用条件等。

(2)收回借款或停止借款。当债权人发现企业有侵蚀其债权价值的意图时，采取收回债权和不给予企业增加放款。

(三)企业目标与社会责任的矛盾与协调

1. 矛盾

企业的目标和社会的目标在许多方面是一致的。企业在追求自己目标时，自然会使社会受益。企业的目标和社会的目标也有不一致的地方。例如，企业为了获利，可能生产伪劣产品、可能不顾工人的健康和利益、可能造成环境污染、可能损害其他企业利益等。

2. 协调

股东只是社会的一部分人，他们在谋求自己利益的时候，不应当损害他人的利益。为此，国家颁布了一系列保护公众利益的法律来调节股东和社会公众的利益。

任务四　公司理财的原则

公司理财原则是指人们对财务活动共同的、理性的认识。公司的理财原则是在财务假设的基础上进行合乎逻辑的推论，并且符合大量观察和事实，被多数人所接受。公司理财原则是财务交易和财务决策的基础。

对于如何概括公司理财原则，人们的认识不完全相同。例如，有人提出了现金流转平衡、资金占用最小化、集成化、利益相关者的利益协调、风险与收益匹配等原则，有人认为理财活动应遵循系统原则、平衡原则、弹性原则、比例原则和优化原则。在众多的观点中，美国教授道格拉斯·R. 爱默瑞(Douglas R. Emery)和约翰·D. 芬尼特(John D. Finnerty)的观点具有代表性，下面主要参照他们的观点介绍三大类共 14 项理财原则。

一、竞争环境的原则

有关竞争环境的原则，是对资本市场中人的行为规律的基本认识。

(一)自利行为原则

自利行为原则是指人们在进行决策时按照自己的财务利益行事，在其他条件相同的情况下人们会选择对自己经济利益最大的行动。

自利行为原则的依据是理性理财假设。根据该假设，人们对每一项交易都会衡量其代价和利益，并且会选择对自己最有利的方案来行动。对一个企业来说，自利行为原则的意义在于：企业决策人对企业目标具有合理的认识程度，并且对如何达到目标具有合理的理解。因此，企业会采取对自己最有利的行动。

那么，现实生活中个人或企业把钱捐给慈善机构或者诚实纳税是否违背了自利行为原则呢？事实上，自利行为原则并不认为钱是任何人生活中最重要的东西，或者说钱可以代表一切。问题在于，商业交易的目的是获利，在从事商业交易时人们总是为了自身的利益作出选择和决定，否则，他们就不必从事商业交易。自利行为原则并不认为钱以外的东西都是不重要的，而是说在“其他条件都相同的情况下”，所有人都会选择对自己经济利益最大的财务交易。

自利行为原则在理财活动中有以下两个重要的应用。

第一，机会成本概念的提出。采用一个方案而放弃另一个方案时，被放弃方案的潜在收益就是被采用方案的机会成本，也称择机代价。只有当被采用方案的收益大于机会成本，这一选择才是正确的。机会成本是财务决策中必须考虑的重要问题。

第二，委托—代理理论。该理论认为，公司只是一种契约关系的法律主体，这种契约关系包括公司经理、股东、供应商、顾客、雇员及其他关系人。所有关系人都是理性人，其行为以维护自身利益为出发点，同时十分期望别人的行为也能维护自己的利益。换句话说，追求自身利益的经济代理人在作出理性行为时，知悉所有其他契约关系人的动机，并能采取措施减少其他关系人对契约违背的可能性，以保护自身利益。

(二)双方交易原则

双方交易原则是指每一项交易都至少存在两方,在一方根据自己的经济利益进行决策时,另一方也会按照自己的经济利益采取决策行动,并且双方一样聪明、勤奋和富有创造力,因此,在作出决策时要正确预见对方的反应。

双方交易原则的建立依据是商业交易至少有两方,交易是“零和博弈”以及各方都是自利的。每一项交易都有一个买方和一个卖方,这是不争的事实。无论是买方市场还是卖方市场,在已经成为事实的交易中,买进的资产和卖出的资产总是一样多。例如,在证券市场上卖出一股就一定有一股买入。既然买入的总量与卖出的总量永远一样多,那么,一个人的获利只能以另一个人的损失为基础。一个高的价格使购买人受损而卖方受益,一个低的价格使购买人受益而卖方受损,一方得到的与另一方失去的一样多,从总体上看双方收益之和等于零,故称为“零和博弈”。在“零和博弈”中,双方都按自利行为原则行事,谁都想获利而不想吃亏。那么,为什么还会成交呢?事实上这与人们的信息不对称有关。

买卖双方由于信息不对称,因而对金融证券产生不同的预期。不同的预期导致了证券买卖,高估股票价值的人买进,低估股票价值的人卖出,直到市场价格达到双方一致的预期时交易停止。如果对方不认为对自己有利,他就不会和你成交。因此,在决策时不仅要考虑自利行为原则,还要使对方有利,否则交易就无法实现。除非对方不自利或者很愚蠢,不知道自己的利益是什么,然而,这样估计商业对于本身就不明智。

双方交易原则对理财的意义如下。

第一,决策者在理解财务交易时不能“以自我为中心”,在谋求自身利益的同时,要注意对方的存在,以及对方也在遵循自利原则行事。这条原则要求我们不要总是“自以为是”,错误地认为自己优于对手,低估竞争对手可能导致失败。

第二,进行财务决策时要注意税收的影响。政府是不请自来的交易第三方,几乎所有的交易政府都要从中收取税金。由于税收的存在,使得一些交易表现为“非零和博弈”。进行财务决策时,必须考虑由于税收的存在对理财活动产生的影响,例如,确定资本成本和资本结构时应当考虑债务利息的抵税作用。

(三)信号传递原则

信号传递原则是指行动可以传递信息,并且比公司的声明更有说服力。

信号传递原则是自利行为原则的延伸。由于人们或公司是遵循自利行为原则的,所以一项资产的买进能暗示出该资产“物有所值”,买进的行为提供了有关决策者对未来的预期或计划的信息。例如,一个公司决定进入一个新领域,反映出管理者对自己公司的实力以及新领域的未来前景充满信心。

信号传递原则对理财活动的要求主要表现在以下两个方面。

第一,要求投资者根据公司的行为判断其未来的收益状况。例如,一个经常用配股的办法找股东要钱的公司,很可能自身产生现金能力较差;一个大量购买国库券的公司,很可能缺少净现值为正数的投资机会;内部持股人出售股份,常常是公司盈利能力恶化的重要信号,特别是在公司的书面报告(包括它的财务报表)与其行动不一致时,行动通常比语言更具说服力。

第二,要求公司在决策时不仅要考虑行动方案本身,还要考虑该项行动可能给人们传达的信息。在资本市场上,每个人都在利用他人交易的信息,自己交易的信息也会被别人所利用,因此,应考虑交易的信息效应。例如,在信息不对称的情况下,公司可以通过股利政策向市场传递有关公司未来盈利能力的信息，从而影响公司的股价。

（四）引导原则

引导原则又称行为原则，是指由于理解力的局限性不知道如何做对自己更有利，或者寻找最准确答案的成本过高，以至于不值得把问题完全搞清楚时，寻找一个可以信赖的榜样作为自己的引导，即直接模仿成功榜样或者大多数人的做法。例如，你在一个自己从未到过的城市寻找就餐的饭馆，不值得或者没时间调查每个饭馆的有关信息，你应当找一个顾客较多的饭馆去就餐。

引导原则是信号传递原则的一种运用。信号传递原则是说行动传递信息，而引导原则简言之就是“让我们试图使用这些信息”。

引导原则不同于“盲目模仿”。它只在两种情况下适用：一是理解存在局限性，认识能力有限，找不到最优的解决办法；二是寻找最优方案的成本过高。在这两种情况下跟随值得信任的人或者大多数人才是有利的。引导原则不会帮你找到最好的方案，却常常可以使你避免采取最差的行动。它是一个次优化准则，其最好的结果是得出近似最优的结论，最差的结果是模仿了别人的错误。这一原则虽然有潜在的问题，但是，我们经常会遇到理解力、成本或信息受到限制的情况，无法找到最优方案，这时就需要采用引导原则来解决问题。

引导原则有以下两个方面的重要应用。

第一，行业标准概念。例如，资本结构的选择问题，理论不能为公司提供最优资本结构的实用化模型，观察本行业成功企业的资本结构或者多数企业的资本结构，不要与它们的水平偏离太远，就成了资本结构决策的一种简便、有效的方法。

第二，“免费跟庄（搭便车）”概念。一个“领头人”花费资源得出一个最佳的行动方案，其他“追随者”仅仅通过模仿就获得了好处。例如，麦当劳公司做了广泛的调查研究确定其餐馆的地理位置，其他的快餐店就经常在麦当劳附近来选择它们新餐馆的位置。再如，许多小股民经常跟随“庄家”或机构投资者，以节约信息成本。当然“庄家”也会利用免费跟庄（搭便车）现象进行恶意炒作，损害小股民的利益。因此，各国的证券监管机构都禁止操纵股价的恶意炒作，以维持证券市场的公平性。

二、创造价值的原则

有关创造价值的原则是指人们对增加企业财富基本规律的认识。

（一）有价值的创意原则

有价值的创意原则，指新创意能获得额外报酬。

竞争理论认为，企业的竞争优势可以分为经营奇异性和成本领先两个方面。经营奇异性，是指产品本身、销售交货、营销渠道等客户广泛重视的方面在产业内独树一帜。任何独树一帜都来源于新的创意。创造和保持经营奇异性的企业，如果其产品溢价超过了为产品的独特性而附加的成本，它就能获得高于平均水平的利润

有价值的创意原则主要应用于直接投资项目。一个有创意的投资项目才能取得正的净现值。重复过去的投资项目或者别人已有的做法，最多只能取得平均的报酬率，维持而不是增加股东财富。新的创意迟早要被别人效仿，失去原有的优势，因此，创新的优势都是暂时的。企业长期的竞争优势，只有通过一系列短期优势才能维持。只有不断创新，才能维持经营的奇异性并不断增加股东财富。有价值的创意原则还应用于经营和销售活动。例如，一位名叫雷蒙

德·克罗克(Raymond Kroc)的人买了经营汉堡包的一个小店，通过应用连锁经营方式的创意，使得他本人和其他许多人都变得非常富有，你也许听说过雷蒙德·克罗克的连锁店——麦当劳。

(二)比较优势原则

比较优势原则是指专长能创造价值。在市场上要想赚钱必须发挥你的专长。大家都想赚钱，你凭什么能赚到钱？你必须在某一方面比别人强，并依靠你的强项来赚钱。没有比较优势的人，很难获得超出平均水平的收入；没有比较优势的企业，很难增加股东财富。

比较优势原则的依据是分工理论。让每一个人去做最适合他做的工作，让每一个企业生产最适合它生产的产品，社会的经济效益才会提高。

比较优势原则有以下两个重要的应用。

第一，"人尽其才，物尽其用"。对于某一件事情，如果有人比你做得更好，就支付报酬让他代你去做。同时，你去做比别人做得更好的事情，让别人给你支付报酬。如果每个人都去做自己能够做得最好的事情，每项工作就找到了最称职的人，就会产生经济效益。每个企业要做自己能做得最好的事情，一个国家的效率就提高了。国际贸易的基础就是每个国家生产它最能有效生产的产品和劳务，这样可以使每个国家都受益。

第二，优势互补。合资、合并、收购等，都是出于优势互补原则。一方有某种优势，如独特的生产技术，另一方有其他优势，如杰出的销售网络，两者结合便可以使各自的优势快速融合，并形成新的优势。

比较优势原则要求企业把主要精力放在自己的比较优势上，而不是日常的运行上。建立和维持自己的比较优势，是企业长期获利的根本。

(三)期权原则

期权是指不附带义务的权利，它是有经济价值的。期权原则是指在估价时要考虑期权的价值。

期权概念最初产生于金融期权交易，一个明确的期权合约通常是指按照预先约定的价格买或卖一项资产的权利，当执行该合约对合约持有人产生不利结果时，他可以不执行该合约。对持有人来说，期权不会产生负价值。

广义的期权不限于财务合约，任何不附带义务的权利都属于期权。许多资产都存在隐含的期权。例如，一个企业可以决定某个资产出售或者不出售，如果价格令人不满意就不出售，如果价格令人满意就出售。这种选择权是广泛存在的。一个投资项目，本来预期有正的净现值，因而被采纳并实施了，上马以后发现它并没有原来设想的那么好。此时，决策人不会让事情按原计划一直发展下去，而会决定方案下马或者修改方案使损失降到最低。这种后续的选择权是有价值的，它增加了项目的净现值。在评价项目时就应该考虑到后续选择权是否存在以及它的价值有多大。有时一项资产附带的期权比该资产本身更有价值。

(四)净增效益原则

净增效益原则是指财务决策建立在净增效益的基础上，一项决策的价值取决于该决策与替代方案相比所增加的净收益。一项决策的优劣是与其他可替代方案(包括维持现状而不采取行动)相比较而言的。如果一个方案的净收益大于替代方案，我们就认为它是一个比替代方案好的决策，其价值是增加的净收益。在财务决策中，净收益通常用现金流量计量，一个方案的净收益是指该方案现金流入减去现金流出的差额，也称为净现金流量。

净增效益原则在财务决策中有以下两个重要应用。

第一，差额分析法。在分析投资方案时，只分析它们有区别的部分，而省略其相同的部分。例如，在用新设备替换现有可继续使用的旧设备的决策中，只需分析使用新设备比继续使用旧设备增加的收入、成本、利润及其对税金的影响，而无须考虑继续使用旧设备本身的收入、成本、利润及税金。

第二，沉没成本概念。沉没成本是指已经发生、不会被以后的决策改变的成本。沉没成本与将要采纳的决策无关，因此，在分析决策方案时应将其排除。

(五)现金流量计量原则

现金流量计量原则是指进行财务决策时依据的是现金流量而不是利润。

现金流量是所有企业的生命之源，只有获得现金流量，企业才能偿还债务、进行投资及向股东支付股利。

现代财务管理关注现金流量而不是利润，其主要原因在于：采用现金流量有利于科学地考虑时间价值因素。科学的财务决策必须认真考虑资金的时间价值，这就要求在决策时一定要弄清每笔预期收入款项和支出款项的具体时间。而利润的计算并不考虑资金收付的时间，它是以权责发生制为基础的。要在决策中考虑时间价值的因素，就不能用利润作为评价依据，而必须采用现金流量；②采用现金流量才能使财务决策更符合客观实际情况。与现金流量相比，利润明显地存在不科学、不客观的成分。这是因为：第一，净利润的计算比现金流量的计算有更大的主观随意性。当采用不同的折旧政策、收入确认方法及其他原则时，利润数据常常会发生显著的变化。而现金流量易于计算，而且通常不会产生歧义。第二，利润反映的是某一会计期间"应计"的现金流量，而不是实际的现金流量。若以未实际收到现金的收入作为收益，具有较大风险，容易高估理财的经济效益，存在不科学、不合理的成分。

三、财务交易的原则

有关财务交易的原则，是人们对于财务交易基本规律的认识。

(一)风险—报酬权衡原则

风险—报酬权衡原则是指风险和报酬之间存在一个对等关系，投资人必须对报酬和风险作出权衡，为追求较高报酬而承担较大风险，或者为减少风险而接受较低的报酬。所谓"对等关系"，是指高收益的投资机会必然伴随巨大风险，风险小的投资机会必然只有较低的收益。

在财务交易中，当其他一切条件相同时，人们倾向于高报酬和低风险。如果两个投资机会除了报酬不同以外，其他条件(包括风险)都相同，人们会选择报酬较高的投资机会，这是自利行为原则所决定的。如果两个投资机会除了风险不同以外，其他条件(包括报酬)都相同，人们会选择风险小的投资机会，这种行为被称为风险反感。

如果人们都倾向于高报酬和低风险，而且都在按照他们自己的经济利益行事，那么，竞争结果就产生了风险和报酬之间的权衡。不可能在低风险的同时获取高报酬，因为这是每个人都想得到的。即使你最先发现了这样的机会并率先行动，别人也会迅速跟进，竞争会使报酬率降至与风险相当的水平。因此，现实的市场中只有高风险同时高报酬和低风险同时低报酬的投资机会。

如果你想有一个获得巨大收益的机会，就必须冒可能遭受巨大损失的风险，每一个市场参与者都在他的风险和报酬之间作权衡。有的人偏好高风险、高报酬，有的人偏好低风险、低报酬，但是，每个人都要求风险与报酬对等，不会去冒没有价值的风险。

（二）投资分散化原则

投资分散化原则是指不要把全部财富投资于一个公司，而要分散投资。

投资分散化原则的理论依据是投资组合理论，其主要代表人物马克维茨（Harry Markowitz）认为，若干种股票组成的投资组合，其收益是这些股票收益的加权平均数，但其风险要小于这些股票的加权平均风险，所以投资组合能降低风险。

如果一个人把他的全部财富投资于一个公司，这个公司破产了，他就失去了全部财富。如果他投资于10个公司，只有10个公司全部破产，他才会失去全部财富。10个公司全部破产的概率，比一个公司破产的概率要小得多，所以投资分散化可以降低风险。

分散化原则具有普遍意义，不仅仅适用于证券投资，公司各项决策都应注意分散化原则。不应当把公司的全部投资集中于个别项目、个别产品和个别行业；不应当把销售集中于少数客户；不应当使资源供应集中于个别供应商；重要的事情不要依赖一个人完成；重要的决策不要由一个人作出。凡是有风险的事项，都要贯彻分散化原则，以降低风险。

（三）市场估价原则

市场估价原则是指理财时要重视市场对企业的估价，企业的价值最终需要由市场来确定。根据资本市场有效假设，在资本市场上频繁交易的金融资产的市场价格反映了所有可获得的信息，而且面对新信息完全能迅速地作出调整。

资本市场就像一个巨型的信息处理器，不断地评价公司前景，并且通过调整证券价格作出相应的反应。弄虚作假、人为地改变会计方法对于公司价值的提高毫无用处。一些公司把巨大的精力和智慧放在报告信息的操纵上，通过"创造性会计处理"来提高报告利润，企图用财务报表给使用人制造幻觉，这在有效市场中是无济于事的。用资产置换、关联交易操纵利润，只能得逞于一时，最终会付出代价，甚至导致公司破产。市场对公司的评价降低时，应分析公司的行为是否出了问题并设法改进，而不应设法欺骗市场。妄图欺骗市场的人，最终会被市场所抛弃。

（四）重视投资原则

财务管理的目标是实现企业价值最大化，而能增加企业价值的只有投资。在现代资本市场中，由于竞争的存在，仅凭英明的筹资策略来创造财富存在很大的局限性。尽管成功的金融创新的确发生过，但对全部公司的筹资总量来说，也只占极小的一部分，而且由于竞争会迅速失去盈利机会，公司高层管理者应集中精力，创造和利用有利可图的投资机会，而不是想方设法去"击败市场"。公司的长期竞争优势最终取决于资产质量、员工的创造力和胜任能力，而不在于其财务策略。

强调重视投资的同时，也要求理财时慎重使用金融工具。如果资本市场是有效的，购买或出售金融工具的交易的净现值就为零。公司作为从资本市场上取得资金的一方，很难通过筹资获取正的净现值。公司的生产经营性投资带来的竞争，是在少数公司之间展开的，竞争不充分。一个公司因为它有专利权、专有技术、良好的商誉、较大的市场份额等相对优势，可以在某些直接投资中取得正的净现值。资本市场与商品市场不同，其竞争程度高、交易规模大、交易费用低、资产具有同质性，使得其有效性比商品市场要高得多。所有需要资本的公司都在寻找资本成本低的资金来源，大家都平起平坐。机会均等的竞争，使财务交易基本上是公平交易。在资本市场上，只能获得与投资风险相称的报酬，也就是与资本成本相同的报酬，很难增加股东财富。

(五)资金时间价值原则

资金时间价值原则是指在进行财务计量时要考虑资金的时间价值因素。资金时间价值是指货币在经过一定时间的投资和再投资所增加的价值。

货币具有时间价值的依据是货币投入市场后其数额会随着时间的延续而不断增加。这是一种普遍的客观经济现象。要想让投资人把钱拿出来,市场必须给他们一定的报酬。

资金时间价值原则是财务估价的基础。由于现在的 1 元货币比将来的 1 元货币经济价值大,所以不同时间的货币价值不能直接进行加减运算,需要进行折算。通常,要把不同时间的货币价值折算到“现在”时点,然后进行运算或比较。把不同时点的货币折算为“现在”时点的过程,称为“折现”,折现使用的百分率称为“折现率”,折现后的价值称为“现值”。在财务估价中,广泛使用现值计量资产的价值。

任务五　公司理财的环境

公司理财工作是在一定环境条件下进行的实践活动,环境的变化对公司理财活动会产生重大的影响,只有根据环境的变化,及时采取相应的理财政策,才能取得理想的理财结果。公司理财环境涉及范围广泛,其中最重要的是法律环境、金融环境和经济环境。

一、公司理财的法律环境

公司理财的法律环境是指公司和外部发生经济关系时所应遵守的各种法律、法规,如合同法、证券法、财产法、税法、公司法、破产法等。其中,对公司理财影响最直接、最重要的是公司法和税法。

(一)公司法

公司法对公司的设立条件、设立程序、组织机构、公司理财、会计、公司的合并和分立、公司破产、解散和清算等都做了规定,包括股东人数、法定资本的最低限额、资本的筹集方式、利润分配程序等。公司一旦成立,其生产经营管理,包括公司理财活动都要依照公司法的规定来进行。因此,公司法是公司理财最重要的强制性规范。

(二)税法

公司作为法人要履行纳税的法定义务。税负是公司的一种费用支出,会增加公司的现金流出,对公司理财有重大影响。一个税负较低情况下的最优理财决策,在税负提高后可能就会变成错误的决策。精通税务法规,对做好公司理财工作有着重要的意义。

我国税收的立法分为三大类:①所得税法规;②流转税法规;③其他地方税法规。公司理财应当严格遵守现行税收法规,绝不允许偷税漏税。

然而,在法律的约束下高效有序地谋取最大利益是公司理财的行为准则和出发点,在不违反税法的前提下,理财人员在筹资、投资和利润分配等理财活动中,通过精心安排和策划,达到降低公司税负的目的,是合理、合法的节税行为。

公司节税的基本途径主要有:①充分利用负债筹资;②采用加速折旧法和选择最低折旧年限;③对不同税收待遇的关联公司,在商品劳务交易中实行转移定价;④在税负较低的地区设立分支机构,将主要盈利项目转交分支机构投资。

二、公司理财的金融环境

金融环境的变化对公司理财有着深远的影响，理财人员必须了解金融市场，熟悉金融机构，掌握利率的变化情况，这样才能做好公司的理财工作。

(一)金融市场

金融市场是指资金供应者和资金需求者双方借助于信用工具进行交易，融通资金的场所。简而言之，是实现货币借贷和资金融通，办理各种票据和有价证券交易活动的市场。

1. 金融市场的分类

金融市场的分类可用图 1—2 来表示。

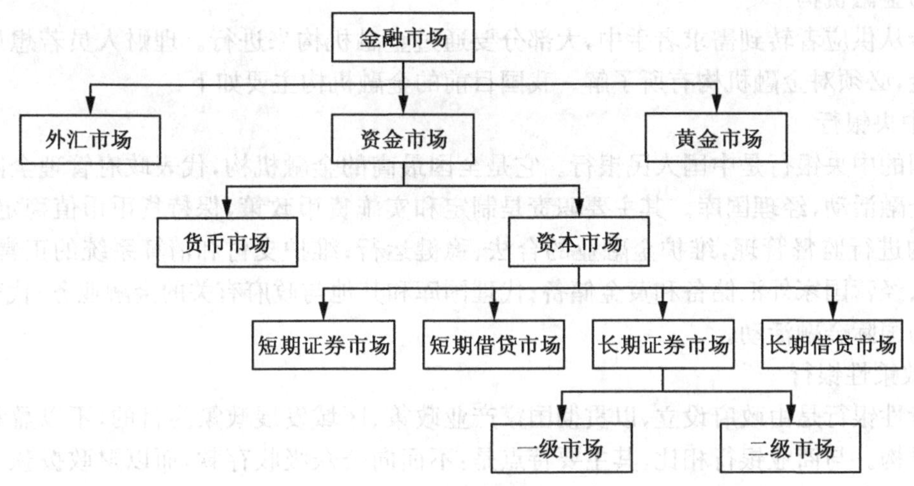

图 1—2　金融市场的分类

(1)外汇市场。外汇市场是金融市场中交易量最大的市场，它是设置在各国主要金融中心，由外汇供需双方及外汇交易的中介机构组成的进行外汇买卖的交易场所或交易网络。外汇市场主要用于满足交易者对外汇的需求。目前，世界上主要的外汇市场有伦敦、纽约、东京、苏黎世、新加坡、中国香港、法兰克福等著名的国际金融中心。

(2)资金市场。资金市场是指进行借贷资金的市场，它与公司理财关系最为密切，按融资期限长短分为货币市场和资本市场。

①货币市场通常是指融资期限在一年以内的资金交易活动市场。主要包括银行同业拆借市场、商业票据市场、可转让定期存单市场、贴现市场等，它主要是满足交易者对短期资金的需要。

②资本市场通常是指融资期限在一年以上的资金交易活动市场。主要包括长期借贷市场、长期证券市场等，也可包括短期借贷市场和短期证券市场等，它主要是满足交易者对长期资金的需求。

长期证券市场按证券交易过程分为一级市场和二级市场。一级市场是股票、债券等证券的发行市场。在一级市场上，公司通过发行股票、债券等信用工具从投资者那里取得资金。公司可以直接融资，但通常是委托银行和信托机构作证券经纪人代理发行股票和债券。二级市场又称流通市场，是各种证券买卖和转让的市场。

(3)黄金市场。黄金市场是专门经营黄金买卖的市场。黄金作为世界货币,成为人们投资和资金融通的重要媒介之一,是各国国际储备的重要组成部分。目前,世界上著名的黄金市场分布在伦敦、苏黎世、纽约、芝加哥和中国香港。

2. 金融市场的特点

(1)金融市场是以资金为交易对象的市场。金融市场是由资金的供给与需求形成的市场,资金的供需双方,通过这个市场分别达到运用和借入资金的目的。

(2)金融市场是一种抽象的市场。通常所说的市场,一般都有固定的场所,金融市场除资本市场中的证券交易所有固定的场所外,其他并无具体的场所,许多交易是通过经纪人的电信联系达成的。

(二)金融机构

资金从供应者转到需求者手中,大部分要通过金融机构来进行。理财人员若想最有效地筹集资金,必须对金融机构有所了解。我国目前的金融机构主要如下:

1. 中央银行

我国的中央银行是中国人民银行。它是全国最高的金融机构,代表政府管理全国的金融机构和金融活动,经理国库。其主要职责是制定和实施货币政策,保持货币币值稳定;依法对金融机构进行监督管理,维护金融业的合法、稳健运行;维护支付和清算系统的正常运行;持有、管理、经营国家外汇储备和黄金储备;代理国库和其他与政府有关的金融业务;代表政府从事有关的国际金融活动。

2. 政策性银行

政策性银行是由政府设立,以贯彻国家产业政策、区域发展政策为目的,不以盈利为目的的金融机构。与商业银行相比,其主要特点是:不面向公众吸收存款,而以财政拨款和发行政策性金融债券为主要资金来源;经营时主要考虑国家的整体利益和社会效益;其服务对象是对国民经济发展和社会稳定有重要意义,而商业银行出于盈利目的不愿融资的领域。一般不普遍设立分支机构,其业务由商业银行代理。我国目前有三大政策性银行,即中国农业发展银行、国家开发银行和中国进出口银行。

3. 商业银行

商业银行是以经营存款、贷款和办理转账结算为主要业务,以盈利为主要经营目标的金融公司。其主要特点是通过吸收存款以集聚资金,并把这些资金通过贷款的方式提供给资金需求者。由此把资金供应者和资金需求者联系起来,使资金供应者的资金得以利用,并使资金需求者获得资金。

我国目前的商业银行有:国有独资商业银行,如中国农业银行等;股份制商业银行,如中国银行、中国工商银行、中国建设银行、交通银行、深圳发展银行、中信实业银行、中国光大银行、城市合作银行等。此外,还有外资商业银行在我国设立的分支机构。

4. 证券经营机构

西方的证券经营机构主要指投资银行,我国的证券经营机构是证券公司,分为综合类证券公司和经纪类证券公司。综合类证券公司的主要业务是承担证券发行的承销业务,代理买卖和自营买卖已上市流通的各类有价证券,参与公司收购、兼并,充当公司理财顾问等,而经纪类证券公司只能专门从事已上市证券的代理买卖经纪业务。

证券公司在金融市场上起着重要作用:在发行市场上,通过承购、代销、助销、包销有价证券，使发行者能顺利筹措到所需资金；在交易市场上，通过代理或自营买卖有价证券，使投资者持有的有价证券能够随时变现，因而对投资者和融资者都非常方便、有利。

5. 其他金融机构

其他金融机构主要包括信托投资公司、保险公司、金融租赁公司等，其共同特点是为一定目的而集聚或筹措资金，但不立即使用或使用后还有一部分剩余，可以利用这些资金投资于各种证券。

三、公司理财的经济环境

公司理财的经济环境是指影响公司理财活动的外部经济条件，是影响理财决策的主要环境，包括宏观经济环境和微观经济环境。

(一)宏观经济环境

理财的宏观经济环境是指影响公司理财的各项宏观经济因素，如经济发展周期、通货膨胀、政府的经济政策等。公司经营的好坏在很大程度上取决于宏观经济状况。在社会经济条件较好时，大多数公司都会兴旺发达；而在社会经济条件较差时，许多公司都会出现困难局面，有的公司可能还要发生亏损甚至破产。

1. 经济发展周期

经济发展的周期性波动对公司理财有重大影响。在繁荣阶段，市场需求旺盛，销售大幅度上升，公司为了扩大生产经营，就要增加投资，增添机器设备、存货和劳动力，这就要求公司应迅速地筹集到所需资金；在衰退阶段，整个宏观环境的不景气，很有可能导致公司处于紧缩状态之中，产量和销售量下降，存货积压，投资锐减，现金流转不畅，有时资金紧缺，有时又出现资金闲置。公司理财者要对周期性波动进行预测和分析，适时调整理财策略。

2. 通货膨胀

通货膨胀引起价格的不断上升，不但对消费者极其不利，对公司理财活动的影响更为严重。这是因为：大规模的通货膨胀会引起资金占有的迅速增加，还会引起利息率的上升，增加公司的筹资数额和筹资成本；通货膨胀时期有价证券的价值不断下降，会给筹资带来相当大的困难；通货膨胀还会引起利润虚增，造成公司资本流失。公司虽然对控制通货膨胀无能为力，但对通货膨胀应有所预测，从而采取相应的措施，如采取提前购买设备和存货等办法以减少损失。

3. 政府的经济政策

政府对公司的宏观调控主要是通过一系列经济政策来进行的。有关国民经济的发展规划、国家的产业政策、经济体制改革的措施、政府的行政法规等经济政策，对公司的理财活动有重大的影响。

凡是属于国家鼓励和扶持发展的地区和行业，公司理财很可能得到某些政策上的优惠；相反，公司理财将会受到一定的限制。所以，公司在进行理财决策时，要认真研究政府的政策导向，趋利除弊。

(二)微观经济环境

理财的微观经济环境是指影响公司理财的各项微观经济因素，主要包括公司所处的市场环境、采购环境、人员环境等。

1. 市场环境

所谓市场环境，是指公司所处市场的竞争程度，它决定着公司产品的市场占有率和销售价格。市场环境按竞争程度的不同可划分为完全垄断市场、完全竞争市场、不完全竞争市场和寡头垄断市场四种。

不同的市场环境，对公司理财有着不同的影响。处于完全垄断市场的公司，一般销售都不成问题，价格波动也不会很大，公司的利润稳中有升，风险较小，公司可利用较多的负债来筹集资金；处于完全竞争市场的公司，销售被市场所左右，价格容易出现上下波动，公司利润也会随之波动，因而公司不宜过多采用负债方式筹集资金；处于不完全竞争市场和寡头垄断市场的公司，关键是要使自己的产品创出特色，创出名牌，为此需要在研究与开发上投入大量资金，相应地，就要求公司扩大筹资渠道，以满足产品创新的需要。

2. 采购环境

采购环境会影响公司物资供应的稳定性和采购价格，从而影响公司存货资金的占用。公司如果处于稳定的采购环境中，可少储备存货，减少存货占用的资金；如果处于波动的采购环境，则必须增加存货的保险储备，从而就会增加存货占用的资金。在采购价格上涨的情况下，公司应尽量提前进货，以防物价进一步上涨而遭受损失，这就要求公司在存货上投入较多的资金；反之，在采购价格下降的情况下，公司应随用随购，减少库存，以减少存货占用的资金。

3. 人员环境

公司理财实际上处理的是人与人之间的经济关系，人员环境对公司理财的影响是相当大的。这里所说的人员环境不仅指对公司理财有影响的自然人，也指法人，还包括由不同人所构成的社会。

(1)股东。股东是公司的所有者，公司对股东承担的基本责任是对股东投入的资本要保值增值。股东的意见对公司的筹资、投资和利润分配都有重大影响。

(2)债权人。债权人向公司提供负债资金，公司对债权人承担的责任是定期支付利息和到期偿还债务，如果公司不守承诺就会影响公司信誉和日后负债筹资的能力，甚至会导致公司破产。

(3)职员。公司的职员为公司生产产品或提供服务，公司应当以合理的工资待遇、良好的工作环境来满足职员的要求。对职员的激励有利于公司理财。

(4)顾客。顾客是公司的上帝，公司的成败，归根结底取决于顾客，没有顾客，公司产品的价值就不能实现，资金就不能周转。因此，公司要为顾客提供优质的产品和良好的服务，提供优惠的信用条件，为此需要公司在产品销售和应收账款方面进行相当大的投资。

(5)社会。公司承担的社会责任对公司理财也有重大影响。比如，当公司的生产造成环境污染时，公司为治理污染必须进行投资，因而对公司的资金和盈利都会产生影响。

关键术语

股份公司　公司理财　财务预测　财务决策　财务计划　财务控制　财务分析
公司理财原则

应知考核

一、单项选择题

1. 充分考虑资金的时间价值和风险与报酬的关系，保证公司长期稳定发展的理财目标是(　　)。

A. 利润最大化　　B. 每股利润最大化
C. 公司价值最大化　　D. 股东权益最大化

2. 长期借贷市场是(　　)。

A. 证券市场　　B. 资本市场　　C. 货币市场　　D. 一级市场

3. 我国制定和实施货币政策的金融机构是(　　)。

A. 中国银行　　B. 政策性银行　　C. 中国人民银行　　D. 中国工商银行

4. 在下列经济活动中，能够体现公司与其投资者之间财务关系的是(　　)。

A. 公司向国有资产投资公司交付利润　　B. 公司向国家税务机关缴纳税款
C. 公司向其他企业支付货款　　D. 公司向职工支付工资

5. 在资本市场上向投资者出售金融资产，如借款、发行股票和债券等，从而取得资金的活动是(　　)。

A. 筹资活动　　B. 投资活动　　C. 收益分配活动　　D. 资金营运活动

6. 企业与债权人之间的财务关系主要体现为(　　)。

A. 投资—收益关系　　B 债务债权关系
C. 分工协作关系　　D 债权债务关系

7. 企业价值最大化目标强调的是企业的(　　)。

A. 实际利润额　　B 实际投资利润率
C. 预期获利能力　　D 实际投入资金

8. 在下列财务管理目标中，目前通常被认为比较合理的是(　　)。

A. 产值最大化　　B. 利润最大化　　C. 企业价值最大化　　D. 每股利润最大化

9. 考虑了时间价值和风险价值因素的财务管理目标是(　　)。

A. 利润最大化　　B. 资本利润率最大化
C. 企业价值最大化　　D. 每股利润最大化

10. 协调所有者和经营者之间利益冲突的市场机制是(　　)。

A. 监督　　B. 绩效股　　C. 接受　　D. 股票期权

二、多项选择题

1. 由于(　　)，以企业价值最大化作为财务管理目标，通常被认为是一个较为合理的财务管理目标。

A. 更能揭示市场认可企业的价值　　B. 考虑了资金的时间价值
C. 考虑了投资风险价值　　D. 企业价值确定容易

2. 企业财务活动主要包括(　　)。

A. 筹资活动　　B. 投资活动　　C. 人事管理活动　　D. 分配活动

3. 企业权益性筹资方式有(　　)。

A. 吸收直接投资　B. 发行债券　C. 发行优先股　D. 发行普通股

4. 长期借款筹资的优点是(　　)。

A. 债务成本相对较低　B. 借款弹性较大

C. 筹资风险小　D. 筹资迅速

5. 优先股股东具有(　　)。

A. 优先参与公司经营管理的权利

B. 固定的股息收入

C. 优先享有资产和利润分配的权利

D. 与普通股股东同样的权利

6. 企业财务管理环境包括(　　)。

A. 经济环境　B. 法律环境　C. 税法　D. 金融环境

7. 下列各项中,可用来协调企业债权人与所有者矛盾的方法有(　　)。

A. 规定借款用途　B. 规定借款的信用条件

C. 要求提供借款担保　D. 收回借款或不再借款

8. 能够用来协调所有者与经营者之间矛盾的措施有(　　)。

A. 激励　B. 批评　C. 解聘　D. 接收

9. 下列各项中,属于企业筹资引起的财务活动有(　　)。

A. 偿还借款　B. 购买机器设备　C. 支付股票股利　D. 提取盈余公积

10. 下列各项中,属于企业财务管理金融环境内容的有(　　)。

A. 利息率　B. 公司法　C. 金融工具　D. 税收法规

三、判断题

1. 合伙企业一般无法人资格。(　　)

2. 公司制企业不一定必须有法人资格。(　　)

3. 公司制企业是整个经济生活中最重要的组成部分。(　　)

4. 合伙制企业的产权分属于股东。(　　)

5. 股东一般只对企业债务承担有限责任,即只在其出资范围内对公司债务负责。(　　)

6. 公司有两种基本形式:有限责任公司和股份有限公司。(　　)

7. 获利是公司运营的终极目标。(　　)

8. 公司价值是指未来现金流的终值。(　　)

9. 西方学者认为,企业为获得顾客和保持竞争优势,短期内甚至可能不盈利。(　　)

10. 公司价值就是指公司全部资产的市场价值。(　　)

四、简述题

1. 什么是股份有限公司?股东有哪些权利?

2. 什么是公司理财?公司理财活动的主要内容是什么?

3. 什么是理财目标?公司理财目标的选择对公司理财活动有什么影响?

4. 什么是公司理财环境?公司理财环境对公司理财活动有什么影响?

5. 简述公司理财原则。

应会考核

■ **观念应用**

【背景资料】

借鸡生蛋——海南航空的资本裂变

随着海南航空公司常务副总裁王健精神抖擞地连敲三声海航A股的开市铜锣，海航A股在沪市成功发行和上市。这标志着继海航在国际资本市场融资不断取得突破之后，在国内资本市场进行了又一次成功实践。

在普通人的眼里，1 000万元绝不是一个小数目。可是要拿这个数组建一个航空公司无异于痴人说梦，因为1 000万元连飞机的半个机翼也买不起，然而这个梦竟然在一个名叫陈锋的年轻人身上实现了。

多少年来，由于茫茫海峡的阻隔，人们一直把进出海南岛视为畏途。特别是海南建省、成为我国最大的特区后，进出岛难成为制约海南经济发展的巨大障碍。为了改变这一状况，海南省决定筹办自己的航空公司。曾在民航总局任职的陈锋受命总裁一职，组建海南航空公司。望着省政府咬紧牙关拨出的1 000万元启动资金，陈锋和他的伙伴们深感创业的艰难。

办航空公司需要巨额资金，靠当时海南的自有财力，显然没有可能。海航决策者把握时机，果断作出决策，提出实行股份制改造的设想并获得批准。于是，海航开始了资本运营的初次尝试。借助海南特区的优惠政策，1992年底到1993年初不到3个月的时间，海航人便向社会募集到了2.5亿元的股本金。凭借这笔钱，他们成功地从银行获得购买飞机所需的第一笔贷款，并在近一年的时间里，先后引进4架波音737客机，开辟了15条国内航线，并创下了当年营运当年盈利的佳绩。

在艰难中起飞的海航人，没有从初次的成功尝试中停下脚步。1993年，海航法人股在STAQ系统上市交易，把海航进一步推向了市场，成为我国民航运输业中首家法人股上市交易的企业。

谈起这段海外募股经历，总裁陈锋说："为向国际一流的空运企业目标迈进，现有的国内资金条件根本无法满足海航的需求，全世界30%的资本集中在华尔街，我们把资金渠道和美国资本市场对接，就等于接上一条输血管。"几年间，他十下华尔街，向金融大亨进行游说。为了证明海航在现代企业制度及经营管理等方面能与美国的航空企业媲美，陈锋率领下的海航人在无数轮谈判中回答了对方提出的上万个问题，备用的各种材料堆满了整个房间，最后甚至请来美国最大的航空咨询公司到海航评估，确认海航是中国一流的、最有发展前途的航空运输企业。

面对中国一个真正按国际惯例运营且前途无量的公司，华尔街的金融家们最终投下了"信任股"。1995年9月，美国航空投资有限公司以2 500万美元购买了海航的25%的股份，这是国家民航总局和外经贸部允许外资进入我国航空运输业的最大限度。这消息就像1993年海航以1 000万元的本钱创立时一样着实令中国航空界大吃一惊。谁也没想到这家起步最晚、资历最浅的地方航空公司，率先在全国的航空运输业中实现了同国际资本市场的对接。

成功地吸收国外资金，海航如虎添翼，在资本市场的运作上更加得心应手。为了优化企业的资本结构，降低负债率，1997年6月，海航B股在上海证券交易所正式上市；1998年2月海航获得了中国银行65亿元的授信额度；7月又在美国纽约成功发行1.56亿美元外债。公司资本规模进一步扩大，资产负债率降到52%。2007年10月，海航2.05亿股A股在上交所上网发行成功，募集资金9亿多元；11月底，海航A股在上交所正式上市流通。

伴随着一次次资本运作的成功，海航的规模和效益获得了可喜的发展。海航现有飞机31架，总资产超过60亿元人民币，按运输量计算，位列全国十大航空公司之一。自1993年4月投入运营至1999年10月，海航安全运送旅客累计近1 000万人次，运输总收入约55亿元，税后利润累计约6.6亿元。在未来的10年内，海航的目标是把海航迅速发展成为拥有飞机100架，资产规模达150亿元人民币的大规模现代化、国际化的航空企业集团。

【考核要求】

请讨论：

海南航空的发展历程，给了我们什么样的启示？

■ **技能应用**

汇源果汁的融资之路

作为中国果汁行业第一品牌的汇源果汁，在几次转折阶段的融资都堪称大手笔，对于其他企业具有较积极的借鉴意义。

一、第一桶金

1992年朱新礼先生创立了山东淄博汇源食品饮料有限公司，它的前身是一家负债1 100万元、停产3年的县办罐头厂。朱新礼辞官下海，接办该厂后，通过产权制度改革，并与中国香港善汇公司合资，创立了汇源公司。后来，朱新礼通过利用5年远期信用证付款和补偿贸易的方式，引进了当时非常领先的德国设备，顺利转产水果浓缩汁，并迅速打开国际市场。

二、强强联手

1994年汇源公司移师北京，成立了北京汇源饮料食品集团有限公司，开始建设顺义总厂和怀柔总厂。2001年，汇源和德隆系的屯河公司实行了资本合作。2003年，因德隆系的资金链出了问题，汇源回购了屯河公司所持股份，双方友好分手。但是汇源和屯河的合作，促进了汇源事业的快速发展，而屯河也获得了2亿元的投资回报。

三、引进跨国航母——法国达能

2006年7月，汇源集团在北京宣布，全球知名的跨国食品饮料航母——法国达能集团、世界上最大的专业直接投资公司之一的美国华平投资集团、全球三大发展银行之一的荷兰发展银行以及中国香港惠理基金共同投资中国汇源果汁控股有限公司（下称中国汇源）2亿多美元，与中国汇源建立战略合作关系。上述战略投资者共持有中国汇源35%的股份，其中，法国达能持有中国汇源22.18%股权。

四、香港IPO成功

2007年2月23日，中国汇源果汁控股有限公司在香港联交所主板成功上市，融资2.5亿美元。公开招股超额认购937倍，冻结资金2 253亿港元。按超额认购倍数和冻结资金总额排名，汇源果汁成为香港联交所有史以来的第四大和第五大新股。汇源果汁IPO（首次公开募股）发行4亿股，加上法国达能额外认购部分以及汇源果汁超额配售权的行使等，共募集资金40多亿港元。战略投资合作和成功上市，为汇源进入一个新的快速发展期奠定了雄厚的资金基础。

【技能要求】

1. 结合资料分析公司理财的目标。

2. 公司理财环境的作用是什么?

3. 为什么说汇源果汁的融资决策是成功的战略选择?

■ 案例分析

【情景与背景】

湖北武昌鱼股份有限公司对外投资公告如下。

一、对外投资概述

2012 年 8 月公司为调整资产结构,合计投入现金 1 250 万元投资设立了鄂州市武昌鱼洋澜湖渔业开发有限公司等 7 家渔业开发公司,经营范围包括水产品养殖,销售。公司均占注册资本的 100%。公司现拟以所属的洋澜湖渔场等 7 家渔场的养殖水面使用权(无形资产)作为出资分别对 7 家渔业公司进行增资,投资标的涉及金额合计 83 114 130.09 元,其中:现金 1 250 万元,无形资产 70 614 130.09 元(其中 28 857 400 元用于增资注册资本,41 756 730.09 元用于增资资本公积)。本次交易不构成关联交易。

二、投资主体的基本情况

作为本次投资主体的七个养殖湖面均没有法人资格,属于公司 100%拥有,目前除武昌鱼良种场,其他都处于对外租赁状态,每年合计租金约 220 万元。

三、投资标的的基本情况

本次公司增资的资产不存在抵押、质押或者其他第三人权利;不存在涉及重大争议、诉讼或仲裁事项、查封或者冻结等司法措施。本次被增资的公司经营范围均为:水产品养殖,销售。公司 100%出资,均占注册资本的 100%。其中现金出资的部分均为公司自有资金。

四、对外投资主要内容

公司本次对外投资累计金额 83 114 130.09 元,其中:现金 1 250 万元,无形资产 70 614 130.09 元,占上市公司最近一期经审计净资产的 37%。本次交易经公司董事会批准后,报工商报门进行工商变更手续。

五、对外投资对上市公司的影响

(一)本次对外投资的资金系公司自有资金。

(二)本次对外投资对上市公司未来财务状况和经营成果无重大影响。

六、对外投资的风险分析

(一)投资标的无财务、市场、技术、环保、项目管理、组织实施等因素可能导致的风险;

(二)投资行为可能未获得工商部门批准的风险。

湖北武昌鱼股份有限公司

2012 年 9 月 21 日

(资料来源:湖北武昌鱼股份有限公司. 湖北武昌鱼股份有限公司对外投资公告[EB/OL],东方财富网,http://data.eastmoney.com/notice/20120922/mU7hp.html。)

【分析要求】

请仔细阅读湖北武昌鱼股份有限公司对外投资公告并回答以下问题。

1. 湖北武昌鱼股份有限公司与被投资的七个养殖湖面形成何种财务关系?

2. 公司的投资所需资金从哪里获得? 简要谈谈你对筹资与投资之间关系的认识。

3. 公司投资可能会存在哪些风险?

项目实训

【实训项目】

理解和熟知公司理财

【实训情境】

2013 年 6 月，某公司发布公告称，公司的高级管理人员已于近日陆续从二级市场上购入该公司的社会公众股，平均每股购入价格为 10.40 元左右。公告还显示，购入股份最多的是该公司总经理王学超，持股数量达 28 600 股，而购入股份最少的高级管理人员也有 19 000 股。按照有关规定，上述人员只有在离职 6 个月后，才可将所购入的股份抛出。资料显示，某公司自 2011 年 3 月上市以来已经两度易主，股权几经变更。2015 年 11 月，该公司第二大股东宁波嘉源实业发展有限公司通过受让原第一大股东的股权，从而成为某公司的现任第一大股东，嘉源公司承诺所持股份在三年之内不转让。嘉源公司入主某公司之后，经过半年多的清产核资，某公司的不良资产基本上得到剥离，留下的都是比较扎实的优质资产，在此基础上，2016 年 6 月 3 日，公司董事会提出，公司的总经理、副总经理、财务负责人和董事会秘书等在 6 个月之内，必须持有一定数量的公司发行在外的社会公众股，并且如果在规定的期限内，高级管理人员没有完成上述持股要求，公司董事会将解除对其的聘任。据某公司总经理王学超介绍，此次高级管理人员持股，可以说是公司董事会的一种强制行为，目的是为了增强高级管理人员对公司发展的使命感和责任感。让高级管理人员来投资自己所管理的公司，如果公司取得好的发展，他们的资产就会增值，如果公司发展不好，也会直接影响到他们的切身利益，这样把公司高级管理人员的个人利益与公司利益紧密结合起来，有利于企业的快速健康发展。

【实训任务】

要求：完成一篇字数不少于 1 000 字的分析报告，报告中请说明以下内容。

(1)公司理财的目标是什么?

(2)公司高级管理人员持股对公司的财务管理目标会产生什么影响?

(3)请分析该公司面临的财务管理环境。

(4)如何评价该公司的高级管理人员持股?

项目二 公司理财的价值观念

学习目标

知识目标

理解：资金时间价值的概念、资金时间价值产生的条件、资金时间价值的表示；

熟知：通货膨胀的概念和影响、风险的概念及种类；

掌握：资金时间价值的计算、利息率的计量；风险的衡量和风险报酬率的计算。

能力目标

能够正确计算资金时间价值，尤其是复利现值和年金现值，正确计算风险报酬率。

素质目标

能够运用资金的时间价值观念和投资风险价值观念分析和解决实际问题的能力。

项目引例

盛宴与饥荒

风险与报酬的重与轻

假设你工作努力，已经赚得了100万元的资金，正打算进行投资。你可以购买年利率为3%的国库券，这样一年以后你能确保自己拥有103万元，即你的100万元本金与3万元利息之和。同样，你也可以购买A公司的股票。如果A公司的新产品研制成功的话，你的资金一年后可以涨到206万元。然而，如果其新产品研制失败，则该股票将使你的资金降到50万元。你认为A公司成败的机会各占一半，因此其股票预期报酬为0.5×50+0.5×206=128(万元)。

那么，比较两种投资方案，你愿意选择哪一种呢？这将完全取决于你自身的情况以及你对风险的态度。如果你只有30岁，如果你还有很多的赚钱机会，如果你喜欢冒一点险，那么很可能你会选择后者。

现在我们把条件略微改变一下，假设A公司的新产品研制失败后，其股票将变得一文不值，也就是说你会变得身无分文。这时其股票的期望报酬变为0.5×0+0.5×206=103(万元)，与购买国库券的期望报酬完全一样。那么你还会购买A公司的股票吗？

知识支撑

任务一　资金时间价值

一、资金时间价值概述

(一)资金时间价值的概念

资金时间价值是指一定量的资金在不同时点上价值量的差额,也称为货币时间价值。资金在周转过程中会随着时间的推移而发生增值,使资金在投入、收回的不同时点上价值不同,形成价值差额。

日常生活中,经常会遇到这样一种现象:一定量的资金在不同时点上具有不同价值,现在的 1 元钱比将来的 1 元钱更值钱。例如我们现在有 1 000 元存入银行,银行的年利率为 5%,一年后可得到 1 050 元,于是现在的 1 000 元与一年后的 1 050 元相等。因为这 1 000 元经过一年的时间增值了 50 元,而这增值的 50 元就是资金经过一年时间的价值。同样,企业的资金投到生产经营中,经过生产过程的不断运行,资金的不断运动,随着时间的推移,会创造新的价值,使资金得以增值。因此,一定量的资金投入生产经营或存入银行,会取得一定的利润和利息,从而产生资金的时间价值。

(二)资金时间价值产生的条件

资金时间价值产生的前提条件是:由于商品经济的高度发展和借贷关系的普遍存在,出现了资金使用权与所有权的分离,资金的所有者把资金使用权转让给使用者,使用者必须把资金增值的一部分支付给资金的所有者作为报酬,资金占用的金额越大,使用的时间越长,所有者所要求的报酬就越高。资金在周转过程中的价值增值是货币时间价值产生的根本源泉。

(三)资金时间价值的表示

资金时间价值可用绝对数(利息)和相对数(利息率)两种形式表示,通常用相对数表示。货币时间价值的实际内容是:在没有风险和没有通货膨胀条件下的社会平均资金利润率,是企业资金利润率的最低限度,也是使用资金的最低成本率。

由于资金在不同时点上具有不同的价值,不同时点上的资金就不能直接比较,必须换算到相同的时点上才能比较。因此,掌握资金时间价值的计算就很重要。我们对有关的计算符号进行规定,之后的内容中,某一符号所代表的概念如下。

1. 终值

终值是将现在的货币折合成未来某一时点的本金和利息的合计数,反映一定数量的货币在将来某个时点的价值。通常用 F 表示。

2. 现值

现值是指将将未来某一时点的一定数额的货币折合为相当于现在的本金数。现值与终值是货币在不同时点上对称。现值与终值的概念是对货币的时间价值最好的衡量方式,它反映了保持相等价值和购买力的货币在不同时点上数量的差异。通常用 P 表示。

3. 利息

利息是指在一定时期内,资金拥有人将其资金的使用权转让给借款人后得到的报酬。通常用I表示。

4. 利率(或通货膨胀率)

利率是影响货币时间价值程度的波动要素，某一度量期的实际利率是指该度量期内得到的利息金额与此度量期开始时投资的本金金额之比，实际利率其实可以看作单位本金在给定的时期上产生的利息金额。通常用字母 i 或 k 表示。

5. 时间

货币时间价值的参照系，通常用 t 表示，或用 n 表示期数。

6. 必要报酬率

必要报酬率是指进行投资所必须赚得的最低报酬率，它反映的是整个社会的平均回报水平。

7. 期望报酬率

期望报酬率是一项投资方案估计所能够达到的报酬率，它反映的是投资者心中所期望的报酬率水平。

8. 实际报酬率

实际报酬率是项目投资后实际赚得的报酬率。只有在一项投资结束之后，结合已经取得的投资效益才能够评估得出实际的报酬率水平。

二、单利

单利是指在规定期限内只计算本金部分利息，而利息部分不再计算利息，形成各期利息固定不变的一种计算方法。在我国财务管理实务中，银行一般是按照单利计算利息的。

(一)终值

所谓终值是指现在的一笔资金按单利计算的本金与利息未来的价值，又称本利和。其计算公式如下：

$$F=P+P\times i\times n=p\times(1+i\times n) \tag{2-1}$$

式中：F——终值，即本利和；

P——现值，即本金；

i——利率；

n——计息期；

公式(2—1)中的$(1+i\times n)$称为单利终值系数。

【实例2—1】 某人有一笔20 000元的借款，借期3年，年利率为8%，按单利计息，则到期应归还的本利和为多少?

解：根据题意，已知 $P=20\ 000$ 元，$i=8\%$，$n=3$ 年，则

$F=20\ 000\times(1+8\%\times3)=24\ 800$(元)

(二)现值

所谓现值，是指未来的一笔资金按单利折算的现在价值。如公司商业汇票贴现时，银行按一定利率从票据的到期值中扣除从借款至票据到期日应付利息，将余款支付给持票人。贴现时使用的利率称为贴现率，计算出的利息称为贴现息，扣除贴现息后的余额称为贴现值，即现值。其计算公式如下：

$$P=\frac{F}{(1+i\times n)} \qquad (2-2)$$

公式(2—2)中的$\frac{1}{(1+i\times n)}$称为单利现值系数。

【实例 2—2】 某公司计划在 6 年后支付一笔 100 000 元的债务，如果银行的存款利率为 10%，他现在应该一次性存入银行多少元？

解：根据题意，已知 $F=100\ 000$ 元，$i=10\%$，$n=6$ 年，则：

$P=100\ 000/(1+10\%\times 6)=62\ 500$(元)

通过以上对于一次性支付款项单利计息的终值和现值分析，可以得出以下结论：

(1)单利终值和单利现值互为逆运算；

(2)单利终值系数$(1+i\times n)$和单利现值系数$1/(1+i\times n)$互为倒数。

三、复利

复利是指不仅本金计算利息，而且将本金产生的利息计入下期本金再计算利息，即通常所说的“利滚利”。在公司财务管理理论中，资金的时间价值一般都按复利计算。

(一)终值

所谓终值是指现在的一笔资金按复利计算的本金和利息未来的价值，即未来的本利和。

假如，现在有 1 000 元，年复利率为 10%，存 5 年，则从第 1 年到第 5 年各年年末的终值如下：

第 1 年的终值：

$$F=1\ 000\times(1+10\%)=1\ 100(元)$$

第 2 年的终值：

$$F=1\ 000\times(1+10\%)\times(1+10\%)=1\ 210(元)$$

$$F=1\ 000\times(1+10\%)^2=1\ 210(元)$$

以此类推……

第 5 年的终值：

$$F=1\ 000\times(1+10\%)^5=1\ 610.5(元)$$

所以，复利终值计算公式如下：

$$F=P(1+i)^n \qquad (2-3)$$

公式(2—3)中，$(1+i)^n$ 称为复利终值系数，用符号表示为$(F/P,i,n)$；如$(F/P,10\%,5)$表示利率为 10%，5 期的复利终值系数。复利终值系数可以通过查阅“一元复利终值系数表”直接获得或运用 Excel 财务函数计算求得。

所以，复利终值计算公式可以简化为：

$$F=P\times(F/P,i,n)$$

【实例 2—3】 某企业现有资金 500 万元，假设利率为 10%，3 年后按复利计算的终值是多少万元？

解：根据题意，已知 $P=500$ 万元，$i=10\%$，$n=3$ 年，则：

$F=P\times(1+i)^n=500\times(1+10\%)^3=665.5$(万元)

或可直接查一元终值系数表，$(F/P,10\%,3)=1.331\ 0$

$F=P\times(1+i)^n=500\times 1.331\ 0=665.5$(万元)

即现有500万元，按10%复利计息，3年后将获得的本金和为665.5万元。

(二)现值

所谓现值，是指未来一定时期的资金按复利计算的现在价值，也可以理解为为了取得将来一定数额的本利和现在所需要的本金。

$$P=F\times\frac{1}{(1+i)^n}=F\times(1+i)^{-n} \tag{2-4}$$

公式(2－4)中，$\frac{1}{(1+i)}$称为复利现值系数，又称贴现系数，用符号表示为$(P/F,i,n)$，如$(P/F,5\%,4)$表示利率为5%，4期的复利现值系数。复利现值系数可以通过查阅"一元复利现值系数表"直接获得或运用Excel财务函数计算求得。

所以，复利现值计算公式可以简化为：

$$P=F\times(P/F,i,n)$$

【实例2－4】　某企业计划5年后进行设备更新，需要资金500万元，如果银行的年利息率为8%，现在应存入银行多少元？

解：根据题意，已知$F=500$万元，$n=5$年，$i=8\%$，则：

$P=F\times(1+i)^{-n}=500\times(1+8\%)^{-5}=340.3$(万元)

或可直接查一元复利现值系数表，$(P/F,8\%,5)=0.680\ 6$

$P=F\times(P/F,i,n)=500\times0.680\ 6=340.3$(万元)

即现在存入银行340.3万元，按8%计算利息，5年后的本利和恰好是500万元，企业更新设备的资金有了保障。

通过以上对于一次性支付款项复利计息的终值和现值分析，可以得出如下结论：

(1)复利终值和复利现值互为逆运算；

(2)复利终值系数$(1+i)^n$和复利现值系数$1/(1+i)^n$互为倒数。

四、普通年金

以上讨论的单利和复利都是属于一次性收付款项。在实际工作中，还存在一定时期内多次收付的款项，如直线法提取折旧、保险费、分期付款、养老金的发放、偿还贷款等业务，都是系列收付款项。在财务管理中，这些业务的计算需要采用年金的方法。

年金是指一定时期内连续发生相等金额的收付款项。年金具有连续性、等额性和间隔期相等的特点；这里的间隔期只要满足相等的条件即可。按照收付的时点和收付的次数，年金可以分为普通年金、即付年金、递延年金和永续年金几类。首先介绍普通年金，它是计算其他几种年金的基础。

普通年金是指每期期末有等额收付款项的年金，又称为后付年金，如图2－1所示。

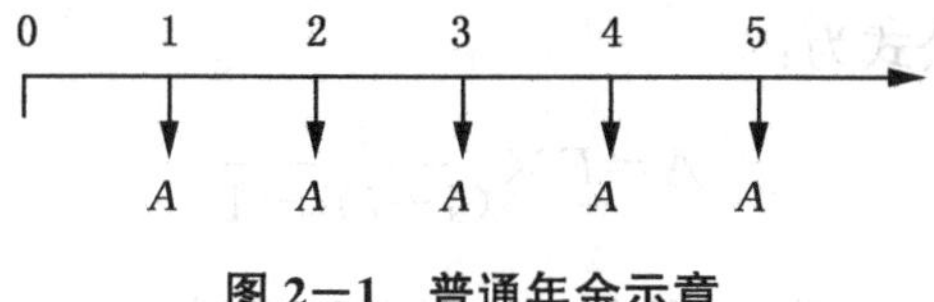

图2－1　普通年金示意

图2－1中，横轴代表时间，用数字代表发生支付款项的时点，箭头下方标出的字母"A"则

代表年金。图中的年金都发生在每期期末，这是普通年金的特点。

(一)终值

普通年金终值是指一定时期内每期期末等额收付款项的复利终值之和。普通年金终值的收付形式如图 2—2 所示。

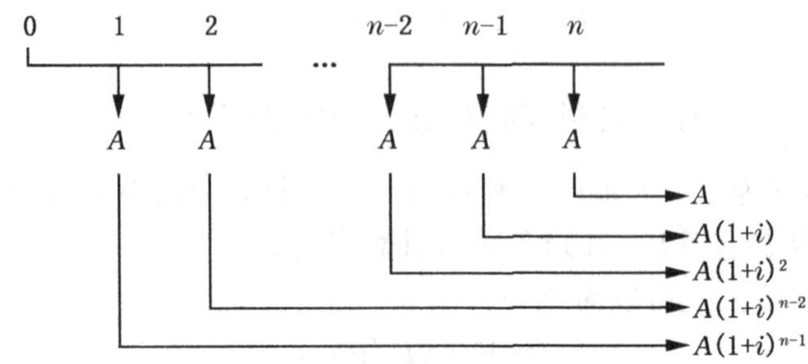

图 2—2　普通年金终值计算示意

从普通年金终值计算图可以看出，第 1 期期末年金有 $n-1$ 期计息期，其复利终值为 $A(1+i)^{n-1}$；第 2 期期末年金有 $n-2$ 期计息期，其复利终值为 $A(1+i)^{n-2}$；以此类推，第 n 期期末的复利终值为 $A(1+i)^0$。将以上各期的复利终值相加就是整个计算期的年金终值，整理后得出普通年金终值计算公式：

$$F=A\times\frac{(1+i)^n-1}{i} \tag{2—5}$$

公式(2—5)中，$\frac{(1+i)^n-1}{i}$称为年金终值系数，用符号$(F/A,i,n)$表示，可通过直接查"一元年金终值系数表"求得。因此，普通年金终值公式可写成：

$$F=A\times(F/A,i,n)$$

【实例 2—5】 某公司从现在起每年年末存进银行 100 万元，用于将来偿还债务；假设银行存款利率为 10%，该公司在第 5 年年末可用于偿还债务的总额是多少？

解：根据题意，已知 $A=100$ 万元，$i=10\%$，$n=5$ 年，则：

$F=A\times\frac{(1+i)^n-1}{i}=100\times\frac{(1+10\%)^5-1}{10\%}=610.51$(万元)

或：$F=A\times(F/A,i,n)=100\times6.1051=610.51$(万元)

(二)偿债基金

偿债基金是指为使年金终值达到特定金额每年年末应收付的年金数额。如企业为了在将来某一时点偿还一笔债务或积累一定数额的资本，必须分次等额提取的存款准备金。在这里，每年提取的存款准备金就是年金，而债务就是年金的终值。因此，偿债基金的计算实际上是年金终值的逆运算。其计算公式为：

$$A=F\times\frac{i}{(1+i)^n-1} \tag{2—6}$$

公式(2—6)中，$\frac{i}{(1+i)^n-1}$称为"偿债基金系数"，用符号表示为$(A/F,i,n)$，可通过查年金终值系数表求倒数得出。因此，偿债基金公式可写作：

$$A=F\times(A/F,i,n)=F\times\frac{1}{(F/A,i,n)}$$

【实例 2—6】 某企业借款 1 000 万元，5 年后还本付息；如果银行利率为 10%，那么企业每年年末应存入银行多少元才能保证到期还清借款？

解：根据题意，已知 $F=1\ 000$ 万元，$i=8\%$，$n=5$ 年，则

$$A=F\times\frac{i}{(1+i)^n-1}=1\ 000\times\frac{10\%}{(1+10\%)^5-1}=163.8(\text{万元})$$

或：$A=F\times(A/F,i,n)=1\ 000\times\frac{1}{6.105\ 1}=1\ 000\times0.163\ 8=163.8$（万元）

通过以上对普通年金终值与偿债基金的分析，可以得出如下结论：

(1)普通年金终值和偿债基金互为逆运算；

(2)普通年金终值系数 $\frac{(1+i)^n-1}{i}$ 和偿债基金系数 $\frac{i}{(1+i)^n-1}$ 互为倒数。

(三)普通年金现值

普通年金现值是指一定时期内每期期末等额收付款项的复利现值之和。普通年金现值的收付形式如图 2—3 所示。

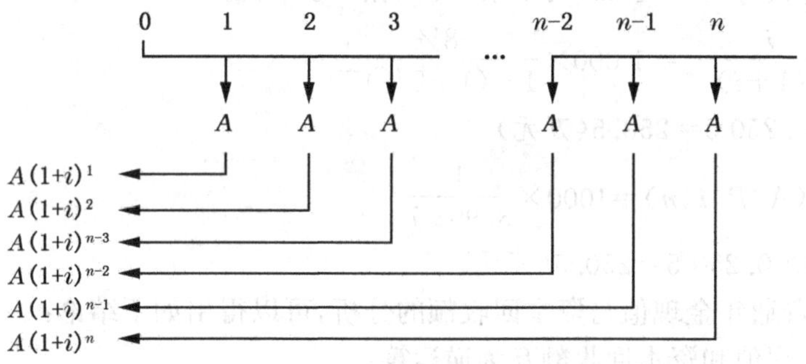

图 2—3　普通年金现值计算示意

从普通年金现值计算示意图可以看出，第 1 期期末到第 1 期期初，经历了 1 个计息期，其复利现值为 $A(1+i)^{-1}$；第 2 期期末到第 1 期期初，经历了 2 个计息期，其复利现值为 $A(1+i)^{-2}$；以此类推，第 $n-1$ 期期末到第 1 期期初，经历了 $n-1$ 个计息期，其复利现值为 $A(1+i)^{-(n-1)}$；第 n 期期末到第 1 期期初经历了 n 个计息期，其复利现值为 $A(1+i)^{-n}$。

将以上各期的复利现值相加之和就是整个计算期的年金现值，整理后得出普通年金现值计算公式：

$$P=A\times\frac{1-(1+i)^{-n}}{i} \tag{2—7}$$

公式(2—7)中，$\frac{1-(1+i)^{-n}}{i}$ 称为“年金现值系数”，用符号 $(P/A,i,n)$ 表示，可通过直接查“一元年金现值系数表”求得。因此，普通年金现值公式也可写成：

$$P=A\times(P/A,i,n)$$

【实例 2—7】 某房地产公司预计在 10 年中，每年末从一顾客处收取 10 000 元的按揭贷

款还款，贷款利率为 5%，则该顾客的全部房款现值是多少？

解：根据题意，已知 $A=10\ 000$ 元，$i=5\%$，$n=10$ 年，则：

$$P=A\times\frac{1-(1+i)^{-n}}{i}=10\ 000\times\frac{1-(1+5\%)^{-10}}{5\%}$$

$$=10\ 000\times7.721\ 7=77\ 217(\text{元})$$

(四)资本回收额

资本回收额是指在约定年限内，收回初始投资的每年相等的金额。

$$A=P\times\frac{i}{1-(1+i)^{-n}} \quad (2-8)$$

公式(2—8)中，$\frac{i}{1-(1+i)^{-n}}$称为“资本回收系数”，用符号表示为$(A/P,i,n)$；可通过查年金现值系数表求倒数得出。因此，资本回收额公式可写作：

$$A=P\times(A/P,i,n)=P\times\frac{1}{(A/P,i,n)}$$

【实例 2—8】 某公司现在以 8%的利率借款 1 000 万元，投资于一个使用寿命为 5 年的项目，每年至少收回多少现金该项目才可行？

解：根据题意，已知 $P=1\ 000$ 万元，$i=8\%$，$n=5$ 年，则

$$A=P\times\frac{i}{1-(1+i)^{-n}}=1\ 000\times\frac{8\%}{1-(1+8\%)^{-5}}$$

$$=1\ 000\times0.250\ 5=250.5(\text{万元})$$

或：$A=P\times(A/P,i,n)=1000\times\frac{1}{3.992\ 7}$

$$=1000\times0.250\ 5=250.5(\text{万元})$$

通过以上对普通年金现值与资本回收额的分析，可以得出如下结论：

(1)普通年金现值和资本回收额互为逆运算；

(2)普通年金现值系数$\frac{1-(1+i)^{-n}}{i}$和资本回收额系数$\frac{i}{1-(1+i)^{-n}}$互为倒数。

五、即付年金

即付年金是指每期期初等额收付款项的年金，又称预付年金。它与普通年金的区别仅在于收付款项的时点不同。n 期即付年金如图 2—4 所示。

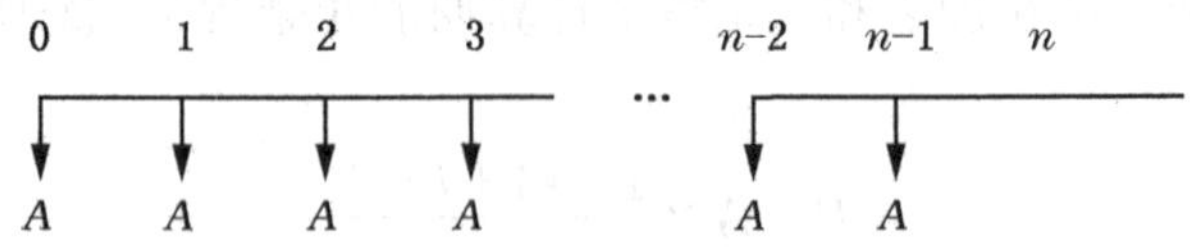

图 2—4 即付年金示意

(一)终值

即付年金终值是指一定时期内每期期初等额收付款项的复利终值之和。即付年金终值的收付形式如图 2—5 所示。

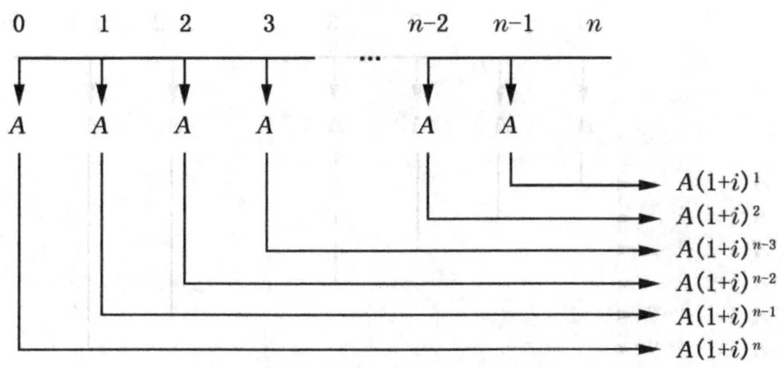

图 2—5　即付年金终值计算示意

从图 2—5 可以看出，第 1 期期初有 n 个计息期；第 2 期期初有 $n-1$ 个计息期；以此类推，第 $n-1$ 期期初有 2 个计息期；第 n 期期初有 1 个计息期。通过以上分析可以看出，即付年金与普通年金相比，收付款项的次数相同，但即付年金的收付款时间比普通年金提前一期，即 n 期即付年金比 n 期普通年金的终值多计算一期利息。因此，在 n 期普通年金终值基础上乘以 $(1+i)$ 就是 n 期即付年金终值。其计算公式可表示为：

$$F=A\times\frac{(1+i)^n-1}{i}(1+i)$$
$$=A\times\left[\frac{(1+i)^{n+1}-1}{i}-1\right] \qquad (2—9)$$

公式(2—9)中，$\left[\frac{(1+i)^{n+1}-1}{i}-1\right]$ 称为"即付年金终值系数"，用符号表示为 $[(F/A,i,n+1)-1]$。或者，可通过查普通年金终值系数表，找到 $(n+1)$ 期的系数，然后减去 1，就可得到相同时期的即付年金终值系数。因此，即付年金终值公式也可表示为：

$$F=A\times(F/A,i,n)\times(1+i)$$
$$F=A\times[(F/A,i,n+1)-1]$$

【实例 2—9】　某企业从现在起每年年初存进银行 100 万元，作为企业发展基金；假设银行存款利率为 10%，则该企业第 5 年年末的发展基金总额将达到多少？

解：根据题意，已知 $A=100$ 万元，$i=10\%$，$n=5$ 年，则：

$$F=A\times\left[\frac{(1+i)^{n+1}-1}{i}-1\right]=100\times\left[\frac{(1+10\%)^{5+1}-1}{10\%}-1\right]=671.56(\text{万元})$$

或者：

$$F=A\times[(F/A,i,n+1)-1]=100\times(7.7156-1)=671.56(\text{万元})$$

(二)现值

即付年金现值是指一定时期内每期期初等额收付款项的复利现值之和。即付年金现值的收付形式如图 2—6 所示。

从即付年金现值计算示意图中可以看出，第 1 期期初没有计息期，其复利现值就是年金；第 2 期期初，有 1 个计息期，其复利现值要扣 1 期利息；以此类推，第 $n-1$ 期期初，经历了 $n-2$ 个计息期，其复利现值要扣 $n-2$ 期利息；第 n 期期初，经历了 $n-1$ 个计息期，其复利现值要扣 $n-1$ 期利息。将 n 期的复利现值求和即是即付年金现值。

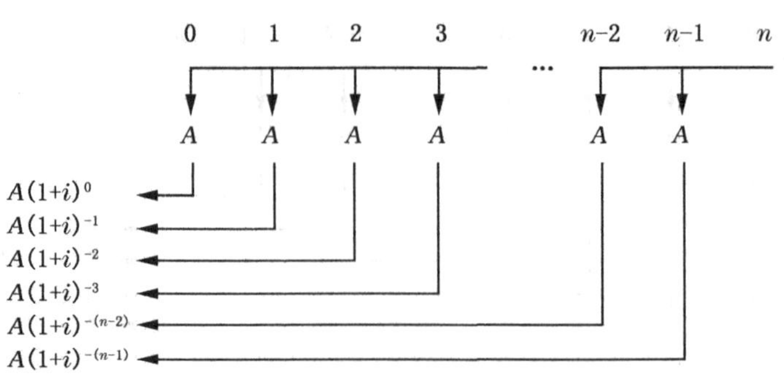

图 2—6 即付年金现值计算示意

从以上分析可以看出，即付年金与普通年金的收付款期数相同，但由于其付款时点的不同，即付年金比普通年金现值少折算一期利息。因此，可在普通年金现值的基础上乘以$(1+i)$就是即付年金现值。其计算公式可表示为：

$$P=A\times\frac{1-(1+i)^{-n}}{i}\cdot(1+i)$$

$$P=A\times\left[\frac{1-(1+i)^{-(n-1)}}{i}+1\right] \tag{2—10}$$

公式(2—10)中，$\left[\frac{1-(1+i)^{-(n-1)}}{i}+1\right]$称为“即付年金现值系数”，用符号表示为$[(P/A,i,n-1)+1]$。或者，可通过查普通年金现值系数表，找到$(n-1)$期的系数，然后加 1，就可得到相同时期的即付年金现值系数。因此，即付年金现值公式也可表示为：

$$P=A\cdot(P/A,i,n)\times(1+i)$$

$$P=A\cdot[(P/A,i,n-1)+1]$$

【实例 2—10】 李女士采用分期付款方式购买房产一套，每年年初支付 30 000 元，分 10 年付清。如果银行利率为 5%，该项分期付款相当于一次现金支付的购买价是多少？

解：根据题意，已知 $A=30\ 000$ 元，$i=5\%$，$n=10$ 年，则：

$$P=A\times\left[\frac{1-(1+i)^{-(n-1)}}{i}+1\right]=30\ 000\times\frac{1-(1+5\%)^{-(10-1)}}{5\%}+1=243\ 234(\text{元})$$

或者：

$$P=A\times[(P/A,i,n-1)+1]=30\ 000\times(7.1078+1)=243\ 234(\text{元})$$

六、递延年金

递延年金是指第一次收付款在第二期或者第二期以后的年金。即凡不是第一期就发生的年金都是递延年金，如图 2—7 所示。

从图 2—7 中可以看出，第 1 期、第 2 期和第 3 期都没有发生收付款项，即没有年金发生；没有年金发生的时期称为递延期，用 m 表示，即 $m=3$。从第 4 期开始连续四期发生等额收付款项，这个时期用 n 表示，即 $n=4$。

（一）终值

实际工作中，常常将递延年金作为普通年金的特殊形式处理，递延年金终值的计算与普通

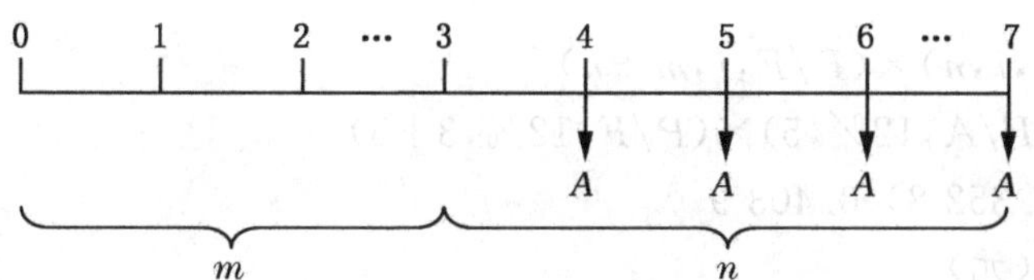

图 2—7　递延年金示意

年金计算方法相同，只是期数不同；n 说明年金个数，年金终值的大小与递延期无关。因此，递延年金终值计算公式如下：

$$F=A\times(F/A,i,n) \quad (2-11)$$

(二)现值

递延年金现值是自第 m 期后开始每期等额款项的现值之和。因为存在递延期，所以在计算年金现值时不能等同普通年金现值，必须要考虑递延期；即年金现值的大小与递延期存在直接关系，但它是以普通年金计算为基础。递延年金现值计算方法有以下三种。

方法一：首先将递延年金看成是 n 期的普通年金，求出在 n 期的普通年金现值，然后再将 n 期的普通年金现值折算到第 1 期初。计算公式如下：

$$P=A\times(P/A,i,n)\times(P/F,i,m) \quad (2-12)$$

注意：将 m 期折算到第 1 期初，没有年金发生，一定用复利方法折现。

方法二：首先假设递延期也有年金发生，求出$(m+n)$期的年金现值；然后再将实际没有发生年金的递延期(m)的年金扣除，即可得到所要求的递延年金现值。计算公式如下：

$$P=A\times[(P/A,i,m+n)-(P/A,i,m)] \quad (2-13)$$

方法三：将递延年金看成普通年金，按普通年金方法求出年金终值(n 期)，然后再将该年金终值折算到第一期初的现值。计算公式如下：

$$P=A\times(F/A,i,n)\times(P/F,i,m+n) \quad (2-14)$$

注意：将年金终值折算到第 1 期初是按复利现值计算的。

【实例 2—11】　某公司向银行借入一笔资金，银行规定前 3 年不用还款，从第 4 年起每年年末向银行偿还本息 20 000 元，直到第 8 年末止。如果银行的贷款利率为 12%，那么该笔贷款的现值为多少？

解：根据题意，已知 $A=20\,000$，$i=12\%$，$n=5$ 年，$m=3$ 年，则：

按方法一计算：

$P=A\times(P/A,i,n)\times(P/F,i,m)$

$=20\,000\times(P/A,12\%,5)\times(P/F,12\%,3)$

$=20\,000\times3.604\,8\times0.711\,8$

$=51\,317.93$(元)

按方法二计算：

$P=A\times[(P/A,i,m+n)-(P/A,i,m)]$

$=20\,000\times[(P/A,12\%,3+5)-(P/A,12\%,3)]$

$=20\,000\times(4.967\,6-2.401\,8)$

$=51\,316$(元)

按方法三计算：

$P = A\times(F/A,i,n)\times(P/F,i,m+n)$

$=20\ 000\times(F/A,12\%,5)\times(P/F,12\%,3+5)$

$=20\ 000\times6.352\ 8\times0.403\ 9$

$=51\ 317.92$(元)

因运用年金系数表中的数值进行运算，不同计算方法的计算结果有点偏差属正常。

七、永续年金

永续年金是指无限期等额收付款项的年金，可以看成是普通年金的特殊形式。即期限趋于无穷大的普通年金。具体如图 2—8 所示。

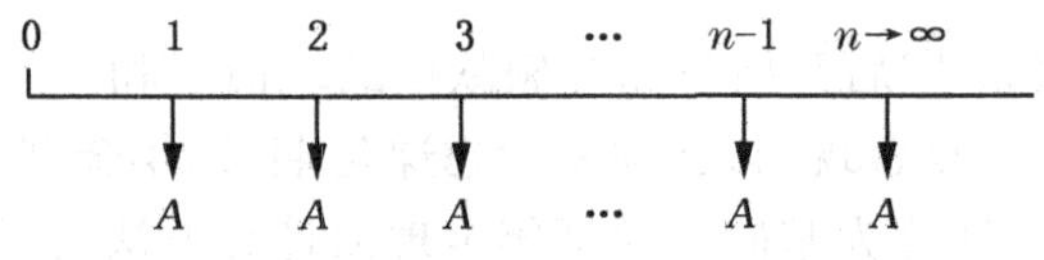

图 2—8　永续年金示意

从图 2—8 中可以看出，$n\to\infty$，即年金没有期限，没有终止的时间，因此没有办法计算这种年金的终值，也就是说，永续年金没有终值，但可以计算出现值。其计算公式如下：

由普通年金现值公式

$$P=A\times\frac{1-(1+i)^{-n}}{i}$$

因为永续年金 $n\to\infty$，所以 $(1+i)^{-n}\to0$，所以

$$P=A\times\frac{1}{i}\qquad(2-15)$$

【实例 2—12】 某高校拟建立一项永久性奖学金，计划每年颁发 10 万元奖学金，鼓励学习成绩优异者，若银行利率为 10%，则现在应存入银行多少元？

解：根据题意，已知 $A=10$ 万元，$i=10\%$，则：

$P=10\times\frac{1}{10\%}=100$(万元)

即学校必须现在存入银行 100 万元，才能保证每年提取 10 万元发放奖学金。

八、贴现率(利息率)和期数的推算

上述资金时间价值的计算是假定期数和贴现率已给定，即给定期数 n、利率 i，求终值 F 或现值 P。但在实际工作中，有时会出现已知计算期数 n、终值 F、现值 P，求贴现率 i；或已知贴现率 i、终值 F、现值 P，求期数 n。面对这类问题该如何解决？下面分别进行介绍。

(一)求期数

在已知终值 F、现值 P 和利率 i 的情况下，推算期数 n。推算的基本步骤如下。

(1)根据已知的终值、现值和利率，计算出复利或年金系数，设为 α。

(2)用第一步的结果查复利或年金系数表。按照已知的利率 i 所在的列纵向查找，如能在

系数表中找到恰好等于α的系数，则该系数所在的行对应的n值就是所求的期数值。

(3)如果查找不到恰好等于α系数时，则根据利率i列在系数表中找到邻近的两个数值，界定期数所在的区间，然后用内插法求出期间n。

内插法计算公式为：

$$n=n_1+\frac{\beta_1-\alpha}{\beta_1-\beta_2}(n_2-n_1) \tag{2-16}$$

式中：n——期数；

n_1——小于n的期数；

n_2——大于n的期数；

β_1——较小的系数临界值；

β_2——较大的系数临界值；

α——所求n期的年金系数。

内插法应用的前提条件是：将时间价值系数与利率之间的变动看成是线性变动。

【实例2—13】 泰恒公司拟购买一台新设备，更换目前的旧设备。新设备的价格比旧设备高出28 000元，但运行后每年可节约成本7 000元。如果利率为10%，求更换新设备至少运行多少年对企业是有利的？

解：已知$P=28\ 000$元，$A=7\ 000$元，$i=10\%$，则：

(1)求年金现值系数：

$$(P/A,i,n)=\frac{P}{A}=\frac{28\ 000}{7\ 000}=4$$

(2)查普通年金现值系数表，在$i=10\%$的列上纵向查找，没有恰好等于4的系数值，于是查找大于4和小于4的两个临界值，即$(P/A,10\%,5)=3.790\ 8$；$(P/A,10\%,6)=4.355\ 3$，即所求的期数n在5年和6年之间。

(3) 运用插值法求n。

$$n=5+\frac{3.790\ 8-4}{3.790\ 8-4.355\ 3}\times(6-5)\approx5.4(年)$$

(二)求贴现率(利率)

贴现率i的推算原理和步骤同期数n的方法类似。现以普通年金为例说明贴现率的推算方法。如果已知年金终值F或P、年金A、期数n，求贴现率(利率)i，可按以下步骤进行。

(1)根据普通年金终值F或普通年金现值P推算出普通年金终值系数$(F/A,i,n)$或普通年金现值系数$(P/A,i,n)$，设为α。

(2)查年金系数表，按照已知n期所在的横向查找，如果恰好找到某一系数值正好等于α，则该系数所在列对应的利率i就是所求的值。

(3)如果无法找到恰好等于α的系数值，就在表中n行上寻找邻近的两个数值，界定贴现率(利率)所在的区间，然后用插值法计算出贴现率(利率)i。

内插法计算公式如下：

$$i=i_1+\frac{\beta_1-\alpha}{\beta_1-\beta_2}(i_2-i_1) \tag{2-17}$$

式中：i——贴现率；

i_1——小于 i 的贴现率；

i_2——大于 i 的贴现率；

β_1——i_1 系数临界值；

β_2——i_2 系数临界值；

α——年金系数。

【实例 2—14】 某人参加保险，他预计如果 20 年后有 300 000 元存款，自己的养老问题就可以解决。他现有 60 000 元，问银行存款利率为多少时，这位先生的愿望才能实现？

解：已知 $F=300\ 000$ 元，$P=60\ 000$ 元，$n=20$ 年，则：

(1)求复利终值系数；

$$(F/P,i,n)=\frac{F}{P}=\frac{300\ 000}{60\ 000}=5$$

(2)查复利终值系数表，在 $n=20$ 行上查找，没有恰好等于 5 的系数值；找到两个临界值，$(F/P,8\%,20)=4.661\ 0$；$(F/P,9\%,20)=5.604\ 4$；即所求的利率在 8%～9%之间。

(3)用插值法求 i。

$$\begin{aligned}i&=8\%+\frac{4.661\ 0-5}{4.661\ 0-5.604\ 4}\times(9\%-8\%)\\&=8\%+0.359\ 3\times1\%\\&=8.359\ 3\%\end{aligned}$$

计算结果表明，如果银行的存款利率能够达到或高于 8.359 3%，这位先生的愿望就能实现。

【实例 2—15】 小李大学刚毕业，想租一店面经营；出租方提出一次性支付租金 30 000 元，租期 3 年；但小李一时拿不出这笔资金，因此请求出租方允许延后支付租金。出租方经过认真思考后，同意 3 年后一次性支付，但租金为 50 000 元。假设银行贷款利率为 10%，那么小李是选择现在付款还是 3 年后付款？

解：根据题意，已知 $F=50\ 000$ 元，$P=30\ 000$ 元，$n=3$ 年，则

(1)求复利终值系数：

$$(F/P,i,n)=\frac{F}{P}=\frac{50\ 000}{30\ 000}=1.666\ 7$$

(2)查复利终值系数表，在 $n=3$ 行上查找，没有恰好等于 1.666 7 的系数值；找到两个临界值，$(F/P,18\%,3)=1.643$；$(F/P,20\%,3)=1.728$，即所求的利率在 18%～20%之间。

(3)用插值法求 i。

$$\begin{aligned}i&=18\%+\frac{1.643-1.666\ 7}{1.643-1.728}\times(20\%-18\%)\\&=18\%+0.278\ 83\times2\%\\&=18.56\%\end{aligned}$$

计算结果表明，如果小李选择 3 年后付款，利率高达 18.56%，高于银行的贷款利率，所以小李应选择向银行贷款支付租金。

九、名义利率和实际利率的换算

在上述复利计算中，一般每年计息一次，即计息周期为一年，但实际工作中有时会按半年

一次、每季一次甚至每月一次计算。复利计息的频率不同，其计算结果也不同。

【实例 2—16】 本金为 1 元，年利率为 12%，每年计算一次利息，一年后本利和为多少？

解：$F=1\times(1+12\%)=1.12$（元）

若每月计算一次利息，一年后本利和又为多少？

解：$F=1\times\left(1+\frac{12\%}{12}\right)^{12}=1.126\ 8$（元）

上述计算表明每月计息一次的本利和大于一年计息一次的本利和，而且相当于按年利率 12.68%计息一次。因此，在这种情况下就出现了名义利率和实际利率。

一般来说，金融机构习惯以年为期限表示利率，即公布的利率都是年利率。通常年利率都是指名义利率。当计息期以年为单位时，年利率指的就是实际利率；当计息期以小于年的半年、季度或月为单位时，年利率指的就是名义利率，实际利率需要通过计算求出。在进行技术经济分析时，每年计算利息次数不同的名义利率，相互之间没有可比性，应预先将它转化为年的实际利率后才能进行比较。具体转换如下：

$$i=\left(1+\frac{r}{m}\right)^{m}-1 \tag{2—18}$$

式中：i——实际利率；

r——名义利率；

m——每年复利次数。

十、资金时间价值的其他应用计算

以上介绍的是计算时间价值的基本原理。但在实际应用中，单利、复利终值和现值的计算要复杂得多，往往并不是就一次收付款而言的。

（一）不等额现金流量的现值

上述现值的计算均指每期收入或付出的款项都是相等的。但在公司金融活动中，更多的情况是每期发生的收付款项并不一定相等。例如，普通股票的每年红利支付额，每年不一定相同。因此，需要分析不等额现金流量的现值的计算过程。

不等额现金流量的现值的基本计算公式为

$$PV_0=\frac{A_1}{(1+i)^1}+\frac{A_2}{(1+i)^2}+\cdots+\frac{A_{n-1}}{(1+i)^{n-1}}+\frac{A_n}{(1+i)^n}=\sum_{i=1}^{n}\frac{A_i}{(1+i)^t} \tag{2—19}$$

不等额现金流量序列中每项的现值之和就是该序列未来收入的现值。

【实例 2—17】 某项目的现金流量如表 2—1，年利率为 10%，计算该项目现金流量的现值。

表 2—1　　现金流量表

年份	1	2	3	4
现金流量	1 500	2 000	2 500	3 000

解：$PV_0=\frac{1\ 500}{(1+10\%)^1}+\frac{2\ 000}{(1+10\%)^2}+\frac{2\ 500}{(1+10\%)^3}+\frac{3\ 000}{(1+10\%)^4}$

$=1\ 500\times0.909+2\ 000\times0.826+2\ 500\times0.751+3\ 000\times0.683$

$=6\ 940$（万元）

(二)计息期短于一年的时间价值的计算

计息期是指每次计算利息的期限。按照国际惯例,如没有特别说明,通常计算利息的期限是指一年。但在有时也会遇到计息期短于一年的情况,如债券利息一般是半年支付一次。因此,当计息期短于一年时,利率必须与计息期相适应,计息期 n 为月数,i 就应当是月利率;当计息期 n 是季数,就应当是季利率。为此,要根据不同的计息期对年利率进行换算,复利终值和现值的计算公式也要做适当的调整。

计息期短于一年时,期利率和计息期数的换算公式如下:

$$r=\frac{i}{m},t=nm \tag{2—20}$$

公式(2—20)中:r 为期利率;i 为年利率;m 为每年的计息期数;n 为年数;t 为换算后的计息期数。计息期数换算后,复利终值和现值的计算公式为:

$$FV_t=PV_0\times(1+r)^t=PV_0\times\left(1+\frac{i}{m}\right)^{mn} \tag{2—21}$$

$$PV_0=FV_t\times[1/(1+r)^t]=FV_t\times\frac{1}{\left(1+\frac{i}{m}\right)^{mn}} \tag{2—22}$$

【实例 2—18】 存入银行 1 000 元,年利率 16%,按季复利计算,2 年的本金和利息共为多少!

解:
$$FV_t=PV_0(1+r)^t=1\ 000\times\left(1+\frac{16\%}{4}\right)^{4\times2}$$

查复利表,$(1+4\%)^8=1.368$,$FV_2=1\ 000\times1.368=1\ 368$(元)

十一、股票估价

股票估价是通过一个特定技术指标与数学模型,估算股票在未来一段时期的相对价格,也叫股票预期价格。

(一)股票估价的基本模型

计算公式为:

$$股票价值=\sum_{t=1}^{n}\frac{D_t}{(1+R)^t} \tag{2—23}$$

式中:R——投资者要求的必要收益率;

D_t——第 t 期的预计股利;

n——预计股票的持有期数。

(二)零增长股票的估价模型

零增长股票是指发行公司每年支付的每股股利额相等,也就是假设每年每股股利增长率为零。每股股利额表现为永续年金形式。零成长股估价模型为:

$$股票价值=\frac{D}{R_s} \tag{2—24}$$

【实例 2—19】 某公司股票预计每年每股股利为 1.8 元,市场利率为 10%,则该公司股票内在价值为多少?

解:股票价值=1.8/10%=18(元)

(三)固定增长股票的估价模型

设最近一期支付的股利为 D_0，预计第一期支付的股利为 D_1，股利增长率为 g，则：

$$
\begin{aligned}
\text{股票价值} &= \sum_{t=1}^{\infty}\frac{D_t}{(1+R_n)^t} \\
&= \frac{D_1}{(1+R_n)^1}+\frac{D_2}{(1+R_n)^2}+\cdots+\frac{D_n}{(1+R_s)^n}+\cdots \\
&= \frac{D_0(1+g)^1}{(1+R_n)^1}+\frac{D_0(1+g)^2}{(1+R_n)^2}+\cdots+\frac{D_0(1+g)^n}{(1+R_s)^n}+\cdots \\
&= \frac{D_0(1+g)}{R_s-g} \\
&= \frac{D_1}{R_s-g} \qquad (2-25)
\end{aligned}
$$

【实例 2－20】 某公司发行的股票，经分析属于固定成长型，预计获得的报酬率为 10%，最近一年的每股股利为 2 元，预计股利增长率为 6%，则该种股票的价值为多少？

解：股票价值$=\dfrac{2\times(1+6\%)}{10\%-6\%}=53$(元)

(四)多元增长模型

多元增长模型是最普遍应用的确定普通股票内在价值的贴现现金流模型。这一模型假设股利的变动在一段时间内并没有特定的模式可以预测，在此段时间以后，股利按固定增长模型进行变动。因此，股利流可以分为两个部分。第一部分包括在股利无规则变化时期的所有预期股利的现值。第二部分包括从时点 T 来看的股利固定增长率变动时期的所有预期股利的现值。因此，该种股票在时间点的价值可通过固定增长模型的方程求出。

十二、债券估价

债券的价值或者债券的内在价值是指债券未来现金流入量的现值，即债券各期利息收入的现值与债券到期偿还本金的现值之和。只有债券的内在价值大于购买价格时，才值得购买。

(一)一般情况下的债券估价模型

典型的债券是固定利率、每年计算并支付利息、到期归还本金。在此情况下，是按复利方式计算利息的。因此债券价值的基本模型为：

$$V=\sum_{t=1}^{n}I(F\times i)^{(1+k)t}+\frac{F}{(1+i)^{-n}} \qquad (2-26)$$

或

$$V=F\times i\times\frac{p}{a},k,n+F\left(\frac{P}{S},K,n\right) \qquad (2-27)$$

公式(2－26)、(2－27)中：V 为债券价值；i 为债券的票面利率；F 为到期的本金；k 为贴现率，一般采用当时的市场利率或投资人要求的最低报酬率；n 为债券到期前的年数。

【实例 2－21】 某公司拟于某年 2 月 1 日购买一张面额为 1 000 元的债券。其票面利率为 8%，每年 2 月 1 日计算并支付一次利息，并于 5 年后的 1 月 31 日到期。市场利率为 10%，债券的市价是 920 元，能否购买该债券？

解：$V=\frac{80}{(1+10\%)^1}+\frac{80}{(1+10\%)^2}+\frac{80}{(1+10\%)^3}+\frac{80}{(1+10\%)^4}+\frac{80}{(1+10\%)^5}$

$+\frac{1\ 000}{(1+10\%)^5}$

$=80\times(P/A,10\%,5)+1\ 000\times(P/F,10\%,5)$

$=80\times3.791+1\ 000\times0.621$

$=303.28+621$

$=924.28>920$

所以，应该购买该债券。

【实例 2—22】 某公司发行票面金额为 1 000 元，票面利率 5%，期限为五年的债券。该债券每年付息一次，到期按面额偿还本金。分别按市场利率为 4%、5%、6%三种情况计算其发行价格。

解：

市场利率为 4%时，债券溢价发行，债券发行价格 $P=F\times\frac{1}{(1+i\times n)}$

市场利率为 5%时，债券平价发行，

债券发行价格$=P=F\times\frac{1}{(1+i\times n)}=3000\times\frac{1}{(1+10\%\times5)}=2\ 000$(元)

市场利率为 6%时，债券折价发行，债券发行价格$=\sum_{t=1}^{5}\frac{5\%\times1\ 000}{(1+6\%)^t}+\frac{1\ 000}{(1+6\%)^5}=$ 958(元)

(二)一次还本付息且不计算复利的债券估价模型

我国很多债券属于一次还本付息且不计算复利的债券，其估价计算公式为：

$$V=\frac{F+F\times i\times n}{(1+k)^n}=(F+F\times i\times n)\times(P/F,k,n) \qquad (2—28)$$

【实例 2—23】 某企业拟购买另一家企业发行的利随本清的企业债券。该债券面值为 1 000 元，期限为 5 年，票面利率为 10%，不计复利，当前市场利率为 8%。该债券的价格为多少时，企业才能购买？

解：$V=\frac{1\ 000+1\ 000\times10\%\times5}{(1+8\%)^5}=1\ 020$(元)

即债券价格必须低于 1 020 元时，企业才能购买。

(三)折价发行时债券的估价模型

有些债券以折价方式发行，没有票面利率，到期按面值偿还。其估价模型为：

$$V=\frac{F}{(1+k)^n}=F\times(P/F,k,n) \qquad (2—29)$$

公式中的符号概念同前式。

【实例 2—24】 某债券面值为 1 000 元，期限为 5 年，以折价方式发行，期内不计利息，到期按面值偿还，当时市场利率为 8%。其价格为多少时，企业才能购买？

解：$V=1\ 000\times(P/F,8\%,5)=1\ 000\times0.681=681$(元)

即债券价格必须低于 681 元时，企业才能购买。

任务二 利息率与通货膨胀

由于资金是一种特殊的商品，在资本市场上进行资金交易时常以利息作为基础。从需要资金的企业角度来看，利息是使用资金必须付出的代价；从资金所有者角度看，利息是让渡资金使用权因而应获得的报酬。利息率是利息额与本金的比率，它是企业进行财务决策的基本依据。

一、利息率的概念和种类

(一)利息和利息率的概念

利息是以信用基础为前提，它是资金所有者因贷出货币的使用权而从借款者处取得的报酬。利息率是指在借贷期内形成的利息额与贷出资金本金的比率，即资金的增值与投入资金的比，简称利率。它是借贷资金双方在发生信贷关系时使用的利率。

利息率是影响企业财务管理的又一重要因素。企业的各种财务活动与利息率都有着一定的联系，忽略了利率因素，企业在筹资决策和投资决策中就会做出错误判断。

利率一般有年利率、月利率和日利率。按我国的传统习惯，利率的基本单位都是“厘”，10“厘”为1“分”，十分之一“厘”为1“毫”，百分之一“厘”为1“丝”。利率的表示一般到“分”为止，没有分以上的单位。

利率有几种不同的表示方式。年利率是按本金的百分之几来表示的；月利率是按本金的千分之几表示的；日利率是按本金的万分之几表示的。

例如，本金是5 000元，一年的利息为200元，则年利率为4%(200/5 000)。按习惯说法为年息4厘。

再如，本金5 000元，一个月的利息为20元，则月利率为4‰(20/5 000)。按照习惯说法为月息4厘。

国外习惯用年利率，我国习惯用月利率。年利率、月利率、日利率可以换算。在换算过程中，年利率与月利率之间换算，每年按12个月计算；月利率与日利率之间换算，每月按30天计算；年利率与日利率之间换算，每年按360天计算。例如，企业贷款年利率为12%，换算为月利率就是1%(12%/12)，换算为日利率就是0.033%(12%/360)。

(二)利率的种类

利率划分的标准多种多样，不同的标准可以划分出不同的类别。下面介绍几种主要的利率种类。

1. 按利率之间的变动关系，利率可分为基准利率和套算利率。

(1)基准利率又称基本利率，是指金融市场上具有参照作用的利率。基准利率变化决定了其他利率的变化。基准利率是利率市场化机制形成的核心，在西方国家通常体现为中央银行的再贴现率；在我国体现为中国人民银行对专业银行贷款的利率。

(2)套算利率是指在参照基准利率的基础上，结合借贷款项的特点而换算出的利率。在我国中国人民银行对商业银行贷款的利率是基准利率，各商业银行贷给企业或个人的利率即在基准利率基础上套算出来的，即套算利率。

2. 按利率在借贷期内是否调整，利率可分为固定利率和浮动利率。

(1)固定利率是指在借贷款期内不做调整的利率。即在签订合同时约定好的利率，在合同期内，无论市场利率如何变动，借款人都按照固定的利率支付利息。这种利率便于借贷双方确定收支、准确计算成本和收益。因此，一般的信贷业务均采用固定利率。但是，随着经济高速发展，尤其是20世纪中叶以后各国都存在不同程度的通货膨胀，坚持固定利率会使债权人的利益受到损害。

(2)浮动利率是指在借贷期内可以定期调整的利率。在借贷期内，按照借贷双方的协定，由一方在规定的时间内依据某种基准利率进行调整。浮动利率可以减少债权人的损失，但需要双方协商且计算依据等比较繁杂。

3. 按利率变动与市场需求的关系，利率可分为市场利率和官定利率。

(1)市场利率是指根据资金市场上资金的供求关系而自由变动的利率。它是在金融市场上资金供求双方竞争形成的利率，随着资金供求关系的变化而变化。主要包括同业拆借利率、国债二级市场利率等。

(2)官定利率是指由政府金融管理部门或中央银行确定的利率，它是与市场利率对应的。主要包括中央银行基准利率、金融机构对客户的存贷款利率等。官定利率是国家进行宏观调控的一种手段。

市场利率要受官定利率的影响，确定官定利率时也要考虑市场的资金供求状况。

4. 按债权人获得的报酬情况，利率可分为名义利率和实际利率。

理论上讲，名义利率是指不考虑通货膨胀影响下，资金供应者收到的投资回报。而实际利率是指保持货币购买力相同条件下的利息率。常用的名义利率和实际利率运用，是从计息换算角度进行的。

如果以“年”作为基本计息期，每年计算一次复利，这种情况下的年利率是名义利率。但实际上，复利的计息期不一定总是一年，有可能是季度、月份和日。如果按照短于一年的计息期计算复利，并将全年利息额除以年初的本金，此时得到的利率是实际利率。例如，半年复利一次的债券，每月计息一次的抵押贷款，每天计息一次的银行之间拆借资金等。由于年利率与计息周期的不同，必将带来名义利率与实际利率的不同。

【实例2—25】 泰恒公司向银行借款1 000万元，借款利率为10%。

①如果每年计息一次，1年后本息为多少？

②如果半年计息一次，1年后本息为多少？

③如果每季度计息一次，1年后本息为多少？

解：

①如果每年计息一次：

1年后本息=1 000×(1+10%)=1 100(万元)

实际利率=(1 100−1 000)/1 000=10%

②如果半年计息一次：

1年后本息=1 000×$(1+5\%)^2$=1 103(万元)

实际利率=(1 103−1 000)/1 000=10.3%

③如果每季度计息一次：

1年后本息=1 000×$(1+2.5\%)^4$=1 104(万元)

实际利率=(1 104−1 000)/1 000=10.4%

【实例 2—26】 某企业于年初存入 10 万元，在年利率为 10%、每半年复利计息一次的情况下，到第 10 年末，该企业能获得的本利和是多少？

解：根据题意，已知 $r=12\%$，$m=2$，$P=10$ 万元，$n=10$ 年，则：

实际利率 $i=\left(1+\frac{10\%}{2}\right)^{2}-1=10.25\%$

$F=10\times(1+10.25\%)^{10}=26.53$(万元)

从例 2—26 中看出，采用上述方法计算本利和(终值)比较麻烦。要分两步完成，即首先求出实际利率；然后再按实际利率求出本利和。实际工作中，可以考虑用另外一种方法，直接求出本利和，简化计算过程。

$$F=P\times\left(1+\frac{r}{m}\right)^{m\times n}=10\times\left(1+\frac{10\%}{2}\right)^{2\times 10}=26.53\text{(万元)}$$

(三)利率的决定因素

利率是资金这种特殊商品的价格。从资金使用者角度，利息是使用资金而支付的成本；从资金供应者角度，利息是提供资金而应获得的收益。因此，合理制定利率，对发挥信用和利息的作用十分重要。利率制定的依据有以下几方面：

1. 利率制定要以社会平均利润率为最高界限

利息来源于企业纯收入，是企业利润的一部分。这就决定了利息的最高界限只能是利润本身，达到了这个最高界限，企业利润即为零。因此，利率的高低受制于平均利润率。利率的变化范围一般在零与平均利润率之间。

2. 利率制定要考虑资金的供求关系

资金市场供求关系与商品市场一样，也遵守一般的经济规律。当资金供不应求时，利率上升；当资金供过于求时，利率下降；即供求关系决定价格。相反，利率也反作用于资金供求关系。利率提高，会减少对资金的需求；利率降低，会刺激资金需求增加。因此，资金供求关系是确定利率水平的一个基本因素。

3. 制定利率要考虑物价水平变化

稳定物价、促进经济增长、实现充分就业和平衡国际收支是中央银行既定的经济目标。稳定物价不等于物价水平固定不变。从长期来看，物价总水平是稳中有升的。在物价上涨时，要提高利息率，减少货币供应，抑制企业对贷款的需求，发挥储蓄的保值作用。保证实际利率大于零，避免出现负利率。

4. 制定利率要考虑银行存贷款利差的合理要求

银行收入的主要来源是存贷款利差。一般来说，银行的放款利率应高于存款利率，这个差额称利差。利差水平必须适当，不能过大或过小，应该兼顾存款人、借款人和银行三方面的利益，而制定适当的存贷利差。

影响利率制定的因素多种多样，如经济周期、货币政策、财政政策、金融市场的利率、国际经济政治关系等，对利率变动均有不同程度影响，在此不一一列举。

二、利息率的计量

通常情况下，利息率由三部分构成，即纯利率、通货膨胀补偿率和风险报酬率。通常称为市场利率。

市场利率的一般计算公式表示如下：

利率＝纯利率＋通货膨胀补偿率＋风险报酬率

(一)纯利率

纯利率是指无风险、无通货膨胀情况下的社会平均利率。它受资金供求关系和国家宏观经济调控的影响。在无通货膨胀情况下，国库券的利率可以视为纯利率。

(二)通货膨胀补偿率

通货膨胀补偿率是指由于持续的通货膨胀带来的货币实际购买力的降低，为补偿其购买力损失而要求提高的利率。当通货膨胀存在时，货币将会发生贬值，投资者必然要求提高利率以弥补其购买力损失。因此，短期无风险利率，在国库券之上加上通货膨胀补偿率。计算公式如下：

无风险利率＝纯利率＋通货膨胀补偿率

(三)风险报酬率

投资者不仅仅关心投入资金的保值，更关心在收回本金后获得的收益。如果投资者要求的收益率越高，风险就越大。风险报酬率包括违约风险报酬率、流动性风险报酬率和期限风险报酬率。

1. 违约风险报酬率是指为了弥补因债务人不能按期偿还本金和支付贷款利息而带来的风险，它是由债权人提出调高的利率。

2. 流动性风险报酬率是指为了弥补因债务人流动资产变现能力差，使投资者无法随时收回投资而带来的风险，是由债权人提出调高的利率。

3. 期限风险报酬率是指为弥补偿债期长而带来的风险，是由债权人提出调高的利率。

因此，市场利率的一般公式如下：

利率＝无风险利率＋风险报酬率
＝纯利率＋通货膨胀补偿率＋违约风险报酬率＋流动性风险报酬率
＋期限风险报酬率

三、通货膨胀的概念和影响

(一)通货膨胀的概念

通货膨胀是指一定时期内由于物价上涨造成货币购买力下降，相同数量的商品只能购买较少的商品。货币购买力的计量是通过统计部门提供的物价指数指标。物价指数是商品价格变动的动态指标，它能够反映不同时期商品价格变动的趋势和幅度。按照计算物价指数时包括商品的范围不同，分为个别物价指数、类别物价指数和物价总指数三种。而考察物价水平变动是以全部商品为对象的，通常用消费品价格指数表示，即社会零售品物价总指数。

在我国，通货膨胀起因主要有投资膨胀导致的财政收支不平衡带来的货币发行量增加，造成流通中的货币量增加，币值下降。此外，还有产业结构不合理等原因。

(二)通货膨胀对财务管理的影响

通货膨胀对财务管理的影响主要表现在以下三个方面。

1. 通货膨胀对财务管理信息的影响

(1)通货膨胀必然带来物价变动，但会计核算是按历史成本计价原则，导致资产负债表中所反映的资产价值低估，不能反映企业的真实财务状况；

(2)由于资产低估,造成产品成本中原材料、折旧等低估,而收入又按现实价格计算,带来企业收益信息不真实。

(3)由于资产低估,造成固定资产折旧提取不足,实物资产和生产能力都有减损。

(4)由于收入高估,成本费用低估,必将带来利润虚高,税负增加,资本流失;再加上资产不实,使投资者很难确定资本保全情况。

2. 通货膨胀对企业成本的影响

通货膨胀对企业成本的影响从两个方面分析:一方面通货膨胀必然会使利率提高,企业使用资金的成本也将提高;另一方面通货膨胀带来物价全面上涨,会使购买力下降,购买相同数量资产的资金数量增加,同样会使成本增加。

3. 通货膨胀对财务决策的影响

通货膨胀使财务预测、决策和预算环节不实,使财务控制环节失去意义。如果企业持有债券,则债券的价格将随着通货膨胀、市场利率的提高而下降,使企业遭受损失。

任务三 风险价值

以上所阐述的资金时间价值的计算方法,都是在没有风险和通货膨胀条件下的方法。但是在市场经济条件下,公司的财务活动,几乎都是在风险和不确定情况下进行的。风险对于公司实现财务管理目标有着重要的影响。忽视了风险因素,就无法正确评价公司收益的高低。风险价值原理,正确揭示了风险与收益之间的关系,是公司进行投资、融资决策的依据。

一、风险及其衡量

(一)风险的概念及种类

1. 风险的概念

从理财的角度而言,风险是指公司在各项理财活动中,由于各种难以预料或无法控制因素而遭受伤害、损失、毁灭或者失败等不利后果的可能性。财务活动中的风险,则是指在一定时期内和一定条件下实际财务结果偏离预期财务目标的可能性。多数投资者是担心风险,并力求规避风险的。那么,在现实经济生活中,为什么还有人进行风险性投资呢?

因为风险性投资不仅可以获得资金的时间价值,而且还会得到一部分额外收益——风险价值。投资者所冒的风险越大,其所要求的风险价值就越高。

2. 风险的种类

从风险产生的原因、影响程度和投资者的能动性来划分,风险可以分为系统风险和非系统风险两种。

系统风险又叫市场风险、不可分散风险,是指那些对整个经济活动中所有公司都产生影响的因素所引起的风险。如通货膨胀、经济衰退、国家政策调整、利率变化、战争等。这类风险涉及所有公司,影响所有投资对象,不能通过多样化投资——投资组合来分散风险。

非系统风险又称公司特有风险、可分散风险,是指发生于单个或少数公司内部的特有事件所引起的风险。如新产品开发失败、经营管理不善造成产品质量下降、没有争取到大订单、诉讼失败、工人罢工等。这类风险一般只影响一个或几个公司,因而可以通过多样化投资——投资组合来分散。

从公司本身来看，非系统风险又可以分为经营风险和财务风险两种。经营风险又叫商业风险，是指公司本身生产经营活动的不完全确定性所带来的风险。这里所说的生产经营活动是指利用、调配公司资产获利的行为，如原料采购、生产过程、产品销售等。每一个环节所产生风险的总和就构成了经营风险。

财务风险又称筹资风险，是指由于负债而带来的风险，是筹资决策所产生的风险。负债（尤其是借款）要按期还本付息。当经济前景较好、资产报酬率较高时，适度负债可以提高股东的权益报酬率。但当经济前景不好、公司的资产报酬率低时，负债有可能降低权益报酬率，甚至会使公司背上沉重的财务包袱，使其资金周转陷入困境，这就是负债导致的财务风险。

（二）风险的衡量

风险主要是由于各种影响因素造成经济活动结果的不确定性所引起的。在日常理财活动中应正确估计和计算风险的大小，将风险产生的损失降到最低。

1. 概率

概率是指某一随机事件发生的可能性大小。随机事件是指在一定条件下可能发生也可能不发生的现象。如果将所有可能的随机事件及其对应概率依次编排，便形成了随机事件的概率分布。如海天公司经济前景的概率分布可用表2—2来表示。

表2—2　　经济前景概率分布

经济前景	概率(P_i)
差	20%
一般	55%
好	25%

不难发现，概率分布有以下特点：①所有概率都在0和1之间，即$0<P_i<1$；②某一方案的所有结果（随机事件）的概率之和等于1（或100%），即$\sum_{i=1}^{n}P_i=1$。这里n表示某方案可能出现的结果的个数。

2. 期望值

期望值是指某一概率分布中的各种可能结果以各自对应概率为权数计算出来的加权平均值，它反映了各种结果的平均值。其计算公式为：

$$E(x)=\sum_{i=1}^{n}x_iP_i \tag{2—31}$$

式中：$E(x)$——期望值；

x_i——第i种可能结果；

P_i——第i种可能结果的概率；

n——可能结果的个数。

【实例2—27】 国际公司目前暂时有一笔100 000元闲置资金欲对外投资，有甲、乙两个项目可供选择。有关资料如表2—3所示。试计算甲、乙两个项目投资报酬率的期望值。

表 2—3　　国际公司的有关资料

经济前景	概率(P_i)	甲项目的投资报酬率(x_i)	乙项目的投资报酬率(x_i)
差	20%	16%	11%
一般	55%	18%	18%
好	25%	21%	25%

解：甲项目：$E(x)=\sum_{i=1}^{n}x_iP_i=16\%\times20\%+18\%\times55\%+21\%\times25\%=18.35\%$

乙项目：$E(x)=\sum_{i=1}^{n}x_iP_i=11\%\times20\%+18\%\times55\%+25\%\times25\%=18.35\%$

甲、乙两个项目投资报酬率的期望值均为18.35%，难以判断两个项目孰优孰劣。在项目的投资报酬率期望值相等的情况下，必须采用标准离差或方差来判断项目优劣。

3. 标准离差与方差

标准离差又称标准差，是反映某一概率分布中的各种可能结果偏离其期望值的平均程度。在期望值相同的情况下，标准离差越大，偏离程度越大，风险越大；反之，则风险越小。其计算公式为：

$$\sigma=\sqrt{\sum_{i=1}^{n}(x_i-E(x))^2\times P_i}$$

$$\sigma^2=\sum_{i=1}^{n}(x_i-E(x))^2\times P_i$$

式中：σ——标准离差；

σ^2——方差；

其他符号同上。

【实例 2—28】　根据实例 2—27 的有关数据，试计算甲、乙两项目预期报酬率(x_i)的标准离差。

解：甲项目：

$\sigma=\sqrt{(16\%-18.35\%)^2\times20\%+(18\%-18.35)^2\times55\%+(21\%-18.35\%)^2\times25\%}$
$=1.71\%$

乙项目：

$\sigma=\sqrt{(11\%-18.35\%)^2\times20\%+(18\%-18.35)^2\times55\%+(25\%-18.35\%)^2\times25\%}$
$=4.68\%$

在甲、乙两项目预期报酬率期望值相等的条件下，标准离差越小，说明投资项目可能的报酬率与期望值的离散程度越小，投资风险也就越小。按照这个标准进行判断，甲项目的风险要小于乙项目。

4. 标准离差率

标准离差或方差只有在期望值相等的前提条件下，才能比较各投资方案的风险大小，一旦各投资方案的期望值不同，就不能用来比较它们的风险程度。要比较期望值不同的各投资方案的风险程度，可以用反映投资报酬率变动程度的一个相对数——标准离差率。标准离差率是标准离差与期望值之比，其计算公式为：

$$\upsilon=\frac{\sigma}{E(x)}\times 100\% \tag{2-33}$$

式中：υ——标准离差率；其他符号同上。

【实例 2—29】 国际公司欲对外投资，有甲、乙两个项目可供选择。经测算，甲项目的预期报酬率期望值为 20%，标准离差为 2%；乙项目的预期报酬率期望值为 30%，标准离差为 4.5%。试计算甲、乙两项目的标准离差率并比较它们的风险大小。

解：甲项目：$\upsilon=\frac{\sigma}{E(x)}\times 100\%=\frac{2\%}{20\%}\times 100\%=10\%$

乙项目：$\upsilon=\frac{\sigma}{E(x)}\times 100\%=\frac{4.5\%}{30\%}\times 100\%=15\%$

甲项目的标准离差率为 10%，乙项目的标准离差率为 15%，由标准离差率可以判断出甲项目风险较小。甲项目收益低，风险小；乙项目收益高，风险大。对甲、乙两项目的选择取决于投资人的风险好恶。如果偏好风险，选乙；厌恶风险，选甲。

二、风险报酬的计算

投资者作出的投资决策是在风险与报酬之间进行权衡的结果。风险大小与投资者所要求的报酬高低应该成正比。也就是说，风险大，所要求的报酬高；风险小，所要求的报酬低。在正确地计算出某种方案的风险后，必须进行报酬的计算。

（一）风险报酬率

风险报酬率，也称风险价值，是指投资者因冒风险进行投资而获得的超过资金时间价值率（资金时间价值除以原投资额）的额外报酬率。风险报酬的表现形式有两种：风险报酬额和风险报酬率。风险报酬额是总量指标，而风险报酬率是相对指标。风险报酬率是风险报酬额与原始投资额的比率，也叫风险收益率。在实际工作中，通常用风险报酬率表示。

风险与风险报酬率的关系可用图 2—9 表示。

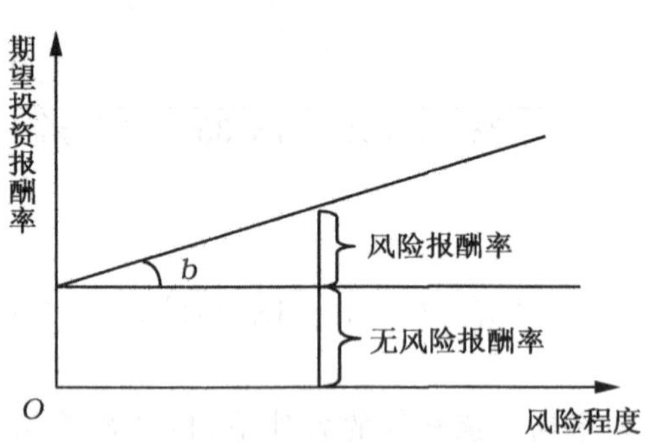

图 2—9 风险与报酬关系

从图 2—9 可以看出，无风险报酬率是投资者要求的最低报酬率，如购买国债，到期连本带息肯定收回。风险报酬率取决于投资的风险程度，即投资风险程度越大，要求的风险报酬率越高；相反，投资风险程度越小，要求的风险报酬率越低。风险报酬率大小与风险的大小成正比。

风险程度是用标准离差率衡量的，而标准离差率仅反映一个投资项目的风险程度，并没有反映真正的风险报酬；要想计算风险报酬率必须借助一个转换系数，这个系数恰好是风险报酬的斜率，称为风险报酬系数，用 b 表示。

风险报酬率、风险报酬系数和标准离差率之间的关系可用以下公式表示：

风险报酬率＝风险报酬系数×标准离差率

在实际工作中，风险报酬系数是由投资者根据经验并结合其他因素加以确定。例如，可根据以往同类项目的有关数据确定，也可由主管投资人员会同有关专家确定等。

如果不考虑通货膨胀，投资者冒着风险进行投资所期望得到的投资总报酬率就是无风险报酬率（即资金时间价值率）与风险报酬率之和，即：

投资报酬率＝无风险报酬率＋风险报酬率

用符号表示：

$$K=R_f+R_m=R_f+bv \tag{2-34}$$

式中：K——含风险的总报酬率；

R_f——无风险报酬率；

R_m——风险报酬率；

b——风险价值系数；

v——标准离差率。

无风险报酬率是没有投资风险和通货膨胀条件下的资金时间价值率。一般可以将国库券的利率视为无风险报酬率。

【实例 2—30】 假设实例 2—27 中，甲项目的风险价值系数为 15%，乙项目的风险价值系数为 20%，则两个投资项目的风险报酬率分别为多少？

解：甲项目：$R_m=bv=15\%\times\frac{1.71\%}{18.35\%}=1.4\%$

乙项目：$R_m=bv=20\%\times\frac{4.68\%}{18.35\%}=5.1\%$

如果无风险报酬率为 10%，则两个项目的投资报酬率分别为：

甲项目：$K=R_f+R_m=10\%+1.4\%=11.4\%$

乙项目：$K=R_f+R_m=10\%+5.1\%=15.1\%$

总之，无风险报酬率就是货币时间价值，是能够肯定得到的报酬，具有预期报酬的确定性，常用政府债券利率或存款利率代表。

风险报酬率是风险价值，是超过货币时间价值的额外报酬，具有预期报酬的不确定性，风险报酬率与风险大小成正比关系。

（二）风险价值决策原则

在多方案的风险性投资决策中，决策者到底需要按照什么样的准则在风险与报酬之间作出权衡呢？毋庸置疑，总的原则是选择低风险高收益的方案。具体有以下几种情况：

（1）若各方案的期望值相同，应选择标准离差小的方案；

（2）若各方案的期望值不同，应选择标准离差率小的方案；

（3）若各方案的期望值不同，而它们的标准离差率又相同，应选择期望值高的方案。

三、投资组合的风险

投资者在作出投资决策时，为了降低风险，提高收益，不仅可以将一定量资金全部投资于若干备选资产中风险最小、收益最高的资产上，还可以将资金分开来投资于多项资产上，并使总的风险最小、总的收益最高。比如说，既投资于实物资产，也投资于有价证券；或者同时投资于多种实物资产或有价证券。这种将全部资本投放于多项资产上的投资方式称为投资组合。一般来说，相对于单项投资，组合投资的风险要低一些。

在投资组合中，投资者并不十分注重某一项资产的风险与收益，而是注重投资组合的总风险和总收益。投资组合的期望值，与其中每一项资产的期望值有关，是每一项资产期望值的加权平均值。其计算公式如下：

$$E_P=\sum_{i=1}^{n}W_i\overline{E}_i \tag{2—35}$$

式中：E_P——投资组合的期望值；

W_i——第 i 种资产在投资组合中所占的价值权重，$\sum_{i=1}^{n}W_i=1$；

$\overline{E}_i$——第 i 种资产的期望值；

n——投资组合中的资产总项数。

【实例 2—31】 投资者的某项投资组合由 3 项资产构成，它们的期望值分别为 15%、20%、25%，价值权重分别为 20%、30%和 50%，则该投资组合的期望值是多少？

解：$E_P=\sum_{i=1}^{n}W_i\overline{E}_i=20\%\times15\%+30\%\times20\%+50\%\times25\%=21.5\%$

四、风险对策

风险既可能使企业获得收益，也可能使企业遭受损失。为了保证企业经营活动按预计的目标进行，降低导致利润减少的可能性，应针对风险的性质、种类，选择相应的风险策略，以避免可能出现的各种损失。

(一)规避风险

这种对策较为稳健，简便易行，当风险所造成的损失不能由该项目可能获得的利润予以抵消时，首先考虑到的是避免风险。规避风险的手段包括：拒绝与不守信用的厂商业务往来；放弃可能明显导致亏损的投资项目；新产品在试制阶段发现诸多问题而果断停止试制等。

(二)减少风险

减少风险主要有两方面意思：一是控制风险因素，减少风险的发生；二是控制风险发生的频率和降低风险损害程度。减少风险的常用方法有：进行准确的预测，如汇率预测、利率预测、债务人信用评估等；对决策进行多方案优选；及时与政府部门沟通获取政策信息；在发展新产品前，充分进行市场调研；实行设备预防检修制度以减少设备事故；选择有弹性和抗风险能力强的技术方案，进行预先的技术模拟试验，采用可靠的保护和安全措施；采用多领域、多地域、多项目、多品种的投资以分散风险。

(三)接受风险

对于损失较小的风险，如果企业有足够的财力和能力承受风险的损失，可以采取风险自担和风险自保自行消化风险损失。风险自担，就是风险损失发生时，直接将损失摊入成本或费用，或冲减利润；风险自保，就是企业预留一笔风险金或随着生产经营的进行，有计划地计提风险基金，如坏账准备金、存货跌价准备等。

(四)转移风险

转移风险是指企业以一定代价(如保险费、盈利机会、担保费和利息等),采取某种方式(如参加保险、信用担保、租赁经营、套期交易、票据贴现等),将风险损失转嫁给他人,以避免可能给企业带来灾难性损失。例如,向专业性保险公司投保;采取合资、联营、增发新股、发行债券、联合开发等实现风险共担;通过技术转让、特许经营、战略联盟、租赁经营和业务外包等实现风险转移。

关键术语

单利　单利终值　单利现值　复利　复利终值　复利现值　年金　普通年金　年金现值　偿债基金　预付年金　递延年金　利息　利息率　风险　风险报酬

应知考核

一、单项选择题

1. 某人目前向银行存入 1 000 元,银行存款年利率为 4%,在复利计息的方式下,5 年后此人可以从银行取出(　　)元。

A. 1 200.00　　B. 1 216.70　　C. 1 204.00　　D. 1 170.00

2. 某人进行一项投资,预计 6 年后会获得收益 880 元,在年利率为 5%的情况下,这笔收益的现值为(　　)元。

A. 4 466.62　　B. 656.66　　C. 670.56　　D. 4 455.66

3. 已知$(P/F,8\%,5)=0.680\ 6$,$(F/P,8\%,5)=1.469\ 3$,$(P/A,8\%,5)=3.992\ 7$,$(F/A,8\%,5)=5.866\ 6$,则 $i=8\%$,$n=5$ 时的年资本回收系数为(　　)。

A. 1.469 3　　B. 0.680 6　　C. 0.250 5　　D. 0.170 5

4. 计算预付年金终值时,应用的公式是(　　)。

A. $A(P/A,i,n)(1+i)$　　B. $A(F/A,i,n)(1+i)$

C. $A(P/F,i,n)(1+i)$　　D. $A(F/P,i,n)(1+i)$

5. 一定时间内每期期初等额收付款项是(　　)。

A. 永续年金　　B. 普通年金　　C. 预付年金　　D. 递延年金

6. 普通年金终值系数的倒数称为(　　)。

A. 偿债基金　　B. 偿债基金系数　　C. 年回收额　　D. 年投资回收系数

7. 距今若干期以后发生的系列等额收付款项称为(　　)。

A. 后付年金　　B. 预付年金　　C. 永续年金　　D. 递延年金

8. 在普通年金现值系数的基础上,期数减 1、系数加 1 的计算结果,应当等于(　　)。

A. 即付年金现值系数　　B. 后付年金现值系数

C. 递延年金现值系数　　D. 永续年金现值系数

9. 在普通年金终值系数的基础上,期数加 1、系数减 1 所得的结果,在数值上等于(　　)。

A. 普通年金现值系数　　B. 即付年金终值系数

C. 普通年金终值系数　　D. 即付年金现值系数

10. 下列各项年金中，只有现值没有终值的年金是(　　)。

A. 普通年金　　B. 即付年金　　C. 先付年金　　D. 永续年金

二、判断题

1. 今天的一元钱和一年后的一元钱的经济价值是相等的。(　　)

2. 现值是指未来某一时点的一定数额的货币折合成为相当于现在的本金。(　　)

3. 单利只就初始投入的本金计算各年利息，所生利息不加入本金重复计算利息。(　　)

4. 现值和终值反映了保持相等的价值和购买力的货币在不同时点上数量的差异。(　　)

5. 普通年金又称先付年金，是指在各期期初支付的年金。(　　)

6. 年金是指一定时期内每次等额收付的系列款项，记作 A。(　　)

7. 年金是等额、定期的现金流序列。(　　)

8. 无限等额支付的年金，称为永续年金。(　　)

9. 概率必须符合两个条件：一是所有的概率值都不大于 1；二是所有结果的概率之和都应等于 1。(　　)

10. 对于多个投资方案而言，无论各方案的期望值是否相同，标准离差率最大的方案一定是风险最大的方案。(　　)

三、计算题

1. 某家长准备为孩子存入银行一笔款项，以便以后 10 年每年年末得到 20 000 元学杂费，假设银行存款利率为 9%，要求：计算该家长目前应存入银行的款项额。

提示：$(P/A, 9\%, 10)=6.418$。

2. 某企业有一笔 4 年后到期的借款，到期值为 1 000 万元。若存款年复利率为 10%，则为偿还这笔借款应于每年年末存入银行多少元？

提示：$(F/A, 10\%, 4)=4.641$；$(P/A, 10\%, 4)=3.170$；$(F/P, 10\%, 4)=1.464$；$(P/F, 10\%, 4)=0.683$。

3. 某企业拟建立一项基金，每年年末存入 100 000 元，若利率为 10%，计算五年后该项基金的本利和。

提示：$(F/A, 10\%, 5)=6.1051$；$(F/A, 10\%, 6)=7.7156$。

4. 某人拟在 5 年后偿还所欠的 60 万元债务，故建立偿债基金，假设银行存款年利率 10%，则此人从第一年起，每年年末存入银行多少元？

提示：$(F/A, 10\%, 5)=6.1051$。

5. 深圳公司年初存入银行 20 万元，在年利率为 12%，按复利计算，到第 10 年末该公司可获得本利和多少万元？

提示：$(F/P, 12\%, 10)=3.1058$；$(P/F, 12\%, 10)=0.3220$。

6. 某企业于年初存入银行 10 万元，年利率为 15%，一年复利一次计算，到第 10 年末该公司可获得本利和多少万元？

提示：$(F/P, 15\%, 10)=4.046$。

7. 某人将 20 000 元存入银行，年利率为 6%，则第 10 年末此人共能取出本利和多少元？

提示：$(F/P, 6\%, 10)=1.7908$。

应会考核

■ **观念应用**

【背景资料】

企业经营风险与会计对策选择

企业经营风险又称营业风险，是指在企业的生产经营过程中，由于供、产、销各个环节不确定性因素的影响所导致企业资金运动的迟滞，产生企业价值的变动。经营风险时刻影响着企业的经营活动和财务活动，企业必须防患于未然。对企业经营风险进行较为准确的计算和衡量，是公司理财的一项重要工作。

【考核要求】

请讨论：在企业生产经营活动中，如何分散风险，使损失最小化，实现企业财富最大化？

■ **技能应用**

某企业有甲、乙两个投资项目，计划投资额均为 2 000 万元，其收益率的概率分布如表 2—4 所示。

表 2—4　　**甲、乙两个投资项目收益率的概率分布**　　百分比

市场状况	概率	甲项目	乙项目
好	0.3	20%	25%
一般	0.5	15%	15%
差	0.2	10%	5%

【技能要求】

(1)分别计算甲、乙两个项目收益率的期望值。

(2)分别计算甲、乙两个项目收益率的标准差。

(3)分别计算甲、乙两个项目收益率的标准离差率。

(4)比较甲、乙两个投资项目风险的大小。

■ **案例分析**

【情景与背景】

山东创智投资管理有限公司致力于高新技术企业股权投资和房地产、银企的优质债权投资。公司的一款债权转让型理财产品募集资金投向为优质信贷资产。首先创智投资利用自有资金，对企业、银行、信托债权和封闭基金进行严格有序的投资，形成广泛的投资债权，然后将债权进行拆分细分、重组分配，形成不同收益规格的债权产品，通过转让债权所有权益的形式，销售给会员，并可以实时看到债权收益利息和投资收益不断产生。

“六福生金”是创智投资利用高倍理财的投资原理，为中长期理财客户设计的低风险、保本保收益的六个月期理财产品。收益按月计算，每月登陆创智理财通都可以看到利息进账的情况。可以按 30 天为一个理财周期随时进行收益提取。理财门槛低，3 万起即可享受专业高息理财服务。如表 2—5 所示。

注：六福生金，利息月月提现，如果违约赎回本金，将扣除本金 1%的违约金。

表 2—5　　六福生金理财服务收益计算表

理财本金	月收益	年收益
10 万元	1 100 元	13 200 元
50 万元	5 500 元	66 000 元
100 万元	11 000 元	132 000 元

以年息 13.2% 计算 7 年半本金即可翻倍。是普通银行短期、月定期存款利息的 15 倍以上，以投资回报率计算，钱生钱的赚钱方式相比投资房产盈利更高更安全。

【分析要求】

根据资料分析回答以下问题。

1. 什么是“钱生钱的赚钱方式”?

2. 根据货币时间价值原理，分析该公司“六福生金”产品年收益率为 13.2%是否正确。

3. 投资该产品“以年息 13.2% 计算 7 年半本金即可翻倍”需要哪些条件?

项目实训

【实训项目】

资金时间价值观念

【实训情境】

王月是国际某领域的知名专家。近日，他接到一家上市公司的邀请函，邀请他为公司的技术顾问，指导新产品的开发。邀请函的主要内容如下：(1)担任公司顾问工作期限为 5 年。(2)每个月到公司指导工作 2 天。(3)每年顾问费为 15 万元。(4)提供公司所在地城市住房 1 套，价值 100 万元。

王月对以上工作待遇很满意，对该公司开发的新产品也很有研究，因此他决定接受邀请。但他不想接受住房，因为每月工作两天，只需要住公司宾馆就可以了。于是他向公司提出，能否将住房改为住房补贴。公司研究了王月的请求，决定可以在今后 5 年里，每年年初给王月支付 22 万元的住房补贴。

收到公司的通知后，王月又犹豫起来。因为如果接受公司住房，可以将住房出售，扣除售价 5%的税金和手续费，他可以获得 95 万元；而接受房贴，则每年年初他可获得 22 万元。假设每年存款利率为 4%。

【实训任务】

请运用资金时间价值观念，帮助王月做出正确的选择。

项目三 财务分析

学习目标

知识目标

理解:财务分析的概念及作用、财务综合指标分析的概念和特点;

熟知:财务分析的目的及内容、财务分析的局限性、财务评价;

掌握:偿债能力、运营能力、获利能力、发展能力分析的内容和方法;综合指标分析的内容和方法。

能力目标

能够对企业的偿债能力、运营能力、获利能力、发展能力作出分析与评价;能够运用财务指标综合分析方法对企业的财务状况和经营业绩作出分析和评价。

素质目标

能够结合企业具体规模和行业特点,对企业的财务状况和财务能力进行客观的分析和评价,并根据分析的结果提出合理化建议。

项目引例

感动中国年度人物刘姝威

刘姝威(中央财经大学财经研究所研究员,中国企业研究中心主任)被评为中央电视台"经济年度人物"和"感动中国年度人物"。CCTV 的颁奖辞称:"她是那个在童话里说'皇帝没穿衣服'的孩子,一句真话险些给她惹来杀身之祸。她对社会的关爱与坚持真理的风骨,体现了知识分子的本分、独立、良知与韧性。"

刘姝威运用国际通用的财务分析方法,分析了从蓝田股份的招股说明书以及到 2001 年中期报告的全部财务报告以及其他公开资料。根据对蓝田股份会计报表的研究推理,写了一篇 600 多字的研究推理短文《应立即停止对蓝田股份发放贷款》给《金融内参》。她通过《北京青年报》公开发表了蓝田股份会计报表的研究推理摘要,包括四部分内容:(1)蓝田股份的偿债能力分析;(2)蓝田股份的农副产品销售收入分析;(3)蓝田股份的现金流量分析;(4)蓝田股份的资产结构分析。最后,研究推理:蓝田股份的偿债能力越来越日益恶化;扣除各项成本和费用后,蓝田股份没有净收入来源;蓝田股份不能创造足够的现金流量以便维持正常的经营活动并且不能保证按时偿还银行贷款的本金和利息,所以银行应该立即停止对蓝田股份发放贷款。

600 字的短文谁不能写?谁都能写,关键是文章的价值。而刘姝威的这 600 字文章的意义巨大,它击碎了一直牛皮哄哄的蓝田神话(1996 年,蓝田股份上市时股本为 9 696 万股,至

2000年底已扩张到4.46亿股;主营业务收入从4.68亿元猛增到18.4亿元),直接改变了蓝田公司的命运,众多的银行就是在看了这篇文章以后“统一行动”,拒绝给蓝田贷款。想一想,上市公司一旦遭到银行的“统一封杀”,结果会是如何?股价自然是一落千丈,蓝田的命运自然可想而知。不仅如此,从这篇文章挽回国家巨大损失和使很多股民免遭“家破人亡”悲剧的“隐性社会效果”来看,“中国”怎能不被刘姝威所“感动”?

分析讨论:

财务分析有什么意义?

知识支撑

任务一 财务分析概述

一、财务分析的概念及作用

(一)财务分析的概念

财务分析又称财务报表分析,财务报表是企业财务状况和经营成果的信息载体,但如果孤立地看,财务报表所列示的各类项目的金额,并无多大意义,必须与其他数据相比较,才能成为有用的信息。这种参照一定标准将财务报表的各项数据与有关数据进行比较、评价的行为就是企业财务分析。具体地说,财务分析就是以财务报表和其他资料为依据和起点,采用专门方法,系统分析和评价企业的财务状况、经营成果和现金流量状况的过程。其目的是评价过去的经营业绩,衡量现在的财务状况,预测未来的发展趋势。

本教材定义为:财务分析是以企业财务报表反映的财务指标为主要依据,采用一系列专门的财务分析技术与方法,用以揭示各项财务指标之间的内在联系,从而系统分析和评价企业的财务状况、经营成果和现金流量的过程,发现企业生产经营活动中存在的问题,预测企业未来发展趋势,为未来决策提供依据的一项管理活动。

(二)财务分析的作用

财务分析既是财务预测的前提,也是过去经营活动的总结,具有承上启下的作用。

1. 财务分析是评价财务状况及经营业绩的重要依据

通过财务分析,可以了解企业偿债能力、营运能力、盈利能力和现金流量状况,合理评价经营者的经营业绩,以奖优罚劣,促进管理水平的提高。

2. 财务分析是实现理财目标的重要手段

企业理财的根本目标是实现企业价值最大化。通过财务分析,不断挖掘潜力,从各方面揭露矛盾,找出差距,充分认识未被利用的人力、物力资源,寻找利用不当的原因,促进企业经营活动按照企业价值最大化目标运行。

3. 财务分析是实施正确投资决策的重要步骤

投资者通过财务分析,可了解企业获利能力、偿债能力,从而进一步预测投资后的收益水平和风险程度,以做出正确的投资决策。

二、财务分析的目的及内容

财务分析的目的是指财务分析的主体对企业财务状况、经营成果进行分析所要达到的目的。一般而言，财务分析的主体主要包括企业所有者、企业债权人、企业经营者、政府机构等。

投资主体的多元化，决定了企业财务信息流向的多层次性。不同主体出于不同的利益考虑，对财务分析信息有着各自不同的要求。不同的投资主体由于利益倾向的差异，在对企业经营财务状况进行分析、评价时，必然会有着不同的侧重点。

1. 对于所有者来讲，作为出资人，必然高度关心其产权的保值和增值状况，对资本的回报率产生强烈要求，因此较为重视企业获利能力指标，主要进行企业盈利能力分析。考虑如何增强竞争实力，扩大市场占有率，追求资本的长期性的持续成长。

2. 对于债权人来讲，最关心的不是企业是否具有强劲的获利能力，而主要关注的是其投资的安全性，因此更重视企业偿债能力指标，主要进行企业偿债能力分析，同时也关注企业盈利能力分析。企业的获利能力最终能否形成有效的支付能力，以保证其债务本息能够及时、足额的得以偿还，力求使其投资风险降低到最低程度。

3. 对企业经营决策者来讲，必须对企业经营理财的各个方面，包括运营能力、偿债能力、获利能力、社会贡献力及发展能力的全部信息予以详尽地了解和掌握，主要进行各方面综合分析，并关注企业财务风险和经营风险，进一步挖掘潜力，优化投资组合，为经济效益稳定增长奠定基础。

4. 对政府经济管理机构来讲，是国有企业的所有者和重要的市场参与者，在资本保全的前提下，期望能够带来稳定增长的财政收入，因此政府对企业财务分析的关注点因所具身份不同而异，政府在考核企业经营理财状况的目的时，需要了解企业资金的使用效率，预测财政收入的增长情况，有效组织和调整社会资源的配置情况。

综上所述，可以将企业财务分析的内容总结为以下五个方面：运营能力分析、偿债能力分析、获利能力分析、发展能力分析和综合能力分析。不同企业的经营状况、经营规模、经营特点不同，但作为运用价值形式进行的财务分析的基本原理还是一致的。

三、财务报表分析的基本程序

（一）一般企业报表分析的程序

不同的报表信息使用者，其分析的目的不同，不同的分析目的，其分析的方法程序也不一样，就企业而言，其分析的目的是为了发现经营管理中存在的问题，找出产生的原因，拟定改进措施，达到提高效益的目的。因此，一般要经过确定分析目标、制订分析方案、收集数据资料、核实整理资料、分析现状和作出分析结论等程序。

1. 确定分析目标

会计报表分析目标依分析目的的不同而不同。从分析者来说，信用分析目标主要是分析企业的偿债能力和支付能力；投资者分析目标主要是分析投资资金的安全性和获利性；经营决策者分析目标主要是为企业产品、生产结构和发展战略方面的重大调整服务。

从分析性质来说，日常报表分析主要分析实际完成与企业目标的偏离情况；定期报表分析是对企业当期的生产经营及财务状况进行的全面分析；预测报表分析是要弄清企业的发展前景；检查分析一般是进行有关专题的分析研究。

2. 制订分析方案

分析目标明确之后，要根据分析量的大小、分析问题的难易程度，制订出分析方案。是全面分析还是重点分析，是协作进行还是分工进行，要列出分析项目，安排分析进度，确定完成内容、完成标准和完成时间。

3. 收集数据资料

分析方案确定后，要根据分析目标收集分析所需的数据资料。前面已经指出：企业的各项经济活动都与内外部环境的变化相联系；会计信息只反映企业经济活动在某一时期的结果，并不反映经济活动的发生、发展变化过程；会计信息能部分地反映造成当前结果的原因，但不能全面揭示形成原因。因此，需要分析者收集相关信息。

一般信息收集内容包括宏观经济形势信息、行业情况信息、企业内部数据等。例如，企业的市场占有率、市场价格、企业的销售政策与措施、产品的品种、有关预测数据等。

信息收集可通过查找资料、专题调研、座谈会或有关会议等多种渠道来完成。

4. 核实整理资料

首先核对和明确财务报告是否反映了真实情况，是否与所收集到的资料有较大差异。作为企业内部分析，如发现资料数据不真实、不全面的问题，可进一步查对，寻求真实情况。但对企业外部分析者来说就比较困难，需要调查研究把握第一手资料。

5. 分析现状

根据分析目标和内容，评价所收集的资料，寻找数据之间的因果关系；联系企业客观环境，解释形成现状的原因，揭示经营成绩和失误，暴露存在的问题，提出意见，探讨改进的办法与途径。

6. 作出分析结论

由于企业经济活动的复杂性和企业外部环境的多变性，要求在作出分析结论时遵循一定的原则。例如，收集全面资料、掌握真实情况；通过指标对比，进行综合判断；点面结合、抓住重点；定性分析与定量分析相结合；静态分析与动态分析相结合等。这些原则都是在实践中总结出来的，分析中必须坚持，才能得出正确结论。结论得出后要写出分析报告。

(二)投资者、债权人一般分析程序

投资者分析会计报表信息的目的，是想了解自己的投资能否得到完整保全，并不断增值，决策自己是否继续投资；债权人分析会计报表信息的目的，是要了解自己的债权能否确保到期实现，并决策是否继续贷款给该企业。其分析、识别的程序如下。

1. 认真阅读公司财务会计报告

公司对外编报公布的财务会计报告是经注册会计师审核并签署意见的书面文件，它详细规范地列举了公司的财务状况、经营成果及现金流量情况，详细的会计报表附注补充了会计报表的不足，因此，投资者及债权人必须认真阅读公司的财务会计报告。

2. 分析重要比率指标，透视公司的经济状况

重要比率分析是透视企业经济状况的重要手段。其重要比率指标有：销售收入利润率、成本利润率、总资产报酬率、资本保值增值率、速动比率、资产负债率、经营现金流量净利润率、经营现金流量负债比率、经营现金流量流动负债比率、经营现金流量营业收入比率、发展趋势分析等。通过上述比率分析，可深刻了解该公司的盈利能力、偿债能力和营运能力，观察是否存在比率失常状况，进一步识别报表的真实程度。

3. 分析企业发展趋势，提出可疑问题

通过各项比率及各比率之间的对比分析，以及与上期实际对比分析，可以了解公司的发展趋势，同时在分析对比中，可能会发现一些矛盾问题。例如某公司，全年利润总额 2 000 万元，其他业务利润占了 80%，这就产生了疑问，为什么主业未获得利润，而主要靠非主业获得利润，那么非主业是什么形成的利润？这些问题都有待深入调查分析，才能得出正确结论。还有的公司，在应收账款中关联企业占据 90%以上，而且几年不还，这也有必要进一步分析，弄清实质。再者通过本期与上期对比可看出其发展变化趋势是否正常，正如上例某公司上年度其他业务未产生利润，而本年度为什么发生如此重大变化有待调查了解一样。

4. 深入调查、识别事实真相

根据分析提出疑问，然后采取深入实际，调查研究，取得第一手资料，以识别事实真相。例如，上海一位股民投资 55 万元全仓买进红光公司股票，买之前，他仔细阅读了 PT 红光上市公告，认真听取了红光老总在电台的广播讲话，几乎尽可能浏览了所有信息，寻找有关红光的报道，还静观了几个交易日，等到该股价回调了 20%左右才下决心买进。没想到买后价格持续下滑。这位股民决定去成都红光实地考察一番。到工厂一看，偌大的工厂空荡杂乱，很多工人都在闲逛。工人们对他说，情况糟透了，工资快要发不出了。回上海后，他立即抛掉了所有的 PT 红光股票，共损失 10.1 万元。可见，深入实地调查研究是弄清真相的基本方法。

5. 掌握资料，作出决策

根据调查结果可作出是否投资、是否继续放贷的决策。

真实的会计信息能使资本市场有效运行；虚假的会计信息必然导致投资者作出错误决策和社会资源的误配，使会计在经济生活中应有的控制功能失效，进而危及到社会财富的公平分配和社会资源的有效配置。因此，真实性是会计的生命。可是曾经发生在我国资本市场的琼民源、PT 红光、东方锅炉、大庆联谊、郑百文欺诈、ST 猴王、蓝田股份、黎明股份造假上市、“世纪黑马”银广厦神话等，太多的上市公司业绩骗局已令人见怪不怪。上市公司信息透明度低、财务会计报告虚假，已经成为大家心照不宣的一个事实。因此，中国证监会曾颁布了必须请特许的外国会计师事务所为中国上市公司补充审计的做法。然而，美国的石油巨头安然公司、通讯巨头世界通讯公司、办公设备巨头施乐公司、制药巨头默克公司、军工巨头诺思罗普公司和法国的威旺迪公司等国际大公司的假账丑闻纷纷曝光。美国审计总署历经 8 个月，在调查取证的基础上，向国会提交了一份长达 260 页、涉案欺诈和舞弊的公司多达 885 家的报告。

官商勾结、中介合谋、欺诈公众，一连串的中外会计丑闻使人们对企业信息披露的真实性失去了信心，也使人们对中国会计的发展方向充满了迷惘。可见会计信息的真实披露已成为全世界共同关注的焦点。怎样识别会计和企业做假账，是有待研究解决的重大问题。

四、财务报表分析应注意的问题

在分析企业财务会计报表、识别评价企业经营业绩的过程中，应注意下列问题，以便作出正确结论。

(一)注意评价标准的客观性

通过对比分析，如何判断其优劣？以及有无一定的判断标准，这是两个重要而又难以回答的问题。例如流动比率，一般认为不低于 200%为好，但如只有 180%或 140%，企业的经营会发生怎样的不良状况？如果为250%又会出现什么好的结果？对此恐怕难以作出肯定回答。其他比率也是如此。再者，企业所处的地理环境、企业生产经营的特点、企业所属行业的特点等的不同，对财务比率也有一定影响。因此，用一个统一的标准比率评价各行各业的经营业绩和财务状况，是不合理的，也是不恰当的。最后，比率分析存在重“量”不重“质”的现象，经常是大量单纯数量指标的堆砌，而忽视对问题性质的分析。因此，每个企业应结合自身的特点，参照同行业水平，实事求是地制定评价标准。

（二）注意报表数据的局限性

利用会计报表进行分析评价尽管十分重要，但也有局限性。

1. 以历史资料为依据

会计报表提供的信息都是历史情况，记录着过去发生的事情，尚未考虑现行市价、重置成本等因素，其数据均是对已发生的成本、费用、收入的记载，缺乏时效性。会计报表的资产价值都是过去的实际成本，在物价变动幅度较大的情况下，虽然有的会计做了减值准备，但不能完全正确地反映企业资产的现实价值。投资者只能自己来预计未来可能发生的变化。

2. 以货币计量为前提

由于会计采用货币为计量单位，会计报表也只能反映用货币能衡量的物品的价值，许多不能用货币表示但对企业未来盈利有影响的因素，如企业取得的科技上的突破、企业人力资源情况、企业所处的社会经济环境的变化、信誉度等因素，会计报表却反映不出来，而这些内容对决策具有重大的参考价值。

3. 币值的稳定性

会计报表是以货币来计量的，并且假设货币的购买力是稳定的，没有考虑通货膨胀等因素和物价变动，其数据隐含着资产超值或贬值的风险。这种假设是不现实的。

4. 会计估价

在会计账务处理中涉及的许多数字带有估计性。例如，固定资产使用年限和残值的估计以及存货价值的确定等。因此，会计的许多数据仅仅是它们的近似值。

5. 账务处理方法的差异

国家对企业某些业务的记账方法，允许作不同的处理。例如，对存货的价值，有些企业使用先进先出法，而另一些企业使用后进先出法、加权平均法。不同的账务处理方法其结果也是不一样的。

6. 报表数据记录的时间差异

财务报表数据未考虑期初到期末之间的变化数据以及全年不规则变化的数据，使数据之间的比较产生一定的困难。另外，资产负债表与利润表所反映的时间不同，以比率的形式将两表的数据进行比较，可比性程度不一致：利润表是时期报告，反映的是跨越了整个会计年度的数据信息；而资产负债表是时点报告，只反映企业某一时点的财务状况，将两报表的数据进行比较会有一些困难。

财务会计报告分析主要依据报表数据，内容狭窄，不能使决策者作出最佳的选择。当然，进行财务会计报告分析所依据的资料，除财务报表以外，还会涉及日常核算资料（凭证、账簿等）和生产技术方面的资料。但在会计电算化尚未普及、系统不完善、效率不高的情况下，财务分析的工作仍主要由手工完成，凭手工对庞大的日常数据进行财务分析，成本高、耗时多，因此，现行条件下能真正充分利用日常数据的财务分析是微乎其微的。

总而言之，现行财务会计报告分析的起点主要是财务报表，分析使用的数据大部分来源于公开发布的财务报表，因此同样具有一定的局限性。

(三)注意报表数据无法反映的因素

会计报表是以货币作为统一计量单位反映企业的财务状况和经营成果的。而一些不能用货币来计量的因素，如企业职工的事业心与责任感、企业员工的素质、从业人员的作风、企业信誉、企业领导层的才智与能力、企业可能取得的科技上的突破、产品的开发与研究、企业所处的社会和经济环境的变化、意外事故的损失等，这些因素从会计报表上无法得知，但这些因素与企业的盈利高低有关，所以分析时一旦忽略这些因素，就难以得出准确的结论；另外，某些外部因素在企业的会计报表中也不作列示，例如，由于竞争对手将某种新开发的产品投入市场，结果本企业的存货变得过时，成为滞销货。但是，假如企业以原始成本作为存货的计价基础，而不采用成本与可变现孰低法，那么其计算出来的财务比率就会变得不可靠。

为了使分析评价尽可能全面、公正，除了以会计报表作为重要的评价依据外，还要注意其他有关资料的搜集，以达到丰富、补充会计报表数据的目的。这些资料包括企业内部的计划资料、统计资料、业务核算资料、同业资料、其他专业性机构(如投资咨询服务机构、行业性协会、证券交易所等)提供的有关资料，以及企业管理人员对企业当年度生产经营与未来展望的评价，均可作为分析者必要的分析资料。

(四)注意报表数据的偶发和粉饰的可能性

会计报表是根据企业决策日的会计记录编制的，年度决算前临时发生的一些事项，有时对会计报表的内容会产生较大影响。例如，年终收到一批材料，货款未付，如何处理？如果增加存货和应付账款，就会影响速动比率；又如，销售一批存货，货款未收，如果把货款计算在今年，利润就高。上述这些偶发事项有可能改变某些财务比率。因此，分析时可将偶然因素剔除。

在使用财务比率时还必须注意会计报表的数据是否经过“乔装打扮”。例如，有的企业赶在编制报表日前将借款还掉，下年年初再设法借入，以掩饰其偿债能力。在这种情况下，企业的流动比率所揭示的信息就缺乏真实性。因此，进行报表分析时，应注意分析会计期末前后一段时间的变化情况。

(五)注意事务的变化性

经营分析中比率分析所得的结果可以说是一种终止状态的比率。例如，年度比率就是表现已经过去的事，就像照相，没有哪张照片看起来不像是静止状态，但照片与其本人相比，每时每刻都会有所不同。一张照片只意味着照相时这个人的状态，一年前的照片就说明不了一年后此人的状态。企业的报表分析也是同样，年度报表分析只显示当年企业的状态，它不能把一切都判断出来。大夫看病需要病历，分析企业的报表时，也需要过去的数据，可见报表分析只是终止动作。报表分析的手法不只是计算，数据的加工处理也很重要。

五、财务分析的局限性

财务分析对于了解企业的财务状况和经营成绩，评价企业的偿债能力和经营能力，帮助制定经济决策，有着显著的作用。但由于种种因素的影响，财务分析也存在着一定的局限性。在分析中，应注意这些局限性的影响，以保证分析结果的正确性。

(一) 资料来源的局限性

1. 报表数据的时效性问题

财务报表中的数据，均是企业过去经济活动的结果和总结，用于预测未来发展趋势，只有参考价值，并非绝对合理。

2. 报表数据的真实性问题

在企业形成其财务报表之前，信息提供者往往对信息使用者所关注的财务状况以及对信息的偏好进行仔细分析与研究，并尽力满足信息使用者对企业财务状况和经营成果信息的期望。其结果极有可能使信息使用者所看到的报表信息与企业实际状况相距甚远，从而误导信息使用者的决策。

3. 报表数据的可靠性问题

财务报表虽然是按照会计准则编制的，但不一定能准确地反映企业的客观实际。例如：报表数据未按通货膨胀进行调整；某些资产以成本计价，并不代表其现在真实价值；许多支出在记账时存在灵活性，既可以作为当期费用，也可以作为资本项目在以后年度摊销；很多资产以估计值入账，但未必正确；偶然事件可能歪曲本期的损益，不能反映盈利的正常水平。

4. 报表数据的可比性问题

根据会计准则的规定，不同的企业或同一个企业的不同时期都可以根据情况采用不同的会计政策和会计处理方法，使得报表上的数据在企业不同时期和不同企业之间的对比在很多时候失去意义。

5. 报表数据的完整性问题

由于报表本身的原因，其提供的数据是有限的。对报表使用者来说，可能不少需要的信息在报表或附注中根本找不到。

（二）财务分析方法的局限性

对于比较分析法来说，在实际操作时，比较的双方必须具备可比性才有意义。

对于比率分析法来说，比率分析是针对单个指标进行分析，综合程度较低，在某些情况下无法得出令人满意的结论；比率指标的计算一般都是建立在以历史数据为基础的财务报表之上的，这使比率指标提供的信息与决策之间的相关性大打折扣。

对于因素分析法来说，在计算各因素对综合经济指标的影响额时，主观假定各因素的变化顺序而且规定每次只有一个因素发生变化，这些假定往往与事实不符。并且，无论何种分析法均是对过去经济事项的反映。随着环境的变化，这些比较标准也会发生变化。而在分析时，分析者往往只注重数据的比较，而忽略经营环境的变化，这样得出的分析结论也是不全面的。

对于趋势分析法来说，可根据企业连续数期的会计报表，比较各个有关项目的金额、增减变动方向和幅度，从而揭示当期财务状况和经营成果的增减变动及其发展趋势。

（三）财务分析指标的局限性

1. 财务指标体系不严密

每一个财务指标只能反映企业的财务状况或经营状况的某一方面，每一类指标都过分强调本身所反映的方面，导致整个指标体系不严密。

2. 财务指标所反映的情况具有相对性

在判断某个具体财务指标是好还是坏，或根据一系列指标形成对企业的综合判断时，必须注意财务指标本身所反映情况的相对性。因此，在利用财务指标进行分析时，必须掌握好对财务指标的“信任度”。

3. 财务指标的评价标准不统一

比如，对流动比率，人们一般认为指标值为 2 比较合理，速动比率则认为 1 比较合适，但许多成功企业的流动比率都低于 2，不同行业的速动比率也有很大差别，如采用大量现金销售的企业，几乎没有应收账款，速动比率大大低于 1 是很正常的。相反，一些应收账款较多的企业，速动比率可能要大于 1。因此，在不同企业之间用财务指标进行评价时没有一个统一标准，不便于不同行业间的对比。

4. 财务指标的计算口径不一致

例如，对反映企业营运能力指标，分母的计算可用年末数，也可用平均数，而平均数的计算又有不同的方法，这些都会导致计算结果不一样，不利于评价比较。

六、财务评价

财务评价是对企业财务状况和经营情况进行的总结、考核和评价。它以企业的财务报表和其他财务分析资料为依据，注重对企业财务分析指标的综合考核。

财务综合评价的方法有很多，包括杜邦分析法(DuPort Analysis)、沃尔评分法(Wall Marking Way)等。目前我国企业经营绩效评价主要使用的是功效系数法。功效系数法又叫功效函数法，它根据多目标规划原理，对每一项评价指标确定一个满意值和不允许值，以满意值为上限，以不允许值为下限，计算各指标实现满意值的程度，并以此确定各指标的分数，再经过加权平均进行综合，从而评价被研究对象的综合状况。

运用科学的财务绩效评价手段，实施财务绩效综合评价，不仅可以真实反映企业经营绩效状况，判断企业的财务改日水平，而且有利于适时揭示财务风险，引导企业持续、快速、健康地发展。

任务二 财务分析的方法

进行财务分析，需要运用一定的方法。财务分析的方法多种多样，常用的有趋势分析法、比率分析法和因素分析法。

一、趋势分析法

趋势分析法又称水平分析法，是通过对比两期或连续数期财务报告中的相同指标，确定其增减变动的方向、数额和幅度，来说明企业财务状况或经营成果的变动趋势的一种方法。采用这种方法，可以分析引起变化的主要原因、变动的性质，并预测企业未来的发展前景。

趋势分析法的具体运用主要有三种方式：(1)重要财务指标的比较；(2)会计报表的比较；(3)会计报表项目构成的比较。

(一)重要财务指标的比较

重要财务指标的比较，是指将不同时期财务报告中的相同指标或比率进行比较，直接观察其增减变动情况及变动幅度，考查其发展趋势，预测其发展前景。

对不同时期财务指标的比较，可以用以下两种比率。

1. 定基动态比率

定基动态比率是以某一时期的数额为固定的基期数额而计算出来的动态比率。其计算公式为：

$$定基动态比率=\frac{分析期数额}{固定基期数额}\times 100\%$$

2. 环比动态比率

环比动态比率是以每一分析期的前期数额为基期数额而计算出来的动态比率。其计算公式为：

$$环比动态比率=\frac{分析期数额}{前期数额}\times 100\%$$

(二)会计报表的比较

会计报表的比较是指将连续数期的会计报表的金额并列起来，比较其相同指标的增减变动金额和幅度，据以判断企业财务状况和经营成果发展变化的一种方法。会计报表的比较，具体包括资产负债表比较、利润表比较和现金流量表比较等。比较时，既要计算出表中有关项目增减变动的绝对额，又要计算出其增减变动的百分比。

(三)会计报表项目构成的比较

这是在会计报表比较的基础上发展而来的。它是以会计报表中的某个总体指标作为100%，再计算出其各组成项目占该总体指标的百分比，从而比较各个项目百比的增减变动，以此来判断有关财务活动的变化趋势。这种方式比前述两种方式能更准确地分析企业财务活动的发展趋势。它既可用于同一企业不同时期财务状况的纵向比较，又可以用于不同企业之间的横向比较。同时，这种方法能消除不同时期(不同企业)之间业务规模差异的影响，有利于分析企业的耗费水平和盈利水平。

在运用趋势分析法时，必须注意以下问题：(1)以本企业历史数据作为比较基础具有不合理的因素。由于企业经营外部的环境的变化、物价变动的存在，各期会计政策的不同选择等因素的影响。趋势分析法涉及的时间跨度越长，则财务报表的可比性就越差。(2)用于对比的各期指标数据在计算口径上必须一致，并且应该剔除非常年度偶发性项目的影响，能够反映企业正常的经营状况。(3)应运用例外原则，对某些有显著变动的指标作重点分析，研究报表各项目之间存在的因果关系，满足分析目的需要。

二、比率分析法

比率分析法是通过计算各种比率指标来确定财务活动变动程度的方法。比率是相对数，采用这种方法，能够把某些条件下的不同可比指标变为可比指标，以利于进行分析。

比率指标的类型主要有构成比率、效率比率和相关比率。

(一)构成比率

构成比率又称结构比率，是指某项财务分析指标的各构成部分数值占总体数值的百分比，反映部分与总体的关系。例如，企业资产中流动资产、固定资产和无形资产占资产总额的百分比(资产构成比率)，企业负债中流动负债和非流动负债占负债总额的百分比(负债构成比率)等。其计算公式为：

$$构成比率=\frac{某个组成部分数值}{总体数值}\times 100\%$$

利用构成比率，可以考察总体中某个部分的形成和安排是否合理，以便协调各项财务活动。

(二)效率比率

效率比率是指某项财务活动中所费与所得的比率,反映投入与产出的关系。利用效率比率指标可以进行得失比较,考察经营成果,评价经济效益。比如,将利润项目与销售成本、销售收入、资本金等项目加以对比,可以算出成本利润率、销售利润率以及资本金利润率等利润率指标,可以从不同角度观察比较企业获利能力的高低及其增减变化情况。

(三)相关比率

相关比率是指以某个项目和与其有关但又不同的项目加以对比所得的比率,反映有关经济活动的相互关系。利用相关比率指标可以考察企业相互关联的业务安排是否合理,以保障经营活动顺畅进行。比如,将流动资产与流动负债加以对比,计算出流动比率,据以判断企业的短期偿债能力。

比率分析法的优点是计算简便,计算结果也比较容易判断,而且还可以使某些指标在不同规模的企业之间进行比较,甚至也能在一定程度上超越行业间的差别进行比较。但采用这种方法时,还应注意以下几点:

(1)对比项目的相关性。计算比率的子项和母项必须具有相关性,把不相关的项目进行对比是没有意义的。在构成比率指标中,部分指标必须是总体指标这个大系统中的一个小系统;在效率比率指标中,投入和产出必须有因果关系;在相关比率指标中,两个对比指标也要有内在的联系,才能评价有关经济活动之间是否协调发展,安排是否合理。

(2)对比口径的一致。计算比率的子项和母项必须在计算时间、范围等方面保持口径一致。

(3)衡量标准的科学性。运用比率分析,需要选用一定的标准与之对比,以便对企业的财务状况做出正确、合理的评价。通常而言,科学合理的对比标准有:(1)预定目标,如预算指标、设计指标、定额指标、理论指标等;(2)历史标准,如上期实际、上年同期实际、历史先进水平以及具有典型意义时期的实际水平等;(3)行业标准,如主管部门或行业协会颁布的技术标准、国内外同类企业的先进水平、国内外同类企业的平均水平等;(4)公认标准。

三、因素分析法

因素分析法是根据分析指标与其影响因素之间的关系,按照一定的程序和方法,从数量上确定各因素对指标差异的影响程度的一种方法。采用这方法主要基于,当有若干因素对分析指标产生影响时,假定其他各个因素既定的情况下,确定每一个因素单独变化所产生的影响。

因素分析法具体有两种:连环替代法和差额分析法。

(一)连环替代法

连环替代法是将分析指标分解为各个可以计量的因素,并根据各个因素之间的依存关系,顺次用各因素的比较值(通常即实际值)替代基准值(通常即标准值或计划值)据以测定各因素对分析指标的影响。

连环替代法的计算程序如下。

第一步,将经济指标的基数(计划数或上期数等)和实际数分解为两个指标体系。

第二步,以基数指标体系为计算的基础,用实际指标体系中每项因素的实际数逐步顺序地替换其基数,每次替换后实际数就被保留下来,有几个因素就替换几次,每次替换后计算出由于该因素变动所得新的结果。

第三步，将每次替换的新结果与这一因素被替换前的结果进行比较，两者的差额大小就是这一因素变化对经济指标差异的影响程度。

第四步，将每个因素的影响数值相加，其代数和应同该经济指标的实际数与基数之间的总差异数相符。

【实例3—1】 海南强力食品加工厂2017年11月某种原材料费用的实际数是61 380元，而其计划数是75 600元。实际数比计划数增加减少14 220元。由于原材料费用是由产品产量、单位产品材料消耗量和材料单价三个因素的乘积，因此就可以把材料费用这一总指标分解为三个因素，然后逐个来分析它们对材料费用总额的影响程度。现假设这三个因素的数值如表3—1所示。

表3—1　　海南强力食品加工厂2016年11月原材料费用

项　目	单　位	计划数	实际数
产品产量	件	180	186
单位产品材料消耗量	千克	15	11
材料单价	元	28	30
材料费用总额	元	75 600	61 380

根据表3—1中资料，材料费用总额实际数较计划数减少14 220元。运用连环替代法，可以计算各因素变动对材料费用总额的影响。

计划指标：　180×15×28=75 600(元)　①

第一次替代：　186×15×28=78 120(元)　②

第二次替代：　186×11×28=57 288(元)　③

第三次替代：　186×11×30=61 380(元)　④

实际指标：

②—①=78 120—75 600=2 520(元)　产量增加的影响

③—②=57 288—78 120=—20 832(元)　材料节约的影响

④—③=61 380—57 288=4 092(元)　价格提高的影响

2 520—20 832+4 092=—14 220(元)　全部因素的影响

(二)差额分析法

差额分析法是连环替代法的一种简化形式，是利用各个因素的比较值与基准值之间的差额来计算各因素对分析指标的影响。运用的基本点是确定各因素报告期数与基期数之间的差额，在此基础上乘以关系式中排列在该因素前面各因素的报告期数和排列在该因素后面各因素的基期数，所得出的结果就是该因素变动对分析指标的影响数。

差额分析法的计算程序如下。

第一步，确定各因素的实际数与基数的差额。

第二步，以各因素造成的差额，乘以计算公式中该因素前面的各因素的实际数，以及列在该因素后面的其余因素的基数，就可求得各因素的影响值；将各个因素的影响值相加，其代数和应同该项经济指标的实际数与基数之差相符。

【实例3—2】 仍用表3—1中的资料。可采用差额分析法计算确定各因素变动对材料费用的影响。

(1)由于产量增加对财务费用的影响为：

(186－180)×15×28 ＝ 2 520(元)

(2)由于材料消耗节约对材料费用的影响为：

186×(11－15)×28 ＝ －20 832(元)

(3)由于价格提高对材料费用的影响为：

186×11 ×(30－28) ＝ 4 092(元)

因素分析法既可以全面分析各因素对某一经济指标的影响，又可以单独分析某个因素对某一经济指标的影响，在财务分析应用颇为广泛。用因素分析法时，必须注意以下问题：

(1)因素分解的关联性。构成经济指标的因素，必须是客观上存在着的因果关系，要能够反映形成该项指标差异的内在构成原因，否则就失去了应用价值。

(2)因素替代的顺序性。确定替代因素时，必须根据各因素的依存关系，遵循一定的顺序并依次替代，不可随意加以颠倒，否则就会得出不同的计算结果。

(3)顺序替代的顺序性。因素分析法在计算每一因素变动的影响时，都是在前一次计算的基础上进行，并采用连环比较的方法确定因素变化影响结果。

(4)计算结果的假定性。由于因素分析法计算的各因素变动的影响数，会因替代顺序不同而有差别，因而计算结果不免带有假定性，即它不可能使每个因素计算的结果，都达到绝对的准确。为此，分析时应力求使这种假定合乎逻辑，具有实际经济意义。这样，计算结果的假定性，才不至于妨碍分析的有效性。

任务三　财务指标分析

总结和评价企业财务状况与经营成果的分析指标包括偿债能力指标、营运指标、营运能力指标、盈利能力指标和发展能力指标。

现将后面举例时需要用到的大连星海财务有限公司的资产负债表和利润表列举如下(见表 3—2 和 3—3)。

表 3—2　　资产负债表

编制单位：大连星海财务有限公司　　2016 年 12 月 31 日　　单位：万元

资　产	期末余额	年初余额	负债和所有者权益	期末余额	年初余额
流动资产：			流动负债：		
货币资金	900	800	短期借款	2 300	2 000
交易性金融资产	500	1 000	应付账款	1 200	1 000
应收账款	1 300	1 200	预收账款	400	300
预付账款	70	40	其他应付款	100	100
存货	5 200	4 000	流动负债合计	4 000	3 400
其他流动资产	80	60	非流动负债：		
流动资产合计	8 050	7 100	长期借款	2 500	2 000

续表

资　产	期末余额	年初余额	负债和所有者权益	期末余额	年初余额
非流动资产：			非流动负债合计	2 500	2 000
持有至到期投资	400	400	负债合计	6 500	5 400
固定资产	14 000	12 000	所有者权益：		
无形资产	550	500	实收资本(或股本)	12 000	12 000
非流动资产合计	14 950	12 900	盈余公积	1 600	1 600
			未分配利润	2 900	1 000
			所有者权益合计	16 500	14 600
资产总计	23 000	20 000	负债及所有者权益合计	23 000	20 000

表 3—3 **利润表**

编制单位:大连星海财务有限公司　　2016 年度　　单位:万元

项　目	本期金额	上期金额
一、营业收入	21 200	18 800
减:营业成本	12 400	10 900
税金及附加	1 200	1 080
销售费用	1 900	1 620
管理费用	1 000	800
财务费用	300	200
加:投资收益	300	300
二、营业利润	4 700	4 500
加:营业外收入	150	100
减:营业外支出	650	600
三、利润总额	4 200	4 000
减:所得税费用	1 050	1 000
四、净利润	3 150	3 000

注:①资产负债表和利润均为简化格式,仅用于示例。②所得税税率为 25%。

一、偿债能力指标

偿债能力是指企业偿还到期债务(包括本息)的能力。偿债能力指标包括短期偿债能力指标和长期偿债能力指标。

(一)短期偿债能力指标

短期偿债能力是指企业流动资产对流动负债及时足额偿还的保证程度,是衡量企业当前财务能力,特别是流动资产变现能力的重要标志。

企业短期偿债能力的衡量指标主要有流动比率、速度比率和现金流动负债比率三项。

1. 流动比率

流动比率是流动资产与流动负债的比率，它表明企业每一元流动负债有多少流动资产作为偿还的保证，反映企业用可在短期内转变为现金的流动资产偿还到期流动负债的能力。其计算公式为：

$$流动比率=\frac{流动资产}{流动负债}\times100\%$$

一般情况下，流动比率越高，反映企业短期偿债能力越强，债权人的权益越有保证。通常认为，流动比率的下限为100%；而流动比率等于200%时较为适当，它表明企业财务状况稳定可靠，除了满足日常生产经营的流动资金需要外，还要有足够的财力偿付到期短期债务。如果比例过低，则表示企业可能捉襟见肘，难以如期偿还债务。但是，流动比率也不可以过高，过高则表明企业流动资产占用较多，会影响资金的使用效率和企业的筹资成本，进而影响获利能力。究竟应保持多高水平的流动比率，主要视企业对待风险和收益的态度予以确定。

运用流动比率时，必须注意以下几个问题。

(1)虽然流动比率越高，企业偿还短期债务的流动资产保证程度越强，但这并不等于说企业已有足够的现金或存款用来偿债。流动比率高也可能是存货积压、应收账款增多且收账期延长，以及其他应收款增加所致，而真正可用来偿债的现金和存款却严重短缺。所以，企业应在分析流动比率的基础上，进一步对现金流量加以考察。

(2)从短期债权人的角度看，自然希望流动比率越高越好。但从企业经营角度看，必然造成企业机会成本的增加和获利能力的降低。因此，企业尽可能将流动比率维持在不使货币资金闲置的水平。

(3)流动比率是否合理，不同的企业以及同一企业不同时期的评价标准是不同的，因此，不应用统一的标准来评价各企业流动比率合理与否。

(4)在分析流动比率时应当剔除一些虚假因素的影响。

【实例3—3】 根据表3—2资料，大连星海财务有限公司2016年的流动比率如下(计算结果保留小数点后两位，下同)：

$$年初流动比率=\frac{7\,100}{3\,400}\times100\%=208.82\%$$

$$年末流动比率=\frac{8\,050}{4\,000}\times100\%=201.25\%$$

该公司2016年年初和年末的流动比率均超过一般公认标准，反映该公司具有较强的短期偿债能力。

2. 速动比率

速动比率是企业速动资产与流动负债的比值。所谓速动资产，是指流动资产减去变现能力较差且不稳定的存货、预付账款、一年内到期的非流动资产和其他流动资产等之后的余额。由于剔除了存货等变现能力弱且不稳定的资产，因此，速动比率较之流动比率能够更加准确、可靠地评价企业资产的流动性及其偿还短期负债的能力。其计算公式为：

$$速动比率=\frac{速动资产}{流动负债}\times100\%$$

其中：速动资产＝货币资金＋交易性金融资产＋应收账款＋应收票据

＝流动资产－存货－预付账款－一年内到期的非流动资产－其他流动资产

说明：报表中如有应收利息、应收股利和其他应收款项目，可视情况归入速动资产项目。

一般情况下，速动比率越高，表明企业偿还流动负债的能力越强。国际上通常认为，速动比率等于100%时较为适当。如果速动比率小于100%，必使企业面临很大的偿债风险；如果速动比率大于100%，尽管债务偿还的安全性很高，但却会因企业现金及应收账款资金占用过多而大大增加企业的机会成本。

【实例3—4】 根据表3—2资料，同时假设大连星海财务有限公司2015年度和2016年度的其他流动资产均为待摊费用，该公司2016年的速动比率如下：

$$年初速动比率=\frac{800+1\ 000+1\ 200}{3\ 400}\times100\%=88.24\%$$

$$年末速动比率=\frac{900+500+1\ 300}{4\ 000}\times100\%=67.5\%$$

分析表明大连星海财务有限公司2016年年末的速动比率比年初有所降低，虽然该公司流动比率超过一般公认标准，但由于流动资产中存货所占比重过大，导致公司速动比率未达到一般公认标准，公司的实际短期偿债能力并不理想，需采取措施加以扭转。

在分析时需注意的是：尽管速动比率较之流动比率更能反映出流动负债偿还的安全性和稳定性，但并不能认为速动比率较低的企业的流动负债到期绝对不能偿还。实际上，如果企业存货流转顺畅，变现能力较强，即使速动比率较低，只要流动比率高，企业仍然有望偿还到期的债务本息。

3. 现金流动负债比率

现金流动负债比率也称现金流量比率，是企业一定时期的经营现金净流量同流动负债的比率，它可以从现金流量角度来反映企业当期偿付短期负债的能力。其计算公式为：

$$现金流动负债比例=\frac{年经营现金净流量}{年末流动负债}\times100\%$$

其中，年经营现金净流量指一定时期内，企业经营活动所产生的现金及现金等价物流入量与流出量的差额。

现金流动负债比率从现金流入和流出的动态角度对企业的实际偿债能力进行考察。由于有利润的年份不一定有足够的现金（含现金等价物）来偿还债务，所以利用以收付实现制为基础计量的现金流动负债比率指标，能充分体现企业经营活动所产生的现金结算净流量可以在多大程度上保证当期流动负债的偿还，直观地反映出企业偿还流动负债的实际能力。用该指标评价企业偿债能力更加谨慎。该指标越大，表明企业经营活动产生的现金结算净流量越多，越能保障企业按期偿还到期债务，但也并不是越大越好，该指标过大则表明企业流动资金利用不充分，获利能力不强。

【实例3—5】 根据表3—2资料，同时假设大连星海财务有限公司2015年度和2016年度的经营现金净流量分别为3 000万元和5 000万元（经营现金净流量的数据可以从公司的现金流量表中获得），则该公司2015年度和2016年度的现金流动负债比率分别为：

$$2015年年度的现金流动负债比率=\frac{3\ 000}{3\ 400}\times100\%=88.24\%$$

$$2016年年度的现金流动负债比率=\frac{5\ 000}{4\ 000}\times100\%=125\%$$

大连星海财务有限公司2016年度的现金流动负债比率比2015年度有明显的提高，表明

该公司的短期偿债能力增强。

(二)长期偿债能力分析

长期偿债能力是指企业偿还长期负债的能力。企业长期偿债能力的衡量指标主要有资产负债率、产权比率、或有负债比率、已获利息倍数等。

1. 资产负债率

又称负债比率，指企业负债总额对资产总额的比率。它表明企业资产总额中，债权人提供资金所占的比重，以及企业资产对债权人权益的保障程度。其计算公式为：

$$资产负债率=\frac{负债总额}{资产总额}\times 100\%$$

一般情况下，资产负债率越小，表明企业长期偿债能力越强。但是也并非说该指标对谁都是越小越好。从债权人来说，该指标越小越好，这样企业偿债越有保证。从企业所有者来说，如果该指标较大说明利用较少的自有资本投资形成了较多的生产经营用资产，不仅扩大了生产经营规模，而且在经营状况良好的情况下，还可以利用财务杠杆的原理，得到较多的投资利润，如果该指标过小则表明企业对财务杠杆利用不够。但资产负债率过大，则表明企业的债务负担重，企业资金实力不强，不仅对债权人不利，而且企业有濒临倒闭的危险。所以，应将企业的长期偿债能力与获利能力指标(收益)结合起来分析，予以平衡考虑。保守的观点认为资产负债率不应高于 50%，而国际上通常认为资产负债率等于 60% 时较为适当。

【实例 3—6】 根据表 3—2 资料，大连星海财务有限公司 2016 年的资产负债率如下：

$$2016\text{ 年年初资产负债率}=\frac{5\ 400}{20\ 000}\times 100\%=27\%$$

$$2016\text{ 年年末资产负债率}=\frac{6\ 500}{23\ 000}\times 100\%=28.26\%$$

大连星海财务有限公司 2016 年年初和年末的资产负债率均不高，说明公司长期偿债能力较强，这样有助于增强债权人对公司出借资金的信心。

2. 产权比率

产权比率是指负债总额与所有者权益的比率，是企业财务结构稳健与否的重要标志，也称资本负债率。它反映企业所有者权益对债权人权益的保障程度。其计算公式为：

$$产权比率=\frac{负债总额}{所有者权益总额}\times 100\%$$

一般情况下，产权比率越低，表明企业的长期偿债能力越强，债权人权益的保障程度越高，承担的风险越小，但企业不能充分地发挥负债的财务杠杆效应。所以，企业在评价产权比率适度与否时，应从提高获利能力与增强偿债能力两个方面综合进行，即在保障债务偿还安全的前提下，应尽可能提高产权比率。

【实例 3—7】 根据表 3—2 资料，大连星海财务有限公司 2016 年的产权比率如下：

$$年初产权比率=\frac{5\ 400}{14\ 600}\times 100\%=36.99\%$$

$$年末产权比率=\frac{6\ 500}{16\ 500}\times 100\%=39.39\%$$

该公司 2016 年年初和年末的产权比率都不高，同资产负债率的计算结果可相互印证，表明公司的长期偿债能力较强，债权人的保障程度较高。

产权比率与资产负债率对评价偿债能力的作用基本相同，两者的主要区别是：资产负债率侧重于分析债务偿付安全性的物质保障程度，产权比率则侧重于揭示财务结构的稳健程度以及自有资金对偿债风险的承受能力。

3. 已获利息倍数

已获利息倍数是指企业一定时期息税前利润与利息支出的比率，反映了获利能力对债务偿付的保证程度。其中，息税前利润总额指利润总额与利息支出的合计数，利息支出指实际支出的借款利息、债券利息等。其计算公式为：

$$已获利息的倍数=\frac{息税前利润总额}{利息支出}$$

其中：息税前利润总额＝利润总额＋利息支出

＝净利润＋所得税＋利息支出

已获利息倍数不仅反映了企业获利能力的大小，而且反映了获利能力对偿还到期债务的保证程度，它既是企业举债经营的前提依据，也是衡量企业长期偿债能力大小的重要标志。一般情况下，已获利息倍数越高，表明企业长期偿债能力越强。国际上通常认为，该指标为 3 时较为适当。从长期来看，若要维持正常偿债能力，利息保障倍数至少应当大于 1，如果利息保障倍数过小，企业将面临亏损以及偿债的安全性与稳定性下降的风险。究竟企业已获利息倍数应是多少，才算偿付能力强，这要根据往年经验结合行业特点来判断。

【实例 3—8】 根据表 3—3 资料，同时假定表中财务费用全部为利息支出，大连星海财务公司 2015 年度和 2016 年度的已获利息倍数分别为：

$$2015\text{ 年度的已获利息倍数}=\frac{4\ 000+200}{200}=21$$

$$2016\text{ 年度的已获利息倍数}=\frac{4\ 200+300}{300}=15$$

从以上的计算结果来看，应当说该公司 2015 年度和 2016 年度的已获利息倍数都较高，有较强的偿付负债利息的能力。但还需进一步结合往年的情况和行业的特点进行判断。

二、运营能力分析

运营能力是指企业基于外部市场环境的约束，通过内部人力资源和生产资料的配置组合而对财务目标所产生作用的大小。营运能力的分析包括人力资源营运能力的分析和生产资料营运能力的分析。

(一)人力资源营运能力的分析

人作为生产力的主体和企业财富的原始创造者，其素质水平的高低对企业营运能力的形成状况具有决定性作用。而分析和评价人力资源营运能力的着眼点在于如何充分调动劳动者的积极性、能动性，从而提高其经营效率。通常采用劳动效率指标进行分析。

劳动效率是指企业主营业务收入净额或净产值与平均职工人数(可以视不同情况具体确定)的比率，其计算公式为：

$$劳动效率=\frac{营业收入或净产值}{平均职工人数}$$

对企业劳动效率进行考核评价主要是采用比较的方法，例如将实际劳动效率与本企业计划水平、历史先进水平或同行业平均先进水平等指标进行对比，进而确定其差异程度，分析造成差异的原因，以择取适宜对策，进一步发掘提高人力资源劳动效率的潜能。

(二)生产资料营运能力分析

企业拥有或控制的生产资料表现为各项资产占用。因此，生产资料的营运能力实际上就是企业的总资产及其各个组成要素的营运能力。资产营运能力的强弱关键取决于周转速度。

一般说来，周转速度越快，资产的使用效率越高，则资产营运能力越强；反之，营运能力就越差。其计算公式为：

$$周转率(周转次数)=\frac{周转额}{资产平均余额}$$

$$周转期(周转天数)=\frac{计算期天数}{周转次数}=资产平均余额\times\frac{计算期天数}{周转额}$$

具体地说，生产资料运营能力分析可以从以下几个方面进行：流动资产周转情况分析、固定资产周转情况分析以及总资产周转情况分析等。

1. 流动资产营运能力分析

反映流动资产周转情况的指标主要有应收账款周转率、存货周转率和流动资产周转率。

(1)应收账款周转率。它是企业一定时期内营业收入(或销售收入，本项目下同)与平均应收账款余额的比率，是反映应收账款周转速度的指标。其计算公式为：

$$应收账款周转率(周转次数)=\frac{营业收入}{平均应收账款余额}$$

$$平均应收账款余额=\frac{应收账款余额年初数+应收账款余额年末数}{2}$$

$$应收账款周转期(周转天数)=\frac{平均应收账款余额\times 360}{营业收入}=\frac{360}{应收账款周转率}$$

应收账款周转率反映了企业应收账款变现速度的快慢及管理效率的高低，周转率高表明：收账迅速，账龄较短；资产流动性强，短期偿债能力强；可以减少收账费用和坏账损失，从而相对增加企业流动资产的投资收益。同时借助应收账款周转期与企业信用期限的比较，还可以评价购买单位的信用程度，以及企业原订的信用条件是否适当。

利用上述公式计算应收账款周转率时，需要注意一些问题，如公式中的应收账款包括会计核算中的“应收账款”和“应收票据”等全部赊销账款在内，且金额应扣除坏账准备后的净额；如果应收账款余额的波动性较大，应尽可能使用更详尽的计算资料，如按每月的应收账款余额来计算其平均占用额；分子、分母的数据应注意时间的对应性。

【实例3－9】 根据表3－2和表3－3资料，同时假定大连星海财务股份有限公司2014年年末的应收账款余额为1 100万元，该公司2015年度和2016年度应收账款周转率的计算如表3－4所示。

表3－4　　应收账款周转率计算表　　金额单位：万元

项　目	2014年	2015年	2016年
营业收入		18 800	21 200
应收账款年末余额	1 100	1 200	1 300
平均应收账款余额		1 150	1 250
应收账款周转率(次)		16.35	16.96
应收账款周转期(天)		22.02	21.23

以上计算结果表明，大连星海财务有限公司2016年度的应收账款周转率比2015年度略有改善，周转次数由16.35次提高为16.96次，周转天数由22.02天缩短为21.23天。这不仅说明公司的运营能力有所增强，而且对流动资产的变现能力和周转速度也会起到提高和促进作用。

(2)存货周转率。它是企业一定时期营业成本(或销售成本，本项目下同)与平均存货余额的比率，是反映企业流动资产流动性的一个指标，也是衡量企业生产经营各环节中存货运营效率的一个综合性指标。其计算公式为：

$$存货周转率(周转次数)=\frac{营业成本}{平均存货余额}$$

其中：

$$平均存货余额=\frac{存货余额年初数+存货余额年末数}{2}$$

$$存货周转天数=\frac{360}{存货周转率}$$

存货周转速度的快慢，不仅反映出企业采购、储存、生产、销售各环节管理工作状况的好坏，而且对企业的偿债能力及获利能力产生决定性的影响。一般来讲，存货周转率越高越好，存货周转率越高，表明其变现的速度越快，周转额越大，资产占用水平越低。因此，通常存货既不能储存过少，否则可能造成生产中断或销售紧张；又不能储存过多，而形成呆滞、积压。一定要保持结构合理、质量可靠。其次，存货是流动资产的重要组成部分，其质量和流动对企业流动比率具有举足轻重的影响，并进而影响企业的短期偿债能力。故一定要加强存货的管理，来提高其投资的变现能力和获利能力。

在计算存货周转率时应注意以下几个问题：

第一，存货计价方法对存货周转率具有较大的影响，因此，在分析企业不同时期或不同企业的存货周转率时，应注意存货计价方法的口径是否一致；

第二，分子、分母的数据应注意时间上的对应性。

【实例3—10】 根据表3—2和表3—3资料，同时假设大连星海财务有限公司2014年年末的存货余额为3 800万元，该公司2015年度和2016年度存货周转率的计算如表3—5所示。

表3—5　　存货周转率计算表　　金额单位：万元

项　目	2014年	2015年	2016年
营业成本		10 900	12 400
存货年末余额	3 800	4 000	5 200
平均存货余额		3 900	4 600
存货周转率(次)		2.79	2.70
存货周转期(天)		128.81	133.55

以上计算结果表明，大连星海财务有限公司2016年度的存货周转率比2015年度有所延缓，存货周转次数由2.79次降为2.70次，周转天数由128.81天增为133.55天。这反映出大连星海财务有限公司2016年度存货管理效率不如2015年度，其原因可能与2016年度存货较

大幅度增长有关。

(3)流动资产周转率。它是企业一定时期营业收入与平均流动资产总额的比率,是反映企业流动资产周转速度的指标。其计算公式为:

$$流动资产周转率(周转次数)=\frac{营业收入}{平均流动资产总额}$$

$$平均流动资产总额=\frac{流动资产总额年初数+流动资产总额年末数}{2}$$

$$流动资产周转期(周转天数)=\frac{平均流动资产总额\times 360}{营业收入}=\frac{360}{流动资产周转率}$$

在一定时期内,流动资产周转次数越多,表明以相同的流动资产完成的周转额越多,流动资产利用效果越好。从流动资产周转天数来看,周转一次所需要的天数越少,表明流动资产在经历生产和销售各阶段时所占用的时间越短。生产经营任何一个环节上的工作改善,都会反映到周转天数的缩短上来。

【实例 3—11】 根据表 3—2 和表 3—3 资料,同时假设大连星海财务有限公司 2014 年年末的流动资产总额为 6 000 万元,该公司 2015 年度和 2016 年度流动资产周转率的计算如 3—6 所示。

表 3—6　　流动资产周转率计算表　　金额单位:万元

项　目	2014 年	2015 年	2016 年
营业收入		18 800	21 200
流动资产年末总额	6 000	7 100	8 050
平均流动资产总额		6 550	7 575
流动资产周转率(次)		2.87	2.80
流动资产周转期(天)		125.43	128.63

由此可见,该公司 2016 年度的流动资产周转期比 2015 年度延缓了 3.2 天,流动资金占用增加,增加占用的数额可计算如下:

$$(128.63-125.43)\times 21\,200/360=188.44(万元)$$

2. 固定资产营运能力分析

反映固定资产周转情况的主要指标是固定资产周转率,它是企业一定时期营业收入与平均固定资产净值的比值,是衡量固定资产利用效率的一项指标。其计算公式为:

$$固定资产周转率(周转次数)=\frac{营业收入}{平均固定资产净值}$$

其中:

$$平均固定资产净值=\frac{固定资产净值年初数+固定资产净值年末数}{2}$$

$$固定资产周转期(周转天数)=\frac{平均固定资产净值\times 360}{营业收入}=\frac{360}{固定资产周转率}$$

需要说明的是,与固定资产有关的价值指标有固定资产原价、固定资产净值和固定资产净额等。其中,固定资产原价是指固定资产的历史成本。固定资产净值为固定资产原价扣除已计提的累积折旧后的金额(即,固定资产净值=固定资产原价-累计折旧)。固定资产净额则是固定资产原价扣除已计提的累计折旧以及已计提的减值准备后的余额(即,固定资产净额=固定资产原价-累计折旧-已计提减值准备)。

一般情况下,固定资产周转率越高,表明企业固定资产利用充分,同时也能表明企业固定资产投资得当,固定资产结构合理,能够充分发挥效率。反之,如果固定资产周转率不高,则表明固定资产使用效率不高,提供的生产成果不多,企业的运营能力不强。

运用固定资产周转率时,需要考虑固定资产因计提折旧的影响其净值在不断地减少,以及因更新重置其价值会突然增加的影响。同时,由于折旧方法的不同,可能影响其可比性。在分析时,一定要剔除掉这些不可比因素。

【实例 3—12】 根据表 3—2 和表 3—3 资料,同时假设大连星海财务有限公司 2014 年年末的固定资产净值为 11 800 万元,表 3—7 中的固定资产金额均为固定资产净值(未计提固定资产减值准备)。该公司 2015 年度和 2016 年度固定资产周转率的计算如表 3—7 所示。

表 3—7 **固定资产周转率计算表** 金额单位:万元

项 目	2014 年	2015 年	2016 年
营业收入		18 800	21 200
固定资产年末净值	11 800	12 000	14 000
平均固定资产净值		11 900	13 000
固定资产周转率(次)		1.58	1.63
固定资产周转期(天)		227.87	220.75

以上计算结果表明,大连星海财务有限公司 2016 年度的固定资产周转率比 2015 年度有所加快,其主要原因是固定资产净值的增加幅度低于营业收入增长幅度所引起。这表明公司的运营能力有所提高。

3. 总资产营运能力分析

反映总资产周转情况的主要指标是总资产周转率,它是企业一定时期营业收入与平均资产总额的比值,可以用来反映企业全部资产的利用效率。其计算公式为:

$$\text{总资产周转率(周转次数)}=\frac{\text{营业收入}}{\text{平均资产总额}}$$

其中:

$$\text{平均资产总额}=\frac{\text{资产总额年初数}+\text{资产总额年末数}}{2}$$

$$\text{总资产周转期(周转天数)}=\frac{\text{平均资产总额}\times 360}{\text{营业收入}}=\frac{360}{\text{总资产周转率}}$$

总资产周转率越高,表明企业全部资产的使用效率越高;反之,如果该指标较低,则说明企业利用全部资产进行经营的效率较差,最终会影响企业的获利能力。企业应采取各项措施来提高企业的资产利用程度,比如提高销售收入或处理多余的资产。

【实例 3—13】 根据表 3—2 和表 3—3 资料,同时假设大连星海财务有限公司 2014 年年末的资产总额为 19 000 万元,该公司 2015 年度和 2016 年度总资产周转率的计算如表 3—8 所示。

表 3—8　　总资产周转率计算表　　金额单位：万元

项　目	2014 年	2015 年	2016 年
营业收入		18 800	21 200
资产年末总额	19 000	20 000	23 000
平均资产总额		19 500	21 500
总资产周转率(次)		0.96	0.99
总资产周转期(天)		373.40	365.09

以上计算表明，大连星海财务有限公司 2016 年度的总资产周转率比 2015 年度略有加快。这是因为该公司固定资产平均净值的增长程度(9.24%)虽低于营业收入的增长程度(12.77%)，但流动资产平均余额的增长程度(15.65%)却以更大幅度高于营业收入的增长程度，所以总资产的利用效果难以大幅度提高。

需要说明的是，在上述指标的计算中均以年度作为计算期，在实际中，计算期应视分析的需要而定，但应保持分子与分母在时间口径上的一致。如果资金占用的波动性较大，企业应采用更详细的资料进行计算。如果各期占用额比较稳定，波动不大，季度、年度的平均资金占用额也可以直接用(期初数＋期末数)/2 来计算。

三、获利能力分析

对增值的不断追求是企业资金运动的动力源泉与直接目的。盈利能力就是企业资金增值的能力，它通常体现为企业收益数额的大小与水平的高低。企业会计的六大要素有机统一于企业资金运动过程，并通过筹资、投资活动取得收入，补偿成本费用，从而实现利润目标。由此，可以按照会计基本要素设置销售利润率、成本利润率、资产利润率、自有资金利润率和资本保值增值率等指标，借以评价企业各要素的盈利能力及资本保值增值情况。

此外，上市公司经常使用的获利能力指标还有每股收益、每股股利、市盈率和每股净资产等。

盈利能力即企业赚取利润和使资金增值的能力，它通常体现为企业收益数额的大小和水平的高低，是企业管理者、投资者和债权人都日益重视和关注的企业经营基本问题之一，是综合判断企业经营成果的最主要的分析方法，它主要通过损益表中的有关项目及损益表与资产负债表有关项目之间的联系，来评价企业当期的经营成果和未来的发展趋势。用以反映企业盈利能力的比率指标很多，可以按照会计基本要素设置营业利润率、成本费用利润率、盈余现金保障倍数、总资产报酬率、净资产收益率和资本收益率等指标，借以评价企业各要素的获利能力及资本保值增值情况。此外，上市公司经常使用的盈利能力指标还有每股收益、市盈率等。

(一)营业利润率

营业利润率是企业一定时期营业利润与营业收入的比率。其计算公式为：

$$营业利润率=\frac{营业利润}{营业收入}\times 100\%$$

营业利润率越高，表明企业市场竞争力越强，发展潜力越大，从而获利能力越强。

需要说明的是，从利润表来看，企业的利润包括营业利润、利润总额和净利润三种形式。而营业收入包括主营业务收入和其他业务收入，收入来源有商品销售收入、提供劳务收入和资产使用权收入等，在实务中也经常使用销售净利率、销售毛利率等指标(计算公式如下)来分析企业经营业务的获利水平。此外，通过考察营业利润占整个利润总额比重的升降，可以发现企业经营理财状况的稳定性、面临的危险或者可能出现的转机迹象。

$$销售净利率=\frac{净利润}{销售收入}\times 100\%$$

$$销售毛利率=\frac{销售收入-销售成本}{销售收入}\times 100\%$$

【实例3—14】 根据表3—2和表3—3资料，大连星海财务有限公司2015年度和2016年度的营业利润率的计算如表3—9所示。

表3—9 **营业利润率计算表** 金额单位：万元

项　目	2015年	2016年
营业利润	4 500	4 700
营业收入	18 800	21 200
营业利润率	23.94%	22.17%

从以上分析可以看出：大连星海财务有限该公司的营业利润率略有下降。通过分析可以看到，这种下降趋势主要是由于公司2016年的成本费用增加所至，由于下降幅度不大，可见，公司的经营方向和产品结构仍符合现有市场需要。

(二)成本费用利润率

成本费用利润率是指企业一定时期利润总额与成本费用总额的比率。其计算公式为：

$$成本费用利润率=\frac{利润总额}{成本费用总额}\times 100\%$$

其中：成本费用总额=营业成本+税金及附加+销售费用+管理费用+财务费用

该指标越高，表明企业为取得利润付出的代价越小，成本费用控制越好，获利能力越强。

同利润一样，成本费用的计算口径也可以分为不同层次，比如主营业务成本、营业成本等。在评价成本费用效果时，应当注意成本费用与利润之间在计算层次和口径上的对应关系。

【实例3—15】 根据表3—2和表3—3资料，大连星海财务有限公司2015年和2016年度的成本费用利润率的计算如表3—10所示。

表3—10 **成本费用利润率计算表** 金额单位：万元

项　目 \ 年　份	2015	2016
营业成本	10 900	12 400
营业税金及附加	1 080	1 200
销售费用	1 620	1 900
管理费用	800	1 000
财务费用	200	300

续表

项目 \ 年份	2015	2016
成本费用总额	14 600	16 800
利润总额	4 000	4 200
成本费用利润率	27.40%	25%

从以上计算结果可以看到,该公司 2016 年度的成本费用利润比 2015 年度有所下降,公司应当深入检查导致成本费用上升的因素,改进有关工作以使扭转效益指标下降的状况。

(三)盈余现金保障倍数

盈余现金保障倍数是企业一定时期经营现金净流量与净利润的比值,反映了企业当期净利润中现金收益的保障程度,真实反映了企业盈余的质量。其计算公式为:

$$盈余现金保障倍数=\frac{经营现金净流量}{净利润}$$

盈余现金保障倍数是从现金流入和流出的动态角度,对企业收益的质量进行评价,在收付实现制的基础上,充分反映出企业当期净利润中有多少是有现金保障的。一般来说,当企业当期净利润大于 0 时,盈余现金保障倍数应当大于 1。该指标越大,表明企业经营活动产生的净利润对现金的贡献越大,企业收益质量越高。

【实例 3—16】 根据表 3—11 的资料,同时假设该公司 2015 年度和 2016 年度的经营现金净流量分别为 4 000 万元和 6 000 万元(经营现金净流量的数据可以从公司的现金流量表中获得),该公司 2015 年度和 2016 年度的盈余现金保障倍数的计算如表 3—11 所示。

表 3—11 **盈余现金保障倍数计算表** 金额单位:元

项 目	2015 年	2016 年
经营现金净流量	4 000	6 000
净利润	3 000	3 150
盈余现金保障倍数	1.33	1.90

从以上计算结果可以看出,该公司 2016 年度的盈余现金保障倍数比 2015 年度有较大的提高,这是因为在净利润略有增长(增长 150 万元)的情况下,经营现金净流量有较大幅度的增长(增长 2000 万元),表明该公司收益的流动性有所提高。

(四)总资产报酬率

总资产报酬率是企业一定时期内获得的报酬总额与平均资产总额的比率。它是反映企业资产综合利用效果的指标,也是衡量企业利用债权人和所有者权益总额所取得盈利的重要指标。其计算公式为:

$$总资产报酬率=\frac{息税前利润总额}{平均资产总额}\times 100\%$$

其中:息税前利润总额 =利润总额+利息支出 =净利润+所得税+利息支出

总资产报酬率全面反映了企业全部资产的获利水平,企业所有者和债权人对该指标都非常关心。一般情况下,该指标越高,表明企业的资产利用效益越好,整个企业获利能力越强,经营水平越高。企业还可以将该指标与市场资本利率进行比较，如果前者较后者大，则说明企业可以充分利用财务杠杆，适当举债经营，以获得更多的收益。

【实例 3—17】 根据表 3—2 和表 3—3 资料，同时假设表中财务费用全部为利息支出，而且大连星海财务有限公司 2014 年度的年末资产总额为 19 000 万元。该公司 2015 年度和 2016 年度总资产报酬率的计算如表 3—12 所示。

表 3—12 **总资产报酬率** 金额单位：万元

项　目	2014 年	2015 年	2016 年
利润总额		4 000	4 200
利息支出		200	300
息税前利润总额		4 200	4 500
资产年末总额	19 000	20 000	23 000
平均资产总额		19 500	21 500
总资产报酬率		21.54%	20.93%

以上计算结果表明，企业 2016 年度的资产综合利用效率略微不如 2015 年度，需要对公司资产的使用情况，增产节约工作等情况作进一步的分析考察，以便改进管理，提高效益。

（五）净资产收益率

净资产收益率也称股东权益报酬率是企业一定时期净利润与平均净资产的比率。它是反映自有资金投资收益水平的指标，是企业获利能力指标的核心。其计算公式为：

$$\text{净资产收益率}=\frac{\text{净利润}}{\text{平均净资产}}\times 100\%$$

其中：

$$\text{平均净资产}=\frac{\text{所有者权益年初数}+\text{所有者权益年末数}}{2}$$

净资产收益率是评价企业自有资本及其积累获取报酬水平的最具综合性与代表性的指标，反映企业资本运营的综合效益。该指标通用性强，适应范围广，不受行业局限，在国际上的企业综合评价中使用率非常高。通过对该指标的综合对比分析，可以看出企业获利能力在同行业中所处的地位，以及与同类企业的差异水平。一般认为，净资产收益率越高，企业自有资本获取收益的能力越强，运营效益越好，对企业投资人和债权人权益的保证程度越高。

【实例 3—18】 根据表 3—2 和表 3—3 资料，同时假设大连星海财务股份有限公司 2014 年度的年末净资产为 13 000 万元。该公司 2015 年度和 2016 年度净资产收益率的计算如表 3—13 所示。

表 3—13 **净资产收益率** 金额单位：万元

项　目＼年　度	2014	2015	2016
净利润		3 000	3 150
年末净资产额	13 000	14 600	16 500
平均净资产		13 800	15 550
净资产收益率		21.74%	20.26%

大连星海财务有限公司 2016 年度的净资产收益率比 2015 年度降低了近 1.5 个百分点，这是由于该公司所有者权益的增长快于净利润的增长所引起的，根据前列资料可以求得，该公司的所有者权益增长率为：

$$所有者权益增长率=\frac{15550-13800}{13800}\times100\%=12.68\%$$

$$净利润增长率=\frac{3150-3000}{3000}\times100\%=5\%$$

(六)资本收益率

资本收益率是企业一定时期净利润与平均资本(即资本性投入及其资本溢价)的比率，反映企业实际获得投资额的回报水平。其计算公式如下：

$$资本收益率=\frac{净利润}{平均资本}\times100\%$$

其中

$$平均资本=\frac{[实收资本(股本)年初数+资本公积年初数]+[实收资本(股本)年末数+资本公积年末数]}{2}$$

其中：

资本公积＝实收资本(股本)中的资本溢价(股本溢价)

需要说明的是，所有者权益的来源包括所有者投入的资本、直接计入所有者权益的利得和损失、留存收益等。

其中：

(1)所有者投入的资本，反映在实收资本(股本)和资本公积(资本溢价或股本溢价)中；

(2)直接计入所有者权益的利得和损失，是指不应计入当期损益、会导致所有者权益发生增减变动的、与所有者投入资本或者向所有者分配利润无关的利得或者损失；

利得是指由企业非日常活动所形成的、会导致所有者权益增加的、与所有者投入资本无关的经济利益的流入；

损失是指由企业非日常活动所发生的、会导致所有者权益减少的、与向所有者分配利润无关的经济利益的流出。

(3)留存收益包括未分配利润和盈余公积。换句话说，并非资本公积中的所有金额都属于所有者投入的资本，只有其中的资本溢价(股本溢价)属于资本性投入。

【实例 3—19】 根据表 3—2 和表 3—3 资料，同时假设大连星海财务有限公司 2014 年度的年末实收资本为 12 000 万元(无资本公积)。该公司 2015 年度和 2016 年度的资本收益率的计算如表 3—14 所示。

表 3—14 **资本收益率计算表** 金额单位：万元

项目 \ 年份	2014	2015	2016
净利润	12 000	3 000	3 150
年末实收资本(股本)		12 000	12 000
平均净资产		12 000	12 000
净资产收益率		25%	26.25%

从以上计算结果可以看出，该公司 2016 年度的资本收益率比 2015 年度上升了 1.25 个百分点，这是由该公司资本没有发生变化，而净利润有所增长所引起的。

(七)每股收益

每股收益，也称每股利润或每股盈余，是反映企业普通股股东持有每一股份所能享有企业利润或承担企业亏损，是衡量上市公司获利能力时最常用的财务分析指标。每股收益越高，说明公司的获利越强。每股收益的计算包括基本每股收益和稀释每股收益企业应当按照归属于普通股股东的当期净利润，除以当期发行在外普通股股数的加权平均数计算基本每股收益。其计算公式为：

$$\text{基本每股收益}=\frac{\text{归属于普通股股东的当期净利润}}{\text{当期发行在外普通股的加权平均数}}$$

$$\begin{array}{c}\text{当期发行在外普通股}\\\text{股数的加权平均数}\end{array}=\frac{\text{期初发行在外普通股股数}+\text{当期新发行普通股股数}\times\text{已发行时间}}{\text{报告期时间}}-\frac{\text{当期回购普通股股数}\times\text{已回购时间}}{\text{报告期时间}}$$

注：已发行时间、报告期时间和已回购时间一般按天数计算，在不同影响计算结果的前提下，也可以按月份简化计算。

企业存在稀释性潜在普通股的，应当分别调整归属于普通股股东的当期净利润和发行在外普通股的加权平均数(即基本每股收益计算公式中的分子、分母)，并据以计算稀释每股收益。其中：稀释性潜在普通股，是指假设当期转换为普通股会减少每股收益的潜在普通股。潜在普通股，是指赋予其持有者在报告期或以后期间享有取得普通股权利的一种金融工具或其他合同，包括可转换公司债券、认股权证、股份期权等。

需要特别说明的是，潜在普通股是否具有稀释性的判断标准是看其对持续经营每股收益的影响，也就是说，假定潜在普通股当期转换为普通股，如果会减少持续经营每股收益或增加持续经营每股亏损，表明具有稀释性，否则，具有反稀释性。

其中：

第一，分子的调整

计算稀释每股收益时，应当根据下列事项对归属于普通股股东的当期净利润进行调整：

(1)当期已确认为费用的稀释性潜在普通股的利息；

(2)稀释性潜在普通股转换时将产生的收益或费用。

上述调整应当考虑相关的所得税影响。

第二，分母的调整

计算稀释每股收益时，当期发行在外普通股的加权平均数应当为计算基本每股收益时普通股的加权平均数与假定稀释性潜在普通股转换为已发行普通股而增加的普通股股数的加权平均数之和。

每股收益是衡量上市公司盈利能力非常重要的一个财务指标，是所有上市公司必须披露的重要信息之一。在分析时，与同行业内不同公司间比较，可以评价该公司的相对盈利能力；与公司的历史数据比较，可以了解公司盈利能力的变化趋势；与公司盈利预测比较，可以反映公司的管理效率。

在运用每股收益分析公司盈利能力时，应当注意以下几个问题：一是每股收益并不能够揭示股票所包含的风险，同一公司不同时期的经营风险不同，但每股收益可能相同；二是不同股票的每一股的经济价值是不等量的，它们所含有的净资产和市价不同，即换取每股收益的投资额不同；三是每股收益多，并不意味着股利多，还取决于公司股利分配政策和现金流量等状况。

$$\begin{aligned}每股收益&=\frac{净利润}{普通股平均股数}\\&=\frac{净利润}{平均股东权益}\times\frac{平均股东权益}{普通股平均股数}\\&=股东权益收益率\times平均每股净资产\\&=\frac{净利润}{平均资产总额}\times\frac{平均资产总额}{平均股东权益}\times\frac{平均股东权益}{普通股平均股数}\\&=总资产收益率\times股东权益比率\times平均每股净资产\\&=\frac{净利润}{营业收入}\times\frac{营业收入}{平均资产总额}\times\frac{平均资产总额}{平均股东权益}\times\frac{平均股东权益}{普通股平均股数}\\&=营业净利率\times总资产周转率\times股东权益比率\times平均每股净资产\end{aligned}$$

【实例3—20】　根据表3—2和表3—3资料，同时假设大连星海财务有限公司2014年度的年末资产总额为19 000万元、年末净资产为13 000万元，2014年至2016年发行在外的普通股股数均为12 000万股。如表3—15所示。

表3—15　　**大连星海财务股份有限公司资本收益率**　　单位：万元

项目＼年份	2014	2015	2016
净利润(万元)		3 000	3 150
营业收入(万元)		18 800	21 200
年末资产总额(万元)	19 000	20 000	23 000
平均资产总额(万元)		19 500	21 500
年末股东权益总额(万元)	13 000	14 600	16 500
平均股东权益(万元)		13 800	15 550
年末普通股股数(万股)	12 000	12 000	12 000
普通股平均股数(万股)	12 000	12 000	12 000
每股收益(元)		0.25	0.2 625
营业净利率		15.96%	14.86%
总资产周转率		0.96	0.99
股东权益比率		141.30%	138.26%
平均每股净资产(元)		1.15	1.30

每股收益＝营业净利率×总资产周转率×股东权益比率×平均每股净资产

2015年度指标：　15.96%×0.96×141.30%×1.15＝0.249　　①

第一次替代：　14.86%×0.96×141.30%×1.15＝0.232　　②

第二次替代：　14.86%×0.99×141.30%×1.15＝0.239　　③

第三次替代：　　14.86%×0.99×138.26%×1.15=0.234　　④

第四次替代：　　14.86%×0.99×138.26%×1.30=0.264　　⑤

②-①=0.232-0.249=-0.017　　营业净利率下降的影响

③-②=0.239-0.232=0.007　　总资产周转率略有上升的影响

④-③=0.234-0.239=-0.005　　股东权益比率下降的影响

⑤-④=0.264-0.234=0.030　　平均每股净资产增加的影响

(八)每股股利

每股股利一般是指上市公司本年发放的普通股现金股利总额与年末普通股总数的比值。它反映了普通股获得的现金股利的多少。该指标数值越高，股东获得的现金股利越多。其计算公式为：

$$每股股利=\frac{普通股股利总额}{年末普通股股数}$$

$$股利发放率=\frac{每股股利}{每股收益}$$

股利发放率，也称股利支付率，是普通股每股股利与每股收益的比率。它反映了股份公司的净收益中有多少用于股利的分派。

【实例 3—21】 根据表 3—2 和表 3—3 资料，同时假设大连星海财务有限公司 2015 年和 2016 年度分别发放普通股股利 1 200 万元和 1 440 万元，2015 年和 2016 年发行在外的普通股股数均为 12 000 万股。该公司 2015 年和 2016 年每股股利的计算如表 3—16 所示。

表 3—16　　**每股股利计算表**　　单位：万元

项目　　年份	2015	2016
普通股股利总额(万元)	1 200	1 440
年末普通股总数(万股)	12 000	12 000
每股股利(元)	0.1	0.12

该公司 2016 年度的每股股利比 2015 年度上涨了 0.02 元，这是由该公司普通股股数没有发生变化，而发放的普通股股利增加引起的。

(九)市盈率

市盈率是指上市公司普通股每股市价相当于每股收益的倍数，该指标反映投资者对每元净利润所愿意支付的价格，可以用来估计股票的投资风险和收益水平。它是市场对公司的总体期望值，是市场对该股票的评价。市盈率越高，表明投资者对公司的未来越看好，但投资风险越高。仅从市盈率高低的横向比较看，较高市盈率说明公司能够获得投资者信赖，可能具有良好的发展前景。其计算公式为：

$$市盈率(倍数)=\frac{普通股每股市价}{普通股每股收益}$$

【实例 3—22】 根据表 3—2 和表 3—3 资料，同时假定大连星海财务有限公司 2015 年和 2016 年度分别发行在外的普通股股数均为 12 000 万股。2015 年和 2016 年年末的每股市价分别为 4 元和 5 元。该公司 2015 年和 2016 年年末市盈率的计算如表 3—17 所示。

表 3—17　　市盈率计算表　　单位：

项　目＼年　份	2015	2016
净利润(万元)	3 000	3 150
年末普通股股数(万股)	12 000	12 000
普通股平均股数(万股)	12 000	12 000
每股收益(元)	0.25	0.262 5
年末每股市价(元)	4	5
年末市盈率	16	19.05

该公司 2016 年年末的市盈率比 2015 年度大幅度上涨，反映了投资者对该公司的发展前景进一步看好。

(十)每股净资产

每股净资产是上市公司年末净资产(即股东权益)与年末普通股总数的比值。该指标反映发行在外的每股普通股所代表的净资产即账面权益。在投资分析时，只能有限地使用这个指标，因其是用历史成本计量的，既不反映净资产的变现价值，也不反映净资产的产出能力。其计算公式为：

$$每股净资产=\frac{年末股东权益}{年末普通股总数}$$

【实例 3—23】 根据表 3—2 和表 3—3 资料，同时假定大连星海财务有限公司 2015 年和 2016 年度发行在外的普通股股数均为 12 000 万股。该公司 2015 年和 2016 年年末每股净资产的计算如表 3—18 所示。

表 3—18　　每股净资产计算表

项　目＼年　份	2015	2016
年末股东权益(万元)	14 600	16 500
年末普通股总数(万股)	12 000	12 000
年末每股净资产(元)	1.22	1.3

该公司 2016 年度的每股净资产比 2015 年度上涨了 0.08 元，这是因为该公司普通股股数没有发生变化，但发放的普通股股利增加了。

四、发展能力指标

发展能力是企业在生存的基础上，扩大规模、壮大实力的潜在能力。分析发展能力主要考察以下七项指标：营业收入增长率、资本保值增值率、资本积累率、总资产增长率、营业利润增长率、营业收入三年平均增长率和资本三年平均增长率。

(一)营业收入增长率

营业收入增长率是企业本年营业收入增长额与上一年营业收入点额的增减变动情况，是评价企业成长状况和上年营业收入总额的比率。它反映企业营业收入发展能力的重要指标。

其计算公式为：

$$营业收入增长率=\frac{本年营业收入增长额}{上年营业收入总额}\times100\%$$

式中，本年营业收入增长额＝本年营业收入总额－上年营业收入总额

实务中，也可以使用销售增长率来分析企业经营业务收入的增减情况。其计算公式为：

$$销售增长率=\frac{本年销售收入增长额}{上年销售收入总额}\times100\%$$

营业收入增长率是衡量企业经营状况和市场占有能力、预测企业经营业务拓展趋势的重要标志。不断增加的营业收入，是企业生存的基础和发展的条件。该指标若大于0，表示企业本年的营业收入有所增长，指标值越高，表明增长速度越快，企业市场前景越好；若该指标小于0，则说明产品或服务不适销对路、质次价高，或是售后服务等方面存在问题，市场份额萎缩。在运用该指标时，应结合企业历年的营业收入水平、企业市场占有率、行业未来发展及其他影响企业发展的潜在因素进行前瞻性预测，或者结合企业前三年的营业收入增长率作出趋势性分析判断。

【实例3—24】 根据表3—3的资料，计算该公司2016年度的营业收入增长率。

$$解：营业收入增长率=\frac{21\ 200-18\ 800}{18\ 800}\times100\%=12.77\%$$

(二)资本保值增值率

企业资本额的多少是企业发展和负债融资的基础和保证，资本保值增值率从资本扩张方面衡量企业的持续发展能力。其概念是指企业本年末扣除客观因素后的所有者权益与年初所有者权益的比率。它是考核投资者投入资本保值和增值能力的指标。其计算公式为：

$$资本保值增值率=\frac{扣除客观因素后的年末所有者权益总额}{年初所有者权益总额}\times100\%$$

资本保值增值率一方面反映了资本保全原则的要求，即企业要以保持资本完整无损为前提来确认收益，另一方面又能够及时、有效地发现侵蚀所有者权益的现象，是投资者和经营者都非常重视的指标，也是国有资本金绩效评价的重要指标。该指标大于1，表明企业所有者权益资本增值，维护和增加了所有者利益，表明企业的资本保全状况好，所有者权益增长快，债权人的权益有一定的保障，企业可持续发展能力越强。该指标小于1，表明企业所有者权益资本减值，受到侵蚀，损害了所有者利益。

【实例3—25】 根据表3—2，同时假定不存在有影响的客观因素，计算该公司2016年度的资本保值增值率。

$$解：资本保值增值率=\frac{16\ 500}{14\ 600}\times100\%=113.01\%$$

(三)资本积累率

资本积累率，即股东权益增长率是企业本年所有者权益增长额与年初所有者权益的比率，反映企业当年资本的积累能力，是评价企业发展潜力的重要指标。其计算公式为：

$$资本累积率=\frac{本年所有者权益增长额}{年初所有者权益}\times100\%$$

资本积累率是企业当年所有者权益总的增长率，反映了企业所有者权益在当年的变动水平，体现了企业资本的积累情况，是企业发展的标志，也是企业扩大再生产的源泉，展示了企业

的发展潜力。该指标反映了投资者投入企业资本的保全性和增长性，该指标越高，表明企业的资本积累越多，企业资本保全性越强，应对风险、持续发展的能力越强。它有反映利润企业当年资本的积累能力，该指标若大于0，则指标值越高表明企业的资本积累越多，应付风险、持续发展的能力越大；该指标如为负值，表明企业资本受到侵蚀，所有者利益受到损害，应予以充分重视。

【实例3－26】 根据3－2资料，计算该公司2016年度的资本积累率。

$$解:资本积累率=\frac{16\ 500-14\ 600}{14\ 600}\times100\%=13.01\%$$

(四)总资产增长率

总资产增长率是企业本年总资产增长额同年初资产总额的比率，反映企业本期资产规模的增长情况，评价企业经营规模总量上的扩张程度。其计算公式为：

$$总资产增长率=\frac{本年总资产增长额}{年初资产总额}\times100\%$$

其中，本年总资产增长额＝资产总额年末数－资产总额年初数

总资产增长率是从企业资产总量扩张方面衡量企业的发展潜力，表明企业规模增长水平对企业发展后劲的影响。总资产增长率越高，表明企业一定时期内资产经营规模扩张的速度越快。

【实例3－27】 根据表3－2资料，计算该公司2016年度的总资产增长率。

$$解:总资产增长率=\frac{23\ 000-20\ 000}{20\ 000}\times100\%=15\%$$

(五)营业利润增长率

营业利润增长率是企业本年营业利润增长额与上年营业收入总额的比率，反映企业营业利润的增减变动情况，是评价企业成长状况和发展能力的重要指标。其计算公式为：

$$营业利润增长率=\frac{本年营业利润增长额}{上年营业利润总额}\times100\%$$

其中，本年营业利润增长额＝本年营业利润总额－上年营业利润总额

营业利润增长率是衡量企业经营状况和市场占有能力、预测企业经营发展能力的重要财务指标。营业利润增长率大于0，表明企业本年营业利润有所增长。该指标值越高，表明企业营业利润的增长速度越快，企业市场前景越好；若营业利润增长率小于0，则说明产品或服务不适销对路、质次价高，或售后服务差，市场份额缩小。

【实例3－28】 根据表3－3资料，计算该公司2016年度的营业利润增长率。

$$解:营业利润增长率=\frac{4\ 700-4\ 500}{4\ 500}\times100\%=4.44\%$$

(六)营业(销售)收入三年平均增长率

营业(销售)收入三年平均增长率表明企业营业收入连续三年的增长情况，反映企业的持续发展态势和市场扩张能力。其计算公式为：

$$营业(销售)收入三年平均增长率=\left(\sqrt[3]{\frac{本年营业(销售)收入总额}{三年前营业(销售)收入总额}}-1\right)\times100\%$$

在评价大连星海财务股份有限公司2016年的绩效状况时，三年前营业收入总额是指2014年的营业收入总额。

营业(销售)收入三年平均增长率指标能够反映企业的经营业务增长趋势和稳定程度,体现企业连续发展状况和发展能力,避免了因少数年份经营业务的波动造成对企业发展潜力的错误判断。一般认为,该指标越高,表明企业经营业务持续增长势头越好,市场扩张能力越强。

(七)资本三年平均增长率

资本三年平均增长率表示企业资本连续三年的积累情况,在一定程度上反映了企业的持续发展水平和发展趋势。其计算公式为:

$$资本三年平均增长率=\left(\sqrt[3]{\frac{年末所有者权益总额}{三年前年末所有者权益总额}}-1\right)\times100\%$$

在评价大连星海财务股份有限公司 2016 年的绩效状况时,三年前年末所有者权益总额是指 2014 年所有者权益年末数

一般增长率指标在分析时具有“滞后”性,仅反映当期情况,而利用该指标,能够反映企业资本积累或资本扩张的历史发展状况,以及企业稳步发展的趋势。一般认为,该指标越高,表明企业所有者利益得到保障程度越大,企业可以长期使用的资金越充足,抗风险和持续发展的能力越强。

任务四　财务综合指标分析

一、财务综合指标分析的概念和特点

(一)财务综合指标分析的概念

财务综合指标分析就是将反映企业的偿债能力、营运能力、盈利能力等诸方面的财务指标纳入一个有机的整体中,系统、全面、综合地对企业财务状况、经营成果和财务状况的变动进行剖析、解释和评价,从而对企业经营绩效的优劣作出准确的评判。

(二)财务综合指标分析的特点

与基本财务比率分析或单项财务指标分析相比,财务综合分析具有以下特点。

1. 分析方法不同

基本财务比率分析采用由一般到个别,把企业财务活动的总体分解为每个具体部分,然后逐一考查分析;而综合分析则是通过归纳综合,从个别财务现象分析入手,再从财务活动的总体上作出总结评价。

2. 财务分析性质不同

基本财务比率分析具有实务性和实证性,而综合分析则具有高度的抽象性和概括性,着重从整体上概括财务状况的本质特征。

3. 财务分析的重点和比较基准不同

单项财务指标分析的重点和比较基准是财务计划、财务理论标准,而综合分析的重点和基准是企业整体发展趋势。

4. 财务指标在分析中的地位不同

单项财务分析把每个分析的指标 视为同等重要地位来处理,忽视了各种指标之间的相互关系;而财务综合分析则强调各种指标有主辅之分,并且特别注意主辅指标之间的本质联系和层次关系。

一个健全有效的财务综合指标分析体系，应该具备以下要素：①指标要素齐全适当；②主辅指标功能匹配；③满足多方面信息需要。

二、财务综合指标分析方法

综合指标分析方法目前应用比较广泛的主要有杜邦财务分析体系和沃尔比重评分法。

(一)杜邦分析法

1. 杜邦分析法原理

杜邦分析法是由美国杜邦(DuPont)公司在 1919 年前后率先采用的一种方法，故得此名。该体系以净资产收益率为核心，将其分解为若干财务指标，通过分析各分解指标的变动对净资产收益率的影响来揭示企业获利能力及其变动原因。

杜邦分析法又称杜邦财务分析体系，简称杜邦体系，是利用各主要财务比率指标间的内在联系，对企业财务状况及经济效益进行综合系统分析评价的方法。该体系是以净资产收益率为起点，以总资产净利率和权益乘数为核心，重点揭示企业获利能力及权益乘数对净资产收益率的影响，以及各相关指标间的相互影响、相互作用内在关系。杜邦分析法将净资产收益率(权益净利率)分解如图 3—1 所示。

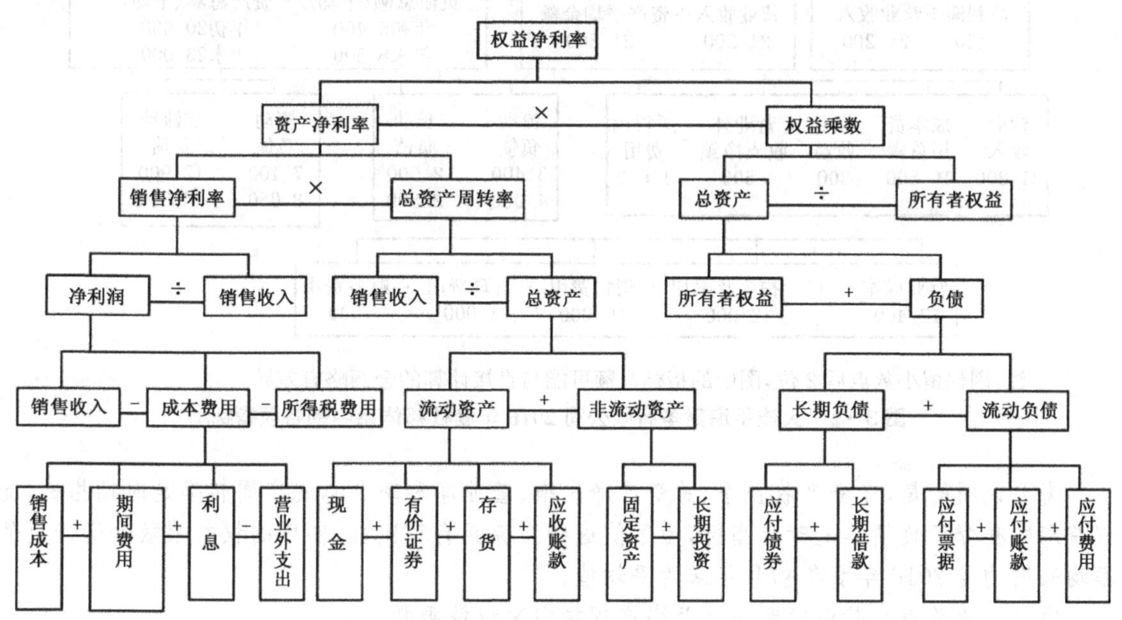

注：权益乘数＝资产÷权益＝1÷(1—资产负债率)。

图 3—1 ABC 公司杜邦分析法

杜邦体系各主要指标之间的关系如下：

$$净资产收益率＝总资产净利率×权益乘数$$
$$＝营业净利率×总资产周转率×权益乘数$$

其中：

$$营业净利率=\frac{净利润}{营业收入}\times100\%$$

$$总资产周转率=\frac{营业收入}{平均资产总额}\times100\%$$

$$权益乘数=\frac{资产总额}{所有者权益总额}=\frac{1}{1-资产负债率}$$

【实例3—29】 根据表3—2和3—3,可计算大连星海财务有限公司2016年度杜邦体系中的各项指标,如图3—2所示。

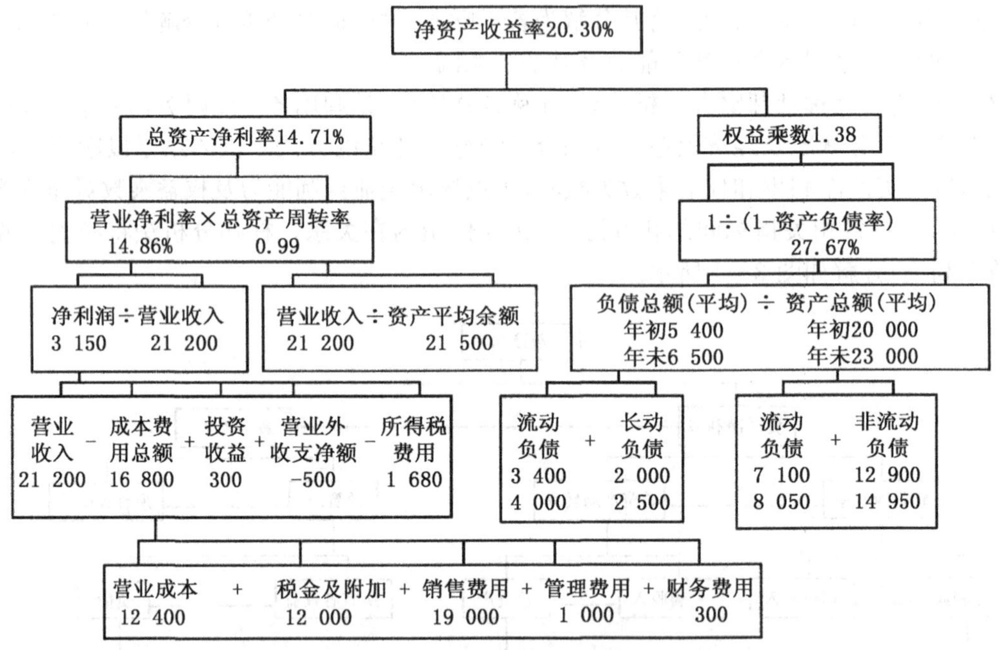

注:因保留小数点后2位,图中的指标金额可能与直接计算的金额略有差异。

图3—2 大连星海财务有限公司2016年度杜邦体系中的各项指标

需要说明的是,净资产收益率、总资产净利率、营业净利率和总资产周转率是时期指标,而权益乘数和资产负债率是时点指标,为了使这些指标具有可比性,图中的权益乘数和资产负债率均采用的是2016年度年初和年末的平均值。

净资产收益率=营业净利率×总资产周转率×权益乘数

2016年度指标: 15.96%×0.96×1.41=21.60% ①

第一次替代: 14.86%×0.96×1.41=20.11% ②

第二次替代: 14.86%×0.99×1.41=20.74% ③

第三次替代: 14.86%×0.99×1.38=20.30% ④

②—①=20.11%—21.60%=—1.49% 营业净利率下降的影响

③—②=20.74%—20.11%=0.63% 总资产周转率上升的影响

④—③=20.30%—20.74%=—0.44% 权益乘数下降的影响

上述指标之间的关系如下:

第一,净资产收益率是一个综合性最强的财务比率,财务管理的目标是使所有者财富最大化,净资产收益率反映所有者投入资金的获利能力,反映企业筹资、投资、资产运营等活动的效率,提高净资产收益率是实现财务管理目标的基本保证。该指标的高低取决于营业净利率、总资产周转率与权益乘数。

第二,营业净利率反映了企业净利润与营业收入的关系。提高营业净利率是提高企业盈利的关键,主要有两个途径:一是扩大营业收入,二是降低成本费用。

第三,总资产周转率揭示企业资产总额在实现营业收入的综合能力。企业应当联系营业收入分析企业资产的使用是否合理,资产的内部结构以及影响资产周转率的各具体因素进行分析。

第四,权益乘数反映所有者权益与总资产的关系。权益乘数越大,说明企业负债程度较高,能给企业带来较大的财务杠杆利益,但同时也带来了较大的偿债风险。因此,企业既要合理使用全部资产,又要妥善安排资本结构。

2. 运用杜邦分析法的注意点

第一,杜邦分析体系的起点指标是净资产收益率,它是一个综合性最强的财务分析指标。这一财务分析指标是企业所有者、经营者都十分关心的。净资产收益率反映了企业所有者投入资本的获利能力,说明了企业筹资、投资、资产营运等各项财务及其管理活动的效率,而不断提高净资产收益率是使所有者权益最大化的基本保证。而净资产收益率高低的决定因素主要有三个,即销售净利率、总资产周转率和权益乘数。这样,在进行分解之后,就可以将净资产收益率这一综合性指标升降变化的原因具体化。

第二,销售净利率反映了企业净利润与营业收入的关系,它的高低取决于营业收入与成本总额的高低。增加销售净利率有两个途径,一是要增加营业收入,二是要降低成本费用。

第三,对总资产周转率有重要因素是资产总额。资产总额由流动资产与长期资产组成,它们的结构合理与否将直接影响资产的周转速度。

第四,对权益乘数影响较大的指标主要是资产负债率。资产负债率越高,权益乘数就越高,说明企业的负债程度比较高,给企业带来了较多的杠杆利益,同时,也带来了较大的风险。

3. 杜邦分析法的优点和缺点

(1)杜邦分析法的优点

杜邦分析法以净资产收益率为主线,将企业在某一时期的销售成果以及资产营运状况全面联系在一起,层层分解,逐步深入,构成一个完整的分析体系。它能较好地帮助管理者发现企业财务和经营管理中存在的问题,能够为改善企业经营管理提供十分有价值的信息,因而得到普遍的认同并在实际工作中得到广泛的应用。

(2)杜邦分析法的缺点

杜邦分析方法的指标设计也具有一定的局限性,它更偏重于企业所有者的利益角度。在其他因素不变的情况下,资产负债率越高,净资产收益率就越高。因此,还要结合其他指标进行综合分析。杜邦分析法与其他分析方法结合,不仅可以弥补自身的缺陷和不足,而且也弥补了其他方法的缺点,使得分析结果更完整、更科学。只有把系统内这些因素的关系协调好,才能使净资产收益率达到最大值。

综上所述,杜邦分析方法是一种分解财务比率的方法,不是另外建立新的财务指标,可以用于各种财务比率的分解。杜邦分析方法和其他财务分析方法一样,关键不在于指标的计算,而在于指标的理解和运用。

(二)沃尔比重评分法

1. 沃尔比重评分法原理

沃尔比重分析又被称为沃尔评分法,它是在 20 世纪初由企业财务综合分析的先驱者之一亚历山大·沃尔提出的。重视了解信用能力指数的概念,他将流动比率、产权比率、固定资产比率、存货周转率、应收账款周转率、固定资产周转率、自有资金周转率等七项财务比率用线性关系结合起来,并分别给定各自的分数比重,然后通过与标准比率进行比较,确定各项指标的得分及总体指标的累计分数,从而对企业的信用水平作出评价。

这种方法的具体做法是:选择七种财务比率,分别给定了其在总评价中所占的比重,总和为 100 分;然后,确定标准比率,并与实际比率相比较,评出每项指标的得分,求出总评分,然后以分数的高低来决定企业的信用能力。

如果评价得出一个企业的综合指数大于 100,说明综合评分达到标准的要求,总体财务状况是不错的。尽管沃尔评分法在理论上还有待证明,在技术上也不完善,但它还是在实践中被广泛地加以应用。沃尔的分析法从技术上讲有一个问题,就是当某一个指标严重异常时,会对综合指数产生不合逻辑的重大影响。沃尔评分法从理论上讲,有一个弱点,就是未能证明为什么要选择这七个指标,而不是更多些或更少些,或者选择别的财务比率,以及未能证明每个指标所占比重的合理性。

一般认为企业财务评价的内容首先是盈利能力,其次是偿债能力,再次是成长能力,它们之间大致可按 5∶3∶2 的比重来分配。盈利能力的主要指标是总资产报酬率、销售净利率和净资产收益率,这三个指标可按 2∶2∶1 的比重来安排。偿债能力有四个常用指标。成长能力有三个常用指标。标准比率以本行业平均数为基础,在给每个指标评分时,应规定其上限和下限,以减少个别指标异常对总分造成不合理的影响。

2. 沃尔评分法的运用

现代社会与沃尔所在的时代相比,已发生了很大的变化。财务比率的选择、权重的确定、标准比率的确定、实际比率的计算等方面的研究也有了很大的发展。当前运用沃尔评分法对企业财务状况进行综合分析评价通常可按以下程序展开:

(1)选定评价企业财务状况的比率指标。在每一类指标中,通常应选择有代表性、能说明问题的重要指标,如偿债能力、营运能力和盈利能力三类比率指标。选择指标时 ,尽量选择正指标,不要选择逆指标。

(2)根据各项比率的重要程度,确立其重要性系数,各项比率指标的重要性系数之和应等于 1 或 100%。对其重要性程度的判断,可根据企业的经营状况、管理要求、发展趋势及分析的目的等具体情况来确定。

(3)确定各项财务比率的标准值和实际值。财务比率标准值是指特定的国家、特定的行业、特定的时期的财务比率指标体系及其标准值,可以用来作为标准财务比率的通常是行业平均水平的比率。它是根据同一行业中部分有代表性的企业的财务与经营资料,经过综合成为整体后,再据以求得的各项比率,如流动比率标准值,它可以作为评价企业财务比率优劣的参照物。

(4)计算相对比率。相对比率即各项指标实际值与标准值的比率,有时也称为关系比率或单项指数。

$$相对比率=实际值/标准值$$

需要注意的是，评价指标体系中一般为正指标（如总资产利润率、存货周转率），但是，如果评价指标为资产负债率、流动比率等，既不是正指标，也不是逆指标，而是适度指标，即具有标准值。对于这类指标，其相对比率计算公式为：

$$相对比率=1-\frac{|实际值-标准值|}{标准值}\times 100\%$$

（5）根据企业财务报表，分别计算所选定指标的实际值，再计算所选定指标的加权平均分数。其计算公式为：

$$综合实际分=\sum(重要性系数\times 相对比率)$$

一般来说，综合系数合计数如为1（100%）或接近1（100%），则表明该企业财务状况基本符合要求，若过低，则表明企业财务活动与结果不佳。

3. 沃尔评分法的优点和缺点

（1）沃尔评分法的优点。它将互不关联的财务指标按照权重予以综合联动，使得综合评价成为可能。沃尔评分法是一种数据、综合统计性的理论评分制分析法，相比一般理论评价法，它更全面、更权威、更能实实在在地对信用数据加以相对准确的理论性评价。沃尔评分法的综合性强，其根本来源于现实数据，不是凭空的理想评价，更能反映事实。

（2）沃尔评分法的缺点。一是所选定的七项指标缺乏证明力，二是从技术上讲，由于评分是相对比率与比重相乘计算出来的，所以当某一个指标严重异常（过高或过低，甚至是负数）时，会对总评分产生不合逻辑的重大影响。

因而，在采用此方法进行财务状况综合分析和评价时，应注意以下方面的问题：①同行业的标准值必须准确无误；②标准分值的规定应根据指标的重要程度合理确定；③分析指标应尽可能全面，采用指标越多，分析的结果越接近现实。尽管沃尔评分法在理论上还有待于证明，但在实践中仍被广泛应用。

【实例3—30】 沃尔评分法的基本步骤如下。

（1）选择评价指标并分配指标权重，如表3—19所示。

表3—19　　选择评价指标并分配指标权重

选择的指标	分配的权重
一、偿债能力指标	20
1. 资产负债率	12
2. 已获利息倍数	8
二、营利能力指标	38
1. 净资产收益率	25
2. 总资产报酬率	13
三、运营能力指标	18
1. 总资产周转率	9
2. 流动资产周转率	9
四、发展能力指标	24
1. 营业增长率	12
2. 资本积累率	12
合　计	100

(2)确定各项评价指标的标准值。

财务指标的标准值一般可以行业平均数、企业历史先进数、国家有关标准或者国际公认数为基准来加以确定。表3—20中的标准值仅是为举例目的而假设的。

表3—20　标准值举例

选择的指标	指标的标准值
一、偿债能力指标	
1.资产负债率	60%
2.已获利息倍数	3
二、营利能力指标	
1.净资产收益率	25%
2.总资产报酬率	16%
三、运营能力指标	
1.总资产周转率	2
2.流动资产周转率	5
四、发展能力指标	
1.营业增长率	10%
2.资本积累率	15%

(3)对各项评价指标记分并计算综合分数,如表3—21所示。

表3—21　计算综合分数

选择的指标	分配的权重 ①	指标的标准值 ②	指标的实际值 ③	实际得分 ④=①×③÷②
一、偿债能力指标	20			
1.资产负债率	12	60%	28.26%	5.65
2.已获利息倍数	8	3	15	40
二、营利能力指标	38			
1.净资产收益率	25	25%	20.26%	20.26
2.总资产报酬率	13	16%	20.93%	17.01
三、运营能力指标	18			
1.总资产周转率	9	2	0.99	4.46
2.流动资产周转率	9	5	2.80	5.04
四、发展能力指标	24			
1.营业增长率	12	10%	12.77%	15.32
2.资本积累率	12	15%	13.01%	10.41
合　计	100			118.15

$$\text{各项评价指标的得分}=\text{各项指标的权重}\times\left(\frac{\text{指标的实际值}}{\text{标准值}}\right)$$

$$\text{综合得分}=\sum\text{各项评价指标的值}$$

(4)形成评价结果。

在进行最终评价时,如果综合得分大于100,则说明企业的财务状况比较好;反之,则说明企业的财务状况比同行业平均水平或者本企业历史先进水平等差。由于该公司综合得分为118.15,大于100,说明其财务状况为良好。

沃尔评分法是评价企业总体财务状况的一种比较可取的方法,这一方法的关键在于指标的选定、权重的分配及标准值的确定等。

关键术语

财务分析 财务评价 因素分析法 趋势分析法 差额分析法 连环替代法 流动比率 速动比率 现金流动负债比率 资产负债率 产权比率 或有负债比率 已获利息倍数 劳动效率 应收账款周转率 存货周转率 固定资产周转率 总资产周转率 营业利润率 成本费用利润率 资产报酬率 资本收益率 每股收益 每股股利 市盈率营业收入增长率 资本保值增值率 总资产增长率 营业利润增长率 杜邦分析法 沃尔评分法

应知考核

一、单项选择题

1. 财务分析的主要内容不包括(　　)。

A. 偿债能力分析　　B. 运营能力分析
C. 营利能力分析　　D. 融资能力分析

2. 所有者在进行企业的财务分析时,最关注的是(　　)。

A. 企业的支付能力　　B. 企业的发展能力
C. 投资的回报率　　D. 企业对社会贡献的多少

3. 财务分析的对象是(　　)。

A. 财务报表　　B. 财务报告　　C. 财务活动　　D. 财务效率

4. 从企业债权者角度看,财务分析的最直接目的是(　　)。

A. 企业的盈利能力　　B. 企业的运营能力
C. 企业的偿债能力　　D. 企业的发展能力

5. 沃尔评分法最初是用于评价企业的(　　)。

A. 盈利能力　　B. 发展能力　　C. 运营能力　　D. 信用能力

6. 下列属于短期偿债能力指标的是(　　)。

A. 资产负债率　　B. 速动比率　　C. 利息保障倍数　　D. 产权比率

7. 下列各项中能提高企业已获利息倍数的是(　　)。

A. 支付职工劳保用品费　　B. 发行长期债券

C. 成本降低、利润提高　　D. 赊购材料

8. 产权比率能反映(　　)。

A. 盈利能力　　B. 运营能力　　C. 短期偿债能力　　D. 长期偿债能力

9. 杜邦分析法是利用各项财务指标间的内在联系,对企业综合经营理财及经济效益进行系统分析评价的方法。该体系以(　　)为核心。

A. 销售收入　　B. 资产负债率　　C. 净利润　　D. 净资产收益率

10. 在杜邦分析法中,假设其他情况相同,下列说法中错误的是(　　)。

A. 权益乘数大则财务风险大　　B. 权益乘数大则净资产收益率大

C. 权益乘数等于产权比率加1　　D. 权益乘数大则资产净利率大

二、多项选择题

1. 财务分析的内容包括(　　)。

A. 偿债能力分析　　B. 运营能力分析　　C. 盈利能力分析　　D. 现金流量分析

2. 由于财务报表存在下列问题,(　　)导致财务分析具有局限性。

A. 会计核算要求以历史成本报告资产

B. 会计规范要求按年度分期报告,只报告短期信息

C. 财务报告没有披露公司的全部信息

D. 管理层的各项会计政策选择,使财务报表会扭曲公司的实际情况

3. 财务分析应该具有以下几个方面的作用(　　)。

A. 评价企业财务状况　　B. 评价企业营利能力

C. 评价企业资产管理水平　　D. 评价企业成本费用水平

4. 财务报表分析的方法主要有(　　)。

A. 比率分析法　　B. 量本利分析法　　C. 因素分析法　　D. 趋势分析法

5. 趋势分析法的具体运用主要有以下方式(　　)。

A. 重要财务指标的比较　　B. 会计报表的比较

C. 会计报表项目构成的比较　　D. 与历史水平的比较

6. 用来确定几个相互联系的因素对分析对象——综合财务指标或经济指标的影响程度的分析方法包括(　　)。

A. 因素替换法　　B. 连环替代法　　C. 比率分析法　　D. 综合分析法

7. 已获利息倍数指标所反映的企业财务层面包括(　　)。

A. 盈利能力　　B. 长期偿债能力　　C. 短期偿债能力　　D. 举债能力

8. 在流动资产的基础上减掉(　　),可以得到速动资产的数额。

A. 存货　　B. 预付账款

C. 管理费用　　D. 待处理流动资产损溢

9. 存货周转速度快(　　)。

A. 表明存货管理效率高　　B. 会增强企业短期偿债能力

C. 会提高企业的获利能力　　D. 会增加存货占用的资金

10. 反映偿债能力的财务指标主要有(　　)。

A. 资产负债率　　B. 流动比率　　C. 速动比率　　D. 现金比率

三、判断题

1. 财务活动及其结果都可以直接或间接地通过财务报表来反映体现。　（　）

2. 无论是企业的投资人、债权人还是企业经营管理层等，都十分关心企业的未来发展能力。　（　）

3. 财务报表有可能会扭曲公司的实际情况。　（　）

4. 公司流动性最强的资产是货币资金。　（　）

5. 在比较分析时必然要选择比较的参照标准，横向比较时应该使用同业标准。　（　）

6. 财务指标分析就是指财务比率分析。　（　）

7. 比率分析法能综合反映比率与用来计算其会计报表之间的联系。　（　）

8. 存货周转率(次数)越多，说明存货周转越快，在主营业务成本不变的情况下，存货的资金占用水平越高。　（　）

9. 财务综合分析实际上就是同时对企业或分析对象的偿债能力、盈利能力和运营能力进行的分析。　（　）

10. 杜邦分析法就是要找出影响净资产收益率的深层次原因，并提出对策。　（　）

四、简述题

1. 简述财务分析的作用。

2. 简述财务分析的目的及内容。

3. 简述财务分析的局限性。

4. 简述在运用趋势分析法时必须注意的问题。

5. 简述连环替代法的计算程序。

五、计算题

1. 根据某公司2015年、2016年两个年度的资产负债表、利润表及其附表资料以及会计报表附注，给出以下分析数据(见表3—22)。

表3—22　**分析数据**　单位：千元

项　目	2015年	2016年
平均总资产	9 638	15 231
平均净资产	8 561	11 458
利息支出	146	189
利润总额	821	1 689
所得税税率(%)	25	25

要求：请计算并比较公司2015年度、2016年度总资产和净利润变化及其原因。

2. 某企业2016年3月某种原材料费用的实际数是4 620元，而其计划数是4 000元。实际比计划增加620元(见表3—23)。

表3—23　**原材料费用表**　单位：元

项　目	单位	计划数	实际数
产品产量	件	100	110

续表

项　目	单位	计划数	实际数
单位产品材料消耗量	千克	8	7
材料单价	元	5	6
材料费用总额	元	4 000	4 620

要求:请用因素分析法分解各因素变动对材料费用总额的影响。

3. 某企业年末货币资金为 900 万元,短期有价证券为 500 万元,应收账款为 1 300 万元,预付账款为 70 万元,存货为 5 200 万元,待摊费用为 80 万元,流动负债合计数为 4 000 万元。

要求:分别计算该企业的流动比率、速动比率和现金比率。

4. 某企业年产品销售成本为 8 500 万元,年初存货余额为 2 850 万元,年末存货余额为 2 720 万元。

要求:计算该企业存货的周转天数和周转次数。

5. 某公司流动资产由速动资产和存货构成,年初存货为 145 万元,年初应收账款为 125 万元,年末流动比率为 300%,年末速动比率为 150%,存货周转天数为 90 天,年末流动资产余额为 270 万元。一年按 360 天计算。

要求:(1)计算该公司流动负债年末余额;(2)计算该公司存货年末余额和年平均余额;(3)计算该公司本年主营业务成本。

6. 某公司年初应收账款额为 30 万元,年末应收账款额为 40 万元,本年净利润为 30 万元,销售净利率为 20%,销售收入中赊销收入占 70%。

要求:计算该企业本年度应收账款周转次数和周转天数。

7. 某公司 2016 年年初存货为 15 000 元,年初应收账款为 12 700 元,2016 年年末计算出流动比率为 3,速动比率为 1.5,存货周转率为 4 次(按销售额计算),流动资产合计为 27 000 元。

要求:(1)计算该公司的本年销售额;(2)如果除应收账款以外的速动资产是微不足道的,计算其平均收账期。

8. ABC 公司简要资产负债表、利润表及同行业财务比率的平均标准分别如表 3—24～表 3—26 所示。

表 3—24　　资产负债表

编制单位:ABC 公司　　2016 年 12 月 31 日　　单位:万元

资　产	年初数	年末数	负债及股东权益	年初数	年末数
流动资产:			流动负债:		
货币资金	66 835	91 211	短期借款	3 400	3 400
交易性金融资产	179 911	204 283	应付票据	0	46 200
应收账款	56 495	89 487	应付账款	22 008	23 974
存货	31 712	55 028	预计负债	31 006	56 717
其他流动资产	15 519	25 271	流动负债合计	56 414	130 291
流动资产合计	350 472	465 280	长期负债:		

续表

资 产	年初数	年末数	负债及股东权益	年初数	年末数
固定资产:			长期借款	7 650	4 250
固定资产净值	67 863	92 778	股东权益:		
无形资产及其他资产:			股本	140 191	182 932
无形资产	17 373	88 428	盈余公积和未分配利润	231 453	329 013
			股东权益合计	371 644	511 945
资产总计	435 708	646 486	负债及股东权益总计	435 708	646 486

表 3—25 **利润表**

编制单位:ABC 公司 2016 年度 单位:万元

项 目	本月数	本年累计数
营业收入		659 347
减:营业成本		275 939
减:销售费用		117 781
管理费用		115 784
财务费用		11 854
利润总额		137 989
减:所得税		34 614
净利润		103 375

表 3—26 **同行业标准财务比率**

流动比率	2.01
资产负债率	56%
存货周转天数	55
应收账款周转天数	39
销售净利率	13.12%

要求:

(1)根据资产负债表和利润表计算下列比率:流动比率、资产负债率、存货周转天数、应收账款周转天数和销售净利率。

(2)根据上述计算结果和同行业标准财务比率,评价该公司的偿债能力、营运能力和盈利能力。

应会考核

■ **观念应用**

【背景资料】

某公司 2016 年的销售额为 62 500 万元,比上年提高 28%,有关的财务比率如表 3—27 所示。

表 3—27　　相关财务比率

财务比率	2015 年同业平均数据	2015 年本公司	2016 年本公司
应收账款回收期(天)	35	36	36
存货周转率	2.5	2.59	2.11
销售毛利率	38%	40%	40%
销售营业利润率(息税前)	10%	9.6%	10.63%
销售利息率	3.73%	2.4%	3.82%
销售净利率	6.27%	7.2%	6.81%
总资产周转率	1.14	1.11	1.07
固定资产周转率	1.4	2.02	1.82
资产负债率	58%	50%	61.3%
已获利息倍数	2.68	4	2.78

备注：该公司正处于免税期。

【考核要求】

(1) 运用杜邦分析法，比较 2015 年公司与同业平均的净资产收益率，定性分析其差异的原因。

(2) 运用杜邦分析法，比较公司 2016 年与 2015 年的净资产收益率，定性分析其变化的原因。

■ 技能应用

已知某公司 2016 年会计报表的有关资料如表 3—28 所示。

表 3—28　　2016 年会计报表的有关资料

资产负债表项目	年初数	年末数
资产	13 000	15 000
负债	8 000	8 800
所有者权益	5 000	6 200
利润表项目	上年数	本年数
主营业务收入净额	(略)	35 000
净利润	(略)	700

已知该公司 2015 年按照平均数计算的资产负债率是 75%，总资产周转率是 2 次，主营业务净利率是 1.8%。

【技能要求】

计算杜邦分析法中的下列指标(时点指标按平均数计算)：(1)净资产收益率；(2)主营业务净利率；(3)总资产周转率(保留两位小数)；(4)权益乘数。

■ 案例分析

【情景与背景】

龙源五金股份有限公司是一家五金工具制造企业，2016 年和 2014 年终会计报表的部分项目数据如表 3—29 和表 3—30 所示。

表 3—29　　龙源五金股份有限公司损益表　　单位：元

项　目	2016 年	2014 年
销售收入	59 0000	600 000
销售成本	340 000	375 000
毛利	250 000	225 000
销售费用	133 000	141 500
利息	—	4 000
税前利润	117 000	79 500
所得税	40 000	24 000
税后利润	77 000	55 500

表 3—30　　龙源五金股份有限公司资产负债表　　单位：元

资　产	2016 年 12 月 31 日	2014 年 12 月 31 日	负债及所有者权益	2016 年 12 月 31 日	2014 年 12 月 31 日
流动资产：			流动负债：		
货币资金	16 000	2 000	短期借款	0	13 000
应收账款	51 000	78 000	应付账款	30 000	38 000
存货	74 000	118 000	其他应付款	44 000	44 000
			未付税金	40 000	24 000
合　计	141 000	198 000	合　计	114 000	119 000
固定资产净值	351 000	343 500	长期借款	0	25 000
			实收资本	250 000	250 000
			留存利润	128 000	147 500
总　计	492 000	541 500	总　计	492 000	541 500

【分析要求】

请仔细阅读龙源五金股份有限公司 2016 年和 2014 年损益表和资产负债表项目，并回答以下问题。

(1)利用以上会计报表的数据，分别计算 2016 年和 2014 年的下列财务比率：总资产利润率、速动比率、营业利润率、应收账款周转率、毛利率、存货周转率、流动比率与资产负债率。

(2)运用各项财务比率，就该公司的营利能力、偿债能力及流动资金管理效果进行对比分析并作出评价。

项目实训

【实训项目】

财务分析

【实训情境】

东方股份有限公司是一家汽车零配件生产公司。该公司十分重视新产品和新工艺的开发,经常引进国外先进技术,拥有国内一流的生产线,其生产的产品在国内具有较高的市场占有率。但由于该公司近两年扩张得太快,经营效率有所下降。为了把握未来,该公司对未来几年可能面临的市场情况和风险进行了预测。预测结果表明,在未来几年里,伴随着国民经济的快速发展,以及汽车工业的迅速崛起,市场对汽车零配件的需求激增,这种发展势头给公司带来了良好的发展机会。同时,公司未来面临的风险也在逐步加大,如国内涉足该产品生产的企业逐步增多,国外生产同类产品的公司也欲打入中国市场,以及能源的涨价等,这些都会给公司未来的生产经营活动带来严峻的挑战。

东方股份有限公司发行在外的普通股 2014 年为 1 000 万股,2015 年为 1 200 万股,其平均市价分别为 2.2 元/股和 2.5 元/股,2015 年分配普通股股东现金股利为 400 万元。东方股份有限公司 2015 年度资产负债表、利润表资料如表 3—31 和表 3—32 所示。

表 3—31　　资产负债表

2015 年 12 月 31 日　　单位:万元

资　产	年初数	年末数	负债和股东权益	年初数	年末数
流动资产:			流动负债:		
货币资金	880	1 550	短期借款	200	150
交易性金融资产	132	60	应付账款	600	400
应收账款	1 080	1 200	应付职工薪酬	180	300
其他应收款			应付股利	500	800
预付账款	200	250	一年内到期的长期负债	120	150
存货	808	880	流动负债合计	1 600	1 800
流动资产合计	3 100	3 940	非流动负债:		
非流动资产:			长期借款	200	300
可供出售金融资产			应付债券	100	200
长期应收款			非流动负债合计	300	500
长期股权投资	300	500	负债合计	1 900	2 300
投资性房地产			股东权益:		
固定资产	1 750	1 920	股本	1 500	1 800
在建工程			资本公积	500	700
无形资产	50	40	盈余公积	800	1 000

续表

资　产	年初数	年末数	负债和股东权益	年初数	年末数
开发支出			未分配利润	500	600
其他非流动资产			股东权益合计	3 300	4 100
资产总额	5 200	6 400	负债和股东权益总额	5 200	6 400

表 3—32　　**利润表**

2015 年度　　单位:万元

项　目	本年累计数	上年累计数
一、营业收入	17 000	13 000
减:营业成本	8 500	6 900
税金及附加	750	575
销售费用	500	450
管理费用	840	750
财务费用	60	50
加:投资收益(亏损以"—"号填列)	70	50
二、营业利润(亏损以"—"号填列)	6 420	4 325
加:营业外收入	50	60
减:营业外支出	30	50
三、利润总额(亏损以"—"号填列)	6 440	4 335
减:所得税	2 576	1 732
四、净利润(亏损以"—"号填列)	3 864	2 603

证券投资分析师王杰认为,东方股份有限公司的资产总额、净利润总额都在增加,股票价格也呈上涨态势,因此,公司的财务管理及其成效是无可挑剔的。

【实训任务】

(1)你是如何看待王杰的观点的?

(2)根据报表资料,分别计算该公司 2015 年的偿债能力、营运能力、盈利能力、发展能力等各项财务指标。

(3)运用杜邦分析法对净资产收益率的差异进行分析,并确定各因素变动对差异影响的金额。

(4)运用上述分析结果,归纳影响该公司经营变动的有利因素和不利因素,找出产生不利因素的主要问题和原因,并针对不同的问题提出相应的改进意见,进而使这些改进建议付诸实施,以完善该公司的生产经营管理,提高竞争力,最后完成一篇不少于 1 000 字的财务分析报告。

项目四　筹资管理

学习目标

知识目标

理解:筹资的概念和目的;筹资渠道与方式;筹资的分类。

熟知:筹资管理的原则;财务杠杆的计量。

掌握:资金需要量的预测方法;权益和债务资金的筹集方式和计算;资本成本与资本结构决策的原理和计算。

能力目标

能够根据企业相关资料,预测资金需要量,能够根据企业资金需求状况正确选择筹资渠道与筹资方式;充分利用财务杠杆来控制财务风险;能够进行最佳资本结构的决策。

素质目标

能够根据相关信息,对企业所处的资本市场和政策的变动情况进行全面分析和评估,对企业的资本结构进行作出评价,分析企业资金流动状况并作出书面报告。

项目引例

汤姆·F. 赫林的筹资梦

汤姆·F. 赫林是全美旅馆协会的主席,是全美旅馆业,乃至旅游界的泰斗。1954 年,赫林被选为拉雷多市"猛狮俱乐部"主席。该俱乐部选派他和他的妻子去纽约参加国际"猛狮俱乐部"会议。夫妇俩到纽约赴会后,决定到纽约州的尼亚加拉大瀑布做一次伉俪旅游,结果他们惊奇地发现,在这大好美景两岸的美国和加拿大,都没有为这些流连忘返的游人提供歇宿的住所和其他设施。

从此在赫林的心里就孕育了一个在风景区开设旅馆的想法。要建造旅馆就得找地基,他在格兰德市找到了一所高中,因为校方想出售这座房子。可是当时赫林还只是一家木材公司的小职员,周薪仅有 125 美元,他想买这幢房子,却苦于无资金。于是他向所在工作的公司股东游说从事旅馆经营,但未成功。他只得独自筹集了 500 美元,请一位建筑师设计了一张旅馆示意草图。他既未攻读过建筑,又没有钻研过工程,因此,他对示意图的可行性研究慎之又慎。当他带着示意图向保险公司要贷款 60 万美元时,保险公司要求他找一个有 100 万美元资产的人作担保。于是,他向另一家木材公司的总经理求援。总经理看了旅馆示意图后,以本公司独家承包家具制造为条件,同意作他的担保人。

赫林再以发行股票的方式筹集资金,他提出两种优先股:一种股份供出售,取得现金;另一种是以提供物资来代替股金。就这样他筹集到了创业所需的资金,建成了理想中的拉波萨多旅馆。

分析讨论:

如果没有通过多种方式筹集所需的资金,汤姆·F. 赫林能实现自己的梦想吗?

知识支撑

任务一 筹资管理概述

一、筹资的概念和目的

企业筹资是指企业为了满足其经营活动、投资活动、资本结构调整等需要,运用一定的筹资方式,筹措和获取所需资金的一种行为。资金是企业的血液,是企业设立、生存和发展的物质基础,是企业开展生产经营业务活动的基本前提。任何一个企业,为了形成生产经营能力、保证生产经营正常运行,必须拥有一定数量的资金。

筹资活动是企业一项重要的财务活动。如果说企业的财务活动是以现金收支为主的资金流转活动,那么筹资活动则是资金运转的起点。筹资的目的主要有两个:

(一) 满足经营运转的资金需要

企业筹资能够为企业生产经营活动的正常开展提供财务保障。筹集资金作为企业资金周转运动的起点,决定着企业资金运动的规模和生产经营发展的程度。企业新建时,要按照企业战略所确定的生产经营规模核定长期资本和流动资金的需要量。在企业日常生产经营活动运行期间,需要维持一定数额的资金,以满足营业活动的正常波动需求。这些都需要筹措相应数额的资金,来满足生产经营活动的需要。

(二) 满足投资发展的资金需要

企业在成长时期往往因扩大生产经营规模或对外投资需要大量资金。企业生产经营规模的扩大有两种形式,一种是新建厂房、增加设备,这是外延式的扩大再生产;另一种是引进技术、改进设备,提高固定资产的生产能力,培训工人,提高劳动生产率,这是内涵式的扩大再生产。不管是外延式的扩大再生产还是内涵式的扩大再生产,都会发生扩张性的筹资机动。同时,企业由于战略发展和资本经营的需要,还会积极开拓有发展前途的投资领域,以联营投资、股权投资和债权投资等形式对外投资。经营规模扩张和对外产权投资,往往会产生大额的资金需求。

二、筹资的渠道与方式

筹资渠道就是指企业筹措资金的来源与通道,体现着资金的来源与流量。筹资方式是指可供企业在筹措资金时选用的具体筹资形式。

企业筹资活动需要通过一定的渠道并采用一定的方式来完成资金从哪里来和如何取得资金,既有联系,又有区别。同一渠道的资金往往可以采用不同的方式取得,而同一筹资方式又往往可适用于不同的资金渠道。

(一)筹资渠道

1. 国家财政资金

国家财政资金是指国家以财政拨款、财政贷款、国有资产入股等形式向企业投入的资金。它是中国国有企业的主要资金来源。

2. 银行信贷资金

银行信贷资金是指商业银行和专业银行贷放给企业使用的资金,是企业一项十分重要的资金来源。

3. 非银行金融机构资金

非银行金融机构资金是指各种从事金融业务的非银行机构,如信托投资公司、租赁公司等。非银行金融机构的资金实力虽然较银行小,但它们的资金供应比较灵活,而且可以提供多种特定业务,该渠道已成为企业资金的重要来源。

4. 其他企业资金

其他企业资金是指企业在生产经营过程中,往往形成部分暂时闲置的资金,这些资金可以为一定的目的而进行相互投资。另外,企业间的购销业务可以通过商业信用方式来完成,从而形成企业间的债权债务关系,形成债务人对债权人的短期信用资金占用。企业间的相互投资和商业信用的存在,使其他企业资金也成为企业资金的一项重要来源。

5. 居民个人资金

居民个人资金是指企业职工和居民个人的结余货币,作为"游离"于银行及非银行金融机构等之外的个人资金,可用于对企业进行投资。形成民间资金来源渠道,从而为企业所用。

6. 企业自留资金

企业自留资金是指企业内部形成的资金,也称企业内部留存,包括从税后利润中提取的盈余公积金和未分配利润,以及通过计提折旧费而形成的固定资产更新改造资金。这些资金的主要特征是,无需通过一定的方式去筹集,而是直接由企业内部自动生成或转移。

7. 外商资金

外商资金是指外国投资者及中国香港、中国澳门、中国台湾地区投资者投入的资金。随着国际经济业务的拓展,外商资金已成为企业筹资的一个新的重要来源。

(二)筹资方式

1. 吸收直接投资

吸收直接投资是指企业以协议等形式吸收国家、其他企业、个人和外商等直接投入资金,形成企业资本金的一种筹资方式。吸收直接投资不以股票为媒介,适用于非股份制企业,它是非股份制企业筹措自有资本的一种基本方式。

2. 发行股票

发行股票是指股份有限公司经国家批准以发行股票的形式向国家、其他企业和个人筹集资金,形成企业资本金的一种筹资方式。发行股票是股份公司筹措自有资本的基本方式。

3. 发行债券

发行债券是指企业以发行各种债券的形式筹集资金。它是企业筹措资金的又一种重要方式。

4. 银行借款

银行借款是指企业向银行申请贷款,通过银行信贷形式筹集资金。它也是企业筹措资金的一种重要方式。

5. 商业信用

商业信用是指企业在商品交易中以延期付款或预收货款方式进行购销活动而形成的借贷关系，是企业之间的直接信用关系。它是企业筹集短期资金的一种方式。

6. 租赁筹资

租赁是出租人以收取租金为条件，在契约或合同规定的期限内，将资产租借给承租人使用的一种经济行为。现代租赁是企业筹集资金的一种方式，用于补充或部分替代其他筹资方式。

三、筹资的分类

企业筹资可以按不同的标准进行分类。

(一) 股权筹资、债务筹资及衍生工具筹资

按企业所取得资金的权益特性不同，企业筹资分为股权筹资、债务筹资及衍生工具筹资三类，这也是企业筹资方式最常见的一种分类方法。

股权筹资形成股权资本，是企业依法长期拥有、能够自主调配运用的资本。股权资本在企业持续经营期间内，投资者不得抽回，因而也称之为企业的自有资本、主权资本或股东权益资本。股权资本是企业从事生产经营活动和偿还债务的本钱，是代表企业基本资信状况的一个主要指标。企业的股权资本通过吸收直接投资、发行股票、内部积累等方式取得。股权资本由于一般不用还本，形成了企业的永久性资本(因而财务风险低，但付出的资本成本相对较高。)

股权筹资项目，包括实收资本(股本)、资本公积金、盈余公积金和未分配利润等。其中，实收资本(股本)和实收资本溢价部分形成的资本公积金是投资者的原始投入部分；盈余公积金、未分配利润和部分资本公积金是原始投入资本在企业持续经营中形成的经营积累。通常，盈余公积金、未分配利润共称为留存收益。股权筹资在经济意义上形成了企业的所有者权益，其金额等于企业资产总额减去负债总额后的余额。

债务筹资是企业通过借款、发行债券、融资租赁以及赊销商品或服务等方式取得的资金形成在规定期限内需要清偿的债务。由于债务筹资到期要归还本金和支付利息，对企业的经营状况不承担责任，因而具有较大的财务风险，但付出的资本成本相对较低。从经济意义上来说，债务筹资也是债权人对企业的一种投资，也要依法享有企业使用债务所取得的经济利益，因而也可以称为债权人权益。

衍生工具筹资包括兼具股权与债务特性的混合融资和其他衍生工具融资。我国上市公司目前最常见的混合融资是可转换债券融资，最常见的其他衍生工具融资是认股权证融资。

(二) 直接筹资与间接筹资

按其是否以金融机构为媒介，企业筹资分为直接筹资和间接筹资两种类型。

直接筹资是企业直接与资金供应者协商融通资本的一种筹资活动。直接筹资方式主要有吸收直接投资、发行股票、发行债券等。通过直接筹资既可以筹集股权资金，也可以筹集债务资金。按法律规定，公司股票、公司债券等有价证券的发行需要通过证券公司等中介机构进行，但证券公司所起到的只是承销的作用，资金拥有者并未向证券公司让渡资金使用权，因此发行股票、债券属于直接向社会筹资。

间接筹资是企业借助银行等金融机构融通资本的筹资活动。在间接筹资方式下，银行等金融机构发挥了中介的作用，预先集聚资金，资金拥有者首先向银行等金融机构让渡资金的使

用权，然后由银行等金融机构将资金提供给企业。间接筹资的基本方式是向银行借款，此外还有融资租赁等筹资方式，间接筹资形成的主要是债务资金，主要用于满足企业资金周转的需要。

(三) 内部筹资与外部筹资

按资金的来源范围不同，企业筹资分为内部筹资和外部筹资两种类型。

内部筹资是指企业通过利润留存而形成的筹资来源。内部筹资数额的大小主要取决于企业可分配利润的多少和利润分配政策(股利政策)，一般无需花费筹资费用，从而降低了资本成本。

外部筹资是指企业向外部筹措资金而形成的筹资来源。处于初创期的企业，内部筹资的可能性是有限的；处于成长期的企业，内部筹资往往难以满足需要。这就需要企业广泛地开展外部筹资，如发行股票、债券，取得商业信用、向银行借款等。企业向外部筹资大多需要花费一定的筹资费用，从而提高了筹资成本。

因此，企业筹资时首先应利用内部筹资，然后再考虑外部筹资。

(四) 长期筹资与短期筹资

按所筹集资金的使用期限不同，企业筹资分为长期筹资和短期筹资两种类型。

长期筹资是指企业筹集使用期限在 1 年以上的资金筹集活动。长期筹资的目的主要在于形成和更新企业的生产和经营能力，或扩大企业的生产经营规模，或为对外投资筹集资金。长期筹资通常采取吸收直接投资、发行股票、发行债券、取得长期借款、融资租赁等方式，所形成的长期资金主要用于购建固定资产、形成无形资产、进行对外长期投资、垫支流动资金、产品和技术研发等。从资金权益性质来看，长期资金可以是股权资金，也可以是债务资金。

短期筹资是指企业筹集使用期限在 1 年以内的资金筹集活动。短期资金主要用于企业的流动资产和日常资金周转，一般在短期内需要偿还。短期筹资经常利用商业信用、短期借款、保理业务等方式来筹集。

四、筹资管理的原则

企业筹资管理的基本要求，是在严格遵守国家法律法规的基础上，分析影响筹资的各种因素，权衡资金的性质、数量、成本和风险，合理选择筹资方式，提高筹集效果。

(一) 遵循国家法律法规，合法筹措资金

不论是直接筹资还是间接筹资，企业最终都通过筹资行为向社会获取资金。企业的筹资活动不仅为自身的生产经营提供资金来源，而且也会影响投资者的经济利益，影响社会经济秩序。企业的筹资行为和筹资活动必须遵循国家的相关法律法规，依法履行法律法规和投资合同约定的责任，合法合规筹资，依法信息披露，维护各方的合法权益。

(二) 分析生产经营情况，正确预测资金需要量

企业筹措资金首先要合理预测资金的需要量。筹资规模与资金需要量应当匹配一致，既避免因筹资不足，影响生产经营的正常进行，又要防止筹资过多，造成资金闲置。

(三) 合理安排筹资时间，适时取得资金

企业筹集资金还需要合理预测确定资金需要的时间。要根据资金需求的具体情况，合理安排资金的筹集时间，适时获取所需资金。使筹资与用资在时间上相衔接，既避免过早筹集资金形成的资金投放前闲置，又防止取得资金的时间滞后，错过资金投放的最佳时间。

(四) 了解各种筹资渠道,选择资金来源

企业所筹集的资金都要付出资本成本的代价,不同的筹资渠道和筹资方式所取得的资金,其资本成本各有差异。企业应当在考虑筹资难易程度的基础上,针对不同来源资金的成本进行分析,尽可能选择经济、可行的筹资渠道与方式,力求降低筹资成本。

(五) 研究各种筹资方式,优化资本结构

企业筹资要综合考虑股权资金与债务资金的关系、长期资金与短期资金的关系、内部筹资与外部筹资的关系,合理安排资本结构,保持适当偿债能力,防范企业财务危机,提高筹资效益。

任务二 资金需要量的预测

企业合理筹集资金的前提是科学的预测资金需要量,因此,企业在筹资之前,应当采用一定的方法预测资金的需要量,以保证企业生产经营活动对资金的需求。根据规模适当原则,企业应当预测资金的需要量,合理确定筹资规模。资金的需要量是筹资的数量依据,应当科学合理地进行预测。筹资数量预测的基本目的,是保证筹集的资金既能满足生产经营的需要,又不会产生资金多余而闲置。常用的资金需要量的预测方法主要有:定性预测法和定量预测法。

一、定性预测法

定性预测法是指依靠预测者个人的经验、主观分析和判断能力,对未来时期资金的需求试进行估计和推算的方法。这种方法通常采用召开专业人员座谈会和专家论证会等形式进行。

首先,由熟悉财务情况和生产经营情况的专家,根据以往所积累的经验,进行分析判断提出预测的初步意见;然后,再通过召开座谈会或发出各种表格等形式,对预测的初步意见进行修正补充。这样进行一次或几次以后,得出预测的最终结果。

定性预测法是十分有用的,但它不能揭示资金需要量与有关因素之间的数量关系。预测资金需要量应和企业生产经营规模相联系。生产规模扩大,销售数量增加会引起资金需求量增加;反之,则会使资金需求量减少。因此这种方法一般只作为预测的辅助方法。

二、定量预测法

定量预测法是以历史资料为依据,采用数学模型对未来时期资金需要量进行预测的方法。这种方法预测的结果科学而准确,有较高的可行性,但计算较为复杂,要求具有完备的历史资料。定量预测法常用的方法有销售百分比法和线性回归分析法。

(一)销售百分比法

销售百分比法是根据销售增长与资产增长之间的关系,预测未来资金需要量的方法。企业的销售规模扩大时,要相应增加流动资产;如果销售规模增加很多,还必须增加长期资产。为取得扩大销售所需增加的资产,企业需要筹措资金。这些资金,一部分来自留存收益,另一部分通过外部筹资取得。通常,销售增长率较高时,仅靠留存收益不能满足资金需要,即使获利良好的企业也需外部筹资。因此,企业需要预先知道自己的筹资需求,提前安排筹资计划,否则就可能发生资金短缺问题。

销售百分比法将反映生产经营规模的销售因素与反映资金占用的资产因素连接起来,根据销售与资产之间的数量比例关系，预计企业的外部筹资需要量。销售百分比法首先假设某些资产与销售额存在稳定的百分比关系，根据销售与资产的比例关系预计资产额，根据资产额预计相应的负债和所有者权益，进而确定筹资需要量。

使用这一方法的前提是必须假设某报表项目与销售指标的比率已知且固定不变，其计算步骤如下。

1. 分析基期资产负债表各个项目与销售收入总额之间的依存关系，计算各敏感项目的销售百分比。

在资产负债表中，有一些项目会因销售额的增长而相应地增加，通常将这些项目称为敏感项目，包括货币资金、应收账款、存货、应付账款、预收账款和其他应收款，等等。而其他如固定资产净值、长期股权投资、实收资本等项目，一般不会随销售额的增长而增加，因此将其称为非敏感项目。

2. 计算预测期各项目预计数并填入预计资产负债表，确定需要增加的资金额。计算公式为：

某敏感项目预计数＝预计销售额×某项目销售百分比

3. 确定对外界资金需求的数量。

上述预测过程可用下列公式表示：

$$对外资金的需要量=\frac{A-B}{S_0}\times\Delta S-E\times P\times S_1$$

式中，A 为随销售变化的资产(变动资产)；B 为随销售变化的负债(变动负债)；S 为基期销售额；S_1 为预测期销售额；ΔS 为销售的变动额；P 为销售净利率；E 为收益留存比率。

【实例 4—1】 某企业 2016 年 12 月 31 日的资产负债表如表 4—1 所示。

表 4—1　　2016 年 12 月 31 日的资产负债表

资　产	金额(元)	负债与所有者权益	金额(元)
货币资金	10 000	应付票据	8 000
应收账款	24 000	应付账款	20 000
存货	50 000	其他应付款	4 000
预付款项	4 000	短期借款	50 000
固定资产净值	212 000	长期负债	80 000
		实收资本	128 000
		留用利润	10 000
资产总额	300 000	负债和所有者权益总额	300 000

该企业 2016 年的销售收入为 200 000 元，税后净利为 20 000 元，销售净利率为 10%，已按 50%的比例发放普通股股利 10 000 元。目前企业尚有剩余生产能力．即增加收入不需要进行固定资产方面的投资。假定销售净利率仍保持上年水平，预计 2017 销售收入将提高到 240 000 元，年末普通股股利发放比例将增加至 70%，要求预测 2017 年需要增加资金的数量。

(1)根据 2016 年资产负债表编制 2017 年预计资产负债表(表 4—2)。

表 4—2 **2017 年预计资产负债表** 单位:元

资　产			负债与所有者权益		
项　目	销售百分比	预计数	项　目	销售百分比	预计数
货币资金	5%	12 000	应付票据	4%	9 600
应收账款	12%	28 800	应付账款	10%	24 000
存货	25%	60 000	其他应付款	2%	4 800
预付款项	2%	4 800	短期借款	—	50 000
固定资产净值		212 000	长期负债	—	80 000
			实收资本	—	128 000
			留用利润	—	10 000
			追加资金	—	11 200
合计	44%	317 600	合计	16%	317 600

(2)确定需要增加的资金。首先,可根据预计资产负债表直接确认需追加的资金额。表中预计资产总额为 317 600 元,而负债与所有者权益为 306 400 元,资金占用大于资金来源,则需追加资金 11 200 元;其次,也可分析测算需追加的资金额。表 4—2 中销售收入每增加 100 元,需增加 44 元的资金占用,但同时自动产生 16 元的资金来源。因此,每增加 100 元的销售收入,必须取得 28 元的资金来源。在本例中,销售收入从 200 000 元,增加到 240 000 元,增加了 40 000 元,按照 28%的比率可测算出将增加 11 200 元的资金需求。

(3)确定对外界资金需求的数量。

上述 11 200 元资金需求可通过企业内部筹集和外部筹集两种方式解决,2017 年预计净利润为 24 000(240 000×10%)元,如果公司的利润分比率为 70%,则将有 30%的利润即 7 200 元被留存下来,从 11 200 元中减 7 200 元的留存收益,则还有 4 000 元的资金必须从外界融通。

此外,也可根据上述资料采用公式求得对外界资金的需求量。

对外筹集资金额=44%×40 000－16%×40 000－10%×30%×240 000=4 000(元)

(二)线性回归分析法

线性回归分析法是应用最小平方法的原理对过去若干期间的销售额与资金总量的历史资料进行分析,按 $Y=a+bx$ 的公式来确定反映销售收入总额(X)和资金总量(Y)之间关系的回归直线,并据以预测计划期间资金需要量的一种方法。该方法是在资金变动与产销量变动关系的基础上,将企业资金划分为不变资金和可变资金,然后结合预计的产销量来预测资金需要量,其基本模型为:

资金占用量(Y)=不变资金(a)+变动资金(bx)

=不变资金(a)+单位产销量所需的变动资金(b)×产销量(X)

即:$Y=a+bx$

在实际运用中,需要利用历史资料来确定 a、b 的值,然后在已知业务量(x)的基础上,确定资金需要量(y)。a、b 的计算公式为:

$$b=\frac{n\sum xy-\sum x\sum y}{n\sum x^2-(\sum x)^2}$$

$$a=\frac{\sum Y-b\sum x}{n}$$

【实例 4—2】 星海公司 2011～2015 年度产销量与资金需要量资料如表 4—3 所示，预计 2016 年产销量为 90 万件，试计算 2016 年的资金需要量。

表 4—3　　产销量与资金变化情况(1)

年　份	产销量(x)(万件)	资金占用量(y)(万元)
2011	15	200
2012	25	220
2013	40	250
2014	35	240
2015	55	280

(1)根据上表 4—3 资料计算出有关数据，如表 4—4 所示。

表 4—4　　资金需要量回归分析计算表(2)

年　份	产销量 x(万件)	资金占用量(y)(万元)	xy	x^2
2011	15	200	3 000	225
2012	25	220	5 500	625
2013	40	250	10 000	1 600
2014	35	240	8 400	1 225
2015	55	280	15 400	3 025
$n=5$	$\sum x=170$	$\sum y=1\,190$	$\sum xy=42\,300$	$\sum x^2=6\,700$

(2)将表 4—4 的数据代入公式得：

$$b=\frac{5\times 42\,300-170\times 1\,190}{5\times 6\,700-170^2}=2$$

$$a=\frac{1\,190-2\times 170}{5}=170$$

(3)将 $a=170$，$b=2$ 代入回归直线方程 $Y=a+bx$，求得：

$$y=170+2x$$

(4)将 2016 年度预计销售量 90 万件的情况下，则资金需要量为：

$$y=170+2\times 90=350(\text{万元})$$

需要注意的是，定性预测法与定量预测法并不是互相排斥的，而是相辅相成、相互补充的。在社会经济活动中，许多因素极为复杂多变，很难甚至无法进行量化，因而纯粹的定量预测法无法使用。即使很多因素可以进行定量描述，为了保证定量分析法的使用效果，需要依靠使用两者的综合分析判断。因此，预测人员要根据企业的具体情况和预测对象的不同，将定量分析预测法和定性分析预测法结合起来应用。如果数据资料比较完备，可以先用某种定量预测法进行加工处理，找出有关变量之间的关系，然后再应用定性预测法对预测结论综合分析后作出正确的使用。可以说，定量预测法通常仍有赖于定性预测法发挥其主导作用，在经营预测中，只有将定量预测法与定性预测法有机结合起来应用才能全面认识和把握预测对象的未来发展趋势，使预测的结果更加接近实际。

任务三　权益资金的筹集

企业所能采用的筹资方式，一方面受法律环境和融资市场的制约，另一方面也受企业性质的制约。中小企业和非公司制企业的筹资方式比较受限；股份有限公司和有限责任公司的筹资方式相对多样。

权益筹资形成企业的股权资金，也称之为权益资本，是企业最基本的筹资方式。权益筹资又包含吸收直接投资、发行股票和利用留存收益三种主要形式，此外，我国上市公司引入战略投资者的行为，也属于权益筹资的范畴。

一、吸收直接投资

吸收直接投资是指企业按照“共同投资、共同经营、共担风险、共享收益”的原则，直接吸收国家、法人、个人和外商投入资金的一种筹资方式。吸收直接投资是非股份制企业筹集权益资本的基本方式，采用吸收直接投资的企业，资本不分为等额股份、无需公开发行股票。吸收直接投资实际出资额，注册资本部分形成实收资本；超过注册资本的部分属于资本溢价，形成资本公积。

（一）吸收直接投资的种类

1. 吸收国家投资

国家投资是指有权代表国家投资的政府部门或机构，以国有资产投入公司，这种情况下形成的资本叫国有资本。根据《公司国有资本与公司财务暂行办法》的规定，在公司持续经营期间，公司以盈余公积、资本公积转增实收资本的部分，国有公司和国有独资公司由公司董事会或经理办公会决定，并报主管财政机关备案；股份有限公司和有限责任公司由董事会决定，并经股东大会审议通过。吸收国家投资一般具有以下特点：(1) 产权归属国家；(2) 资金的运用和处置受国家约束较大；(3) 在国有公司中采用比较广泛。

2. 吸收法人投资

法人投资是指法人单位以其依法可支配的资产投入公司，这种情况下形成的资本称为法人资本。吸收法人资本一般具有以下特点：(1) 发生在法人单位之间；(2) 以参与公司利润分配或控制为目的；(3) 出资方式灵活多样。

3. 吸收外商直接投资

企业可以通过合资经营或合作经营的方式吸收外商直接投资，即与其他国家的投资者共同投资，创办中外合资经营企业或者中外合作经营企业，共同经营、共担风险、共负盈亏、共享利益。

4. 吸收社会公众投资

社会公众投资是指社会个人或本公司职工以个人合法财产投入公司，这种情况下形成的资本称为个人资本。吸收社会公众投资一般具有以下特点：(1) 参加投资的人员较多；(2) 每人投资的数额相对较少；(3) 以参与公司利润分配为基本目的。

(二) 吸收直接投资的出资方式

1. 以货币资产出资

以货币资产出资是吸收直接投资中最重要的出资方式。企业有了货币资产，便可以获取其他物质资源，支付各种费用，满足企业创建时的开支和随后的日常周转需要。我国《公司法》规定，公司全体股东或者发起人的货币出资金额不得低于公司注册资本的30%。

2. 以实物资产出资

实物出资是指投资者以房屋、建筑物、设备等固定资产和材料、燃料、商品产品等流动资产所进行的投资。实物投资应符合以下条件：(1) 适合企业生产、经营、研发等活动的需要；(2) 技术性能良好；(3) 作价公平合理。

实物出资中实物的作价，可以由出自各方协商确定，也可以聘请专业资产评估机构评估确定。国有及国有控股企业接受其他企业的非货币资产出资，需要委托有资格的资产评估机构进行资产评估。

3. 以土地使用权出资

土地使用权是指土地经营者对依法取得的土地在一定期限内有进行建筑、生产经营或其他活动的权利。土地使用权具有相对的独立性，在土地使用权存续期间，包括土地所有者在内的其他任何人和单位，不能任意收回土地和非法干预使用权人的经营活动。企业吸收土地使用权投资应符合以下条件：(1) 适合企业科研、生产、经营、研发等活动的需要；(2) 地理、交通条件适宜；(3) 作价公平合理。

4. 以工业产权出资

工业产权通常是指专有技术、商标权、专利权、非专利技术等无形资产。投资者以工业产权出资应符合以下条件：(1) 有助企业研究、开发和生产出新的高科技产品；(2) 有助于企业提高生产效率，改进产品质量；(3) 有助于企业降低生产消耗、能源消耗等各种消耗；(4) 作价公平合理。

吸收工业产权等无形资产出资的风险较大。因为以工业产权投资，实际上是把技术转化为资本，使技术的价值固定化。而技术具有强烈的时效性，会因其不断老化落后而导致实际价值不断减少甚至完全丧失。

此外，对无形资产出资方式的限制，《公司法》规定，股东或发起人不得以劳务、信用、自然人姓名、商誉、特许经营权或者设定担保的财产等作价出资。对于非货币资产出资，需要满足三个条件：可以用货币估价；可以依法转让；法律不禁止。

《公司法》对无形资产出资的比例要求没有明确限制，但《外企企业法实施细则》另有规定，外资企业的工业产权、专有技术的作价应与国际上通常的作价原则相一致，且作价金额不得超过注册资本的20%。

(三) 吸收直接投资的程序

1. 确定筹资数量

企业在新建或扩大经营时，首先确定资金的需要量。资金的需要量应根据企业的生产经营规模和供销条件等来核定，确保筹资数量与资金需要量相适应。

2. 寻找投资单位

企业既要广泛了解有关投资者的资信、财力和投资意向,又要通过信息交流和宣传,使出资方了解企业的经营能力、财务状况以及未来预期,以便于公司从中寻找最合适的合作伙伴。

3. 协商和签署投资协议

找到合适的投资伙伴后,双方进行具体协商,确定出资数额、出资方式和出资时间。企业应尽可能吸收货币投资,如果投资方确有先进而适合需要的固定资产和无形资产,亦可采取非货币投资方式。对实物投资、工业产权投资、土地使用权投资等非货币资产,双方应按公平合理的原则协商定价。当出资数额、资产作价确定后,双方须签署投资的协议或合同,以明确双方的权利和责任。

4. 取得所筹集的资金

签署投资协议后,企业应按规定或计划取得资金。如果采取现金投资方式,通常还要编制拨款计划,确定拨款期限、每期数额及划拨方式,有时投资者还要规定拨款的用途,如把拨款区分为固定资产投资拨款、流动资金拨款、专项拨款等。如为实物、工业产权、非专利技术、土地使用权投资,一个重要的问题就是核实财产。财产数量是否准确,特别是价格有无高估低估的情况,关系到投资各方的经济利益,必须认真处理,必要时可聘请专业资产评估机构来评定,然后办理产权的转移手续取得资产。

(四) 吸收直接投资的筹资特点

1. 能够尽快形成生产能力。吸收直接投资不仅可以取得一部分货币资金,而且能够直接获得所需的先进设备和技术,尽快形成生产经营能力。

2. 容易进行信息沟通。吸收直接投资的投资者比较单一,股权没有社会化、分散化,甚至于有的投资者直接担任公司管理层职务,公司与投资者易于沟通。

3. 吸收投资的手续相对比较简便,筹资费用较低。

4. 资本成本较高。相对于股票筹资来说,吸收直接投资的资本成本较高。当企业经营较好,盈利较多时,投资者往往要求将大部分盈余作为红利分配,因为企业向投资者支付的报酬是按其出资数额和企业实现利润的比率来计算的。

5. 企业控制权集中,不利于企业治理。采用吸收直接投资方式筹资,投资者一般都要求获得与投资数额相适应的经营管理权。如果某个投资者的投资额比例较大,则该投资者对企业的经营管理就会有相当大的控制权,容易损害其他投资者的利益。

6. 不利于产权交易。吸收投入资本由于没有证券为媒介,不利于产权交易,难以进行产权转让。

二、发行股票

股票是股份有限公司为筹措股权资本而发行的有价证券,是公司签发的证明股东持有公司股份的凭证。股票作为一种所有权凭证,代表着股东对发行公司净资产的所有权。股票只能由股份有限公司发行。

(一) 股票的特征、股东的权利及股票的分类

1. 股票的特征

(1)永久性。公司发行股票所筹集的资金属于公司的长期自有资金,没有期限,不需归还。换言之,股东在购买股票之后,一般情况下不能要求发行企业退还股金。

(2)流通性。股票作为一种有价证券,在资本市场上可以自由转让、买卖和流通,也可以继承、赠送或作为抵押品。股票特别是上市公司发行的股票具有很强的变现能力,流动性很强。

(3)风险性。由于股票的永久性,股东成了企业风险的主要承担者。风险的表现形式有:股票价格的波动性、红利的不确定性、破产清算时股东处于剩余财产分配的最后顺序等。

(4)参与性。股东作为股份公司的所有者,拥有参与企业管理的权利,包括重大决策权、经营者选择权、财务监控权、公司经营的建议和质询权等。此外,股东还有承担有限责任、遵守公司章程等义务。

2. 股东的权利

股东最基本的权利是按投入公司的股份额,依法享有公司收益获取权、公司重大决策参与权和选择公司管理者的权利,并以其所持股份为限对公司承担责任。

(1)公司管理权。股东对公司的管理权主要体现在重大决策参与权、经营者选择权、财务监控权、公司经营的建议和质询权、股东大会召集权等方面。

(2)收益分享权。股东有权通过股利方式获取公司的税后利润,利润分配方案由董事会提出并经过股东大会批准。

(3)股份转让权。股东有权将其所持有的股票出售或转让。

(4)优先认股权。原有股东拥有优先认购本公司增发股票的权利。

(5)剩余财产要求权。当公司解散、清算时,股东有对清偿债务、清偿优先股股东以后的剩余财产索取的权利。

3. 股票的分类

(1) 按股东权利和义务,分为普通股股票和优先股股票。

普通股股票简称普通股,是公司发行的代表着股东享有平等的权利、义务,不加特别限制的,股利不固定的股票。普通股是最基本的股票,股份有限公司通常情况只发行普通股。

优先股股票简称优先股,是公司发行的相对于普通股具有一定优先权的股票。其优先权利主要表现在股利分配优先权和分取剩余财产优先权上。优先股股东在股东大会上无表决权,在参与公司经营管理上受到一定限制,仅对涉及优先股权利的问题有表决权。

普通股与优先股的区别主要在于两者的权利和义务不同:

①在收益的分配上,普通股股东可按其持有股份或出资比例获得企业分配的利润,其获利水平随企业盈利水平的变动而变动,且一般高于优先股;优先股的持有者可享有较固定的股息,公司有利润时可优先于普通股得到支付,公司利润达到一定水平时也可能享受剩余利润,但较普通股的权利要小些。

②在剩余财产分配上,当企业转入清算时,优先股对企业剩余财产的分配顺序在普通股之先。

③在对公司控制权的影响上,普通股股东可参与企业经营管理,对企业经营活动有表决权,且当股份公司增发新股时,普通股股东享有优先认股权;优先股股东却无这些权利。

④在应承担的义务上,当公司出现经营亏损或发生破产清算时,普通股股东要按出资额或所占股份承担公司的经营损失和经济责任;优先股股东一般无此义务,但优先股也可能要承担收不回本金的风险。

(2)按票面有无记名,分为记名股票和无记名股票。

记名股票是在股票票面上记载有股东姓名或将名称记入公司股东名册的股票,无记名股票不登记股东名称，公司只记载股票数量、编号及发行日期。

我国《公司法》规定，公司向发起人、国家授权投资机构、法人发行的股票，为记名股票；向社会公众发行的股票，可以为记名股票，也可以为无记名股票。

(3)按发行对象和上市地点，分为A股、B股、H股、N股和S股等。

A股即人民币普通股票，由我国境内公司发行，境内上市交易，它以人民币标明面值，以人民币认购和交易。B股即人民币特种股票，由我国境内公司发行，境内上市交易，它以人民币标明面值，以外币认购和交易。H股是注册地在内地、上市在香港的股票，依此类推，在纽约和新加坡上市的股票，就分别称为N股和S股。

(二)股份有限公司的设立、股票的发行与上市

1. 股份有限公司的设立

设立股份有限公司，应当有2人以上200人以下为发起人，其中须有半数以上的发起人在中国境内有住所。股份有限公司的设立，可以采取发起设立或者募集设立的方式。发起设立，是指由发起人认购公司应发行的全部股份而设立公司。募集设立，是指由发起人认购公司应发行股份的一部分，其余股份向社会公开募集或者向特定对象募集而设立公司。

设立股份有限公司，应当具备下列条件：发起人符合法定人数；发起人认购和募集的股本达到法定资本最低限额；股份发行、筹办事项符合法律规定；发起人制订公司章程，采用募集方式设立的经创立大会通过；有公司名称，建立符合股份有限公司要求的组织机构；有公司住所。

股份有限公司采取发起设立方式设立的，注册资本为在公司登记机关登记的全体发起人认购的股本总额。在发起人认购的股份缴足前，不得向他人募集股份。股份有限公司采取募集方式设立的，注册资本为在公司登记机关登记的实收股本总额。法律、行政法规以及国务院决定对股份有限公司注册资本实缴、注册资本最低限额另有规定的，从其规定。

以发起设立方式设立股份有限公司的，发起人应当书面认足公司章程规定其认购的股份，并按照公司章程规定缴纳出资。以非货币财产出资的，应当依法办理其财产权的转移手续。发起人认足公司章程规定的出资后，应当选举董事会和监事会，由董事会向公司登记机关报送公司章程以及法律、行政法规规定的其他文件，申请设立登记。发起人不依照规定缴纳出资的，应当按照发起人协议承担违约责任。

股份有限公司的发起人应当承担下列责任：(1) 公司不能成立时，发起人对设立行为所产生的债务和费用负连带责任；(2) 公司不能成立时，发起人对认股人已缴纳的股款，负返还股款并负甲方银行同期存款利息的连带责任；(3) 在公司设立过程中，由于发起人的过失致使公司利益受到损害的，应当对公司承担赔偿责任。

2. 股份有限公司首次发行股票的一般程序

(1)发起人认足股份、缴付股资。发起方式设立的公司，发起人认购公司的全部股份；募集方式设立的公司，发起人认购的股份不得少于公司股份总数的35%。发起人可以用货币出资，也可以非货币资产作价出资。在发起设立方式下，发起人缴付全部股资后，应选举董事会、监事会，由董事会办理公司设立的登记事项；在募集设立方式下，发起人认足其应认购的股份并缴付股资后，其余部分向社会公开募集。

(2)提出公开募集股份的申请。以募集方式设立的公司，发起人向社会公开募集股份时，必须向国务院证券监督管理部门递交募股申请，并报送批准设立公司的相关文件，包括公司章程、招股说明书等。

(3)公告招股说明书,签订承销协议。公开募集股份申请经国家批准后,应公告招股说明书。招股说明书应包括公司的章程、发起人认购的股份数、本次每股票面价值和发行价格、募集资金的用途等。同时,与证券公司等证券承销机构签订承销协议。

(4)招认股份,缴纳股款。发行股票的公司或其承销机构一般用广告或书面通知的办法招募股份。认股者一旦填写了认股书,就要承担认股书中约定的缴纳股款义务。如果认股者的总股数超过发起人拟招募的总股数,可以采取抽签的方式确定哪些认股者有权认股。认股者应在规定的期限内向代收股款的银行缴纳股款,同时交付认股书。股款认足后,发起人应委托法定的机构验资,出具验资证明。

(5)召开创立大会,选举董事会、监事会。发行股份的股款募足后,发起人应在规定期限内(法定 30 天)主持召开创立大会。创立大会由发起人、认股人组成,应有代表股份总数半数以上的认股人出席方可举行。创立大会通过公司章程,选举董事会和监事会成员,并有权对公司的设立费用进行审核,对发起人用于抵作股款的财产作价进行审核。

(6)办理公司设立登记,交割股票。经创立大会选举的董事会,应在创立大会结束后 30 天内,办理申请公司设立的登记事项。登记成立后,即向股东正式交付股票。

股票首次公开发行有以下几个定价方法:(1)市盈率法。通过市盈率法确定股票发行价格的计算公式为:发行价格=每股净收益×发行市盈率。(2)净资产倍率法。发行价格=每股净资产值×溢价倍数。(3)现金流量折现法。通过预测公司未来盈利能力,据此计算出公司净现金流量值,并按一定的折扣率折算未来现金流量,从而确定股票发行价格的方法。

3. 股票的发行价格及股票发行的定价方式

股票发行价格是指股份公司在股票市场上发行股票时所确定的价格,通常股票的发行价有面值价、时价和中间价三种。(1)面值价。即以股票的面值为发行价格。(2)时价。时价是以本公司股票的现行市场价格作为发行新股票的价格。公司增资时采用时价发行股票比较符合实际。(3)中间价。中间价是以股票面值和时价的平均值作为股票的发行价格。

关于股票的发行价格,我国一般包括三种方式:(1)平价发行,即股票的发行价格与股票的票面价格相同;(2)溢价发行,即股票的发行价格高于股票的票面价格;(3)折价发行,即股票的发行价格低于股票的票面价格。

股份有限公司通过发行股票的形式进行股份的发行,来募集公司设立或者增资所必需的资本。每一股股票的票面价值是相同的,所有发行的股票的票面价值总额就等同于股份有限公司设立或者增资所需要的资本总额。因此,从资本充实的角度出发,股票只有平价发行或者溢价发行,股份发行所募集到的资金才能够等于或者高于公司所需要的资本。而股票的折价发行,即按照低于股票的票面价值发行股票,即使股份全部得以发行,所筹集到的资金也必然低于公司所需资本总额,这实际上会造成公司资本的虚增,有可能损害公司及股东的利益,对于公司债权人来说也是不利的。因此,各国对于股票的发行,一般要求必须平价发行或者溢价发行,而对于折价发行股票则进行限制,如要求折价股份的发行对象只限于公司的原有股东或者公司职工或折价发行股份必须在公司成立一定年限以后等。

我国在公司资本制度上,坚持资本充实原则,不允许股票的折价发行,因此本条规定,股票发行价格可以按票面金额,也可以超过票面金额,但不得低于票面金额。同时,按照本法的有关规定,股份有限公司以超过股票票面金额的发行价格发行股份所得的溢价款应当列入公司的资本公积金,用于转增公司资本。

实际工作中股票发行的定价方式主要有：协商定价方式、一般的询价方式、累计投标询价方式、上网竞价方式。

4. 股票上市交易

(1)股票上市的目的

股票上市的目的是多方面的，主要包括：①便于筹措新资金。证券市场是资本商品的买卖市场，证券市场上有众多的资金供应者。同时，股票上市经过了政府机构的审查批准并接受严格的管理，执行股票上市和信息披露的规定，容易吸引社会资本投资者。公司上市后，还可以通过增发、配股、发行可转换债券等方式进行再融资。②促进股权流通和转让。股票上市后便于投资者购买，提高了股权的流动性和股票的变现力，便于投资者认购和交易。③促进股权分散化。上市公司拥有众多的股东，加之上市股票的流通性强，能够避免公司的股权集中，分散公司的控制权，有利于公司治理结构的完善。④便于确定公司价值。股票上市后，公司股价有市价可循，便于确定公司的价值。对于上市公司来说，即时的股票交易行情，就是对公司价值的市场评价。同时，市场行情也能够为公司收购兼并等资本运作提供询价基础。

但股票上市也有对公司不利的一面，这主要有：上市成本较高，手续复杂严格；公司将负担较高的信息披露成本；信息公开的要求可能会暴露公司的商业机密；股价有时会歪曲公司的实际情况，影响公司声誉；可能会分散公司的控制权，造成管理上的困难。

(2)股票上市的条件

公司公开发行的股票进入证券交易所交易，必须受严格的条件限制。我国《证券法》规定，股份有限公司申请股票上市，应当符合下列条件：①股票经国务院证券监督管理机构核准已公开发行。②公司股本总额不少于人民币 3 000 万元。③公开发行的股份达到公司股份总数的 25%以上；公司股本总额超过人民币 4 亿元的，公开发行股份的比例为 10%以上。④公司最近 3 年无重大违法行为，财务会计报告无虚假记载。

(3)股票上市的暂停、终止与特别处理

当上市公司出现经营情况恶化、存在重大违法违规行为或其他原因导致不符合上市条件时，就可能被暂停或终止上市。

上市公司出现财务状况或其他状异常的，其股票交易将被交易所“特别处理”(ST：Special Treatment)。“财务状异常”是指以下几种情况：① 最近 2 个会计年度的审计结果显示的净利润为负值；② 最近 1 个会计年度的审计结果显示其股东权益低于注册资本；③ 最近 1 个会计年度经审计的股东权益扣除注册会计师和有关部门不予确认的部分后，低于注册资本；④ 注册会计师对最近 1 个会计年度的财产报告出具无法表示意见或否定意见的审计报告；⑤ 最近一份经审计的财务报告对上年度利润进行调整，导致连续 2 个会计年度亏损；⑥ 经交易所或中国证监会认定为财务状况异常的。“其他状况异常”是指自然灾害、重大事故等导致生产经营活动基本中止，公司涉及的可能赔偿金额超过公司净资产的诉讼等情况。

在上市公司的股票交易被实行特别处理期间，其股票交易遵循下列规则：① 股票报价日涨跌幅限制为 5%；② 股票名称改为原股票名前加“ST”；③ 上市公司的中期报告必须经过审计。

(4)股票上市的影响

股票上市的有利影响：分散公司风险；能为公司带来良好的声誉，增强社会公众对公司的信赖，从而吸引更多的认购者，扩大销售量；便于公司采用其他方式(如负债)筹措资金，改善公司的财务状况；有利于促进公司财富最大化；股票上市后，既提高了股票的流动性和变现力，便于投资者购买，也有利于公司利用股票收购其他公司，或者利用股票激励员工。

股票上市的不利影响：股票上市后，公司将负担较高的信息披露成本，各种信息公开的要求可能会泄露公司的商业秘密，使公司失去隐私权；股票上市也限制了经理人员操作的自由度，还需要负担很高的上市费用。

(三)上市公司的股票发行

上市的股份有限公司在证券市场上发行股票，包括公开发行和非公开发行两种类型。公开发行股票又分为首次上市公开发行股票和上市公开发行股票，非公开发行即向特定投资者发行，也叫定向发行。

1. 首次上市公开发行股票(IPO)

首次上市公开发行股票(Initial Public Offering，IPO)，是指股份有限公司对社会公开发行股票并上市流通和交易。实施 IPO 的公司，应当符合中国证监颁布的《首次公开发行股票并上市管理办法》规定的相关条件，并经中国证监会核准。

实施 IPO 的基本程序是：(1)公司董事会应当依法就本次股票发行的具体方案、本次募集资金使用的可行性及其他事项作出决议，并提请股东大会批准。(2)公司股东大会就本次发行股票作出决议。(3)由保荐人保荐并向证监会申报。(4)证监会受理，并审核批准；(5)自证监会核准发行之日起，公司应在 6 个月内公开发行股票；超过 6 个月未发行的，核准失效，须经证监会重新核准后方可发行。

2. 上市公开发行股票

上市公开发行股票，是指股份有限公司已经上市后，通过证券交易所在证券市场上对社会公开发行股票。上市公司公开发行股票，包括增发和配股两种方式。其中，增发是指增资发行，即上市公司向社会公众发售股票的再融资方式，而配股是指上市公司向原有股东配售发行股票的再融资方式。增发和配股也应符合证监会规定的条件，并经过证监会的核准。

3. 非公开发行股票

上市公司非公开发行股票，是指上市公司采用非公开方式，向特定对象发行股票的行为，也叫定向募集增发。其目的往往是为了引入该机构的特定能力，如管理、渠道等。定向增发的对象可以是老股东，也可以是新投资者。总之，定向增发完成之后，公司的股权结构往往会发生较大变化，甚至发生控股权变更的情况。

在公司设立时，上市公开发行股票与非上市不公开发行股票相比较，上市公开发行股票方式的发行范围广，发行对象多，易于足额筹集资本，同时还有利于提高公司的知名度。但公开发行方式审批手续复杂严格，发行成本高。在公司设立后再融资时，上市公司定向增发和非上市公司定向增发相比较，上市公司定向增发优势在于：(1) 有利于引入战略投资者和机构投资者；(2) 有利于利用上市公司的市场化估值溢价，将母公司资产通过资本市场放大，从而提升母公司的资产价值；(3) 定向增发是一种主要的并购手段，特别是资产并购型定向增发，有利于集团企业整体上市，并同时减轻并购的现金流压力。

(四) 引入战略投资者

1. 战略投资者的概念与要求

我国在新股发行中引入战略投资者，允许战略投资者在公司发行新股中参与配售。按照证监会的规则解释，战略投资者是指与发行人具有合作关系或有合作意向和潜力，与发行公司业务联系紧密且欲长期持有发行公司股票的法人。从国外风险投资机构对战略投资者的定义来看，一般认为战略投资者是能够通过帮助公司融资、提供营销与销售支持的业务，或通过个人关系增加投资价值的公司或个人投资者。

一般来说，作为战略投资者的基本要求是：(1) 要与公司的经营业务联系紧密；(2) 要出于长期投资目的而较长时期地持有股票；(3) 要具有相当的资金实力，且持股数量较多。

2. 引入战略投资者的作用

战略投资者具有资金、技术、管理、市场、人才等方面的优势，能够增强企业的核心竞争力和创新能力。上市公司引入战略投资者，使其能够和上市公司之间形成紧密的、伙伴式的合作关系，并由此增强公司经营实力、提高公司管理水平、改善公司治理结构。因此，对战略投资者的基本资质条件要求是：拥有比较雄厚的资金、核心的技术、先进的管理等，同时要有较好的实业基础和较强的投融资能力。

(1)提升公司形象，提高资本市场认同度。战略投资者往往都是实力雄厚的境内外大公司、大集团，甚至是国内、国际500强，他们对公司股票的认购，是对公司潜在未来价值的认可和期望。

(2)优化股权结构，健全公司法人治理。战略投资者在公司占一定股权份额并长期持股，能够分散公司控制权，战略投资者参与公司管理，能够改善公司治理结构。战略投资者带来的不仅是资金和技术，更重要的是能带来先进的管理水平和优秀的管理团队。

(3)提高公司资源整合能力，增强公司的核心竞争力。战略投资者往往都有较好的实业基础，能够带来先进的工艺技术和广阔的产品营销市场，并致力于长期投资合作，能够促进公司产品结构和产业结构的调整升级，有助于形成产业集群，整合公司的经营资源。

(4)达到阶段性的融资目标，加快实现公司上市融资的进程。战略投资者具有较强的资金实力，并与发行人签订有关配售协议，长期持有发行人股票，能够为新上市的公司提供长期稳定的资本，帮助上市公司用较低的成本融得较多的资金，提高了公司的融资效率。

从现有情况来看，目前我国上市公司确定战略投资者还处于募集资金最大化的实用原则阶段。谁的申购价格高，谁就能成为战略投资者，管理型、技术型的战略投资者还很少见。资本市场中的战略投资者，目前多是追逐持股价差、有较大承受能力的股票持有者，一般都是大型证券投资机构。

(五)发行普通股的筹资特点

1. 所有权与经营权相分离，分散公司控制权，有利于公司自主管理、自主经营。普通股筹资的股东众多，公司的日常经营管理事务主要由公司的董事会和经理层负责。

2. 没有固定的股息负担，资本成本较低。公司有盈利，并认为适于分配时才分派股利；公司盈利较少，或者虽有盈利但现金短缺或有更好的投资机会，也可以少支付或不支付股利。相对于吸收直接投资来说，普通股筹资的资本成本较低。

3. 能增强公司的社会声誉。普通股筹资使得股东大众化，由此给公司带来了广泛的社会影响。特别是上市公司，其股票的流通性强，有利于市场确认公司的价值。

4. 促进股权流通和转让。普通股筹资以股票作为媒介的方式便于股权的流通和转让，便于吸收新的投资者。

5. 筹资费用较高，手续复杂。

6. 不易尽快形成生产能力。普通股筹资吸收的一般都是货币资金，还需要通过购置和建造形成生产经营能力。

7. 公司控制权分散，容易被经理人控制。同时，流通性强的股票交易，也容易被恶意收购。

(六) 发行优先股的筹资特点

1. 优先股股本没有固定的到期日，无需归还本金，与普通股相类似，财务风险小。

2. 优先股的股息具有固定性，与债务资本的利息类似，可发挥财务杠杆作用。

3. 筹资成本较高。优先股成本虽然低于普通股成本，但由于优先股股利要从税后利润中支付，不会使公司享有抵减所得税的好处，所以一般情况下其成本高于债务资本成本。

4. 财务负担较重。由于优先股股息固定，并且不能在税前扣除，当企业盈利下降时，优先股的股利可能会成为公司一项较重的财务负担。

发行优先股筹集的资本属于公司权益资本，这一特征与普通股相同，不同的是优先股具有面值和固定的股利率，这一特征又类似于债券的特征，因此优先股通常被视为混合性证券。

三、留存收益

(一) 留存收益的性质

从性质上看，企业通过合法有效地经营所实现的税后净利润，都属于企业的所有者。企业将本年度的利润部分甚至全部留存下来的原因很多，主要包括：第一，收益的确认和计量是建立在权责发生制基础上的，企业有利润，但企业不一定有相应的现金净流量增加，因而企业不一定有足够的现金将利润全部或部分派给所有者。第二，法律法规从保护债权人利益和要求企业可持续发展等角度出发，限制企业将利润全部分配出去。《公司法》规定，企业每年的税后利润，必须提取10%的法定盈余公积金。第三，企业基于自身扩大再生产和筹资的需求，也会将一部分利润留存下来。

(二) 留存收益的筹资途径

1. 提取盈余公积金。盈余公积金，是指有指定用途的留存净利润。盈余公积金是从当期企业净利润中提取的积累资金，其提取基数是本年度的净利润。盈余公积金主要用于企业未来的经营发展，经投资者审议后也可以用于转增股本(实收资本)和弥补以前年度经营亏损，但不得用于以后年度的对外利润分配。

2. 未分配利润。未分配利润，是指未限定用途的留存净利润。未分配利润有两层概念：第一，这部分净利润本年没有分配给公司的股东投资者；第二，这部分净利润未指定用途，可以用于企业未来的经营发展、转增资本(实收资本)、弥补以前年度的经营亏损及以后年度的利润分配。

(三) 利用留存收益的筹资特点

1. 不用发生筹资费用。企业从外界筹集长期资本，与普通股筹资相比较，留存收益筹资不需要发生筹资费用，资本成本较低。

2. 维持公司的控制权分布。利用留存收益筹资，不用对外发行新股或吸收新投资者，由此增加的权益资本不会改变公司的股权结构，不会稀释原有股东的控制权。

3. 筹资数额有限。留存收益的最大数额是企业到期的净利润和以前年度未分配利润之和，不像外部筹资一次性可以筹集大量资金。如果企业发生亏损，那么当年就没有利润留存。另外，股东和投资者从自身期望出发，往往希望企业每年发放一定的利润，保持一定的利润分配比例。

四、股权筹资的优点和缺点

(一) 股权筹资的优点

1. 股权筹资是企业稳定的资本基础

股权资本没有固定的到期日,无需偿还,是企业的永久性资本,除非企业清算时才有可能予以偿还。这对于保障企业对资本的最低需求,促进企业长期持续稳定经营具有重要意义。

2. 股权筹资是企业良好的信誉基础

股权资本作为企业最基本的资本,代表了公司的资本实力,是企业与其他单位组织开展经营业务,进行业务活动的信誉基础。同时,股权资本也是其他方式筹资的基础,尤其可为债务筹资,包括银行借款、发行公司债券等提供信用保障。

3. 企业财务风险较小

股权资本不用在企业正常运营期内偿还,不存在还本付息的财务风险。相对于债务资本而言,股权资本筹资限制少,资本使用上也无特别限制。另外,企业可以根据其经营状况和业绩的好坏,决定向投资者支付报酬,比较灵活。

(二) 股权筹资的缺点

1. 资本成本负担较重

尽管股权资本的资本成本负担比较灵活,但一般而言,股权筹资的资本成本要高于债务筹资。这主要是由于投资者投资于股权特别是投资于股票的风险较高,投资者或股东相应要求得到较高的报酬率。企业长期不派发利润和股利,将会影响企业的市场价值。从企业成本开支的角度来看,股利、红利从税后利润中支付,而使用债务资本的资本成本允许税前扣除。此外,普通股的发行、上市等方面的费用也十分庞大。

2. 容易分散企业的控制权

利用股权筹资,由于引进了新的投资者或出售了新的股票,必然会导致企业控制权结构的改变,分散了企业的控制权。控制权的频繁迭变,势必要影响企业管理层的人事变动和决策效率,影响企业的正常经营。

3. 信息沟通与披露成本较大

投资者或股东作为企业的所有者,有了解企业经营业务、财务状况、经营成果等的权利。企业需要通过各种渠道和方式加强与投资者的关系管理,保障投资者的权益。特别是上市公司,其股东众多而分散,只能通过公司的公开信息披露了解公司状况,这就需要公司花更多的精力,有些还需要设置专门的部分,用于公司的信息披露和投资者关系管理。

任务四 债务资金的筹集

债务筹资主要是企业通过向银行借款、向社会发行公司债券、融资租赁以及赊购商品或劳务等方式筹集和取得的资金。向银行借款、发行债券、融资租赁和商业信用,是债务筹资的基本形式。其中不足1年的短期借款在企业经常发生,与企业资金营运有密切关系。

一、银行借款

银行借款是指企业向银行或其他非银行金融机构借入的、需要还本付息的款项,包括偿还期限超过 1 年的长期借款和不足 1 年的短期借款，主要用于企业购建固定资产和满足流动资金周转的需要。

(一) 银行借款的种类

1. 按提供贷款的机构，分为政策性银行贷款、商业银行贷款和其他金融机构贷款

政策性银行贷款是指执行国家政策性贷款业务的银行向企业发放的贷款，通常为长期贷款。如国家开发银行贷款，主要满足企业承建国家重点建设项目的资金需要；中国进出口信贷银行贷款，主要为大型设备的进出口提供的买方信贷或卖方信贷；中国农业发展银行贷款，主要用于确保国家对粮、棉、油等政策性收购资金的供应。

商业性银行贷款是指由各商业银行，如中国工商银行、中国建设银行、中国农业银行、中国银行等，向工商企业提供的贷款，用以满足企业生产经营的资金需要，包括短期贷款和长期贷款。

其他金融机构贷款，如从信托投资公司取得实物或货币形式的信托投资贷款，从财务公司取得的各种中长期贷款，从保险公司取得的贷款等。其他金融机构的贷款一般较商业银行贷款的期限要长，要求的利率较高，对借款企业的信用要求和担保的选择比较严格。

2. 按机构对贷款有无担保要求，分为信用贷款和担保贷款

信用贷款是指以借款人的信誉或保证人的信用为依据而获得的贷款。企业取得这种贷款，无需以财产作抵押。对于这种贷款，由于风险较高，银行通常要收取较高的利息，往往还附加一定的限制条件。

担保贷款是指由借款人或第三方依法提供担保而获得的贷款。担保包括保证责任、财务抵押、财产质押，由此，担保贷款包括保证贷款、抵押贷款和质押贷款。

保证贷款是指按《担保法》规定的保证方式，以第三人作为保证人承诺在借款人不能偿还借款时，按约定承担一定保证责任或连带责任而取得的贷款。

抵押贷款是指按《担保法》规定的抵押方式，以借款人或第三人的财产作为抵押物而取得的贷款。抵押是指债务人或第三人不转移财产的占有，将该财产作为债权的担保，债务人不履行债务时，债权人有权将该财产折价或者以拍卖、变卖的价款优先受偿。作为贷款担保的抵押品，可以是不动产、机器设备、交通运输工具等实物资产，可以是依法有权处分的土地使用权，也可以是股票、债券等有价证券等，它们必须是能够变现的资产。如果贷款到期借款企业不能或者不愿偿还贷款，银行可取消企业对抵押品的赎回权。抵押贷款有利于降低银行贷款的风险，提高贷款的安全性。

质押贷款是指按《担保法》规定的质押方式，以借款人或第三人的动产或财产权利作为质押物而取得的贷款。质押是指债务人或第三人将其动产或财产权利移交给债权人占有，将该动产或财务权利作为债权的担保，债务人不履行债务时，债权人有权以该动产或财产权利折价或者以拍卖、变卖的价款优先受偿。作为贷款担保的质押品，可以是汇票、支票、债券、存款单、提单等信用凭证，可以是依法可以转让的股份、股票等有价证券，也可以是依法可以转让的商标专用权、专利权、著作权中的财产权等。

3. 按企业取得贷款的用途，分为基本建设贷款、专项贷款和流动资金贷款

基本建设贷款是指企业因从事新建、改建、扩建等基本建设项目需要资金而向银行申请借入的款项。

专项贷款是指企业因为专门用途而向银行申请借入的款项，包括更新改造技改贷款、大修

理贷款、研发和新产品研制贷款、小型技术措施贷款、出口专项贷款、引进技术转让费周转金贷款、进口设备外汇贷款、进口设备人民币贷款及国内配套设备贷款等。

流动资金贷款是指企业为满足流动资金的需求而向银行申请借入的款项，包括流动基金借款、生产周转借款、临时借款、结算借款和卖方信贷。

（二）银行借款的程序与保护性条款

1. 银行借款的程序

(1)提出申请。企业根据筹资需求向银行书面申请，按银行要求的条件和内容填报借款申请书。

(2)银行审批。银行按照有关政策和贷款条件，对借款企业进行信用审查，依据审批权限，核准公司申请的借款金额和用款计划。银行审查的主要内容是：公司的财务状况，信用情况、盈利的稳定性、发展前景、借款投资项目的可行性、抵押品和担保情况等。

(3)签订合同。借款申请获批准后，银行与企业进一步协商贷款的具体条件，签订正式的借款合同，规定贷款的数额、利率、期限和一些约束性条款。

(4)取得借款。借款合同签订后，企业在核定的贷款指标范围内，根据用款计划和实际需要，一次或分次将贷款转入公司的存款结算户，以便使用。

2. 长期借款的保护性条款

由于银行等金融机构提供的长期贷款金额高、期限长、风险大，因此，除借款合同的基本条款之外，债权人通常还在借款合同中附加各种保护性条款，以确保企业按要求使用借款和按时足额偿还借款。保护性条款一般有以下三类：

(1)例行性保护条款。这类条款作为例行常规，在大多数借款合同中都会出现。主要包括：①要求定期向提供贷款的金融机构提交财务报表，以使债权人随时掌握公司的财务状况和经营成果；②不准在正常情况下出售较多的非产成品存货，以保持企业正常生产经营能力；③如期清偿应缴纳税金和其他到期债务，以防被罚款而造成不必要的现金流失；④不准以资产作其他承诺的担保或抵押；⑤不准贴现应收票据或出售应收账款，以避免或有负债等。

(2)一般性保护条款。一般性保护条款是对企业资产的流动性及偿债能力等方面的要求条款，这类条款应用于大多数借款合同，主要包括：① 保持企业的资产流动性。要求企业需持有一定最低限度的货币资金及其他流动资产，以保持企业资产的流动性和偿债能力，一般规定了企业必须保持的最低营运资金数额和最低流动比率数值。②限制企业非经营性支出。如限制支付现金股利、购入股票和职工加薪的数额规模，以减少企业资金的过度外流。③限制企业资本支出的规模。控制企业资产结构中的长期性资产的比例，以减少公司日后不得不变卖固定资产以偿还贷款的可能性。④限制公司再举债规模。目的是以防止其他债权人取得对公司资产的优先索偿权。⑤限制公司的长期投资。如规定公司不准投资于短期内不能收回资金的项目，不能未经银行等债权人同意而与其他公司合并等。

(3)特殊性保护条款。这类条款是针对某些特殊情况而出现在部分借款合同中的条款，只有在特殊情况下才能生效。主要包括：要求公司的主要领导人购买人身保险；借款的用途不得改变；违约惩罚条款，等等。

上述各项条款结合使用，将有利于全面保护银行等债权人的权益。但借款合同是经双方充分协商后决定的，其最终结果取决于双方谈判能力的大小，而不是完全取决于银行等债权人的主观愿望。

(三)向银行借款的信用条件

按照国际惯例,银行在发放贷款时往往要附加一些信用条件。这些信用条件主要包括以下几个方面。

1. 信贷额度(贷款限额)是指借款人与银行签订协议,规定的借入款项的最高限额。如借款人超过限额继续借款,银行将停止办理。此外,如果企业信誉恶化,银行也有权停止借款。对信贷额度,银行不承担法律责任,没有强制义务。

2. 周转信贷协定是指银行具有法律义务地承诺提供不超过某一最高限额外的贷款协定。在协定的有效期内,银行必须满足企业在任何时候提出的借款要求。企业享用周转信贷协定必须对贷款限额的未使用部分向银行付一笔承诺费。银行对周转信贷协议负有法律义务。

【实例 4—3】 某企业与银行协定的信贷限额是 2 000 万元,承诺费率为 0.5%,借款企业年度内使用了 1 400 万元,余额为 600 万元,那么,企业应向银行支付承诺费是多少?

解:企业应向银行支付承诺费=600 万元×0.5%=3 万元

3. 补偿性余额是指银行要求借款人在银行中保留借款限额或实际借用额的一定百分比计算的最低存款余额。企业在使用资金的过程中,通过资金在存款账户的进出,始终保持一定的补偿性余额在银行存款的账户上。这实际上增加了借款企业的利息,提高了借款的实际利率,加重了企业的财务负担。存在补偿性余额条件下的实际利率计算公式为:

$$实际利率=\frac{名义借款金额\times 名义利率}{名义借款金额\times(1-补偿性余额比例)}\times 100\%$$

$$=\frac{名义利率}{1-补偿性余额比例}\times 100\%$$

【实例 4—4】 某企业按利率 8%向银行借款 100 万元,银行要求保留 20%的补偿性余额。那么企业可以动用的借款只有 80 万元,问该项借款的实际利率为多少?

解:补偿性余额贷款实际利率=名义利率/(1—补偿性余额比率)=8%/(1—20%)=10%

或: 补偿性余额贷款实际利率=利息/实际可使用借款额=(100×8%)/80=10%

4. 借款抵押是指除信用借款以外,银行向财务风险大、信誉不好的企业发放贷款,往往需要抵押贷款,即企业以抵押品作为贷款的担保,以减少自己蒙受损失的风险。借款的抵押品通常是借款企业的应收账款、存货、股票、债券及房屋等。银行接受抵押品后,将根据抵押品的账面价值决定贷款金额,一般为抵押品的账面价值的 30%至 50%。企业接受抵押贷款后,其抵押财产的使用及将来的借款能力会受到限制。

5. 偿还条件无论何种贷款,一般都会规定还款的期限。根据我国金融制度的规定,贷款到期后仍无力偿还的,视为逾期贷款,银行要照章加收逾期罚息。贷款的偿还有到期一次还清和在贷款期内定期等额偿还两种方式,企业一般不希望采取后一种方式,因为这样会提高贷款的实际利率。

6. 以实际交易为贷款条件,当企业发生经营性临时资金需求,企业可以向银行贷款以求解决,银行根据企业的实际交易为贷款基础,单独立项、单独审批,最后作出决定并确定贷款的相应条件和信用保证。对这种一次性借款,银行要对借款人的信用状况、经营情况进行个别评价,然后才能确定贷款的利息率、期限和数量。

除上述所说的信用条件外,银行有时还要求企业为取得借款而作出其他承诺,如及时提供财务报表、保持适当资产流动性等。如企业违背作出的承诺,银行可要求企业立即偿还全部贷款。

(四)银行短期借款利息的支付方式

1. 利随本清法

利随本清法又称收款法,是在借款到期时向银行支付利息的方法。采用这种方法,借款的名义利率等于其实际利率。

2. 贴现法

贴现法是银行向企业发放贷款时,先从本金中扣除利息部分,在贷款到期时贷款企业再偿还全部本金的一种计息方法。

$$贴现贷款实际利率=\frac{利息}{贷款金额-利息}\times 100\%$$

$$=\frac{名义利率}{1-名义利率}\times 100\%$$

【实例 4—5】 某企业从银行取得借款 200 万元,期限一年,名义利率 10%,利息 20 万元。按照贴现法支付利息,企业实际可动用的贷款为 180 万元(200—20=180),该项贷款的实际利率为多少?

解:贴现贷款的实际利率=利息/(贷款金额—利息)=20/(200—20)=11.11%

=名义利率/(1—名义利率)=10%/(1—10%)=11.11%

3. 加息法

加息法是银行发放分期等额偿还贷款时采用的利息收取方法。在分期等额偿还贷款的情况下,银行要将根据名义利率计算的利息加到贷款本金上,计算出贷款的本息和,要求企业在贷款期内分期偿还本息之和的金额。由于贷款分期均衡偿还,借款企业实际上只平均使用了贷款本金的半数,却支付全额利息。这样,企业所负担的实际利率便高于名义利率大约 1 倍。

(五)银行借款的筹资特点

(1)筹资速度快。与发行债券、融资租赁等债权筹资方式相比,银行借款的程序相对简单,所花时间较短,公司可以迅速获得所需资金。

(2)资本成本较低。利用银行借款筹资,比发行债券和融资租赁的利息负担要低。而且,无须支付证券发行费用、租赁手续费用等筹资费用。

(3)筹资弹性较大。在借款之前,公司根据当时的资本需求与银行等贷款机构直接商定贷款的时间、数量和条件。在借款期间,若公司的财务状况发生某些变化,也可与债权人再协商,变更借款数量、时间和条件,或提前偿还本息。因此,借款筹资对公司具有较大的灵活性,特别是短期借款更是如此。

(4)限制条款多。与债券筹资相比较,银行借款合同对借款用途有明确规定,通过借款的保护性条款,对公司资本支出额度、再筹资、股利支付等行为有严格的约束,以后公司的生产经营活动和财务政策必将受到一定程度的影响。

(5)筹资数额有限。银行借款的数额往往受到贷款机构资本实力的制约,不可能像发行债券、股票那样一次筹集到大笔资金,无法满足公司大规模筹资的需要。

二、发行公司债券

企业债券又称公司债券,是企业依照法定程序发行的、约定在一定期限内还本付息的有价证券。债券是持有人拥有公司债权的书面证书，它代表持券人同发债公司之间的债权债务关系。

(一) 发行债券的条件与种类

1. 发行债券的条件

在我国，根据《公司法》的规定，股份有限公司、国有独资公司和两个以上的国有公司或者两个以上的国有投资主体投资设立的有限责任公司，具有发行债券的资格。

根据《证券法》规定，公开发行公司债券，应当符合下列条件：(1) 股份有限公司的净资产不低于人民币 3 000 万元，有限责任公司的净资产不低于人民币 6 000 万元；(2) 累计债券余额不超过公司净资产的 40%；(3) 最近 3 年平均可分配利润足以支付公司债券 1 年的利息；(4) 筹集的资金投向符合国家产业政策；(5) 债券的利率不超过国务院限定的利率水平；(6) 国务院规定的其他条件。

公开发行公司债券筹集的资金，必须用于核准的用途，不得用于弥补亏损和非生产性支出。

根据《证券法》规定，公司申请公司债券上市交易，应当符合下列条件：(1) 公司债券的期限为 1 年以上；(2) 公司债券实际发行额不少于人民币 5 000 万元；(3) 公司申请债券上市时仍符合法定的公司债券发行条件。

2. 公司债券的种类

(1)按是否记名，分为记名债券和无记名债券

记名公司债券，应当在公司债券存根簿上载明债券持有人的姓名及住所、债券持有人取得债券的日期及债券的编号等债券持有人信息。记名公司债券，由债券持有人以背书方式或者法律、行政法规规定的其他方式转让；转让后由公司将受让人的姓名或者名称及住所记载于公司债券存根簿。

无记名公司债券，应当在公司债券存根簿上载明债券总额、利率、偿还期限和方式、发行日期及债券的编号。无记名公司债券的转让，由债券持有人将该债券交付给受让人后即发生转让的效力。

(2)按是否能够转换成公司股权，分为可转换债券与不可转换债券

可转换债券，债券持有者可以在规定的时间内按规定的价格转换为发债公司的股票。这种债券在发行时，对债券转换为股票的价格和比率等都作了详细规定。《公司法》规定，可转换债券的发行主体是股份有限公司中的上市公司。

不可转换债券，是指不能转换为发债公司股票的债券，大多数公司债券属于这种类型。

(3)按有无特定财产担保，分为担保债券和信用债券

担保债权是指以抵押方式担保发行人按期还本付息的债券，主要是指抵押债券。抵押债券按其抵押品的不同，又分为不动产抵押债券、动产抵押债券和证券信托抵押债券。

信用债券是无担保债券，是仅凭公司自身的信用发行的、没有抵押品作抵押担保的债券。在公司清算时，信用债券的持有人因无特定的资产作担保品，只能作为一般债权人参与剩余财产的分配。

(二) 发行债券的程序

1. 作出决议。公司发行债券要由董事会制定方案，股东大会作出决议。

2. 提出申请。我国规定，公司申请发行债券由国务院证券管理部门批准。证券管理部门

按照国务院确定的公司债券发行规模，审批公司债券的发行。公司申请应提交公司登记证明、公司章程、公司债券募集办法、资产评估报告和验资报告。

3. 公告募集办法。企业发行债券的申请经批准后，向社会公告债券募集办法。公司债券分私募发行和公募发行，私募发行是以特定的少数投资者为对象发行债券，而公募发行则是在证券市场上以非特定的广大投资者为对象公开发行债券。

4. 委托证券经营机构发售。公募间接发行是各国通行的公司债券发行方式，在这种发行方式下，发行公司与承销团签订承销协议。承销团由数家证券公司或投资银行组成，承销方式有代销和包销两种。代销是指承销机构代为推销债券，在约定期限内未售出的余额可退还发行公司，承销机构不承担发行风险。包销是由承销团先购入发行公司拟发行的全部债券，然后再售给社会上的投资者，如果约定期限内未能全部售出，余额要由承销团负责认购。

5. 交付债券，收缴债券款，登记债券存根簿。发行债券通常不需经过填写认购证过程，由债券购买人直接向承销机构付款购买，承销单位付给企业债券。然后，发行公司向承销机构收缴债券款并结算代理费及预付款项。

(三)债务的发行价格

债券的发行价格是指债券发行时使用的价格。公司债券的发行价格通常有三种：平价、溢价和折价。平价是指以债券的票面金额为发行价格；溢价是指以高出债券票面金额的价格为发行价格；折价是指以低于债券票面金额的价格为发行价格。

对于债券的发行价格，发行企业与投资者是从不同角度来看待的，发行企业考虑的是发行收入能否补偿未来所能支付的本息；投资者考虑的则是放弃资金使用权而应该获取的收益。由于公司债券的还本期限一般在一年以上，因此确定债券发行价格时，不仅考虑债券面值与市场利率之间的关系，还应考虑债券资金所包含的时间价值。

债券发行价格的形成受诸多因素影响，其中主要是票面利率与市场利率的一致程度。债券的票面金额、票面利率在债券发行前已参照市场利率和发行公司的具体情况确定下来，并载明于债券之上。但在发行债券时已确定的票面利率不一定与当时的市场利率一致。为了协调债券购销双方在债券利息上的利益，就要调整发行价格，即：当票面利率高于市场利率时，以溢价发行债券；当票面利率低于市场利率时，以折价发行债券；当票面利率与市场利率一致时，则以平价发行债券。

在按期付息，到期一次还本，且不考虑发行费用的情况下，债券发行价格的计算公式为：

$$债券发行价格=\frac{债券面值}{(1+市场利率)^n}+\sum_{t=1}^{n}\frac{债券面值\times票面利率}{(1+市场利率)^t}$$

或

$$债券发行价格=R\times(P/F,i,n)+R\times r(P/A,i,n)$$

式中：R 为债券面值；n 为债券期限；t 为付息期限；i 为市场利率；r 为票面利率。

【实例4—6】 债券发行价格的计算——按期付息，到期一次还本。

华北电脑公司发行面值为1 000元，票面年利率为10%，期限为10年，每年年末付息的债券。在公司决定发行债券时，认为10%的利率是合理的。如果到债券正式发行时，市场上的利率发生变化，那么就要调整债券的发行价格。现按以下三种情分别讨论：

(1)资金市场上的利率保持不变，华北电脑公司的债券利率为10%仍然合理，则可采用平价发行。债券的发行价格为：

$$1\,000\times(P/F,10\%,10)+1\,000\times10\%\times(P/A,10\%,10)=1\,000\times0.385\,5+100\times6.144\,6\approx1\,000(元)$$

(2)资金市场上的利率有较大幅度的上升，达到15%，则应采用折价发行。发行价格为：

$$1\,000\times(P/F,15\%,10)+1\,000\times10\%\times(P/A,15\%,10)=1\,000\times0.247\,2+100\times5.018\,8\approx749(元)$$

(3)资金市场上的利率有较大幅度的下降，达到5%，则应采用溢价发行。发行价格为：

$$1\,000\times(P/F,5\%,10)+1\,000\times10\%\times(P/A,5\%,10)=1\,000\times0.613\,9+100\times7.721\,7\approx1\,386(元)$$

【实例4—7】 债券发行价格的计算——不计复利，到期一次还本付息

华西公司发行面值为1 000元，票面年利率为6%(不计复利)，期限为10年，到期一次还本付息的债券。已知目前市场利率为5%，则其发行价格为：

$$\begin{aligned}债券发行价格&=1\,000\times(1+6\%\times10)\times(P/F,5\%,10)\\&=1\,000\times(1+6\%\times10)\times0.613\,9\\&=982.24(元)\end{aligned}$$

(四) 债券的偿还

债券偿还时间按其实际发生与规定的到期日之间的关系，分为提前偿还与到期偿还两类，其中后者又包括分批偿还和一次偿还两种。

1. 提前偿还。提前偿还又称提前赎回或收回，是指在债券尚未到期之前就予以偿还。只有在公司发行债券的契约中明确规定了有关允许提前偿还的条款，公司才可以进行此项操作。提前偿还所支付的价格通常要高于债券的面值，并随到期日的临近而逐渐下降。具有提前偿还条款的债券可使公司筹资有较大的弹性。当公司资金有结余时，可提前赎回债券；当预测利率下降时，也可提前赎回债券，而后以较低的利率来发行新债券。

2. 分批偿还。如果一个公司在发行同一种债券的当时就为不同编号或不同发行对象的债券规定了不同的到期日，这种债券就是分批偿还债券。因为各批债券的到期日不同，它们各自的发行价格和票面利率也可能不相同，从而导致发行费较高；但由于这种债券便于投资人挑选最合适的到期日，因而便于发行。

3. 一次偿还。到期一次偿还的债券是最为常见的。

(五)发行公司债券的筹资特点

1. 一次筹资数额大。利用发行公司债券筹资，能够筹集大额的资金，满足公司大规模筹资的需要。这是在银行借款、融资租赁等债权筹资方式中，企业选择发行公司债券筹资的主要原因，也能够适应大型公司经营规模的需要。

2. 提高公司的社会声誉。公司债券的发行主体，有严格的资格限制。发行公司债券，往往是股份有限公司和有实力的有限责任公司所为。通过发行公司债券，一方面筹集了大量资金，另一方面也扩大了公司的社会影响。

3. 筹集资金的使用限制条件少。与银行借款相比，债券筹资筹集资金的使用具有相对的灵活性和自主性。特别是发行债券所筹集的大额资金，能够也主要用于流动性较差的公司长期资产上。从资金使用的性质来看，银行借款一般期限短、额度小，主要用途为增加适量存货、增加小型设备等；反之，期限较长、额度较大，用于公司扩展、增加大型固定资产和基本建设投资的需求多采用发行债券方式。

4. 能够锁定资本成本的负担。尽管公司债券的利息比银行借款高，但公司债券的期限长、利率相对固定。在预计市场利率持续上升的金融市场环境下，发行公司债券筹资，能够锁定资本成本。

5. 发行资格要求高，手续复杂。发行公司债券，实际上是公司面向社会负债，债权人是社会公众，因此国家为了保护投资者利益，维护社会经济秩序，对发债公司的资格有严格的限制。从申报、审批、承销到取得资金，需要经过众多环节和较长时间。

6. 资本成本较高。相对于银行借款筹资，发行债券的利息负担和筹资费用都比较高。而且债券不能像银行借款一样进行债务展期，加上大额的本金和较高的利息，在固定的到期日，将会对公司现金流量产生巨大的财务压力。

三、融资租赁

租赁是指通过签订资产出让合同的方式，使用资产的一方（承租方）通过支付租金，向出让资产的一方（出租方）取得资产使用权的一种交易行为。在这项交易中，承租方通过得到所需资产的使用权，完成了筹集资金的行为。

（一）租赁的特征与分类

1. 租赁的基本特征

（1）所有权与使用权相分离。租赁资产的所有权与使用权分离是租赁的主要特点之一。银行信用虽然也是所有权与使用权相分离，但载体是货币资金，租赁则是资金与实物相结合基础上的分离。

（2）融资与融物相结合。租赁是以商品形态与货币形态相结合提供的信用活动，出租人在向企业出租资产的同时，解决了企业的资金需求，具有信用和贸易双重性质。它不同于一般的借钱还钱、借物还物的信用形式，而是借物还钱，并以分期支付租金的方式来体现。租赁的这一特点银行信贷和财产信贷融合在一起，成为企业融资的一种新形式。

（3）租金的分歧归流。在租金的偿还方式上，租金与银行信用到期还本付息不一样，采取了分期回流的方式。出租方的资金一次投入，分期收回。对于承租方而言，通过租赁可以提前获得资产的使用价值，分期支付租金便于分期规划未来的现金流出量。

2. 租赁的分类

租赁分为融资租赁和经营租赁。

经营租赁是由租赁公司向承租单位在短期内提供设备，并提供维修、保养、人员培训等的一种服务性业务，又称服务性租赁。经营租赁的特点主要是：（1）出租的设备一般由租赁公司根据市场需要选定，然后再寻找承租企业；（2）租赁期较短，短于资产的有效使用期，在合理的限制条件内承租企业可以中途解约；（3）租赁设备的维修、保养由租赁公司负责；（4）租赁期满或合同中止以后，出租资产由租赁公司收回。经营租赁比较适用于租用技术过时较快的生产设备。

融资租赁是由租赁公司按承租单位要求出资购买设备，在较长的合同期内提供给承租单位使用的融资信用业务，它是以融通资金为主要目的的租赁。融资租赁的主要特点是：（1）出租的设备由承租企业提出要求购买，或者由承租企业直接从制造商或销售商那里选定；（2）租赁期较长，接近于资产的有效使用期，在租赁期间双方无权取消合同；（3）由承租企业负责设备的维修、保养；（4）租赁期满，按事先约定的方法处理设备，包括退还租赁公司，或继续租赁，或企业留购。通常采用企业留购办法,即以很少的"名义价格"(相当于设备残值)买下设备。

(二)融资租赁的基本程序与形式

1. 融资租赁的基本程序

(1)选择租赁公司,提出委托申请。当企业决定采用融资租赁方式以获取某项设备时,需要了解各个租赁公司的资信情况、融资条件和租赁费率等,分析比较选定一家作为出租单位。然后,向租赁公司申请办理融资租赁。

(2)签订购货协议。由承租企业和租赁公司中的一方或双方,与选定的设备供应厂商进行购买设备的技术谈判和商务谈判,在此基础上与设备供应厂商签订购货协议。

(3)签订租赁合同。承租企业与租赁公司签订租赁设备的合同,如需要进口设备,还应办理设备进口手续。租赁合同是租赁业务的重要文件,具有法律效力。融资租赁合同的内容可分为一般条款和特殊条款两部分。

(4)交货验收。设备供应厂商将设备发运到指定地点,承租企业要办理验收手续。验收合格后签发交货及验收证书交给租赁公司,作为其支付货款的依据。

(5)定期交付租金。承租企业按租赁合同规定,分期交纳租金,这也就是承租企业对所筹资金的分期还款。

(6)合同期满处理设备。承租企业根据合同约定,对设备续租、退租或留购。

2. 融资租赁的基本形式

(1)直接租赁。直接租赁是融资租赁的主要形式,承租方提出租赁申请时,出租方按照承租方的要求选购,然后再出租给承租方。

(2)售后回租。售后回租是指承租方由于急需资金等各种原因,将自己资产售给出租方,然后以租赁的形式从出租方原封不动地租回资产的使用权。在这种租赁合同中,除资产所有者的名义改变之外,其余情况均无变化。

(3)杠杆租赁。杠杆租赁是指涉及承租人、出租人和资金出借人三方的融资租赁业务。一般来说,当所涉及的资产价值昂贵时,出租方自己只投入部分资金,通常为资产价值的20%~40%,其余资金则通过将该资产抵押担保的方式,向第三方(通常为银行)申请贷款解决。租赁公司然后将购进的设备出租给承租方,用收取的租金偿还贷款,该资产的所有权属于出租方。出租人既是债权人也是债务人,如果出租人到期不能按期偿还借款,资产所有权则转移给资金的出借者。

(三)融资租赁租金的计算

1. 租金的构成

融资租赁每期租金的多少,取决于以下几项因素:(1)设备原价及预计残值,包括设备买价、运输费、安装调试费、保险费等,以及该设备租赁期满后,出售可得的市价。(2)利息,指租赁公司为承租企业购置设备垫付资金所应支付的利息。(3)租赁手续费,指租赁公司承办租赁设备所发生的业务费用和必要的利润。

2. 租金的支付方式

租金的支付方式有以下几种分类方式:(1)按支付间隔期长短,分为年付、半年付、季付和月付等方式。(2)按在期初和期末支付,分为先付和后付。(3)按每次支付额,分为等额支付和不等额支付。实务中,承租企业与租赁公司商定的租金支付方式,大多为后付等额年金。

3. 租金的计算。我国融资租赁实务中,融资租赁租金计算方法较多,常用的有平均分摊法和等额年金法。租金的计算大多采用等额年金法。

(1)平均分摊法。平均分摊法也称直线法,是按照事先确定的利率和手续费率计算出租赁期间的利息和手续费总额,然后连同设备成本按支付次数进行平均。这种方法不考虑资金的时间价值因素,计算较为简单。

【实例4—8】 某企业于2017年1月1日向租赁公司租入一套设备,价值100万元,租期为6年,预计残值为10万元(归出租方所有),租期年利率10%,租赁手续费率为设备价值的3%。租金每年年末支付一次。采用平均分摊法计算该企业每年应支付的租金。

解:租赁期内利息$=100\times(1+10\%)^6-100=100\times(F/P,10\%,6)-100=77.2$(万元)

租赁期内手续费$=100\times3\%=3$(万元)

每期租金$=(100-10+77.2+3)/6=28.4$(万元)

(2)等额年金法。等额年金法是将利息率和手续费综合成贴现率,运用年金现值计算确定每年应付租金的方法。用这种方法计算出来的每期租金包含租赁手续费在内。等额年金法又分为两种情况:一种是每期期初支付租金,即采用先付年金(即付年金)方式;另一种是每期期末支付租金,即采用后付年金(普通年金)方式。一般情况下,承租公司与租赁公司商定的租金支付方式为后付年金方式。

等额年金法是运用年金现值的计算原理计算每次应付租金的方法,通常要根据利率和租赁手续费率确定一个租费率,作为折现率。

按照资本回收额的计算公式,得出后付租金方式下每年年末支付租金数额的计算公式如下:

$$A=P/(P/A,i,n)$$

根据即付年金现值的公式,得出后付等额租金的计算公式如下:

$$A=P/[(P/A,i,n-1)+1]$$

【实例4—9】 某企业于2017年1月1日向租赁公司租入一套设备,价值100万元,租期为6年,租赁的综合费率为13%,且不考虑残值,采用等额年金法计算该企业每年应支付的租金。

解:若每年年末支付租金,则:

$$每年末支付租金=100/(P/A,13\%,6)=250.0(万元)$$

若每年年初支付租金,则:

$$每年年初支付租金=100/[(P/A,13\%,5)+1]=22.1(万元)$$

上述两种计算方法来看,平均分摊法没有考虑资金的时间价值因素,因此它每年支付的租金要比等额年金法多。企业在选择租金计算方法时,应采用等额年金法,这样对承租人有利。从等额年金法的先付和后付两种方式看,名义支付的租金额有出入(先付租金小于后付租金),但实质上并没有差别。

(四)融资租赁的筹资特点

1.在资金缺乏情况下,能迅速获得所需资产。融资租赁集“融资”与“融物”于一身,融资租赁使企业在资金短缺的情况下引进设备成为可能。特别是针对中小企业、新创企业而言,融资租赁是一条重要的融资途径。有时,大型企业对于大型设备、工具等固定资产,也需要融资租赁解决巨额资金的需要,如商业航空公司的飞机,大多是通过融资租赁取得的。

2.财务风险小,财务优势明显。融资租赁与购买的一次性支出相比,能够避免一次性支付的负担，而且租金支出是未来的、分期的，企业无需一次筹集大量资金偿还。还款时，租金可以通过项目本身产生的收益来支付，是一种基于未来的“借鸡生蛋、卖蛋还钱”的筹资方式。

3. 融资租赁筹资的限制条件较少。企业运用股票、债券、长期借款等筹资方式，都受到相当多的资格条件的限制，如足够的抵押品、银行贷款的信用标准、发行债券的政府管制等。相比之下，租赁筹资的限制条件很少。

4. 租赁能延长资金融通的期限。通常为设备而贷款的借款期限比该资产的物理寿命要短得多，而租赁的融资期限却可接近其全部使用寿命期限；并且其金额随设备价款金额而定，无融资额度的限制。

5. 免遭设备陈旧过时的风险。随着科学技术的不断进步，设备陈旧过时的风险很高，而多数租赁协议规定此种风险由出租人承担，承租企业可免受这种风险。

6. 资本成本高。其租金通常比举借银行借款或发行债券所负担的利息高得多，租金总额通常要高于设备价值的30%。尽管与借款方式比，融资租赁能够避免到期一次性集中偿还的财务压力，但高额的固定租金也给各期的经营带来了分期的负担。

四、债务筹资的优点和缺点

(一) 债务筹资的优点

1. 筹资速度较快。与股权筹资比，债务筹资不需要经过复杂的审批手续和证券发行程序，如银行借款、融资租赁等，可以迅速地获得资金。

2. 筹资弹性大。发行股票等股权筹资，一方面需要经过严格的政府审批；另一方面从企业的角度出发，由于股权不能退还，股权资本在未来永久性地给企业带来了资本成本的负担。利用债务筹资，可以根据企业的经营情况和财务状况，灵活商定债务条件，控制筹资数量，安排取得资金的时间。

3. 资本成本负担较轻。一般来说，债务筹资的资本成本要低于股权筹资。其一是取得资金的手续费用等筹资费用较低；其二是利息、租金等用资费用比股权资本要低；其三是利息等资本成本可以在税前支付。

4. 可以利用财务杠杆。债务筹资不改变公司的控制权，因而股东不会出于控制权稀释原因反对负债。债权人从企业那里只能获得固定的利息或租金，不能参加公司剩余收益的分配。当企业的资本报酬率高于债务利率时，会增加普通股股东的每股收益，提高净资产报酬率，提升企业价值。

5. 稳定公司的控制权。债权人无权参加企业的经营管理，利用债务筹资不会改变和分散股东对公司的控制权。

(二) 债务筹资的缺点

1. 不能形成企业稳定的资本基础。债务资本有固定的到期日，到期需要偿还，只能作为企业的补充性资本来源。再加上债务往往需要进行信用评级，没有信用基础的企业和新创企业，往往难以取得足够的债务资本。现有债务资本在企业的资本结构中达到一定比例后，往往由于财务风险升高而不容易再取得新的债务资金。

2. 财务风险较大。债务资本有固定的到期日，有固定的利息负担，抵押、质押等担保方式取得的债务，资本使用上可能会有特别的限制。这些都要求企业必须有一定的偿债能力，要保持资产流动性及其资产报酬水平，作为债务清偿的保障，对企业的财务状况提出了更高的要求，否则会给企业带来财务危机，甚至导致企业破产。

3. 筹资数额有限。债务筹资的数额往往受到贷款机构资本实力的制约，不可能像发行债券股票那样一次筹集到大笔资本，无法满足公司大规模筹资的需要。

五、商业信用

商业信用是指商品交易中以延期付款或预收货款进行购销活动而形成的借贷关系，它是企业之间的一种直接信用行为。

商业信用是商品交易中钱与货在时间上和空间上的分离，它的表现形式主要是先取货、后付款和先付款、后取货两种，是自然性融资。在一些发达国家里被广泛运用，90%的商品销售方式是商业信用。在我国，随着商品经济的发展，商业信用也正逐步推广，成为企业筹集短期资金的一种方式。

(一)商业信用的形式

1. 应付账款

应付账款是企业赊购商品和材料时产生的应付未付的货款。采用这种形式交易时，卖方先给买方商品，并允许在此后一定时期内付款，即在这段时间内，卖方向买方提供货款，这样既解决买方暂时性的资金短缺困难，又可便于卖方推销商品。这种商业信用形式必须在卖方对买方信用和财务状况充分了解的基础上进行。使用时，由卖方提供信用条件。

2. 应付票据

应付票据是买方根据购销合同，向卖方开出或承兑的商业票据。应付票据主要是商业汇票，它包括银行承兑汇票和商业承兑汇票。

商业承兑汇票必须经过承兑才有效，承兑期一般为1～6个月，最长一般不超过9个月，在特殊情况下经买卖双方商定，还可适当延长。

应付票据可分为带息票据和不带息票据。带息票据需要加计利息；不带息票据则不收取利息，属于免费信用。我国目前的应付票据一般为不带息票据。

3. 预收货款

预收货款是指卖方按合同或协议规定，在商品未发出以前向买方预收的全部或部分货款所发生的信用形式。预收货款对于买方来说可以取得期货，对卖方来说，可以预先收入一笔款项。采用这种商业信用方式，对于生产周期长、成本售价高的货物，如房地产、电梯等，供货方往往向订货方预收货款，取得一定的短期资金来源。

(二)放弃现金折扣的机会成本

在采用商业信用形式销售产品时，为鼓励购买单位尽早付款，销货单位往往都规定一些信用条件，这主要包括现金折扣和付款期间两部分内容。

如果销货单位提供现金折扣，购买单位应尽量争取获得此项折扣，因为放弃现金折扣的机会成本很高。但可获得在信用期内资金的使用权。

放弃现金折扣的机会成本可按下面公式计算：

$$\text{放弃现金折扣的机会成本}=\frac{\text{现金折扣率}}{1-\text{现金折扣率}}\times\frac{360}{\text{信用期限}-\text{折扣期限}}\times 100\%$$

【实例4－10】 某企业拟以“2/10，n/30”信用条件购进一批原材料。这一信用条件意味着企业如果在10天内付款，可享受2%的现金折扣；若不可享受现金折扣，货款应在30天内付清。则放弃现金折扣的机会成本为：

$$放弃现金折扣的机会成本=\frac{2\%}{1-2\%}\times\frac{360}{30-10}\times100\%=36.73\%$$

说明该企业只要从其他途径取得资金所付出的代价低于36.73%时，就应该放弃这种商业信用筹资方式，在10天以内把货款付清以取得2%的现金折扣。

(三)利用现金折扣的决策

1. 如果能以低于放弃折扣的隐含利息成本(实质上是一种机会成本)的利率借入资金，应在现金折扣期内用借入的资金支付货款，便可享受现金折扣。

2. 如果折扣期内将应付账款用于短期投资，所得的投资收益高于放弃折扣的隐含利息成本，则应放弃折扣而去追求更高的收益。

3. 如果企业因缺乏资金而欲展延付款期，则需在降低了的放弃折扣成本与展延付款带来的损失之间做出选择。

4. 如果面对两家以上提供不同信用条件的卖方，应通过衡量放弃折扣成本的大小，选择信用成本最小的一家。

(四)商业信用筹资的优点和缺点

1. 商业信用筹资的优点

(1)筹资方便。商业信用随商品交易自然产生，属于自然性筹资，事先不必正式规划，方便灵活。

(2)限制条件少。商业信用相对银行借款一类的筹资方式，没有复杂的手续和各种附加条件，也不需抵押担保。

(3)筹资成本低，甚至不发生筹资成本。如果没有现金折扣，或者公司不放弃现金折扣，则利用商业信用筹资不会发生筹资成本。

2. 商业信用筹资的缺点

(1)商业信用的时间一般较短，尤其是应付账款，则时间更短。

(2)有一定的风险。付款方如果到期不支付货款，长时间拖欠货款，势必影响公司的信誉；收款方如果较长时间不能收回货款，必然影响公司的资金周转，造成公司生产经营的困难。

任务五　资本成本与资本结构决策

企业的筹资管理不仅要合理选择筹资方式，而且还要科学安排资本结构。资本结构优化是企业筹资管理的基本目标，也会对企业的生产经营安排产生制约性的影响。资本成本是资本结构优化的标准，不同性质的资本所具有的资本成本特性，带来了杠杆效应。

一、资本成本

资本成本是衡量资本结构优化程度的标准，也是对投资获得经济效益的最低要求。企业筹得的资本付诸使用以后，只有投资报酬率高于资本成本，才能表明所筹集的资本取得了较好的经济效益。

(一) 资本成本的概念

资本成本是指企业为筹集和使用资本而付出的代价，包括筹资费用和占用费用。资本成本是资本所有权与资本使用权分离的结果。对出资者而言,由于让渡了资本使用权,必须要求取得一定的补偿,资本成本表现为让渡资本使用权所带来的投资报酬。对筹资者而言,由于取得了资本使用权,必须支付一定代价,资本成本表现为取得资本使用权所付出的代价。

1. 筹资费

筹资费是指企业在资本筹措过程中为获得资本而付出的代价,如想银行支付的借款手续费,因发行股票、公司债券而支付的发行费等。筹资费用通常在资本筹集时一次性发生,在资本使用过程中不再发生,因此,视为筹资数额的一项扣除。

2. 占用费

占用费是指企业在资本使用过程中因占用资本而付出的代价,如向银行等债权人支付的利息,向股东支付的股利等。占用费用是因为占用了他人资金而必须支付的,是资本成本的主要内容。

(二) 资本成本的作用

1. 资本成本是比较筹资方式、选择筹资方案的依据

各种资本的资本成本率,是比较、评价各种筹资方式的依据。在评价各种筹资方式时,一般会考虑的因素包括对企业控制权的影响、对投资者吸引力的大小、融资的难易和风险、资本成本的高低等,而资本成本是其中的重要因素。在其他条件相同时,企业筹资应选择资本成本最低的方式。

2. 平均资本成本是衡量资本结构是否合理的依据

企业财务管理目标是企业价值最大化,企业价值是企业资产带来的未来经济利益的现值。计算现值时采用的贴现率通常会选择企业的平均资本成本,当平均资本成本率最小时,企业价值最大,此时的资本结构是企业理想的最佳资本结构。

3. 资本成本是评价投资项目可行性的主要标准

资本成本通常用相对数表示,它是企业对投入资本所要求的报酬率(或收益率),即最低必要报酬率。任何投资项目,如果它预期的投资报酬率超过该项目使用资金的资本成本率,则该项目在经济上就是可行的。因此,资本成本率是企业用以确定项目要求达到的投资报酬率的最低标准。

4. 资本成本是评价企业整体业绩的重要依据

一定时期企业资本成本的高低,不仅反映企业筹资管理的水平,还可作为评价企业整体经营业绩的标准。企业的生产经营活动,实际上就是所筹集资本经过投放后形成的资产营运,企业的总资产报酬率应高于其平均资本成本率,才能带来剩余收益。

(三) 影响资本成本的因素

1. 总体经济环境

总体经济环境和状态决定企业所处的国民经济发展状况和水平,以及预期的通货膨胀。总体经济环境变化的影响,反映在无风险报酬率上,如果国民经济保持健康、稳定、持续增长,整个社会经济的资金供给和需求相对均衡且通货膨胀水平低,资金所有者投资的风险小,预期报酬率低,筹资的资本成本相应就比较低。相反,如果国民经济不景气或者经济过热,通货膨胀持续居高不下,投资者投资风险大,预期报酬率高,筹资的资本成本就高。

2. 资本市场条件

资本市场效率表现为资本市场上的资本商品的市场流动性。资本商品的流动性高,表现

为容易变现且变现时价格波动较小。如果资本市场缺乏效率，证券的市场流动性低，投资者投资风险大，要求的预期报酬率高，那么通过资本市场筹集的资本其资本成本就比较高。

3. 企业经营状况和融资状况

企业内部经营风险是企业投资决策的结果，表现为资产报酬率的不确定性；企业融资状况导致的财务风险是企业筹资决策的结果，表现为股东权益资本报酬率的不确定性。两者共同构成企业总体风险，如果企业经营风险高，财务风险大，则企业总体风险水平高，投资者要求的预期报酬率高，企业筹资的资本成本相应就大。

4. 企业对筹资规模和时限的需求

在一定时期内，国民经济体系中资金供给总量是一定的，资本是一种稀缺资源。因此企业一次性需要筹集的资金规模越大、占用资金时限越长，资本成本就越高。当然，融资规模、时限与资本成本的正向相关性并非线性关系，一般说来，融资规模在一定限度内，并不引起资本成本的明显变化，当融资规模突破一定限度时，才引起资本成本的明显变化。

(四)个别资本成本的计算

个别资本成本是指单一融资方式的资本成本，包括银行借款资本成本、公司债券资本成本、融资租赁资本成本、普通股资本成本和留存收益成本等，其中前三类是负债资本成本，后两类是权益资本成本。个别资本成本率可用于比较和评价各种筹资方式。

企业资金来源及取得方式不同，其成本概念也不同，因此，对于不同来源和方式的资金，应分别计算其成本率。

1. 资本成本计算的基本模式

(1)一般模式。资本成本的表示：①绝对数：为筹集和使用一定量的资本而付出的筹资费用和用资费用的总和；②相对数：资本成本率，一般用相对数，要求计算预测数或估计数。

为了便于分析比较，资本成本通常不考虑时间价值的一般通用模型计算，用相对数即资本成本率表达。计算时，将初期的筹资费用作为筹资额的一项扣除，扣除筹资费用后的筹资额称为筹资净额，通用的计算公式是：

$$资金成本率=\frac{每年的用资费用}{筹资总额-筹资费用}\times 100\%$$

$$=\frac{每年的用资费用}{筹集资金总额\times(1-筹资费率)}\times 100\%$$

$$筹资费率=\frac{筹资费用}{筹集资金总额}\times 100\%$$

(注：若资金来源为负债，还存在税前资本成本和税后资本成本的区别。计算税后资本成本需要从年资金占用费中减去资金占用费税前扣除导致的所得税节约额。)

(2)折现模式。对于金额大、时间超过一年的长期资本，更准确一些的资本成本计算方式是采用折现模式，即将债务未来还本付息或股权未来股利分红的折现值与目前筹资净额相等时的折现率作为资本成本率。即：

由：筹资净额现值－未来资本清偿额现金流量现值=0

得：资本成本率=所采用的折现率

2. 银行借款资本成本的计算

银行借款资本成本包括借款利息和借款手续费用。利息费用税前支付，可以起抵税作用，一般计算税后资本成本率，税后资本成本率与权益资本成本率具有可比性。其计算公式为：

$$银行借款成本(K_i)=\frac{银行借款总额\times借款利率\times(1-所得税税率)}{银行借款筹资总额\times(1-筹资费率)}\times100\%$$

$$K_i=\frac{I\times(1-T)}{L\times(1-f)}\times100\%=\frac{L\times i\times(1-T)}{L\times(1-f)}\times100\%$$

式中：K_i 为银行借款成本；I 为银行借款年利息；L 为银行借款筹资总额；i 为银行借款利率；f 为银行借款筹资费用率；T 为所得税税率。

由于银行借款的手续费很低，上式中的 f 常常可以省略不计，则上述公式可以简化为：

$$K_i=i\times(1-T)$$

对于长期借款，考虑时间价值问题，还可以用折现模式计算资本成本率。

【实例 4—11】　某公司欲从银行取得一笔长期借款 500 万元，筹资费率 0.2%，年利率 10%，期限 5 年，每年结息一次，到期一次还本。所得税率为 25%，则该笔银行借款的成本为：

$$K_i=\frac{500\times10\%\times(1-25\%)}{500\times(1-0.2\%)}\times100\%=7.25\%$$

上例中若不考虑筹资费率，则该笔银行借款的成本为：

$$K_i=10\%\times(1-25\%)=7.5\%$$

3. 公司债券资本成本的计算

公司债券资本成本包括债券利息和筹资费用。债券利息在税前支付，具有抵税做工，其利息的处理与银行借款相同。债券的筹资费用一般较高，这类费用主要包括申请发行债券的手续费及债券注册费、印刷费、上市费和承销费。其计算公式为：

$$债券成本(K_b)=\frac{债券面值\times票面利率\times(1-所得税税率)}{债券发行收入\times(1-筹资费率)}\times100\%$$

$$K_b=\frac{I\times(1-T)}{B_o\times(1-f)}\times100\%=\frac{B\times i\times(1-T)}{B_0\times(1-f)}\times100\%$$

式中：K_b 为债券成本；I 为债券每年支付的利息；i 为债券票面利率；f 为债券筹资费用率；B_0 为债券筹资额，按发行价格确定；B 为债券面值；T 为所得税税率。

【实例 4—12】　某公司发行一笔期限为 10 年的债券，债券面值为 500 万元，票面利率为 12%，每年付息一次，发行费率为 6%，所得税率为 25%，债券按面值等价发行。则该笔债券的成本为：

$$K_b=\frac{500\times12\%\times(1-25\%)}{500\times(1-6\%)}\times100\%=9.57\%$$

若上例债券按溢价发行，发行价格为 600 万元，则该笔债券的成本为：

$$K_b=\frac{500\times12\%\times(1-25\%)}{600\times(1-6\%)}\times100\%=7.98\%$$

若折价发行，发行价格为 450 万元，则该笔债券的成本为：

$$K_b=\frac{500\times12\%\times(1-25\%)}{450\times(1-6\%)}\times100\%=10.64\%$$

4. 优先股成本

企业发行优先股既要支付筹资费用，又要定期支付股利。它与债务不同的是股利在税后支付，且没有固定到期日。企业破产时，优先股股东的求偿权位于债权人之后，优先股股东的风险大于债券持有人的风险，这就使得优先股的股利率一般要高于债券发的利率。另外，优先股要从净利润中支付，不能递减所得税，所以，优先股成本通常要高于债券成本，其计算公式为：

$$优先股资金成本率=\frac{优先股每年股利额}{发行总额\times(1-筹资费率)}\times100\%$$

$$K_p=\frac{D}{Po\times(1-f)}\times100\%$$

式中：K_p 为优先股成本；D 为优先股每年的股利；Po 为发行优先股总额；f 为优先股筹资费率。

【实例 4－13】 某公司发行优先股总面额为 200 万元，总价为 220 万元，筹资费率为 6%，每年支付 12%的股利，则该优先股的成本为：

$$K_p=\frac{200\times12\%}{220\times(1-6\%)}\times100\%=11.6\%$$

5. 普通股成本

普通股成本的计算相对复杂。从理论上看，股东的投资期望收益率即为公司普通股成本；在计算时，常常将此作为计算的依据，采用股利贴现法。股利贴现法是一种将未来的期望股利收益折为现值，以确定其成本的方法，其计算公式为：

$$普通股成本=\frac{每年固定股利}{普通股金额\times(1-筹资费用率)}\times100\%$$

$$Ks=\frac{D}{Vo\times(1-f)}\times100\%$$

式中：K_s 为普通股成本；D 为每年固定股利；Vo 为普通股金额，按发行价计算；f 为普通股筹资费率。

许多公司的股利都不断增加，假设年增长率为 g，则普通股成本的计算公式为：

$$普通股成本=\frac{普通股第一年股利}{普通股金额\times(1-筹资费用率)}\times100\%+普通股预计股利增长率$$

$$K_s=\frac{D_1}{Vo\times(1-f)}\times100\%+g$$

式中，D_1 为第一年股利。

【实例 4－14】 某公司准备增发普通股，每股发行价格 15 元，筹资费率 5%。预计第一年分派现金股利每股 1.80 元，以后每年股利增长 5%，其资金成本为：

$$K_s=\frac{1.80}{15\times(1-5\%)}\times100\%+5\%=17.63\%$$

6. 留存收益成本

留存收益是企业税后净利形成的，是一种所有者权益，其实质是所有者向企业的追加投资。企业利用留存收益筹资无需发生筹资费用。如果企业将留存收益用于再投资，所获得的收益率低于股东自己进行一项风险相似的投资项目的收益率，企业就应该将其分配给股东。留存收益的资本成本率，表现为股东追加投资要求的报酬率，其计算与普通股成本相同，也分为股利增长模型法和资本资产定价模型法，不同点在于留存收益资本成本不考虑筹资费用。

其计算公式为：

$$留存收益成本=\frac{按留存收益计算的普通股第一年股利}{留存收益金额}+普通股预计股利增长率$$

$$K_e=\frac{D_1}{Vo}\times100\%+g$$

式中，K_e 为留存收益成本；其他符号的概念与普通股成本计算公式相同。

【实例 4—15】 某公司留存收益为 180 万元，下一年的股利率为 13%，预计以后每年增长 12%，则留存收益的成本计算如下：

$$K_e=\frac{180\times13\%}{180}+2\%=15\%$$

(五) 综合资本成本的计算

在衡量和评价单一融资方案时，需要计算个别资本成本；在衡量和评价企业筹资总体的经济性时，需要计算企业的综合资本成本。综合资本成本用于衡量企业资本成本水平，确立企业理想的资本结构。

企业综合资本成本，是以各项个别资本在企业总资本中的比重为权数，对各项个别资本成本率进行加权平均而得到的总资本成本率。计算公式为：

$$加权平均资金成本=\sum(某种来源资金占资金总额的比重\times该种来源资金的个别资金成本)$$

$$K_w=\sum W_jK_j$$

式中：K_w 为综合资本成本；W_j 为第 j 种资金占总资金的比重；K_j 为第 j 种资金的成本。

【实例 4—16】 某公司共有资金 8 000 万元，其中银行借款 1 200 万元，债券 1 600 万元，优先股 640 万元，普通股 2 800 万元，留存收益 1 760 万元，各种资金的成本分别为：7.52%，9.57%，11.61%，17.63%，17%。试计算该企业加权平均的资金成本。

(1)计算各种资金所占的比重：

$$W_i=\frac{1\ 200}{8\ 000}\times100\%=15\%$$

$$W_b=\frac{1\ 600}{8\ 000}\times100\%=20\%$$

$$W_p=\frac{640}{8\ 000}\times100\%=8\%$$

$$W_s=\frac{2\ 800}{8\ 000}\times100\%=35\%$$

$$W_e=\frac{1\ 760}{8\ 000}\times100\%=22\%$$

(2)计算加权平均资金成本

$$K_w=15\%\times7.52\%\times20\%\times9.57\%+8\%\times11.61\%+35\%\times17.63\%+22\%\times17\%=13.88\%$$

上述计算中的个别资金占全部资金的比重，通常是按账面价值确定的，其资料容易取得。但当资金的账面价值与市场价值差别较大时，如股票、债券的市场价格发生较大变动时，计算结果会与资本市场现行实际筹资成本有较大的差距，从而贻误筹资决策。为了克服这一缺陷，个别资金占全部资金比重的确定还可以按市场价值或目标价值确定，分别称为市场价值权数、目标价值权数。

1. 市场价值权数

即以各项个别资本的现行市价为基础来计算资本权数，确定各类资本占总资本的比重。其优点是能够反映现时的资本成本水平，有利于进行资本结构决策。但现行市价处于经常变动之中，不容易取得，而且现行市价反映的只是现时的资本结构，不适用未来的筹资决策。

2. 目标价值权数

即以各项个别资本预计的未来价值为基础来确定资本权数，确定各类资本占总资本的比重。目标价值是目标资本结构要求下的产物，是公司筹措和使用资金对资本结构的一种要求。对于公司筹措新资金，需要反映期望的资本结构来说，目标价值是有益的，适用于未来的筹资决策，但目标价值的确定难免具有主观性。

以目标价值为基础计算资本权重，能体现决策的相关性。目标价值权数的确定，可以选择未来的市场价值，也可以选择未来的账面价值。选择未来的市场价值，与资本市场现状联系比较紧密，能够与现时的资本市场环境状况结合起来，目标价值权数的确定一般以现时市场价值为依据。但市场价值波动频繁，可行方案是选用市场价值的历史平均值，如 30 日、60 日、120 日均价等。总之，目标价值权数是主观愿望和预期的表现，依赖于财务经理的价值判断和职业经验。

(六) 边际资本成本

个别资本成本和加权平均资本成本是公司过去筹集资本或者目前使用资本的成本。任何一个公司都不可能以一个既定的资本成本筹集到无限多的资本。随着公司规模的扩大、筹资条件的变化等，公司会筹集新的资本。当资本量超过一定限度时，新筹集资本的资本成本就会发生变化。

公司在筹集资本时，要考虑新的资本成本，即边际资本成本。边际资本成本是指资本每增加一个单位而增加的成本。

边际资本成本通常在某一筹资区间内保持不变，当公司某种筹资方式的资本超过一定限额时，无论公司是否改变资本结构，边际资本成本均会上升。

公司追加筹资时，可能采用多种筹资方式，也可能采用某一种筹资方式。边际资本成本应该按照加权平均法计算，其个别资本的权重必须按照市场价值确定。

公司在追加筹资时，应以边际资本成本作为评价投资项目可行性的经济标准，据此进行投资方案的取舍。

边际资本成本的计算步骤：

1. 计算确定目标资本结构；

2. 计算确定各个不同筹资范围的个别资本成本；

3. 计算确定筹资总额分界点。筹资总额分界点是指在保持目标资本结构的条件下，各种筹资方案资本成本变化的分界点。公司在目标资本结构保持不变时，筹资总额一旦超过某一限度，其资本成本就会增加，这个限度便是筹资总额分界点；

4. 计算各筹资区间的边际资本成本。

【实例 4—17】 H 公司目标资本结构为债务资本占 40%，权益资本占 60%。在不同的筹资规模条件下，有关个别资本成本的资料如表 4—5 所示。

表 4—5 筹资规模与个别资本成本预测

资本来源	资本结构	筹资规模	资本成本
债券	40%	10 000 元以内(含 10 000 元) 10 000～20 000 元 20 000～30 000 元 30 000 元以上	5% 6% 8% 10%
普通股	60%	15 000 元以内(含 15 000 元) 15 000～60 000 元 60 000～90 000 元 90 000 元以上	12% 14% 17% 20%

根据上表,先计算筹资总额分界点,其计算公式为:

$$筹资总额分界点=\frac{可用某一特定筹集到的某种资本最大额}{该种资本在资本总额中所占比重}$$

筹资总额分界点及资本成本如表 4—6 所示。

表 4—6 筹资总额分界点及资本成本

资本来源	筹资总额分界点(元)	总筹资规模	资本成本
债券	10 000÷0.4=25 000 20 000÷0.4=50 000 30 000÷0.4=75 000	25 000 元以内(含 25 000 元) 25 000～50 000 元 50 000～75 000 元 75 000 元以上	5% 6% 8% 10%
普通股	15 000÷0.6=25 000 60 000÷0.6=100 000 90 000÷0.6=150 000	25 000 元以内(含 25 000 元) 25 000～100 000 元 100 000～150 000 元 150 000 元以上	12% 14% 17% 20%

上表表明在目标资本结构的前提下,每一种资本成本变化的分界点及相应的筹资范围。

针对不同的筹资总额范围分别计算加权平均资本成本,就可以得出各种筹资范围的边际成本,如表 4—7 所示。

表 4—7 不同筹资总额的边际资本成本

筹资总额范围	资本来源	资本结构	资本成本	边际资本成本
25 000 元以内 (含 25 000 元)	债券 股票	40% 60%	5% 12%	40%×5%+60%×12%=9.2%
25 000～50 000 元 (含 50 000 元)	债券 股票	40% 60%	6% 14%	40%×6%+60%×14%=10.8%
50 000～75 000 元 (含 75 000 元)	债券 股票	40% 60%	8% 14%	40%×8%+60%×14%=11.6%
75 000～100 000 元 (含 100 000 元)	债券 股票	40% 60%	10% 14%	40%×10%+60%×14%=11.6%
100 000～150 000 元 (含 15 000 元)	债券 股票	40% 60%	10% 17%	40%×10%+60%×17%=14.2%
150 000 元以上	债券 股票	40% 60%	10% 20%	40%×10%+60%×20%=16%

边际资本成本反映了在不同资本来源和资本结构下，综合资本成本的动态变化，是进行筹资决策的重要参数。因此，公司在追加筹资的决策中，必须先计算资本成本随追加筹资总额及资本结构的变化情况。在追加投资之前可以利用边际资本成本分界点之前的充裕量，尽量将边际资本成本降至最低点。

二、财务杠杆

（一）财务杠杆的概念

不论企业营业利润是多少，债务的利息和优先股的股利通常都是固定不变的。当息税前利润增多时，每1元盈余所负担的固定财务费用就会相对减少，这能给普通股带来更多的盈余；反之，当息税前利润减少时，每1元盈余所负担的固定财务费用就会相对增加，这就会大幅度减少普通股的盈余。这种由于债务的存在而导致每股利润的变动率大于息税前利润变动率的杠杆效应，现用表4—8加以说明。

表4—8　　甲、乙公司的资本结构与普通股利润表　　单位：万元

时　间	项　目	甲公司	乙公司	备　注
2015年	普通股发行在外股数（股）	2000	1 000	(1)已知
	普通股股本（每股面值100元）	200 000	100 000	(2)已知
	债务（年利率8%）	0	100 000	(3)已知
	资金总额	200 000	200 000	(4)=(2)+(3)
	息税前利润	20 000	20 000	(5)已知
	债务利息	0	8 000	(6)=(3)×8%
	税前利润	20 000	12 000	(7)=(5)−(6)
	所得税（税率25%）	5 000	3 000	(8)=(7)×25%
	净利润	15 000	9 000	(9)=(7)−(8)
	每股利润	7.5	9	(10)=(9)÷(1)
2016年	息税前利润增长率	20%	20%	(11)已知
	增长后的息税前利润	24 000	24 000	(12)=(5)×[1+(11)]
	债务利息	0	8 000	(13)=(6)
	税前利润	24 000	16 000	(14)=(12)−(13)
	所得税（税率25%）	6 000	4 000	(15)=(14)×25%
	净利润	18 000	12 000	(16)=(14)−(15)
	每股利润	9	12	(17)=(16)÷(1)
	每股利润增加额	1.5	3	(18)=(17)−(10)
	普通股利润增长率	20%	33.3%	(19)=(18)÷(10)

在表4—8中，甲、乙两个公司的资金总额相等，息税前利润相等，息税前利润的增长率也相等，不同的只是资本结构。甲公司全部资金都是普通股，乙公司的资金中普通股和债券各占一半。在甲、乙公司息税前利润增长率均为20%的情况下，甲公司每股利润增长20%，而乙公司却增长了33.33%，这就是财务杠杆效应。当然，如果息税前利润下降，乙公司每股利润的下降幅度要大于甲公司每股利润的下降幅度。

（二）财务杠杆的计量

从上述分析可知，只要在企业的筹资方式中有固定财务费用支出的债务和优先股，就会存在财务杠杆效应。但不同企业财务杠杆的作用程度是不完全一致的。为此，需要对财务杠杆进行计量。对财务杠杆进行计量的最常用指标是财务杠杆系数。所谓财务杠杆系数，是指普

通股每股利润的变动率相当于息税前利润变动率的倍数。

其计算公式为：

$$财务杠杆系数=\frac{普通股每股利润变动率}{息税前利润变动率}$$

即：

$$DFL=\frac{\Delta EPS/EPS}{\Delta EBIT/EBIT}$$

式中：DFL 为财务杠杆系数；ΔEPS 为普通股每股利润变动额；EPS 为基期每股利润；$\Delta EBIT$ 为息税前盈余变动额；$EBIT$ 为基期息税前盈余

【实例 4—18】 以表 4—8 中所列甲、乙公司为例，将有关资料代入公式，可求得甲、乙两企业 2016 年的财务杠杆系数：

$$甲公司财务杠杆系数=\frac{20\%}{20\%}=1$$

$$乙公司财务杠杆系数=\frac{33.33\%}{20\%}\approx 1.67$$

上述公式是计算财务杠杆系数的理论公式，必须以已知变动前后的相关资料为前提，比较麻烦。通常可用以下简化公式计算：

$$DFL=\frac{EBIT}{EBIT-I}$$

对于同时存在银行借款、融资租赁，且发行优先股的企业来说，可以按以下公式计算财务杠杆系数：

$$DFL=\frac{EBIT}{EBIT-I-\frac{d}{(1-T)}}$$

式中：I 为债务利息；d 为优先股股利；T 为所得税税率。$EBIT$、I、d 均为基期值。

从上式可见，影响企业财务杠杆系数的因素包括息税前利润、企业资金规模、企业资本结构、固定财务费用水平等多个因素。财务杠杆系数将随固定财务费用的变化呈同方向变化。即在其他因素一定的情况下，固定财务费用越高，财务杠杆系数越大，企业财务风险越大；如果企业固定财务费用为零，则财务杠杆系数为 1。

将表 4—8 中 2015 年的有关资料代入上式，可求得甲、乙两企业 2016 年的财务杠杆系数：

$$甲公司财务杠杆系数=\frac{20\ 000}{20\ 000-0}=1$$

$$乙公司财务杠杆系数=\frac{20\ 000}{20\ 000-8\ 000}\approx 1.67$$

这说明，在利润增加时，乙公司每股利润的增长幅度大于甲公司的增长幅度；当然，当利润减少时，乙公司每股利润减少得也更快。因此，公司息税前利润较多，增长幅度较大时，适当地利用负债性资金，发挥财务杠杆的作用，可增加每股利润，使股票价格上涨，增加企业价值。

同理，按表 4—7 中 2016 年资料，可求出两企业 2017 年财务杠杆系数分别为：

$$甲公司财务杠杆系数=\frac{24\ 000}{24\ 000-0}=0$$

乙公司财务杠杆系数$=\frac{24\ 000}{24\ 000-8\ 000}=1.5$

(三)财务杠杆与财务风险的关系

财务风险是指企业为取得财务杠杆利益而利用负债资金时，增加了破产机会或普通股利润大幅度变动的机会所带来的风险。企业为取得财务杠杆效应，就要增加负债，一旦企业息税前利润下降，不足以补偿固定利息支出，企业的每股利润就会下降得更快。

【实例 4—19】 丙、丁公司资金结构及获利水平资料如表 4—9 所示。

表 4—9　　丙、丁公司的资本结构与财务风险　　单位：万元

项　目	丙公司	丁公司	备　注
普通股股本	2 0000	10 000	(1)已知
公司债券(年利率 8%)	0	10 000	(2)已知
资金总额	20 000	20 000	(3)=(1)+(2)
计划息税前利润	2 000	2 000	(4)已知
实际息税前利润	600	600	(5)已知
借款利息	0	800	(6)=(2)×8%
税前利润	600	−200	(7)=(5)−(6)

从表 4—9 中可以看出，丙公司没有负债，就没有财务风险；丁公司有负债，当息税前利润比计划减少时，就有了比较大的财务风险。如果不能及时扭亏为盈，可能会破产。

三、资本结构

资本结构及其管理是企业筹资管理的核心问题。企业应综合考虑有关影响因素，运用适当的方法确定最佳资本结构，提升企业价值。如果企业现有资本结构不合理，应通过筹资活动优化调整资本结构，使其趋于科学合理。

(一) 资本结构的概念

资本结构是指企业资本总额中各种资本的构成及其比例关系。筹资管理中，资本结构有广义和狭义之分。广义的资本结构包括全部债务与股东权益的构成比率；狭义的资本结构则指长期负债与股东权益资本构成比率。狭义资本结构下，短期债务作为营运资金来管理。本书所指的资本结构通常仅是狭义的资本结构，也就是债务资本在企业全部资本中所占的比重。

不同的资本结构会给企业带来不同的后果。企业利用债务资本进行举债经营具有双重作用，既可以发挥财务杠杆效应，也可能带来财务风险。因此企业必须权衡财务风险和资本成本的关系，确定最佳的资本结构。

(二)最佳资金结构

最佳资金结构是指企业在一定时期内，是综合资金成本最低，企业价值最大时的资金结构。其判断标准有三个：(1)有利于最大限度地增加所有者财富，能使企业价值最大化。(2)企业综合资金成本最低(3)资产保持适宜的流动，并使资金结构具有弹性。

评价企业资本结构最佳状态的标准应该是能够提高股权收益或降低资本成本，最终目的是提升企业价值。股权收益，表现为净资产报酬率或普通股每股收益；资本成本，表现为企业

的平均资本成本率。根据资本结构理论，当公司平均资本成本最低时，公司价值最大。

从理论上讲，最佳资本结构是存在的，但由于企业内部条件和外部环境的经常性变化，动态地保持最佳资本结构十分困难。因此在实践中，目标资本结构通常是企业结合自身实际进行适度负债经营所确立的资本结构。

（三）影响资本结构的因素

资本结构是一个产权结构问题，是社会资本在企业经济组织形式中的资源配置结果。资本结构的变化，将直接影响社会资本所有者的利益。

1. 企业经营状况的稳定性和成长率

企业产销业务量的稳定程度对资本结构有重要影响：如果产销业务量稳定，企业可较多地负担固定的财务费用；如果产销业务量和盈余有周期性，则要负担固定的财务费用将承担较大的财务风险。经营发展能力表现为未来产销业务量的增长率，如果产销业务量能够以较高的水平增长，企业可以采用高负债的资本结构，以提升权益资本的报酬。

2. 企业的财务状况和信用等级

企业财务状况良好，信用等级高，债权人愿意向企业提供信用，企业容易获得债务资本。相反，如果企业财务情况欠佳，信用等级不高，债权人投资风险大，这样会降低企业获得信用的能力，加大债务资本筹资的资本成本。

3. 企业资产结构

资产结构是企业筹集资本后进行资源配置和使用后的资金占用结构，包括长短期资产构成和比例，以及长短期资产内部的构成和比例。资产结构对企业资本结构的影响主要包括：拥有大量固定资产的企业主要通过长期负债和发行股票筹集资金；拥有较多流动资产的企业更多地依赖流动负债筹集资金；资产适用于抵押贷款的企业负债较多；以技术研发为主的企业则负债较少。

4. 企业投资人和管理当局的态度

从企业所有者的角度看，如果企业股权分散，企业可能更多地采用权益资本筹资以分散企业风险。如果企业为少数股东控制，股东通常重视企业控股权问题，为防止控股权稀释，企业一般尽量避免普通股筹资，而是采用优先股或债务资本筹资。从企业管理当局的角度看，高负债资本结构的财务风险高，一旦经营失败或出现财务危机，管理当局将面临市场接管的威胁或者被董事会解聘。因此，稳健的管理当局偏好于选择低负债比例的资本结构。

5. 行业特征和企业发展周期

不同行业资本结构差异很大。产品市场稳定的成熟产业经营风险低，因此可提高债务资本比重，发挥财务杠杆作用。高新技术企业的产品、技术、市场尚不成熟，经营风险高，因此可降低债务资本比重，控制财务杠杆风险。在同一企业不同发展阶段，资本结构安排不同。企业初创阶段，经营风险高，在资本结构安排上应控制负债比例；企业发展成熟阶段，产品产销业务量稳定和持续增长，经营风险低，可适度增加债务资本比重，发挥财务杠杆效应；企业收缩阶段，产品市场占有率下降，经营风险逐步加大，应逐步降低债务资本比重，保证经营现金流量能够偿付到期债务，保持企业持续经营能力，减少破产风险。

6. 经济环境的税务政策和货币政策

资本结构决策必然要研究理财环境因素，特别是宏观经济状况。政府调控经济的手段包括财政税收政策和货币金融政策。当所得税税率较高时，债务资本的抵税作用大，企业可以充分利用这种作用来提高企业价值。货币金融政策影响资本供给，从而影响利率水平的变动，当国家执行紧缩的货币政策时，市场利率较高，企业债务资本成本增大。

(四)资本结构优化

资本结构优化，要求企业权衡负债的低资本成本和高财务风险的关系，确定合理的资本结构。资本结构优化的目标，是降低平均资本成本率或提高普通股每股收益。

1. 每股利润无差异点法

每股利润无差异点法，又称息税前利润—每股利润分析法(*EBlT—EPS* 分析法)，是通过分析资本结构与每股利润之间的关系，计算筹资方案的每股利润无差异点，进而来确定合理的资本结构的方法。

每股利润无差异点是指当企业息税前盈余达到某一水平时，采用负债资金筹资与权益资金筹资普通股的每股利润都相等。决策原则：即每股利润最大的资本结构为最佳资本结构。

【实例 4—20】 某公司目前有资金 750 000 万元，现因生产发展需要准备再筹集 250 000 万元资金，这些资金可以利用发行股票来筹集，也可以利用发行债券来筹集。表 4—10 列示了原资金结构和筹资后资金结构情况。

表 4—10　　某公司资本结构变化情况表　　单位：万元

筹资方式	原资金结构	增加筹资后资金结构	
		增发普通股(A)	增发公司债券(B)
公司债券(利率 8%)	100 000	100 000	350 000
普通股(面值 10 元)	200 000	300 000	200 000
资本公积	250 000	400 000	250 000
留存收益	200 000	200 000	200 000
资金总额合计	750 000	1 000 000	1 000 000
普通股股数(万股)	20 000	30 000	20 000

说明：发行新股票时，每股发行价格为 25 元，筹资 250 000 万元需发行 10 000 万股，普通股股本增加 100 000 万元，资本公积增加 150 000 万元。

根据资金结构的变化情况，我们可采用 *EBIT—EPS* 分析法分析资金结构对普通股每股利润的影响。详细的分析情况见表 4—11。

表 4—11　　某公司不同资本结构下的每股利润　　单位：万元

项　目	增发股票	增发债券
预计息税前利润(EBIT)	200 000	200 000
减：利息	8 000	28 000
税前利润	192 000	172 000
减：所得税(25%)	48 000	43 000
净利润	14 400	129 000
普通股股数(万股)	30 000	20 000
每股利润(元)	4.8	6.45

从表4－11中可以看到，在息税前利润为200 000万元的情况下，利用增发公司债券的形式筹集资金能使每股利润上升较多，这可能更有利于股票价格上涨，更符合财务管理的目标。

那么，究竟息税前利润为多少时发行普通股有利，息税前利润为多少时发行公司债券有利呢？这就要测算每股利润无差异点处的息税前利润。

其计算公式为：

$$\frac{(\overline{EBIT}-I_1)(1-T)-D_1}{N_1}=\frac{(\overline{EBIT}-I_2)(1-T)-D_2}{N_2}$$

式中：$\overline{EBIT}$ 为每股利润无差异点处的息税前利润；

I_1、I_2 为两种筹资方式下的年利息；

D_1、D_2 为两种筹资方式下的优先股股利；

N_1、N_2 为两种筹资方式下的流通在外的普通股股数。

现把该公司的资料带入上式得：

$$\frac{(\overline{EBIT}-8\,000)\times(1-25\%)-0}{30\,000}=\frac{(\overline{EBIT}-28\,000)\times(1-25\%)-0}{20\,000}$$

求得：

$$\overline{EBIT}=68\,000(\text{万元})$$

这就是说，当息税前利润 $EBIT>68\,000$ 万时，利用负债筹资较为有利；当息税前利润 $EBIT<68\,000$ 万元时，不应再增加负债，以发行普通股筹资较为有利。当息税前利润 $EBIT=68\,000$ 万时，利用两种方式筹资没有差别；该公司公司预计 $EBIT=20$ 万元，故采用发行公司债券的方式较为有利。

利用表4－11的资料，还可以绘制 $EBIT-EPS$ 分析图，如图4－1所示，这更能一目了然地说明问题。

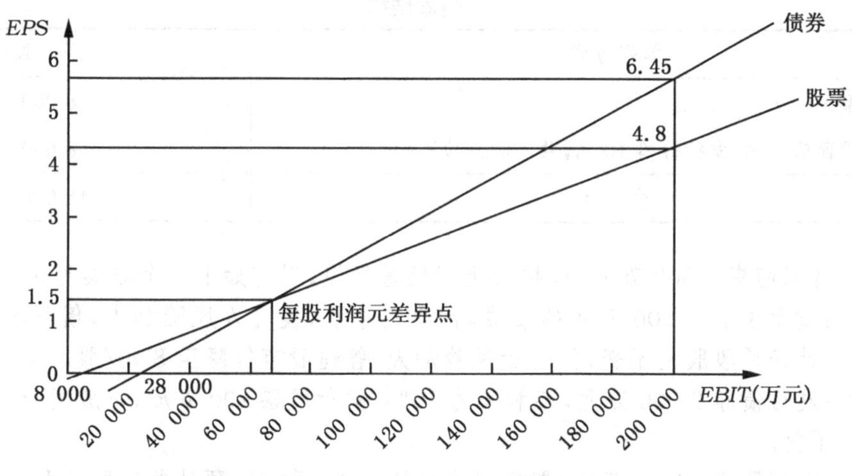

图4－1 ***EBIT—EPS* 分析**

绘图时选用的第一个点是，当 $EBIT$ 为200 000万元时，采用普通股融资的 EPS 为4.8元，采用债券融资的 EPS 为6.45元；另外一点，也可通过选一定的 $EBIT$ 来计算相应的两种筹资方式的 EPS 来获得。在途中，选取的是 EPS 为0时，那么，采用普通股融资时必须负担

8 000 万元的利息，而采用债券融资时必须负担 28 000 万元的利息，这样可以得出相应的两种筹资凡是的第二个点。

$EBIT-EPS$ 分析图简单明了，从图中可以看到：

当预计的 $EBIT$＞每股利润无差别点处（68 000 万元）的 $EBIT$ 时，债务融资的 EPS 大于普通股融资的 EPS；

当预计的 $EBIT$＜每股利润无差别点处（68 000 万元）的 $EBIT$ 时，普通股融资的 EPS 大于负债融资的 EPS；

当预计的 $EBIT$＝每股利润无差别点处（68 000 万元）的 $EBIT$ 时，两种筹资方式的 EPS 相等。

需要说明的是，这种分析方法只考虑资本结构对每股利润的影响，并假定每股利润最大时，股票价格是最高的。但是，把资本机构对风险的影响置于视野之外，是不全面的。因为随着负债的增加，投资者的风险加大，股票价格和企业价值也会下降趋势，所以，单纯的用 $EBIT—EPS$ 分析法有时会做出错误的决策。但在资金市场不完善的时候，投资人主要根据每股利润的多少来作出投资决策，每股利润的增加也的确有利于股票价格的上升。

2. 比较资金成本法

比较资金成本法是通过计算各方案加权平均的资金成本，并根据加权平均资金成本的高低来确定资本结构的方法。

决策依据：加权平均的资金成本；决策原则：加权平均资金成本最低的资本结构为最佳资本结构。

【实例 4－21】 某公司原来的资金结构如表 4—12 所示。普通股每股面值 1 元，发行价格 10 元，目前价格也为 10 元，今年期望股利为 1 元/股，预计以后每年增加股利 5%。该企业所得税税率假设为 25%，假设发行的各种证券均无筹资费。

表 4—12 **资本结构** 单位：万元

筹资方式	金　额
债券（年利率 10%）	8 000
普通股（每股面值 1 元，发行价格 10 元，共 800 万股）	8 000
合　计	16 000

该企业现拟增资 4 000 万元，以扩大生产经营规模，现有如下三个方案可供选择。

甲方案：增加发行 4 000 万元的债券，因负债增加，投资人风险加大，债券利率增至 12% 才能发行，预计普通股股利不变，但由于风险加大，普通股市价降至 8 元/股。

乙方案：发行债券 2 000 万元，年利率为 10%，发行股票 200 万股，每股发行价 10 元，预计普通股股利不变。

丙方案：发行股票 363.6 万股，普通股市价增至 11 元/股，预计普通股股利不变。

为了确定上述三个方案哪个最佳，下面介绍计算其加权平均资金成本。

1. 计算计划年初综合资金成本。

各种资金的比重和资金成本分别为：

$$W_b=\frac{8\ 000}{16\ 000}\times 100\%=50\%$$

$W_s=\frac{8\ 000}{16\ 000}\times100\%=50\%$

$K_b=10\%\times(1-25\%)=7.5\%$

$K_S=\frac{1}{10}+5\%=15\%$

计划年初综合资金成本为：

$K_w=50\%\times7.5\%\times50\%\times15\%=11.25\%$

2. 计算甲方案的综合资金成本。

各种资金的比重和资金成本如表 4—13 所示。

表 4—13　　资本结构　　单位：万元

筹资方式	金　额
原债券(年利率 10%)	8 000
新债券(年利率 12%)	4 000
普通股(800 万股，每股市价 8 元)	8 000
合　计	20 000

各种资金的比重和资金成本分别为：

$W_{b1}=\frac{8\ 000}{20\ 000}\times100\%=40\%$

$W_{b2}=\frac{4\ 000}{20\ 000}\times100\%=20\%$

$W_s=\frac{8\ 000}{20\ 000}\times100\%=40\%$

$K_{b1}=10\%\times(1-25\%)=7.5\%$

$K_{b2}=12\%\times(1-25\%)=9\%$

$K_S=\frac{1}{8}+5\%=17.5\%$

甲方案的综合资金成本为：

$K_{w甲}=40\%\times7.5\%+20\%\times9\%+40\%\times17.5=11.8\%$

3. 计算乙方案的综合资金成本

乙方案增资后的资本结构，如表 4—14。

表 4—14　　资本结构　　单位：万元

筹资方式	金　额
债券(年利率 10%)	10 000
普通股(1 000 万股，发行价 10 元)	10 000
合　计	20 000

各种资金的比重分别为 50%，50%；

资金成本分别为7.5%和15%。

乙方案综合资金成本为：

$K_{w乙}$=50%×7.5×+50%×15%=11.25%

4. 计算丙方案的综合资金成本。

丙方案增资后的资本结构，如表4—15所示。

表4—15　资本结构　单位：万元

筹资方式	金　额
债券(年利率10%)	10 000
普通股(1 000万股，发行价10元)	10 000
合　计	20 000

各种资金的比重分别为40%，60%；

各种资金的资金成本分别为：

债券成本=7.5%

普通股成本$=\frac{1}{11}+5\%=14.1\%$

丙方案的综合资金成本为：

$K_{w丙}$=40%×7.5%+60%×14.1%=11.46%

从以上计算可以看出，丙方案的加权平均资金成本最低，所以应选用丙方案，即该企业应保持原来的资金结构，40%为负债资金，60%为自有资金。

该种方法的局限：因所拟订的方案数量有限，故有把最优方案漏掉的可能。

(五)资本结构的调整

资本结构优化调整的方法在企业财务管理实践中，企业资本结构由于成本过高、风险过大，弹性不足或约束过严等原因造成资本结构不合理，还需要进行资本结构优化的调整。

1. 存量调整

在不改变现有资产规模的基础上，根据目标资本结构要求，对现有资本结构进行必要的调整：债转股、股转债；增发 新股偿还债务；调整权益资本结构，如优先股转换为普通股，以资本公积转增股本；调整现有负债结构，如与债权人协商，将短期负债转为长期负债，或将长期负债列入短期负债。

2. 增量调整

通过追加筹资数量，从增加总资产的方式来调整资本结构。其主要途径是从外部取得增量资本，如发行新债、举借新贷款、进行筹资租赁、发行新股票等。

3. 减量调整

通过减少资产总额的方式来调整资本结构。如提前归还借款，收回发行在外的可提前收回债券，股票回购减少公司股本，兼并其他企业、控股其他企业或进行企业分立等。

总之，最优资本结构是企业长期的、持续的追求目标。理想的最优资本结构是一个具体的数值，而不是一个区间。因此，作为财务管理人员应坚持科学发展观，采用定量分析与定性分析相结合的方法，作出企业资本结构优化的筹资决策。

关键术语

股权筹资 债务筹资 衍生工具筹资 直接筹资 间接筹资 内部筹资 外部筹资 长期筹资 短期筹资 定性预测法 定量预测 吸收直接投资 股票 企业债券 租赁 商业信用 资本成本 财务杠杆 资本结构

应知考核

一、单项选择题

1. 下列各项中,属于资金成本内容的是(　　)。

A. 筹资总额　　B. 筹资费用　　C. 所得税税率　　D. 市场利率

2. 下列筹资方式中,资金成本最低的是(　　)。

A. 发行股票　　B. 发行债券　　C. 长期借款　　D. 留存收益

3. 利用商业信用筹集的资金属于(　　)资金。

A. 权益　　B. 债务　　C. 风险小　　D. 成本高

4. 根据(　　)原则,企业应当预测资金的需要量,合理确定筹资规模。

A. 规模适当　　B. 筹措及时　　C. 来源合理　　D. 方式经济

5. 哪一种方式会产生权益资金?(　　)

A. 短期借款　　B. 发行债券　　C. 赊购产品　　D. 未分配利润

6. 公司拟筹集能够长期使用、筹资风险相对较小且容易取得的资金,以下较适合的融资方式为(　　)。

A. 发行普通股　　B. 发行长期债券　　C. 短期借款融资　　D. 长期借款融资

7. 下列哪种权益筹资方式能防止股权分散?(　　)

A. 发行普通股筹资　　B. 吸收直接投资

C. 发行优先股筹资　　D. 配股筹资

8. 优先股的收益分配顺序居于(　　)之前。

A. 商业信用的债权人　　B. 普通股股东

C. 公司债券的债权人　　D. 税务机关

9. 公司提取盈余公积金属于(　　)筹资。

A. 发行优先股　　B. 发行普通股　　C. 吸收直接投资　　D. 留存收益

10. 放弃现金折扣的成本大小与(　　)。

A. 折扣百分比的大小成反方向变化

B. 信用期的长短成同方向变化

C. 折扣百分比的大小、信用期的长短均成同方向变化

D. 折扣期的长短成同方向变化

二、多项选择题

1. 短期资金常采取(　　)方式筹集。

A. 短期借款　　B. 应付账款　　C. 应付票据　　D. 融资租赁

2. 权益资金的特点有(　　)。

A. 形成所有者权益　B. 财务风险小　C. 自有资金　D. 成本低

3. 企业可以向(　　)筹集资金。

A. 商业银行　B. 非银行金融机构　C. 其他企业　D. 企业本身

4. 企业向其他企业筹集资金可以通过(　　)方式。

A. 发行债券　B. 发行股票　C. 商业信用　D. 未分配利润

5. 以下方式中不可能筹集到短期资金的是(　　)。

A. 发行普通股筹资　B. 发行优先股筹资

C. 商业信用筹资　D. 留存收益筹资

6. 目前我国筹集权益资金的方式主要有(　　)。

A. 吸收直接投资　B. 发行股票　C. 利用留存收益　D. 商业信用

7. 我国《公司法》规定，股票发行价格可以(　　)。

A. 等于票面金额　B. 低于票面金额　C. 高于票面金额　D. 与票面金额无关

8. 普通股与优先股的共同特征主要有(　　)。

A. 属于公司主权资本　B. 股利从税后利润中支付

C. 股东可参与公司重大决策　D. 无需支付固定股利

9. 对公司而言，发行股票筹资的优点有(　　)。

A. 增强公司偿债能力　B. 降低公司经营风险

C. 降低公司资金成本　D. 降低公司财务风险

10. 影响债券发行价格的因素主要包括(　　)。

A. 债券面额　B. 票面利率　C. 市场利率　D. 债券期限

三、判断题

1. 筹资活动是企业资本运动的起点。(　　)

2. 国家财政资金必然会形成企业的债务资金。(　　)

3. 保险公司能为企业提供信贷资金。(　　)

4. 债务资金风险较大。(　　)

5. 企业应当尽可能筹集更多的资金。(　　)

6. 按借款有无担保，可分为信用借款、担保借款和票据贴现。(　　)

7. 银行发放短期借款所涉及的信用条款中，周转信贷协定与信贷限额一样，都是一项法律契约，双方必须遵守。(　　)

8. 债券的基本要素包括债券面值、债券期限、债券利率和债券价格。(　　)

9. 债券的发行者计息还本时，是以债券的价格为依据，而不是以其面值为依据。(　　)

10. 债券的发行价格受诸多因素的影响，其中主要是票面利率与市场利率的一致程度。(　　)

四、简述题

1. 简述普通股与优先股的区别。

2. 简述股权筹资的优点和缺点。

3. 简述银行借款的筹资特点。

4. 简述负债筹资的优点和缺点。

5. 简述资本成本的作用。

五、计算题

1. 某公司是一家生产和销售通信器材的股份公司。假设该公司所得税税率为25%，对于明年的预算有以下三种方案：

第一种方案：维持目前的生产和财务政策。预计销售45 000件，售价为240元/件，单位变动成本为200元/件，固定成本为120万元。公司的资本结构为：400万元负债（利息率为5%），普通股20万股。

第二种方案：更新设备并用负债筹资。预计更新设备需投资600万元，生产和销售量不会变化，但单位变动成本将降低至180元/件，固定成本将增加至150万元。借款筹资600万元，预计新增借款的利率为6.25%。

第三种方案：更新设备并用股权筹资。更新设备的情况与第二种方案相同，不同的只是用发行新的普通股筹资。预计新股发行价为每股30元，需要发行20万股以筹集600万元资金。

要求：

(1)计算三种方案下的每股收益和财务杠杆系数。

(2)计算第二种方案和第三种方案每股收益相等时的销售量。

(3)根据上述结果分析：哪个方案的风险最大？哪个方案的报酬最高？如果公司销售量下降至30 000件，第二和第三种方案哪一个更好些？请说明理由。

2. 公司拟采购一批零件，供应商报价如下：①立即付款，价格为9 630元；②30天内付款，价格为9 750元；③31～60天内付款，价格为9 870元；④61～90天内付款，价格为10 000元。

假设用户短期借款利率为15%，每年按360天计算。

要求：计算放弃现金折扣的成本，并确定对该公司最有利的付款日期与价格。

3. 某企业只生产和销售A产品，其总成本线性模型为$y=30\ 000+5x$。假定该企业2015年度A产品销售量为50 000件，每件售价为8元；按市场预测，2016年A产品的销售数量将增长10%。

要求：

(1)计算2015年该企业的边际贡献总额。

(2)计算2015年该企业的息税前利润。

(3)计算2016年的经营杠杆系数。

(4)计算2016年息税前利润增长率。

(5)假定企业2015年发生负债利息为30 000元，优先股股息为7 500元，所得税税率为25%，计算2016年的复合杠杆系数。

4. 某公司拟筹资1 000万元，现有甲、乙两个备选方案。有关资料如表4—16所示。

表4—16 单位：万元

筹资方式	甲方案	乙方案
长期借款	200，资金成本9%	180，资金成本9%
债券	300，资金成本10%	200，资金成本10.5%
普通股	500，资金成本12%	620，资金成本12%
合　计	1 000	1 000

试确定该公司的最佳资金结构。

5. 企业从银行取得借款500万元,期限1年,名义利率为8%,按贴现法付息。要求:计算该项贷款的实际利率。

6. 某企业按年利率10%从银行借款100万元,银行要求维持10%的补偿性余额。要求:计算该借款的实际利率。

应会考核

■ **观念应用**

【背景资料】

某公司拟采购一批零部件,购货款为500万元。供应商规定的付款条件为"2/10,1/20,n/30",每年按360天计算。

【考核要求】

(1)假设银行短期贷款利率为15%,计算放弃现金折扣的成本(资本成本率),并确定对该公司最有利的付款日期和价格。

(2)假设公司目前有一短期投资报酬率为40%的短期投资项目,确定对该公司最有利的付款日期和价格。

■ **技能应用**

某公司拟发行面值为1 000元、年利息率为11%的5年期公司债券。

【技能要求】

请分别确定当市场利率为11%、8%和13%时的债券发行价格(计算结果保留整数)。

■ **案例分析**

【情景与背景】

华泰股份售后回租融资租赁公告如下:

一、交易概述

为保证公司正常流动资金需求、优化资产负债结构、降低财务费用,山东华泰纸业股份有限公司(以下简称"公司")以年产40万吨新闻纸生产线部分设备与交银金融租赁有限责任公司(以下简称"交银租赁公司")开展售后回租融资租赁业务。

本次融资公司已于2014年12月29日与交银租赁公司签订了融资租赁合同,将公司年产40万吨新闻纸生产线部分设备以售后回租方式,向交银租赁公司融资人民币2亿元。上述融资租赁事项已经公司第六届董事会第17次会议审核,以9票同意、0票反对、0票弃权通过。

交易对方为交银金融租赁有限责任公司。

二、交易标的基本情况

1. 名称:年产40万吨新闻纸生产线部分设备。

2. 类别:固定资产。

3. 权属:山东华泰纸业股份有限公司。

4. 所在地:山东省东营市广饶县大王镇。

5. 资产价值:租赁物原值34 251.60万元,账面净值20 693.67万元。

三、交易合同的主要内容

1. 租赁物:年产40万吨新闻纸生产线部分设备。

2. 融资金额:人民币2亿元。

3. 租赁方式:售后回租。公司以回租使用、筹措资金为目的,以售后回租方式向交银租赁公司转让租赁设备。租赁期届满,交银租赁公司在确认公司已付清租金等全部款项后,本合同项下的租赁物由公司按1元的名义货价留购。

4. 租赁期限:自起租日起算约60个月。起租日是指交银租赁公司向公司支付转让款之日。

5. 租赁利率:承租人支付租金采用年租息率,计算公式为:

年租息率=同期银行的贷款基准利率

6. 租金支付方式:等额租金后付法,按半年收取。租金6个月支付一期,共计10期。根据合同规定计算,每期租金约为人民币2 398.77万元(概算)。

7. 保证金及服务费:根据合同约定,公司需向交银租赁公司支付保证金人民币1 480万元,同时鉴于交银租赁公司为公司提供相关咨询服务,公司在起租日一次性向交银租赁公司支付咨询服务费人民币500万元。

(资料来源:山东华泰纸业股份有限公司售后回租融资租赁公告,凤凰网,2012年12月31日。)

【分析要求】

请仔细阅读山东华泰纸业股份有限公司售后回租融资租赁公告,回答以下问题。

1. 华泰公司为什么要出售自己需要使用的固定资产?

2. 华泰公司使用融资租赁有哪些好处?潜在的不足是什么?

3. 华泰公司支付的租金及服务费总额大约是多少?

项目实训

【实训项目】

筹资管理

【实训情境】

新蓉新公司位于成都市近郊的新津县,拥有2亿多元人民币的资产,占有全国泡菜市场60%的份额,但近年来,却被流动资金的“失血”折磨得困苦不堪。企业创始人、总经理田玉文(人称“田大妈”)在由成都市委宣传部、统战部和市工商联联合召开的一次座谈会上大倒苦水。这位宣称“除了‘田玉文’认不了多少字”的企业家当场发问:“我始终弄不懂,像我们这样的企业,一年上税三四百万,解决了附近十几个县的蔬菜出路,安排了六七千农民就业,从来没有烂账,为啥就贷不到款?”

新蓉新的流动资金状况的确很成问题。四月、五月正是蔬菜收购和泡菜出厂的旺季,该公司在这段时间,每天从农民手中购进价值70余万元的大蒜、萝卜等蔬菜,田大妈坦言,她已经向农民打了400多万元的“白条”,这种状况让田大妈非常苦恼。她能有今天——据她自己说——全靠她一诺千金。在她看来,“白条”所带来的信誉损失是难以接受的。新蓉新从零开始做到如今的2亿多元人民币,历史上只有工行的少量贷款,大部分资金是“向朋友借的”。也正是为了维护这种民间信用关系,田大妈近日一口气偿还了“朋友”的借款共2 000多万元。

据说,现在新蓉新的民间借款已经偿清。这也正是新蓉新流动资金紧缺的主要原因之一。此外,为了引进设备建一个无菌车间,田大妈新近花了100多万元,购进土地110亩。近日,田大妈同她的长子——新蓉新董事长陈卫东,正为此发愁:如果筹不到800万元贷款,下一步收购四季豆就没法做了。

田大妈说,一周前,公司已向工商银行提出了800万元的贷款申请,但目前还没有动静。据田大妈说,新蓉新现有资产2.63亿元,资产负债率10%左右。另据新津县委办公室负责人介绍,该公司目前已签了3亿多元供货合同,在国内增加了几百个网点,预计年内市场份额能达到80%。像这样的企业,银行为何惜贷呢?

银行信贷员胡大光分析认为,民营企业由于规模小、实力弱,产品市场竞争力有限,贷款难以完全收回,风险较大,因此,这是大多数银行不愿意给田大妈贷款的根本原因。

【实训任务】

(1)你认为胡大光的分析正确吗?

(2)企业有哪些常见的筹资方式?

(3)案例中田大妈的筹资目的有哪些?

(4)田大妈实际采取了哪些筹资方式?

项目五　项目投资管理

学习目标

知识目标

熟知:投资的概念和种类;项目投资的概念、特点与意义;项目投资决策及其影响因素。

理解:项目投资金额及其投入方式;项目投资的程序。现金流量的概念和基本假设、作用。

掌握:现金流量的内容;现金流量的分析计算;非贴现和贴现投资评价方法;项目投资决策评价指标的运用。

能力目标

能够确定项目投资的现金流量构成内容;能够进行项目投资的现金流量的估算;具备运用项目投资决策方法进行投资方案的决策能力。

素质目标

能够根据企业所处的内外部环境状况,估计项目投资的现金流量,并能够用适当的项目投资决策方法对最佳投资方案作出选择,具备项目投资分析与决策的能力。

项目引例

康元葡萄酒厂的项目投资决策

康元葡萄酒厂是生产葡萄酒的中型企业,该厂生产的葡萄酒酒香纯正,价格合理,长期以来供不应求。为了扩大生产能力,康元葡萄酒厂准备新建一条生产线。

张晶是该厂的助理会计师,主要负责投资工作。总会计师王冰要求张晶搜集建设葡萄酒新生产线的有关资料,并对投资项目进行财务评价,以供厂领导决策考虑。

张晶经过半个月的调查研究,得到以下有关资料:

(1)投资新的生产线需一次性投入1 000万元,建设期1年,预计可使用10年,报废时无残值收入;按税法要求该生产线的折旧年限为8年,使用直线法折旧,残值率为10%。

(2)购置设备所需的资金通过银行借款筹措,借款期限为4年,每年年末支付利息100万元,第4年年末用税后利润偿付本金。

(3)该生产线投入使用后,预计可使工厂第1～5年的销售收入每年增长1 000万元,第6～10年的销售收入每年增长800万元,耗用的人工和原材料等成本为收入的60%。

(4)生产线建设期满后,工厂还需垫支流动资金200万元。

(5)所得税税率为25%。

(6)银行借款的资金成本为10%。

分析讨论：

如何对项目投资进行可行性评价？

知识支撑

任务一　项目投资管理概述

一、投资的概念和种类

（一）投资的概念

投资是指特定经济主体（包括国家、企业和个人）为了在未来可预见的时期内获得收益或使资金增值，在一定时期向一定领域的标的物投放足够数额的资金或实物等货币等价物的经济行为。从特定企业角度看，投资就是企业为获取收益而向一定对象投放资金的经济行为。

（二）投资的种类

1. 按照投资行为的介入程度，分为直接投资和间接投资

直接投资是指不借助金融工具，由投资人直接将资金转移交付给被投资对象使用的投资，包括企业内部直接投资和对外直接投资，前者形成企业内部直接用于生产经营的各项资产，如各种货币资金、实物资产、无形资产等，后者形成企业持有的各种股权性资产，如持有子公司或联营公司股份等。

间接投资是指通过购买被投资对象发行的金融工具而将资金间接转移交付给被投资对象使用的投资，如企业购买特定投资对象发行的股票、债券、基金等。

2. 按照投入的领域不同，分为生产性投资和非生产性投资

生产性投资是指将资金投入生产、建设等物质生产领域中，并能够形成生产能力或可以产出生产资料的一种投资，又称为生产资料投资。这种投资的最终成果将形成各种生产性资产，包括形成固定资产的投资、形成无形资产的投资、形成其他资产的投资和流动资金投资。其中，前三项属于垫支资本投资，后者属于周转资本投资。

非生产性投资是指将资金投入非物质生产领域中，不能形成生产能力，但能形成社会消费或服务能力，满足人民的物质文化生活需要的一种投资。这种投资的最终成果是形成各种非生产性资产。

3. 按照投资的方向不同，分为对内投资和对外投资

对内投资就是项目投资，是指企业将资金投放于为取得供本企业生产经营使用的固定资产、无形资产、其他资产和垫支流动资金而形成的一种投资。

对外投资是指企业为购买国家及其他企业发行的有价证券或其他金融产品（包括：期货与期权、信托、保险），或以货币资金、实物资产、无形资产向其他企业（如联营企业、子公司等）注入资金而发生的投资。

此外，按照投资的内容不同，分为固定资产投资、无形资产投资、流动资金投资、房地产投资、有价证券投资、期货与期权投资、信托投资和保险投资等多种形式。

本项目所讨论的投资，是指属于直接投资范畴的企业内部投资，即项目投资。

二、项目投资的概念、特点与意义

(一)项目投资的概念

项目投资是对特定项目所进行的一种长期投资行为。对工业企业来讲,主要有以新增生产能力为目的的新建项目投资和以恢复或改善原有生产能力为目的的更新改造项目投资两大类。

(二)项目投资的特点

与其他形式的投资相比,项目投资具有投资内容独特(每个项目都至少涉及一项形成固定资产的投资)、投资数额大、影响时间长(至少1年或一个营业周期以上)、发生频率低、变现能力差和投资风险高的特点。

1. 投资数额大

项目投资所形成的生产经营能力主要体现在固定资产上。固定资产的购建本身所需的资金量是巨大的,还需要配置相应的流动资产,投资数额较大。

2. 影响时间长

项目投资的寿命一般都在几年以上,有的甚至长达几十年,投资一旦完成,就会长时期的对企业的生产经营产生影响。

3. 不可逆转性

项目投资一旦实施并形成一定生产经营能力后,无论其投资效益如何,均难以改变。

4. 投资风险高

项目投资所提供的经济效益只能在今后较长时期内逐步实现,未来时期内各种影响投资效益的因素较多,这意味着企业进行项目投资必然冒较高的风险。

(三)项目投资的意义

从宏观角度看,项目投资有以下两方面积极意义。

第一,项目投资是实现社会资本积累功能的主要途径,也是扩大社会再生产的重要手段,有助于促进社会经济的长期可持续发展;

第二,增加项目投资,能够为社会提供更多的就业机会,提高社会总供给量,不仅可以满足社会需求的不断增长,而且会最终拉动社会消费的增长。

从微观角度看,项目投资有以下三个方面积极意义。

第一,增强投资者经济实力。投资者通过项目投资,扩大其资本积累规模,提高其收益能力,增强其抵御风险的能力;

第二,提高投资者创新能力。投资者通过自主研发和购买知识产权,结合投资项目的实施,实现科技成果的商品化和产业化,不仅可以不断地获得技术创新,而且能够为科技转化为生产力提供更好的业务操作平台;

第三,提升投资者市场竞争能力。市场竞争不仅是人才的竞争、产品的竞争,而且从根本上说是投资项目的竞争。一个不具备核心竞争能力的投资项目,是注定要失败的。无论是投资实践的成功经验还是失败的教训,都有助于促进投资者自觉按市场规律办事,不断提升其市场竞争力。

三、项目投资决策及其影响因素

项目投资决策是指特定投资主体根据其经营战略和方针,由相关管理人员作出的有关投资目标、拟投资方向或投资领域的确定和投资实施方案的选择的过程。

一般而言，项目投资决策主要考虑一下因素。

(一) 需求因素

需求情况可以通过考察投资项目建成投产后预计产品的各年营业收入(即预计销售单价与预计销量的乘积)的水平来反映。如果项目的产品不适销对路，或质量不符合要求，或产能不足，都会直接影响其未来的市场销路和价格的水平。其中，产品是否符合市场需求、质量应达到什么标准，取决于对未来市场的需求分析对工艺技术所达到水平的分析，而产能情况则直接取决于工厂布局是否合理、原材料供应是否有保证，以及对生产能力和运输能力的分析。

(二) 时期和时间价值因素

(1)时期因素是由项目计算期的构成情况决定的。项目计算期(记作 n)，是指项目从开始投资建设到最终清理结束整个过程的全部时间，即项目的有效持续时间。项目计算期通常以年为计算单位。

一个完整的项目计算期，由建设期(记作 s，$s\geqslant 0$)和生产经营期(记作 p)两部分构成。其中，建设期是指从开始投资建设到建成投产这一过程的全部时间。建设期的第 1 年初(记作第 0 年)称为建设起点，建设期的最后一年末(记作第 s 年)称为投产日。生产经营期是指从投产日到终结点这一过程的全部时间。生产经营期开始于建设期的最后一年末即投产日，结束于项目最终清理的最后一年末(记作第 n 年)，称为终结点。生产经营期包括试产期和达产期(完全达到设计生产能力)。试产期是指项目投入生产，但生产能力尚未完全达到设计能力时的过渡阶段。达产期是指生产运营达到设计预期水平后的时间。运营期一般应根据项目主要设备的经济使用寿命期确定。图 5—1 为项目计算期的构成示意。

项目计算期、建设期和运营期之间有以下关系成立，即：

$$项目计算期(n) = 建设期(s)+运营期(p)$$

【实例 5—1】 A 企业拟投资新建一个项目，在建设起点开始投资，历经两年后投产，试产期为 1 年，主要固定资产的预计使用寿命为 10 年。根据上述资料，估算该项目各项指标如下：

建设期为 2 年，运营期为 10 年。

达产期＝10－1 ＝ 9(年)

项目计算期＝2＋10＝ 12(年)

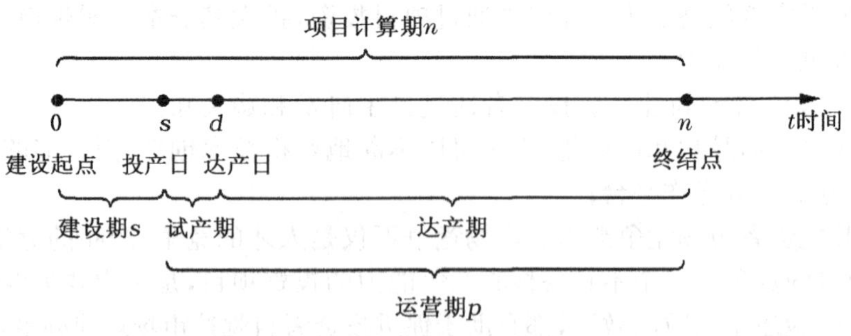

图 5—1 项目计算期构成示意

(2)考虑时间价值因素，是指根据项目计算期不同时点上价值数据的特征，按照一定的折现率对其进行折算，从而计算出相关的动态项目评价指标。因此，科学地选择适当的折现率，对于正确开展投资决策至关重要。

(三) 成本因素

成本因素包括投入和产出两个阶段的广义成本费用。

(1)投入阶段的成本。它是由建设期和运营期初期所发生的原始投资所决定的,从项目投资的角度看,原始投资(又称初始投资)等于企业为使该项目完全达到设计生产能力、开展正常经营而投入的全部现实资金,包括建设投资和流动资金投资两项内容。建设投资是指在建设期内按一定生产经营规模和建设内容进行的投资。流动资金投资是指项目投产后分次或一次投放于营运资金项目的投资增加额,又称垫支流动资金或营运资金投资。

在财务可行性评价中,原始投资与建设期资本化利息之和为项目总投资,这是一个反映项目投资总体规模的指标。

【实例 5—2】 B企业拟新建一条生产线项目,建设期为2年,运营期为20年。全部建设投资分别安排在建设起点、建设期第2年年初和建设期末分三次投入,投资额分别为100万元、300万元和68万元;全部流动资金投资安排在投产后第一年和第二年年末分两次投入,投资额分别为15万元和5万元。根据项目筹资方案的安排,建设期资本化借款利息为22万元。根据上述资料,可估算该项目各项指标如下:

解:建设投资合计＝100＋300＋68＝468(万元)

流动资金投资合计＝15＋5＝20(万元)

原始投资＝468＋20＝488(万元)

项目总投资＝488＋22＝510(万元)

(2)产出阶段的成本。它是由运营期发生的经营成本、营业税金及附加和企业所得税三个因素所决定的。经营成本又称付现的营运成本(或简称付现成本),是指在运营期内为满足正常生产经营而动用货币资金支付的成本费用。从企业投资者的角度看,营业税金及附加和企业所得税都属于成本费用的范畴,因此,在投资决策中需要考虑这些因素。

严格地讲,各项广义成本因素中除所得税因素外,均需综合考虑项目的工艺、技术、生产和财务等条件,通过开展相关的专业分析才能予以确定。

四、项目投资金额及其投入方式

(一)项目投资金额

反映项目投资金额的指标主要有原始总投资和投资总额。

1. 原始总投资

原始总投资是反映项目所需现实资金的价值指标。从项目投资的角度看,原始总投资等于企业为使投资项目完全达到设计生产能力而投入的全部现实资金。

从项目投资的角度看,原始投资(又称初始投资)是指企业为使该项目完全达到设计生产能力、开展正常经营而投入的全部现实资金,包括建设投资和流动资金投资两项内容。

(1)建设投资

建设投资是指在建设期内按一定生产经营规模和建设内容进行的投资,具体包括固定资产投资、无形资产投资和其他资产投资三项内容。

①固定资产投资是指项目用于购置或安装固定资产应当发生的投资。固定资产投资是任何类型项目中都不可缺少的投资内容。固定资产原值与固定资产投资之间的关系如下。

固定资产原值＝固定资产投资＋建设期资本化借款利息

②无形资产投资是指项目用于取得无形资产应当发生的投资。

③其他投资是指建设投资中除固定资产投资和无形资产投资以外的投资，包括生产准备投资和开办费投资。

(2)流动资金投资

流动资金投资是指项目投产前后分次或一次投放于流动资产项目的投资增加额，又称垫支流动资金投资或营运资金投资。

2. 项目总投资

项目总投资是反映项目投资总体规模的价值指标，它等于原始投资与建设期资本化利息之和。其中，建设期资本化利息是指在建设期发生的与购建项目所需的固定资产、无形资产等长期资产有关的借款利息。

项目总投资＝原始投资＋建设期资本化利息

【实例 5－3】 A 企业拟新建一条生产线，需要在建设起点一次投入固定资产投资 200 万元，在建设期末投入无形资产投资 25 万元。建设期为 1 年，建设期资本化利息为 10 万元，全部计入固定资产原值。流动资金投资合计为 20 万元。

解：根据上述资料可计算该项目有关指标如下：

(1)固定资产原值＝200＋10＝210(万元)

(2)建设投资＝200＋25＝225(万元)

(3)原始投资＝225＋20＝245(万元)

(4)项目总投资＝245＋10＝255(万元)

(二)项目投资方式

项目投资的资金投入方式可分为一次投入和分次投入两种方式。一次投入方式是指投资行为集中一次发生或资金集中在某一个时点上投入。如果投资行为涉及两个或两个以上的时点，则属于分次投入方式。当建设期为零时，则一般为一次投资方式。

五、项目投资的程序

项目投资具有相当大的风险，一旦决策失误，就会严重影响企业的财务状况和现金流量，甚至会使企业走向破产。因此，项目投资不能在缺乏调查研究的情况下轻率决定，而必须按特定的程序，运用科学的方法进行可行性分析，以保证决策的正确有效。项目投资决策的程序一般包括下述几个步骤。

(一)项目投资方案的提出

为了满足公司生存、发展和获利的需要，根据公司的长远发展战略目标进行项目投资，可以为公司提供更多、更好的发展机遇。公司的各级管理人员都可以提出投资项目。一般而言，公司的最高管理层提出的投资项目多是战略性的，基层管理者提出的投资项目多是战术性的。

(二)项目投资方案的评价

项目投资方案的评价主要涉及如下几项工作：一是项目对公司的重要意义及项目的可行性；二是估算项目预计投资额，预计项目的收入和成本，预测项目投资的现金流量；三是计算项目的各种投资评价指标；四是写出评价报告，请领导批准。

(三)项目投资方案的决策

项目投资评价后,根据评价的结果,公司相关决策者要作最后决策。最后决策一般可分为三种情况:

(1)该项目可行,接受这个项目,可以进行投资;

(2)该项目不可行,拒绝这个项目,不能进行投资;

(3)将项目计划发还给项目投资的提出部门,重新调查后,再做处理。

(四)项目投资的执行

公司相关决策者作出投资决策,决定对某项目进行投资后,公司相关部门按照投资计划的要求积极筹措资金,实施投资。在项目投资的执行过程中,还要对工程进度、工程质量、施工成本进行控制,以便使投资按预算的规定保质并如期完成。

(五)项目投资的再评价

在项目投资的执行过程中,应根据项目的实行情况判断原来做出的决策是否合理、正确。

任务二　项目投资的现金流量及其估算

一、现金流量的概念和基本假设

(一)现金流量的概念

现金流量是一个投资项目所引起的现金流出和现金流入的增加数量的总称。这里的"现金"是广义的现金,它不仅包括各种货币资金,而且还包括项目所需要投入的企业拥有的非货币资源的变现价值,例如,一个投资项目需要使用原有的厂房、设备和材料的变现价值等。现金流量是在一个较长时期内表现出来的,受资金时间价值的影响,一定数额现金在不同时期的价值是不同的,因此,研究现金流量及其发生的时间价值因素对正确评价投资项目的效益有着重要的意义。

(二)现金流量的基本假设

现金流量是计算项目投资决策评价指标的主要依据和重要信息,其本身也是评价项目投资是否可行的一个基础指标,为方便项目投资现金流量的确定,首先作出以下基本假设:

(1)项目投资的类型假设,它是指在项目投资中涉及两种类型,即新建项目投资和更新改造项目投资。

(2)财务可行性分析假设,即假设项目投资决策从企业投资者的立场出发,只考虑该项目是否具有财务可行性,而不考虑该项目是否具有国民经济可行性和技术可行性。

(3)全投资假设,即假设在确定投资项目的现金流量时,只考虑全部投资的运动情况,而不具体考虑和区分哪些是自有资金,哪些是借入资金,即使是借入资金也将其视为自有资金处理。

(4)建设期间投资全部资金假设,即假设项目投资的资金都是在建设期投入的,在生产经营期没有投资。

(5)经营期和折旧年限一致假设,即假设项目的主要固定资产的折旧年限或使用年限和经营期相同。

(6)时点指标假设,为了便于利用资金时间价值的形式,将项目投资决策所涉及的价值指标都作为时点指标处理。其中，建设投资在建设期内有关年度的年初或年末发生；流动资金投资则在建设期末发生；经营期内各年的收入、成本、摊销、利润、税费等项目的确认均在年末发生；新建项目最终报废或清理所产生的现金流量均发生在终结点。

(7)产销量平衡假设，即假设经营期内同一年的产量等于该年的销售量。这样，即可在会计利润的基础上计算出现金流量。

(8)确定性因素假设，即假设项目所涉及的有关价格、产销量、成本水平、所得税税率等因素均为已知的常数。

二、现金流量的作用

以现金流量作为项目投资的重要价值信息，其主要作用如下。

1. 现金流量信息所揭示的未来期间现实货币资金收支运动，可以序时动态地反映项目投资的流出与回收之间的投入产出关系，使决策者在投资主体的立场上，完整、准确、全面地评价具体投资项目的经济效益。

2. 利用现金流量指标代替利润指标作为反映项目效益的信息，可以克服因贯彻财务会计的权责发生制原则而带来的计量方法和计算结果的不可比和不透明等问题。即：由于不同的投资项目可能采取不同的固定资产折旧方法、存货估价方法或费用摊配方法，从而导致不同方案的利润信息相关性差、透明度不高和可比性差等情况。

3. 利用现金流量信息排除了非现金收付内部周转的资本运动形式，从而简化了有关投资决策评价指标的计算过程。

4. 由于现金流量信息与项目计算期的各个时点密切结合，有助于在计算投资决策评价指标时应用资金时间价值的形式进行动态投资效果的综合评价。

三、现金流量的内容

现金流量包括三项内容，即现金流出量、现金流入量和现金净流量。

(一)现金流出量的内容

一个方案的现金流出量是指由该方案所引起的企业现金支出的增加额，主要包括以下内容。

1. 建设投资。是指与形成生产经营能力有关的各种直接支出，包括固定资产投资、无形资产投资、开办费投资等的总和，它是建设期发生的主要现金流出量，其中，固定资产投资是所有类型投资项目注定要发生的内容。这部分现金流出随着建设进程的进行可能一次性投入，也可能分次投入。

2. 流动资金投资。在完整工业投资项目中，建设投资形成的生产经营能力要投入使用，会引起对流动资金的需求，主要是保证生产正常进行必要的存货储备占用等，这使企业要追加一部分流动资金投资。这部分流动资金投资属于垫支的性质，当投资项目结束时，一般会如数收回。

3. 经营成本。是指在经营期内为满足正常生产经营而动用现实货币资金支付的成本费用，又被称为付现的营运成本(或简称付现成本)。它是生产经营阶段上最主要的现金流出量项目。

4. 各项税款。指项目投产后依法缴纳的、单独列示的各项税款，如所得税等。

5. 其他现金流出。指不包括在以上内容中的现金流出项目，例如，项目所需投入的非货币资源的变现价值，项目投资可能会动用企业原有的资产，这时企业虽未直接支出现金，但原有资产的变现价值也要视为项目投资的现金流出。

(二)现金流入量的内容

一个方案的现金流入量是指由该方案所引起的企业现金收入的增加额，主要包括以下内容：

1. 营业收入。是指项目投产后每年实现的全部销售收入或业务收入。营业收入是经营期主要的现金流入项目。

2. 回收固定资产的余值。当投资项目的有效期结束，残余的固定资产经过清理会得到一笔现金收入，如残值出售收入。同时，清理时还要支付清理费用，如清理人员报酬。残值收入扣除清理费用后的净额，应当作为项目投资的一项现金流入。

3. 回收垫支的流动资金。当投资项目的有效期结束后，原先投入周转的流动资金可以转化成现金，用于其他方面，从而构成一项现金流入。

4. 其他现金流入量，即除以上三项指标外的现金流入量项目。

(三)现金净流量

现金净流量又称净现金流量(Net－Cash－Flow，NCF)，是指项目在一定期间内现金流入量减去现金流出量的差额。这里所说的"一定期间"一般是指一年期间，流入量大于流出量时，净流量为正值；反之，净流量为负值。

现金净流量具有以下两个特征：第一，无论是在经营期内还是在建设期内都存在净现金流量；第二，由于项目计算期不同阶段上的现金流入和现金流出发生的可能性不同使得各阶段上的净现金流量在数值上表现出不同的特点：建设期内的净现金流量一般小于或等于零；在经营期内的净现金流量则多为正值。

现金净流量的计算公式为：

$$现金净流量(NCF_t)=现金流入量-现金流出量$$

四、现金流量的分析计算

项目投资现金流量分析涉及项目的整个计算期，即从项目投资开始到项目结束的各个阶段：第一阶段(初始阶段)即建设期所发生的现金流量；第二阶段(经营期)即正常经营阶段所发生的现金流量；第三阶段(终结阶段)即在经营期终结点，项目结束时发生的现金流量。

(一)建设期现金流量

建设期现金流量是指初始投资阶段发生的现金流量，一般包括如下几个部分。

(1)在固定资产上的投资。包括固定资产的购入或建造成本、运输成本和安装成本等。在一个继续使用旧设备的投资方案中，旧设备的变现价值就是在固定资产上的投资，也属于一项现金流出。

(2)垫支的营运资本。垫支的营运资本就是增加的流动资产与增加的流动负债的差额。即为了配合项目投资，在原营运资本的基础上所增加的与固定资产相配套的营运资本投资支出，包括对材料、在产品、产成品和现金等流动资产的投资以及增加的流动负债。

(3)其他投资费用。是指与固定资产投资有关的职工培训费、谈判费、注册费用等不属于上述两项的其他投资费用。

(4)原有固定资产的变现收入。变现收入是指在进行固定资产更新决策时，由于新购建固定资产而使原有固定资产淘汰出售的收入。此时，原有固定资产变卖所得的现金收入视为现金流入。然而当旧设备继续使用时，旧设备的变现收入则是一项现金流出。

在建设期内，由于没有现金流入量，只有现金流出量，所以建设期的现金净流量总为负值。建设期净现金流量的简化计算公式：

建设期某年现金净流量(*NCF*)＝－该年发生的投资额

(二)经营期现金流量

经营期现金流量是指项目在正常经营期内由于生产经营所带来的现金流入和现金流出的数量。这种现金流量一般以年为单位进行计算。这里的现金流入主要是指营业现金流入和该年的回收额，而现金支出主要是指营业现金支出和缴纳的税金。营业现金流量的计算公式：

生产经营期某年现金净流量(*NCF*)＝该年营业收入－该年付现成本－该年所得税

＝该年营业收入—(该年营运总成本—该年折旧额)—该年所得税

＝该年税后利润＋该年折旧额

＝(该年营业收入—该年付现成本—该年折旧额)×(1－所得税率)＋该年折旧额

＝该年营业收入×(1－所得税率)－该年付现成本×(1－所得税率)＋该年折旧额×所得税率

(三)终结点现金流量

终结点现金流量是指投资项目结束时固定资产变卖或停止使用所发生的现金流量，主要包括：

(1)固定资产的残值收入或变价收入。

(2)原垫支营运资本的收回。在项目结束时，将收回垫支的营运资本视为项目投资方案的一项现金流入。

(3)在清理固定资产时发生的其他现金流出。

终结点现金净流量(*NCF*)＝经营期现金净流量＋回收额

【实例 5－4】 三商集团进行一项固定资产投资，在建设起点一次投入 2 000 万元，无建设期，该项目的生产经营期为 10 年，该固定资产报废时预计残值为 200 万元。生产经营期每年预计获得税后利润 470 万元。固定资产按直线法计提折旧。计算该项目投资在项目计算期内各年的现金净流量。

解：如图 5－2

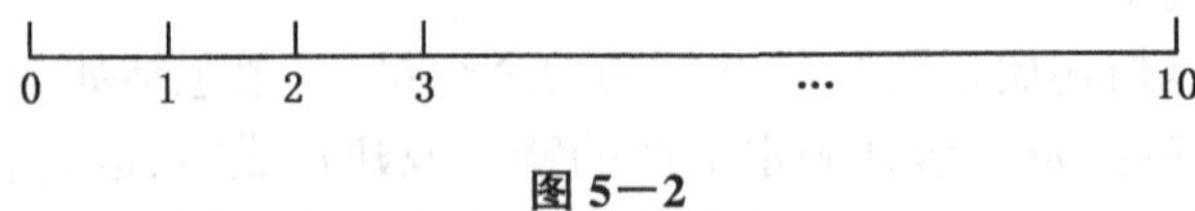

图 5－2

项目计算期＝建设期＋生产经营期＝0＋10＝10(年)

固定资产年折旧额＝(2 000－200)/10 ＝180(万元)

NCF_0＝ －2 000(万元)

$NCF_{1\sim9}$＝470＋180＝650(万元)

NCF_{10}＝650＋200＝850(万元)

【实例 5－5】 东商企业投资新建一个分厂，投资均为贷款，固定资产总投资 500 万元，建设期为2年，第一年年初投入300万元，第一年应计贷款利息30万元；第二年年初投入200万元，第二年应计贷款利息55万元；第二年年末投入流动资产92万元，该项目的生产经营期为10年，预计期满报废时有残值收入45万元，固定资产按直线法计提折旧。生产经营期各年实现的税后利润分别为21万元、23万元、38万元、45万元、50万元、59万元、62万元、54万元、40万元、24万元。计算该项目投资在项目计算期内各年的现金净流量。

解：如图5—3

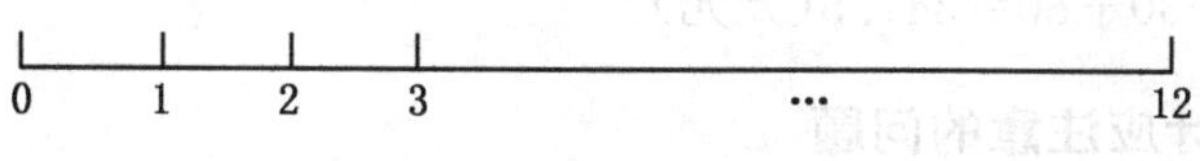

图5—3

项目计算期＝建设期＋生产经营期＝2＋10＝12(年)

固定资产原值＝(300＋200)＋(30＋55)＝585(万元)

固定资产年折旧额＝(585－45)/10＝54(万元)

NCF_0＝－300(万元)

NCF_1＝－200(万元)

NCF_2＝－92(万元)

NCF_3＝21＋54＝75(万元)

NCF_4＝23＋54＝77(万元)

NCF_5＝38＋54＝92(万元)

NCF_6＝45＋54＝99(万元)

NCF_7＝50＋54＝104(万元)

NCF_8＝59＋54＝113(万元)

NCF_9＝62＋54＝116(万元)

NCF_{10}＝54＋54＝108(万元)

NCF_{11}＝40＋54＝94(万元)

NCF_{12}＝24＋54＋45＋92＝215(万元)

【实例5—6】 华商公司购置一台现代化设备，价值530万元，建设期一年，第一年末投入流动资产80万元。该项目生产经营期为10年，固定资产按直线法计提折旧，期末有残值为30万元。预计投产后，公司前5年每年发生600万元的营业收入，并发生付现成本400万元；后5年每年发生900万元的营业收入，并发生付现成本600万元。所得税率为25%。计算该项目投资在项目计算期内各年的现金净流量。

解：

解法一：固定资产年折旧额＝(530－30)/10＝50(万元)

项目计算期＝建设期＋生产经营期＝1＋10＝11(年)

NCF_0＝－530(万元)

NCF_1＝－80(万元)

$NCF_{2\sim6}$＝600×(1－25%)－400×(1－25%)＋50×25%＝162.5(万元)

$NCF_{7\sim10}$＝900×(1－25%)－600×(1－25%)＋50×25%＝237.5(万元)

NCF_{11}＝237.5＋30＋80＝347.5(万元)

解法二：生产经营期前5年每年应交所得税=[600−(400+50)]×25%=37.5(万元)

生产经营期后5年每年应交所得税=[900−(600+50)]×25%=62.5(万元)

$NCF_0=-530$(万元)

$NCF_1=-80$(万元)

$NCF_{2\sim6}=600-400-37.5=162.5$(万元)

$NCF_{7\sim10}=900-600-62.5=237.5$(万元)

$NCF_{11}=237.5+30+80=347.5$(万元)

五、现金流量估计应注意的问题

估计投资项目所需要的资本支出以及该项目每年能产生的现金净流量会涉及很多变量。在确定投资项目的相关现金流量时，所应遵循的最基本原则是：只有增量现金流量才是相关现金流量。所谓增量现金流量，是指接受或拒绝某个投资项目后，公司总现金流量因此而发生的变动。判断增量现金流量时，需要注意下述几个问题：

（一）辨析现金流量与会计利润的区别与联系

财务会计按权责发生制计算公司的收入和成本费用，并据以确定利润作为评价公司经济效益的基础；而项目评价方法则按收付实现制确定的现金流量作为评价项目经济效益的基础。现金流量与会计利润既有联系又有区别。两者的联系在于现金净流量与利润在本质上没有根本的区别，在项目整个有效期内，两者总额相等。其主要区别如下。

(1)是否考虑货币时间价值。不同时点的现金流量有不同的价值，应按其发生的时间具体确定。利润不一定当期实现，不利于现值的确定；现金流量反映当期现金流入量和流出量，有利于考虑时间价值因素。

(2)是否有利于方案评价的客观性。利润的计算缺乏统一标准，在一定程度上受人为因素的影响，如存货计价、费用摊配、折旧方法的选择都带有较大的主观性，并且利润反映的是某一会计期间的应计流量而非实际流量；现金流量的分布则不受上述人为因素的影响。

(3)是否有利于反映现金流动状况。项目效益的评价是以假设其收回的资本可进行再投资为前提的。在项目预算中，现金流动状况比盈亏状况更重要；利润反映盈亏状况，但有利润的年份不一定产生相应的现金用于再投资，只有现金净流量才能用于再投资。

（二）考虑投资项目对公司其他项目的影响

在估计现金流量时，要以投资对公司所有经营活动产生的整体效果为基础进行分析，而不是孤立地考察某一个项目。因为当公司采纳一个新项目时，该项目可能对公司的其他项目或部门产生有利或不利的影响。若该项目的投入会引起公司其他经济活动营业收入的减少，则增量现金流量应减去这部分减少额；若该项目的投入会引起其他项目现金流量的增加，则增量现金流量应加上这部分增加额。

（三）区分相关成本和非相关成本

相关成本是指与特定决策有关的、在分析评价时必须加以考虑的成本。例如，差额成本、未来成本、重置成本、机会成本都属于相关成本。与此相反，与特定决策无关的、在分析评价时不必加以考虑的是非相关成本。例如，沉没成本、过去成本、账面成本等往往是非相关成本。沉没成本是指过去已经发生，无法由现在或将来的任何决策所能改变的成本，有人把它比喻为“泼出去的牛奶”。若将非相关成本纳入成本总额，会使一个有利的项目变得无利可图，从而造成决策失误。

(四)不要忽视机会成本

机会成本是指投资决策时,从多种方案中选取最优方案而放弃次优方案所丧失的收益。机会成本不是普通意义上的“成本”,即它不是一种支出或费用,而是失去的收益,这种收益不是实际发生的,而是潜在的。机会成本总是针对具体方案的,离开具体方案就无法确定。机会成本在决策中的意义在于:它有助于考虑可能采取的各种方案,以便为既定资源寻求最为有利的使用途径。

(五)对净营运资本的影响

所谓净营运资本的需要,是指增加的流动资产与增加的流动负债之间的差额。在一般情况下,一方面,当公司采纳一个新项目使销售额扩大时,对于流动资产的需求就会增加,公司必须筹措新的资本,以满足这种额外需求;另一方面,公司扩充的结果会同时引起流动负债的增加,从而降低流动资本的实际需要。当投资项目寿命周期快要结束时,净营运资本恢复到原有水平。因此,在投资分析时,会假定开始筹资时的净营运资本在项目结束时被完全收回。

(六)通货膨胀的影响

对通货膨胀的处理有两种方法:一种是用名义利率计算项目现值;另一种是用实际利率贴现。名义利率是按货币面值计算的利率,实际利率是按货币购买力计算的利率。现金流量受通货膨胀的影响程度不同,如工资增长率通常要快于通货膨胀率,而折旧引起的税负节约则不随通货膨胀的变化而变化。因此,不能简单地用统一的通货膨胀率来修正所有现金流量。

任务三　项目投资决策的评价指标

一、项目投资决策评价的主要指标及分类

(一)项目投资决策评价指标

投资项目的现金净流量计算出来后,应采用适当的指标进行评价。项目投资决策评价指标是指用于衡量和比较投资项目可行性以便据以进行方案决策的定量化标准与尺度,它由一系列综合反映投资效益、投入产出关系的量化指标构成。项目投资决策评价的指标主要有投资利润率、静态投资回收期、动态投资回收期(又称贴现投资回收期)、净现值、净现值率、现值指数、内含报酬率等。

(二)项目投资决策评价指标的分类

1. 按其是否考虑货币时间价值,分为非折现评价指标和折现评价指标。非折现评价指标是指在计算过程中不考虑货币时间价值因素的指标,又称为静态指标,包括投资利润率、投资回收期等。折现评价指标是指在计算过程中充分考虑和利用货币时间价值因素的指标,又称为动态指标,包括净现值、净现值率、现值指数、内含报酬率等。

2. 按其性质不同,分为正指标和反指标。投资利润率、净现值、净现值率、现值指数和内含报酬率属于正指标,在评价决策中,这些指标值越大越好;静态投资回收期、动态投资回收期属于反指标,在评价决策中,这类指标的值越小越好。

3. 按其数量特征的不同,分为绝对指标和相对指标。前者包括以时间为计量单位的静态投资回收期指标、动态投资回收期指标和以价值量为计量单位的净现值指标;后者包括净现值

率、现值指数、内含报酬率等指标,除现值指数用指数形式表现外,其余指数用百分比表示。

4. 按指标重要性不同,分为主要指标、次要指标和辅助指标

净现值、内含报酬率等为主要指标,静态投资回收期为次要指标,投资利润率为辅助指标。

5. 按指标计算的难易程度不同,分简单指标和复杂指标。评价指标按其计算的难易程度,可分为简单指标和复杂指标。投资利润率、静态投资回收期、动态投资回收期、净现值、净现值率和现值指数等为简单指标;内含报酬率为复杂指标。

二、非贴现投资评价方法

非贴现的方法不考虑资金时间价值,把不同时间的货币收支看成是等效的。这些方法在选择方案时只起辅助作用。

(一)投资利润率

投资利润率(Return-On-Investment,ROI)又称投资报酬率、平均报酬率(Average Rate of Return, ARR),是指投资方案的年平均利润额与投资总额的比率,记为 ROI。

投资利润率的计算公式为:

$$投资利润率(ROI)=\frac{P}{I}\times 100\%$$

式中,P 表示年平均净利润;I 表示投资总额

$$投资利润率(\mathrm{ROI})=\frac{年平均净利润}{项目投资总额}\times 100\%$$

投资利润率从会计收益角度反映投资项目的获利能力,即投资一年能给企业带来的平均利润是多少。

利用投资利润率进行投资决策时将方案的投资利润率与预先确定的基准投资利润率(或企业要求的最低投资利润率)进行比较:若方案的投资利润率大于或等于基准投资利润率时,方案可行;若方案的投资利润率小于基准投资利润率时,方案不可行。一般来说,投资利润率越高,表明投资效益越好;投资利润率越低,表明投资效益越差。

【实例 5—7】 某企业有 A、B 两个投资方案,投资总额均为 280 万元,全部用于购置固定资产,直线法折旧,使用期均为 4 年,不计残值,该企业要求的最低投资利润率为 10%,其他有关资料如表 5—1 所示。

表 5—1　A、B 投资方案相关资料表　单位:万元

年　份	A 方案		B 方案	
	利润	现金净流量(NCF)	利润	现金净流量(NCF)
0		−280		−280
1	35	105	25	95
2	35	105	28	98
3	35	105	35	105
4	35	105	38	108
合　计	140	140	126	126

要求：计算A、B两方案的投资利润率。

解：

$$A方案的投资利润率=\frac{35}{280}\times100\%=12.5\%$$

$$B方案的投资利润率=\frac{126/4}{280}\times100\%=11.25\%$$

从计算结果可以看出，A、B方案的投资利润率均大于基准投资利润率10%，A、B方案均为可行方案，且A方案的投资利润率比B方案的投资利润率高出1.25%，故A方案优于B方案。

投资利润率的优点主要是计算简单，易于理解。其缺点主要是：(1)没有考虑资金时间价值；(2)没有直接利用现金净流量信息；(3)计算公式的分子是时期指标，分母是时点指标，缺乏可比性。基于这些缺点，投资利润率不宜作为投资决策的主要依据，一般只适用于方案的初选，或者投资后各项目间经济效益的比较。

(二)静态投资回收期

静态投资回收期是指以投资项目营业现金净流量抵偿原始总投资所需要的全部时间，通常以年来表示，记为*PP*。投资决策时将方案的投资回收期与预先确定的基准投资回收期(或决策者期望投资回收期)进行比较，若方案的投资回收期小于基准投资回收期，方案可行；若方案的投资回收期大于基准投资回收期，方案不可行。一般来说，投资回收期越短，表明该投资方案的投资效果越好，则该项投资在未来时期所冒的风险越小。它的计算可分为两种情况：

1. 经营期年现金净流量相等

其计算公式为：

$$静态投资回收期=\frac{原始总投资}{年现金净流量}$$

【实例5—8】 根据实例5—7资料。要求：计算A方案的静态投资回收期。

解：$A方案的静态投资回收期=\frac{280}{105}=2.67(年)$

2. 经营期年现金净流量不相等

则需计算逐年累计的现金净流量，然后用插入法计算出投资回收期。

【实例5—9】 根据实例5—7资料。要求：计算B方案的投资回收期。

解：列表计算现金净流量和累计现金净流量如表5—2所示。

表5—2　现金净流量和累计现金净流量计算　单位：万元

项目计算期	B方案	
	现金净流量(*NCF*)	累计现金净流量
0	−280	−280
1	95	−185
2	98	−87
3	105	18
4	108	126

从表 5—2 可得出，B 方案第 2 年年末累计现金净流量为—87 万元，表明第 2 年年末未回收额已经小于第 3 年的可回收额 105 万元，静态投资回收期在第 2 年与第 3 年之间，用插入法可计算出：

$$B方案的静态投资回收期 = 2 + \frac{|-87|}{105} = 2.83(年)$$

A 方案的静态投资回收期小于 B 方案静态投资回收期，所以 A 方案优于 B 方案。

静态投资回收期的优点主要是简单易算，并且投资回收期的长短也是衡量项目风险的一种标志，所以在实务中被广泛使用。其缺点主要是(1)没有考虑资金时间价值；(2)仅考虑了回收期以前的现金流量，没有考虑回收期以后的现金流量，而有些长期投资项目在中后期才能得到较为丰厚的收益，投资回收期不能反映其整体的盈利性。

三、贴现投资评价方法

(一)净现值

净现值(Net Present Value，简称 NPV)是指在项目计算期内，按行业基准收益率或投资者设定的贴现率计算的各年现金净流量现值的代数和。净现值的基本计算公式为：

$$NPV = \sum_{t=0}^{n} \frac{NCF_t}{(1+i)^t} = \sum_{t=0}^{n} NCF_t \times (P/F, i, t)$$

式中：n——项目计算期(包括建设期与经营期)；

NCF_t——第 t 年的现金净流量；

i——行业基准收益率或投资者设定的贴现率；

$(P/F, i, t)$——第 t 年、贴现率为 i 的复利现值系数。

显然，净现值也可表示为投资方案的现金流入量总现值减去现金流出量总现值的差额，也就是一项投资的未来收益总现值与原始总投资现值的差额。若前者大于或等于后者，即净现值大于等于零，投资方案可行；若后者大于前者，即净现值小于零，投资方案不可行。

1. 经营期内各年现金净流量相等，建设期为零时

净现值的计算公式为：

净现值＝经营期每年相等的现金净流量×年金现值系数－原始总投资现值

【实例 5—10】 根据实例 5—7 资料，假定行业基准收益率为 10%。

要求：计算该投资方案 A 的净现值。

解：$NPV = 105 \times (P/A, 10\%, 4) - 280 = 105 \times 3.1699 - 280 = 52.8395$(万元)

2. 经营期内各年现金净流量不相等

净现值的计算按基本公式计算：

$$净现值 = \sum(经营期各年的现金净流量 \times 各年现金现值系数) - 原始总投资现值$$

【实例 5—11】 根据实例 5—7 资料，仍假定行业基准收益率为 10%。

要求：计算该投资 B 方案的净现值。

解：$NPV = 95 \times (P/F, 10\%, 1) + 98 \times (P/F, 10\%, 2) + 105 \times (P/F, 10\%, 3) + 108 \times (P/F, 10\%, 4) - 280$

$= 95 \times 0.9091 + 98 \times 0.8264 + 105 \times 0.7513 + 108 \times 0.6830 - 280$

$= 40.0022$(万元)

A 方案的净现值比 B 方案大，所以 A 方案优于 B 方案。

【实例 5－12】 某企业准备引进先进设备与技术，有关资料如下：

(1)设备总价 700 万元，第一年初支付 400 万元，第二年初支付 300 万元，第二年初投入生产，使用期限为 6 年，预计净残值 40 万元，直线法折旧。

(2)预计技术转让费共 360 元，第一、二年初各支付 150 万元，其余的在第三年初付清。

(3)预计经营期第一年税后利润为 100 万元，第二年的税后利润为 150 万元，第三年的税后利润为 180 万元，第四、五、六年的税后利润均为 200 万元。

(4)经营期初投入流动资金 200 万元。

要求：按 12% 的贴现率计算该项目的净现值，并作出评价。

解：如表 5－3 所示。

表 5－3　　　　现金流量计算表　　　　单位：万元

年　份	0	1	2	3	4	5	6	7
购买设备	－400	－300						
无形资产投资	－150	－150	－60					
流动资产投资		－200						
税后利润			100	150	180	200	200	200
折旧			110	110	110	110	110	110
无形资产摊销			60	60	60	60	60	60
残值回收								40
流动资产回收								200
现金净流量	－550	－650	210	320	350	370	370	610
折现系数(12%)	1	0.892 9	0.797 2	0.711 8	0.635 5	0.567 4	0.506 6	0.452 3

$$\begin{aligned} NPV &= -550+(-650)\times 0.8929+210\times 0.7972+320\times 0.7118+350\times 0.6355+370 \\ &\quad \times 0.5674+370\times 0.5066+610\times 0.4523 \\ &= 160.511(\text{元}) \end{aligned}$$

该项目的净现值大于零，方案可行。

使用净现值指标进行投资方案评价时，贴现率的选择相当重要，会直接影响到评价的正确性。通常情况下，可用企业筹资的资金成本率或企业要求的最低投资利润率来确定。

净现值是长期投资决策评价指标中最重要的指标之一。其优点在于：(1)充分考虑了货币时间价值，能较合理地反映投资项目的真正经济价值；(2)考虑了项目计算期的全部现金净流量，体现了流动性与收益性的统一；(3)考虑了投资风险性，贴现率选择应与风险大小有关，风险越大，贴现率就可选得越高。但是该指标的缺点也是明显的：(1)净现值是一个绝对值指标，无法直接反映投资项目的实际投资收益率水平，当各项目投资额不同时，难以确定投资方案的好坏；(2)贴现率的选择比较困难，很难有一个统一标准。

(二)净现值率

净现值率(Net Present Value Rate，NPVR)是指投资项目的净现值与原始总投资现值之和的比率。净现值率的基本计算公式为。

$$净现值率=\frac{净现值}{原始总投资现值之和}$$

$$=\frac{NPV}{\left|\sum_{t=0}^{s}[NCF_t\times(1+i)^{-t}]\right|}$$

净现值率反映每元原始投资的现值未来可以获得的净现值有多少。净现值率大于或等于零,投资方案可行;净现值率小于零,投资方案不可行。净现值率可用于投资额不同的多个方案之间的比较,净现值率最高的投资方案应优先考虑。

【实例5—13】 根据实例5—10、实例5—11计算净现值的数据,计算A、B两方案的净现值率并加以比较。

解:

$$NPVR_A=\frac{52.839\,5}{280}=18.87\%$$

$$NPVR_B=\frac{40.002\,2}{280}=14.29\%$$

A方案的净现值率比B方案高,所以A方案优于B方案。

【实例5—14】 根据实例5—12的资料,计算投资方案的净现值率。

$$\mathrm{NPVR}=\frac{160.511}{|-550+(-650)\times0.892\,9+(-60)\times0.797\,2|}=13.62\%$$

净现值率这个贴现的相对数评价指标的优点在于,可以从动态的角度反映投资方案的资金投入与净产出之间的关系,反映了投资的效率,使投资额不同的项目具有可比性。

(三)现值指数

现值指数(Profitability Index,简称PI)又称获利指数,是指项目投产后按一定贴现率计算的经营期内各年现金净流量的现值之和与原始总投资现值之和的比率。其计算公式为:

$$现值指数(PI)=\frac{经营期各年现金净流量的现值之和}{原始投资额现值之和}=1+净现值率$$

现值指数反映每元原始投资的现值未来可以获得报酬的现值有多少。现值指数大于或等于1,投资方案可行;现值指数小于1,投资方案不可行。现值指数可用于投资额不同的多个相互独立方案之间的比较,现值指数最高的投资方案应优先考虑。

【实例5—15】 根据实例5—10和实例5—11的数据,计算A、B两方案的现值指数并加以比较。

解:

$$PI_A=\frac{280+52.8395}{280}=1.1887$$

$$PI_B=\frac{280+40.0022}{280}=1.1429$$

A方案的现值指数比B方案高,所以A方案优于B方案。

【实例5—16】 根据实例5—12的资料,计算投资方案的现值指数。

$$PI=\frac{550+650\times0.8929+60\times0.7972+160.511}{|-550+(-650)\times0.8929+(-60)\times0.7972|}=1.1362$$

现值指数同样是贴现的相对数评价指标，可以从动态的角度反映投资方案的资金投入与总产出之间的关系，同样反映了投资的效率，能使投资额不同的项目具有可比性。

(四)内含报酬率

内含报酬率(Internal Rate of Return，IRR)又称内部收益率，是指投资方案在项目计算期内各年现金净流量现值之和等于零时的贴现率，或者说是使投资方案净现值为零时的贴现率。显然，内含报酬率 IRR 应满足以下等式：

$$\sum_{t=0}^{n} NCFt \times (P/F, IRR, t) = 0$$

从上式可以看出，根据方案整个计算期的现金净流量就可计算出内含报酬率，它是方案的实际收益率。利用内含报酬率对单一方案进行决策时，只要将计算出的内含报酬率与企业的预期报酬率或资金成本率加以比较，若前者大于后者，方案可行；若前者小于后者，方案不可行。如果利用内含报酬率对多个方案进行选优时，在方案可行的条件下，内含报酬率最高的方案是最优方案。计算内含报酬率的过程，就是寻求使净现值等于零的贴现率的过程，根据投资方案各年现金净流量的情况不同，可以按以下两种方式进行计算。

1. 简单计算法

如投资方案建设期为零，全部投资均于建设起点一次投入，而且经营期内各年现金净流量为普通年金的形式，可用简单计算法计算内含报酬率。

假设建设起点一次投资额为 A_0，每年现金净流量为 A，则有：

$$A(P/A, IRR, n) - A_0 = 0$$

$$(P/A, IRR, n) = \frac{A_0}{A}$$

然后，通过查年金现值系数表，用线性插值方法计算出内含报酬率。

【实例 5—17】 根据实例 5—7 的资料，计算 A 方案的内含报酬率。

解：A 方案的建设期为零，全部投资 280 万元在第一年初一次投入，经营期 4 年内各年现金净流量均为 105 万元。

$$105 \times (P/A, IRR, 4) - 280 = 0$$

$$(P/A, IRR, 4) = \frac{280}{105} = 2.6667$$

查年金现值系数表，在 n=4 这一行中，查到最接近 2.666 7 的两个值，一个大于 2.666 7 的是 2.690 1，其对应的贴现率为 18%；另一个小于 2.666 7 的是 2.588 7，其对应的贴现率为 20%。*IRR* 应位于 18%与 20%之间，如图 5—4 所示。

图 5—4　线性插值示意

利用线性插值法得到：

$$\frac{IRR - 18\%}{20\% - 18\%} = \frac{2.6901 - 2.6667}{2.6901 - 2.5887}$$

$$IRR=18\%+\frac{2.6901-2.6667}{2.6901-2.5887}\times(20\%-18\%)=18.46\%$$

2. 一般计算法

若建设期不为零,原始投资额是在建设期内分次投入或投资方案在经营期内各年现金净流量不相等的情况下,无法应用上述的简单方法时,则应采用逐次测试法,并结合线性插值法计算内含报酬率,其计算步骤如下:

(1)估计一个贴现率,用它来计算净现值。如果净现值为正数,说明方案的实际内含报酬率大于预计的贴现率,应提高贴现率再进一步测试;如果净现值为负数,说明方案本身的报酬率小于估计的贴现率,应降低贴现率再进行测算。反复测试,直到寻找出贴现率 i_1 和 i_2,$i_1<i_2$,以 i_1 为贴现率计算的净现值 $NPV_1>0$ 且最接近零;以 i_2 为贴现率计算的净现值 $NPV_2<0$ 且最接近零。

(2)用线性插值法求出该方案的内含报酬率 IRR。如图 5—5 所示。

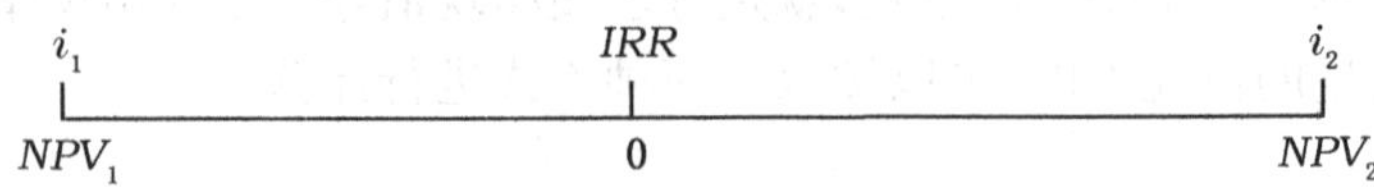

图 5—5 线性插值示意

根据各指标之间的关系,即可得到计算内含报酬率的一般公式:

$$IRR=i_1+\frac{NPV_1}{NPV_1-NPV_2}\times(i_2-i_1)$$

【实例 5—18】 根据实例 5—17 的资料,计算 B 方案的内含报酬率。

解:第一次测试,取贴现率 10%:

$NPV=95\times(P/F,10\%,1)+98\times(P/F,10\%,2)+105\times(P/F,10\%,3)+108\times(P/F,10\%,4)-280$

$=40.0022$(万元)

NPV 的值高出 0 较多,说明低估了贴现率。

第二次测试,取贴现率 16%:

$NPV=95\times(P/F,16\%,1)+98\times(P/F,16\%,2)+105\times(P/F,16\%,3)+108\times(P/F,16\%,4)-280$

$=1.655$(万元)

说明仍然低估了贴现率。

第三次测试,取贴现率 18%:

$NPV=95\times(P/F,18\%,1)+98\times(P/F,18\%,2)+105\times(P/F,18\%,3)+108\times(P/F,18\%,4)-280$

$=-9.4945$(万元)

根据以上计算,得到 $i_1=16\%$、$NPV_1=1.655$(万元)、$i_2=18\%$、$NPV_2=-9.4945$(万元),B 方案的内含报酬率为:

$$IRR=16\%+\frac{1.655}{1.655-(-9.4945)}\times(18\%-16\%)=16.30\%$$

【实例 5—19】 根据实例 5—12 的资料，计算该项目的内含报酬率。

解：从实例 5—11 得知：当贴现率为 12%时，净现值为 160.511 0 万元；取 $i=14\%$ 时，$NPV=-69.156$ 万元，再提高贴现率；取 $i=16\%$ 时，$NPV=-12.141$ 万元，测试过程也可列表完成，见表 5—4 所示：

表 5—4　　**内含报酬率测试计算表**　　单位：万元

年份	现金净流量（NCF）	贴现率=14%		贴现率=16%	
		现值系数	现值	现值系数	现值
0	−550	1	−550	1	−550
1	−650	0.877 2	−570.180	0.862 1	−560.365
2	210	0.769 5	161.595	0.743 2	156.072
3	320	0.675 0	216.00	0.640 7	205.024
4	350	0.592 1	207.235	0.552 3	193.305
5	370	0.519 4	192.178	0.476 1	176.157
6	370	0.455 6	168.572	0.410 4	151.848
7	610	0.399 6	243.756	0.353 8	215.818
净现值			69.156		−12.141

$$IRR=14\%+\frac{69.156}{69.156-(-12.141)}\times(16\%-14\%)=15.70\%$$

内含报酬率也是长期投资决策评价指标中最重要的指标之一。它的优点是：在考虑货币时间价值基础上，直接反映投资项目的实际收益率水平，而且不受决策者设定的贴现率高低的影响，比较客观。其缺点主要是：如果投资方案在经营期现金净流量不是持续地大于零，而是出现间隔若干年就会有一年现金净流量小于零，就有可能计算出若干个内含报酬率。在这种情况下，只能结合其他指标或凭经验加以判断。

任务四　项目投资决策评价指标的运用

正确地计算主要评价指标的目的，是为了在进行项目投资方案的对比与选优中发挥作用。为正确地进行方案的对比与选优，要从不同的投资方案之间的关系出发，将投资方案区分为独立方案和互斥方案两大类。独立方案是指一组相互分离、互不排斥的方案，选择其中一方案并不排斥选择另一方案。例如新建办公楼、购置生产设备是相互独立的方案。互斥方案是指一组相互关联、相互排斥的方案，选择其中一方案，就会排斥其他方案。例如假设进口设备和国产设备的使用价值相同，都可用来生产同样的产品，购置进口设备就不能购置国产设备，购置国产设备就不能购置进口设备，所以这两个方案是互斥方案。

一、独立方案的可行性评价

若某一独立方案的动态评价指标满足以下条件：

$$NPV \geqslant 0, NPVR \geqslant 0, PI \geqslant 1, IRR \geqslant i_m$$

则项目具有财务可行性，反之，则不具备财务可行性。其中 i_m 为基准贴现率（即预期报酬率或资金成本率）。

要注意的是：利用以上四个动态评价指标对同一个投资方案的财务可行性进行评价时，得出的结论完全相同，不会产生矛盾。如果静态评价指标的评价结果与动态评价指标产生矛盾时，应以动态评价指标的结论为准。

【实例 5—20】 假定某公司计划年度拟购置设备一台，购置成本为 120 000 元，该设备预计可使用六年，使用期满有净残值 6 000 元，按直线法折旧。使用后每年可增加营业收入 85 000 元，同时增加总成本 52 500 元，假设所得税税率为 40%，若该公司的基准贴现率为 10%，决策者期望投资利润率为 9.5%，期望静态投资回收期为 3 年。

要求：计算下列评价指标：(1)投资利润率；(2)静态投资回收期；(3)净现值；(4)净现值率；(5)现值指数；(6)内含报酬率。并对上述设备购置方案是否可行作出评价。

解：年折旧额 $=\dfrac{120\ 000-6\ 000}{6}=19\ 000$（元）

$NCF_0=-120\ 000$（元）

$NCF_{1\sim5}=(85\ 000-52\ 500)\times(1-40\%)+19\ 000=38\ 500$（元）

$NCF_6=(85\ 000-52\ 500)\times(1-40\%)+19\ 000+6\ 000=44\ 500$（元）

(1)

投资报酬率 $(ROI)=\dfrac{(85\ 000-52\ 500)\times(1-40\%)}{120\ 000}=16.26\%>9.5\%$（期望投资报酬率）

(2)依据累计现金净流量计算静态投资回收期（见表 5—5）。

表 5—5 **累计现金净流量计算表** 单位：元

年　份	0	1	2	3	4	5	6
现金净流量	−120 000	38 500	38 500	38 500	38 500	38 500	44 500
累计现金净流量	−120 000	−81 500	−43 000	−4 500			

静态投资回收期(PP) $=3+\dfrac{|-4\ 500|}{38\ 500}=3.12$（年）$>3$ 年（期望静态投资回收期）

(3) $NPV=38\ 500\times(P/A,10\%,6)+6\ 000\times(P/F,10\%,6)-120\ 000=51\ 066.05$（元）$>0$

(4) $NPVR=\dfrac{51\ 066.05}{120\ 000}=42.56>0$

(5) $PI=1+NPVR=1+42.56\%=1.4256>1$

(6)根据(3)，贴现率 $i=10\%$ 时 $NPV=51\ 066.05$ 元，应较大幅度地增加贴现率。

选取贴现率 $i=20\%$：

$NPV=38\ 500\times(P/A,20\%,6)+6\ 000\times(P/F,20\%,6)-120\ 000=10\ 041.15$（元）

选取贴现率 $i=24\%$：

$NPV=38\ 500\times(P/A,24\%,6)+6\ 000\times(P/F,24\%,6)-120\ 000=-2\ 060.15$（元）

$$IRR=20\%+\frac{10\ 041.15}{10\ 041.15-(-2\ 060.15)}\times(24\%-20\%)=23.32\%$$

23.32%>10%（基准贴现率）

根据以上的计算结果，该方案的各项动态评价指标和投资利润率指标均达到方案可行的标准，只是静态投资回收期略显长，有一定的风险．所以总体上来讲，该方案值得投资。

二、多个互斥方案的对比和选优

多个互斥方案对比和选优的过程，就是在每一个入选的投资方案已具备财务可行性的前提下，利用评价指标从各个备选方案中最终选出一个最优方案的过程。在各种不同的情况下，将选择某一特定评价指标作为决策标准或依据，从而形成净现值法、净现值率法、差额净现值法、差额内含报酬率法、年等额净现值法等具体方法。

(一)多个互斥方案原始投资额相等的情况

在对原始投资额相等并且计算期也相等的多个互斥方案进行评价时，可采用净现值法；计算期不相等时可采用净现值率法，即通过比较所有投资方案的净现值或净现值率指标的大小来选择较优方案，净现值或净现值率最大的方案为较优方案。

【实例 5－21】　某企业计划使用 5 年的固定资产投资项目需要原始投资额 200 000 元，现有 A、B 两个互斥方案可供选择。采用 A 方案，每年现金净流量分别为 60 000 元、70 000 元、80 000 元、90 000 元和 100 000 元；采用 B 方案，每年现金净流量均为 85 000 元。如果贴现率为 10%，该企业应选择哪一个方案？

解：NPV_A＝60 000×(P/F，10%，1)＋70 000×(P/F，10%，2)＋80 000×(P/F，10%，3)＋90 000×(P/F，10%，4)＋100 000×(P/F，10%，5)－200 000＝96 058(元)

NPV_B＝85 000×(P/A，10%，5)－200 000＝122 218(元)

B 方案的净现值大于 A 方案的净现值，应选择 B 方案。

(二)多个互斥方案原始投资额不相等，但项目计算期相等的情况

在对原始投资额不相等但计算期相等的多个互斥方案进行评价时，可采用差额净现值法(记作 ΔNPV)或差额内含报酬率法(记作 ΔIRR)，这两种方法是指在两个原始投资总额不同方案的差量现金净流量(记作 ΔNCF)的基础上，计算出差额净现值或差额内含报酬率，并以此作出判断的方法。

在一般情况下，差量现金净流量等于原始投资额大的方案的现金净流量减去原始投资额小的方案的现金净流量，当 $\Delta NPV \geqslant 0$ 或 $\Delta IRR \geqslant i_m$(基准贴现率)时，原始投资额大的方案较优；反之，则原始投资额小的方案较优。差额净现值 ΔNPV 和差额内含报酬率 ΔIRR 的计算过程与依据 NCF 计算净现值 NPV 和内含报酬率 IRR 的过程完全一样，只是所依据的是 ΔNCF。

【实例 5－22】　某公司拟投资一项目，现有甲、乙两个方案可供选择。甲方案原始投资为 200 万元，期初一次投入，1～9 年的现金净流量为 38.6 万元，第 10 年的现金净流量为 52.2 万元；乙方案原始投资为 152 万元，期初一次投入，1～9 年的现金净流量为 29.8 万元，第 10 年的现金净流量为 43.8 万元。基准贴现率为 10%。

要求：

(1)计算两个方案的差额现金净流量；

(2)计算两个方案的差额净现值；

(3)计算两个方案的差额内含报酬率；

(4)作出决策应采用哪个方案。

解:(1)$\Delta NCF_0=-200-(-152)=-48$(万元)

$\Delta NCF_{1\sim9}=38.6-29.8=8.8$(万元)

$\Delta NCF_{10}=52.4-40.8=11.6$(万元)

(2)$\Delta NPV=8.8\times(P/A,10\%,9)+11.6\times(P/F,10\%,10)-48$

$=8.8\times5.759+11.6\times0.3855-48=7.1510$(万元)

(3)取 $i=12\%$ 测算 ΔNPV

$\Delta NPV=8.8\times(P/A,12\%,9)+11.6\times(P/F,12\%,10)-48$

$=8.8\times5.3282+11.6\times0.3220-48=2.6234$(万元)

再取 $i=14\%$ 测算 ΔNPV

$\Delta NPV=8.8\times(P/A,14\%,9)+11.6\times(P/F,14\%,10)-48$

$=8.8\times4.9464+11.6\times0.2697-48=-1.3432$(万元)

用插入法计算 ΔIRR

$$\Delta IRR=12\%+\frac{2.6234}{2.6234-(-1.3432)}\times(14\%-12\%)=13.32\%>\text{贴现率 }10\%$$

(4)计算结果表明,差额净现值为 7.1510 万元大于零;差额内含报酬率为 13.32%大于基准贴现率 10%,应选择甲方案。

(二)多个互斥方案的原始投资额不相等,项目计算期也不相同的情况

1. 年等额净现值法

在对原始投资额不相等,特别是计算期也不相同的多个互斥方案进行评价时,可采用年等额净现值法,即分别将所有投资方案的净现值平均分摊到每一年,得到每一方案的年等额净现值指标,通过比较年等额净现值指标的大小来选择最优方案。在此法下,年等额净现值最大的方案为最优方案。

年等额净现值法的计算步骤如下:

(1)计算各方案的净现值 NPV;(应排除 $NPV<0$ 的不可行方案)

(2)计算各方案的年等额净现值,假设贴现率为 i,项目计算期为 n,则

$$\text{年等额净现值 } A=\frac{\text{净现值}}{\text{年金现值系数}}=\frac{NPV}{(P/A,i,n)}$$

【实例 5—23】 某公司有三项互斥的投资方案,其现金净流量如表 5—6 所示。

表 5—6　　投资方案现金净流量资料　　单位:万元

年　份	0	1	2	3	4	5	6	7	8
A 方案	−100	40	45	50					
B 方案	−120	35	35	35	35	45			
C 方案	−150				48	48	48	48	48

公司的贴现率为 10%,要求:

(1)分别判断以上方案的财务可行性;

(2)用年等额净现值法作出投资决策。

解：(1)$NPV_A=40\times(P/F,10\%,1)+45\times(P/F,10\%,2)$

$+50\times(P/F,10\%,3)-100$

$=40\times0.9091+45\times0.8264+50\times0.7513-100=11.117$(万元)$>0$

$NPV_B=35\times(P/A,10\%,4)+45\times(P/F,10\%,5)-120$

$=35\times3.1699+45\times0.6209-120=18.887$(万元)$>0$

$NPV_C=65\times(P/A,10\%,5)\times(P/F,10\%,3)-150=35.1218$(万元)$>0$

A、B、C 三方案均可行。

(2)A 方案的年等额净现值$=\dfrac{11.117}{(P/A,10\%,4)}=\dfrac{11.117}{2.4869}=4.4702$(万元)

B 方案的年等额净现值$=\dfrac{18.887}{(P/A,10\%,5)}=\dfrac{18.887}{3.7908}=4.9823$(万元)

C 方案的年等额净现值$=\dfrac{35.1218}{(P/A,10\%,8)}=\dfrac{35.1218}{5.3349}=6.5834$(万元)

计算结果表明 C 方案为最优方案。

2. 年等额成本法

在实际工作中，有些投资方案的营业收入相同，也有些投资方案不能单独计算盈亏但能达到同样的使用效果，如甲、乙设备生产数量相等的同类配件，这时可采用“年等额成本法”作出比较和评价。在此法下，年等额成本最小的方案为最优方案。

【实例 5－24】 某企业有甲、乙两个设备投资方案可供选择，两设备的生产能力相同，甲、乙设备的使用寿命分别为 4 年和 5 年，均无建设期，甲方案的原始投资额为 300 万元，每年的经营成本分别为 200 万元、220 万元，240 万元，260 万元，使用期满有 15 万元的净残值；乙方案投资额为 500 万元，每年的经营成本均为 160 万元，使用期满有 25 万元净残值。

要求：假定企业的贴现率为 10%，用年等额成本法作出投资决策。

解：甲方案的成本现值$=300+200\times(P/F,10\%,1)+220\times(P/F,10\%,2)$

$+240\times(P/F,10\%,3)+260\times(P/F,10\%,4)$

$-15\times(P/F,10\%,4)$

$=300+200\times0.9091+220\times0.8264+240\times0.7513+260\times0.6830$

$-15\times0.6830=1011.275$(万元)

乙方案的成本现值$=500+160\times(P/A,10\%,5)-25\times(P/F,10\%,5)$

$=500+160\times3.7908-25\times0.6209=1\,091.0055$(万元)

甲方案的年等额成本$=\dfrac{1\,011.275}{(P/A,10\%,4)}=\dfrac{1\,011.275}{3.1699}=319.0243$(万元)

乙方案的年等额成本$=\dfrac{1\,091.0055}{(P/A,10\%,5)}=\dfrac{1\,091.0055}{3.7908}=287.8035$(万元)

计算结果表明乙方案为最优方案。

3. 计算期最小公倍数法

计算期最小公倍数法是将各方案计算期的最小公倍数作为比较方案的共有计算期，并将原计算期内的净现值调整为共有计算期的净现值，然后进行比较决策的一种方法。假设参与比较决策的方案都具有可复制性，是使用计算期最小公倍数法的前提条件。调整为共有计算期的净现值最大的方案为最优方案。

【实例 5—25】 某公司有甲、乙二项互斥的投资方案，其现金净流量如表 5—7 所示。

表 5—7　　甲、乙方案现金净流量表　　单位：万元

年　序	0	1	2	3
甲方案	—100	—100	200	200
乙方案	—120	130	130	

公司的贴现率为 10%，要求：

(1)分别判断以上方案的财务可行性；

(2)用计算期最小公倍数法作出投资决策。

解：(1)$NPV_{甲}=-100+(-100)\times(P/F,10\%,1)+200\times(P/F,10\%,2)$

$+200\times(P/F,10\%,3)=124.63$(万元)$>0$

$NPV_{乙}=-120+130\times(P/A,10\%,2)=105.615$(万元)$>0$

甲、乙两方案均可行。

(2)甲、乙两方案计算期的最小公倍数为 6 年，甲方案需要重复 2 次，乙方案需要重复 3 次，甲、乙方案重复现金净流量如表 5—8 所示。

表 5—8　　甲、乙方案重复现金净流量表　　单位：万元

年　份	0	1	2	3	4	5	6
甲原方案	—100	—100	200	200			
第一次重复				—100	—100	200	200
乙原方案	—120	130	130				
第一次重复			—120	130	130		
第二次重复					—120	130	130

甲方案共有计算期的净现值$=124.63+124.63\times(P/F,10\%,3)$

$=124.63+124.63\times0.7513=218.2645$(万元)

乙方案共有计算期的净现值$=105.616+105.615\times(P/F,10\%,2)$

$+105.615\times(P/F,10\%,4)$

$=105.616+105.615\times0.8264+105.615\times0.6830$

$=265.0303$(万元)

计算结果表明应选择乙方案。

4. 最短计算期法

最短计算期法是在将所有参与比较决策的方案的净现值均还原为年等额净现值的基础上，再按照投资方案最短的计算期作为共有计算期计算出相应的净现值，然后进行比较决策的一种方法。调整为共有计算期的净现值最大的方案为最优方案。

【实例 5—26】 同实例 5—25 的资料。

要求：用最短计算期法作出投资决策。

解：甲、乙两方案的最短计算期为 2 年，

甲方案年等额净现值 $=\frac{124.63}{(P/A,10\%,3)}=\frac{124.63}{2.4869}=50.1146$（万元）

甲方案共有计算期的净现值 $=50.1146\times(P/A,10\%,2)=50.1146\times1.7355=86.9738$（万元）

乙方案原计算期与最短的计算期相等均为2年，不需调整。所以：

乙方案共有计算期的净现值=105.615（万元）

计算结果表明应选择乙方案。

任务五　项目投资决策的敏感性分析

投资决策评价指标计算所使用的资料，绝大部分根据预测和估算所得到，有相当程度的不确定性。敏感性分析是指确定某一个或几个因素在一定范围内的变动将会对方案的评价结果影响的程度，使决策者能事先预料到这些因素在多大的范围内变动才不会影响决策的可行性和最优性。一旦超出了这个范围，原来可行的方案会发生变化，就要重新进行选择和决策。如果某一因素在较小的范围内的变动会对评价指标产生很大的影响，说明该因素对投资方案的敏感性很强，在决策分析时要密切关注和监控；如果某一因素在较大的范围内的变动也不会对投资方案的可行性产生影响，说明该因素对投资方案的敏感性很弱，在决策分析时无需过多关注和监控。

一、以净现值为基础的敏感性分析

以净现值为基础的敏感性分析主要有两个方面：

1. 现金净流量对净现值的敏感性分析，即计算出使投资方案可行的每年现金净流量的下限临界值，然后就可得到每年的现金净流量在多大的范围内变动才不至于影响投资方案的可行性。

2. 项目使用年限对净现值的敏感性分析，即计算出项目使用年限的下限临界值，然后就可得到该项目的使用年限在多大的范围内变动才不至于影响投资方案的可行性。

【实例5—27】某企业有一投资方案，需用资金280万元，预计使用年限为6年，每年现金净流量预计为80万元，资金成本为12%。要求对该投资方案以净现值为基础进行敏感性分析。

解：净现值 $=80\times(P/A,12\%,6)-280=80\times4.1114-280=48.912$（万元）

投资方案的净现值大于零，方案可行。

(1)现金净流量对净现值的敏感性分析。由于每年现金净流量的下限临界值就是使该投资方案的净现值为零时的现金净流量，即有：

$$\text{现金净流量的下线临界值}=\frac{280}{(P/A,12\%,6)}=\frac{280}{4.1114}=68.1033\text{（万元）}$$

由此可见，如果该投资方案的使用年限不变，每年现金净流量下降至68.1033万元，投资方案依然可行，但如果每年现金净流量低于68.1033万元，方案的净现值小于零，方案便不可行了。

(2)项目使用年限对净现值的敏感性分析。由于投资方案使用年限的下限临界值就是使该投资方案的净现值为零时的使用年限，即有：$80\times(P/A,12\%,n)-280=0$，移项后得到：

$$(P/A,12\%,n)=280/80=3.5$$

查附表可得：$(P/A,12\%,4)=3.0373$，$(P/A,12\%,5)=3.6048$，

表明投资方案使用年限的下限临界值应在4到5年之间。利用线性插值法可得：

$$\text{使用年限的下线临界值}=4+\frac{3.5-3.0373}{3.6048-3.0373}=4.8153(\text{年})$$

由此可见，如果该投资方案的现金净流量不变，使用年限下降至4.815 3年，投资方案依然可行，但若使用年限低于4.815 3年，方案的净现值小于零，方案便不可行了。

二、以内含报酬率为基础的敏感性分析。

以内含报酬率为基础的敏感性分析主要也有两个方面：

1. 现金净流量变动对内含报酬率的敏感性分析，即假定项目使用年限不变的条件下，测算现金净流量变动对内含报酬率的影响程度。

2. 项目使用年限变动对内含报酬率的敏感性分析，即假定每年现金净流量不变的条件下，测算项目使用年限变动对内含报酬率的影响程度。

影响程度可用敏感系数表示，敏感系数的计算公式如下：

$$\text{敏感系数}=\frac{\text{目标值变动百分比}}{\text{变量值变动百分比}}$$

敏感系数越大，表明变量值对目标值的影响程度即敏感性越大；敏感系数越小，表明变量值对目标值的影响程度即敏感性越小。

【实例5—28】 仍以实例5—27的资料，要求计算该投资方案的内含报酬率，并以内含报酬率为基础进行敏感性分析。

解：令 $80\times(P/A, i, 6)-280=0$

则有 $(P/A,i,6)=\frac{280}{80}=3.5$

查附表可得：$(P/A,18\%,6)=3.4976$，$(P/A,16\%,6)=3.6847$，

表明投资方案的内含报酬率在16%到18%之间，利用线性插值法可得：

$$\text{内含报酬率}(IRR)=16\%+\frac{3.6847-3.5}{3.6847-3.4916}\times(18\%-16\%)=17.91\%$$

由于投资方案的内含报酬率17.91%大于资金成本12%，方案可行。

现金净流量对内含报酬率敏感系数计算如下：

$$\text{敏感系数}=\frac{(17.91\%-12\%)/17.91\%}{(80-68.1033)/80}=2.219$$

项目使用年限对内含报酬率敏感系数计算如下：

$$\text{敏感系数}=\frac{(17.91\%-12\%)/17.91\%}{(6-4.8153)/6}=1.6712$$

由此得出，投资方案内含报酬率变动率是现金净流量变动率的2.219倍，是使用年限变动率的1.671 2倍，说明现金净流量对内含报酬率的影响要比使用年限大。另外也可以看出，如果内含报酬率下降了5.91%(17.91%—12%)，就会使投资方案平均每年现金净流量减少11.896 7万元(80—68.103 3)，也会使使用年限减少1.184 7年(6—4.815 3)。

关键术语

项目投资　原始总投资　投资总额　现金流量　现金净流量　建设期现金流量　经营期现金流量　终结点现金流量　投资利润率　静态投资回收期　净现值　净现值率　现值指数　内含报酬率

应知考核

一、单项选择题

1. 在以下各种投资中，不属于项目投资类型的是(　　)。

A. 固定资产投资　　B. 更新改造投资
C. 证券投资　　D. 完整企业项目投资

2. 项目投资的特点有(　　)。

A. 投资金额小　　B. 投资时间较长　　C. 投资风险小　　D. 变现能力强

3. 投资项目从建设起点至终点之间的时间段称为(　　)。

A. 项目建设期　　B. 项目生产经营期
C. 项目计算期　　D. 项目试运行期

4. 项目投资总额与原始总投资额的关系是(　　)。

A. 前者与后者相同　　B. 前者不小于后者
C. 前者小于后者　　D. 没有任何关系

5. 现金流量又称现金流动量。在项目投资决策中，现金流量是指投资项目在其计算期内各项(　　)的统称。

A. 现金流入量　　B. 现金流出量
C. 现金流入量与现金流出量　　D. 净现金流量

6. 下列指标中，属于静态评价指标的是(　　)。

A. 投资回收期　　B. 净现值　　C. 净现值率　　D. 内部收益率

7. 能使投资方案的净现值为零的折现率是(　　)。

A. 净现值率　　B. 内部收益率　　C. 投资利润率　　D. 资金成本率

8. 下列指标中，属于绝对指标的是(　　)。

A. 净现值　　B. 净现值率　　C. 投资利润率　　D. 内部收益率

9. 在只有一个投资方案的情况下，如果该方案不具备财务可行性，则(　　)。

A. 净现值＞0　　B. 净现值率＜0
C. 内部收益率＞0　　D. 内部收益率＜0

10. 项目投资决策中，完整的项目计算期是指(　　)。

A. 建设期　　B. 生产经营期
C. 建设期＋达产期　　D. 建设期＋生产经营期

二、多项选择题

1. 净现值法的优点有(　　)。

A. 考虑了资金时间价值

B. 考虑了项目计算期的全部净现金流量

C. 考虑了投资风险

D. 可从动态上反映项目的实际投资收益率

2. 采用净现值法评价投资项目可行性时，所采用的折现率通常有(　　)。

A. 投资项目的资金成本率　　B. 投资的机会成本率

C. 行业平均资金收益率　　D. 投资项目的内部收益率

3. 完整的工业投资项目的现金流入主要包括(　　)。

A. 营业收入　　B. 回收固定资产变现净值

C. 固定资产折旧　　D. 回收流动资金

4. 在一般投资项目中，当一个方案的净现值等于零时，即表明(　　)。

A. 该方案的获利指数等于1

B. 该方案的净现值率大于0

C. 该方案的内部收益率等于设定的折现率

D. 该方案不具有财务可行性

5. 内部收益率是指(　　)。

A. 投资报酬与总投资的比率

B. 项目投资有望达到的报酬率

C. 投资报酬现值与总投资现值的比率

D. 使投资方案净现值为零的报酬率

6. 如果其他因素不变，一旦折现率提高，则下列指标中其数值将会变小的是(　　)。

A. 净现值率　　B. 净现值　　C. 内含报酬率　　D. 获利指数

7. 如果净现值为负数，表明该投资项目(　　)。

A. 为亏损项目，不可行

B. 它的投资报酬率小于零，不可行

C. 它的投资报酬率没有达到预定的折现率，不可行

D. 它的投资利润率不一定小于零

8. 在项目投资决策中，考虑资金时间价值的财务评价指标有(　　)。

A. 净现值　　B. 获利指数　　C. 投资利润率　　D. 内含报酬率

9. 项目投资可行性评价包括(　　)。

A. 财务可行性评价　　B. 国民经济可行性评价

C. 技术可行性评价　　D. 项目投资效益评价

10. 项目投资的决策程序一般包括以下步骤(　　)。

A. 投资项目的提出　　B. 投资项目的可行性分析

C. 投资项目的决策　　D. 投资项目的实施与控制

三、判断题

1. 项目投资是一种以特定项目为对象，直接与新建项目或更新改造项目有关的长期投资行为。一般将其视为固定资产投资。(　　)

2. 项目投资就是固定资产投资。(　　)

3. 企业应该频繁地进行项目投资。 ( )

4. 项目投资决策都应该提交股东大会审议。 ( )

5. 项目投资决策必须按企业规定的程序。 ( )

6. 判断投资方案财务可行性的主要指标有净现值、净现值率、内部收益率、投资回收期，但不包括投资利润率。 ( )

7. 净现值是指在项目计算期内，按投资者要求的必要报酬率或资金成本率作为折现率计算的各年净现金流量现值的代数和。 ( )

8. 评价指标按性质不同，可分为折现指标和非折现指标两大类。 ( )

9. 静态投资回收期简称回收期，是指投资项目收回原始总投资所需要的时间，即以投资项目经营净现金流量抵偿原始总投资所需要的全部时间，是一个辅助指标。 ( )

10. 分别利用净现值、净现值率、内部收益率指标对某单一独立项目进行评价，会得出相同结论。 ( )

四、简述题

1. 简述项目投资的特点。

2. 简述项目投资决策的概念及其影响因素。

3. 简述项目投资决策的程序。

4. 简述现金流量的基本假设。

5. 简述现金流量的作用。

五、计算题

1. 伟业公司欲进行一项公路投资，投资额预计 450 万元，在第一年初一次性投入，工程预计使用期为 8 年，预计第一年末现金净流量为 40 万元，第二年为 60 万元，第三年为 70 万元，从第四年起每年为 90 万元。

要求：

(1)假设该公司要求投资收益率为 15%，问该公司是否投资？

(2)计算该工程的投资回收期。

(3)假设折现率为 8%，问是否进行该项投资？

2. 顺阳公司拟建造一项生产设备。预计建设期为 1 年，所需原始投资 200 元，于建设起点一次投入。该设备预计使用寿命为 5 年，使用期满报废清理时无残值。该设备折旧方法采用直线法。该设备投产后每年净利润 80 万元。假定适用的行业基准折现率为 10%。

要求：

(1)计算项目计算期内各年净现金流量。

(2)计算项目净现值，并评价其财务可行性。

3. 亮家公司报于 2017 年初用自有资金购置一台设备，需一次性投资 100 万元。经测算，该设备的使用寿命为 5 年，税法亦允许按 5 年计提折旧，设备投入运营后每年净利润 20 万元。假定该设备按直线法折旧，预计的净残值率为 5%，不考虑建设安装期和所得税。

要求：

(1)计算使用期内各年净现金流量。

(2)计算该设备的静态投资回收期。

(3)计算该投资项目的投资利润率。

(4)如果以10%作为折现率,计算其净现值。

应会考核

■ 观念应用

【背景资料】

某公司正在开会讨论是否投产一种新产品,对以下收支发生争论:

A. 新产品投产需要占用营运资本80万元,它们可用公司现有周转资金解决,不需要另外筹集。

B. 该项目利用现有未充分利用的厂房和设备,如将该设备出租可获收益200万元,但公司规定不得将生产设备出租,以防止对本公司产品形成竞争。

C. 新产品销售会使本公司同类产品减少收益100万元;如果本公司不经营此产品,竞争对手也会推出此新产品。

D. 动用为其他产品储存的原料约200万元。

【考核要求】

你认为不应列入该项目评价的现金流量有哪些?

■ 技能应用

两个互斥项目的预期现金流量如表5—11所示:

表5—11 项目的预期现金流量金额 单位:元

时间	0	1	2	3	4
A	—10 000	5 000	5 000	5 000	5 000
B	—10 000	0	0	0	30 000

【技能要求】

(1)请计算这两个项目各自的内含报酬率。

(2)如果必要收益率为10%,请计算项目A和项目B的净现值。

(3)你会选择哪个项目,为什么?

■ 案例分析

【情景与背景】

华为公司为改变产品结构,开拓新的市场领域,拟开发新产品。为此,需购买价值110万元的一条新生产线,该生产线的建设期间为1年,可使用期限为10年,期满时有残值收入10万元;另需购买一项专利权价值10万元,专利权的摊销期限为10年,在建设期末时投入;同时,建设期末投入流动资金5万元开始生产。投资者要求的报酬率是10%。投产后,每年预计外购原材料20万元,支付工资15万元,其他费用5万元,每年预计营业收入80万元。企业适用的所得税税率为25%。

【分析要求】

仔细阅读该案例资料,分析并完成以下问题。

1. 根据资料分析华为公司的投资类型。

2. 分析项目投资决策应考虑的主要因素。

3. 分析投资项目包括的内容。

4. 指出项目投资的期限、投资方式。

项目实训

【实训项目】

项目投资管理

【实训情境】

某工业项目需要原始投资 1 250 万元，其中固定资产投资 1 000 万元，开办费 50 万元，流动资金投资 200 万元。建设期为 1 年，建设期发生与购建固定资产有关的资本化利息 100 万元。固定资产投资和开办费于建设起点投入，流动资金于完工时，即第 1 年末投入。该项目寿命期为 10 年，固定资产按直线法折旧，期满有 100 万元净残值；开办费于投产当年一次摊销完毕；流动资金于终结点一次回收。投产后每年获息税前利润分别为 120 万元、220 万元、270 万元、320 万元、260 万元、300 万元、350 万元、400 万元、450 万元和 500 万元。

【实训任务】

1. 请你为该项目编制一份简要的现金流量分析报告，报告主要包括以下内容：

(1)该项目的项目计算期、固定资产原值、固定资产年折旧；

(2)该项目的建设期净现金流量；

(3)该项目的运营期所得税前净现金流量。

2. 运用投资利润率和静态投资回收期对该项目进行评价。

3. 运用净现值和内含报酬率法对该项目进行评价。

项目六　证券投资管理

学习目标

知识目标

理解：证券的概念和特点、种类；证券投资的概念和目的、种类。

熟知：证券投资的一般程序；证券投资风险和收益；证券投资基金的概念及特点、分类、费用、投资风险。

掌握：债券和股票的概念、投资的目的和特点；债券和股票的价值及收益率的计算；证券投资风险与组合。

能力目标

能够正确判断证券投资的风险，并做好风险规避；能正确估算债券和股票的价格及收益率，并进行证券的投资决策；能灵活运用证券组合投资，并具有进行证券投资决策分析的能力。

素质目标

能够收集决策相关信息，较为客观地分析和评价有关证券的收益与风险，并能设计证券投资的最佳组合方案，具备证券投资决策的能力。

项目引例

唐山港集团股份有限公司，证券简称为“唐山港”，证券代码为“601000”，位于河北省唐山市，公司主要经营业务为码头和其他港口设施经营等业务。公司A股股本为1 000 000 000股，其中160 000 000股于2010年7月5日起上市交易。然而自从其A股上市以来，其最高交易价格除了2010年8月16日、8月17日和8月19日分别达到了8.28元/股、8.23元/股和8.20元/股，其余交易日价格均低于其IPO价格8.20元。也就是说该股的一级市场投资者幸运购买到该股票后一直处于亏损状况，这种局面持续到了2010年10月中旬。

某个人投资者于2010年在二级市场上以每股7.92元的价格购买了3 000股唐山港，当日该股的最低交易价格为7.72元，最高为7.97元。三天后，即其第二个交易日，唐山港股价突然上涨，最高达到了8.56元/股，该投资者立即出手其手中的唐山港股票2 000股，出售价格为8.50元/股。不考虑交易费用，其投资收益率达到了7.23%，换算成年化收益率则高达659%！

然而，其手中剩下的1000股在随后的交易日成交价格一直低于8.50元/股，直到2010年11月8日。而2010年10月19日该股的最高成交价格仅为8.30元。若投资者将剩余1 000股选择了在2010年8月19日按当日最高价格出售，则相比于2010年8月18日按8.50元价格出售，则损失了200元，损失率为2.35%，折算成年化收益为423%。

分析讨论：

证券投资有何利弊？

知识支撑

任务一 证券投资概述

企业除了直接将资金投入生产经营活动，常常还将资金投放于有价证券，进行证券投资。证券投资相对于项目投资而言，变现能力强，少量资金也能参与投资，便于随时调用和转移资金，这为企业有效利用资金，充分挖掘资金的潜力提供了十分理想的途径，所以证券投资已经成为企业投资的重要组成部分。

一、证券的概念和特点、种类

（一）证券的概念和特点

证券是有价证券的简称，它是指票面载有一定金额、代表财产所有权或债权、可以有偿转让的凭证，具体包括股票、债券、基金及衍生证券等。

证券具有流动性、收益性和风险性三个特点。

(1)流动性又称变现性，是指证券可以随时抛售取得现金。

(2)收益性是指证券持有者凭借证券可以获得相应的报酬。证券收益一般由当前收益和资本利得构成。以股息、红利或利息所表示的收益称为当前收益。由证券价格上升（或下降）而产生的收益（或亏损），称为资本利得或差价收益。

(3)风险性是指证券投资者达不到预期的收益或遭受各种损失的可能性。证券投资既有可能获得收益，更有可能带来损失，具有很强的不确定性。

流动性与收益性往往成反比，而风险性则一般与收益性成正比。

（二）证券的种类

证券的种类很多，按不同的标准可以作不同的分类。

1. 按证券的发行主体分类，可分为政府证券、金融证券和公司证券

政府证券是指中央政府或地方政府为筹集资金而发行的证券，如国库券；金融证券则是指银行或其他金融机构为筹集资金而发行的证券，如股票和债券；公司证券又称企业证券，是指工商企业为筹集资金而发行的证券，如企业股票、企业债券。相对而言，政府证券风险最小，企业证券风险最高。

2. 按照证券到期日的长短，可分为短期证券和长期证券两种

短期证券是指到期日短于一年的证券，如短期国债、商业票据、银行承兑汇票等。长期证券是指到期日长于一年的证券，如股票、债券等。

3. 按照证券收益状况的不同，可分为固定收益证券和变动收益证券两种

固定收益证券是指在证券的票面上规定有固定收益率的证券，如债券票面上一般有固定的利息率。变动收益证券是指证券的票面不标明固定的收益率，其收益情况随企业经营状况而变动的证券，普通股股票是最典型的变动收益证券。

4. 按照证券所体现的权益关系，可分为所有权证券、信托投资证券和债权证券

所有权证券是一种既不定期支付利息，也无固定偿还期的证券，它代表着投资者在被投资企业所占权益的份额，在被投资企业赢利且宣布发放股利的情况下，才可能分享被投资企业的部分净收益，股票是典型的所有权证券；信托投资证券是由公众投资者共同筹集、委托专门的证券投资机构投资于各种证券，以获取收益的股份或收益凭证，如投资基金。债权证券是一种必须定期支付利息，并要按期偿还本金的有价证券，各种债券如国库券、企业债券、金融债券都是债权性证券。所有权证券的投资风险要大于债权性证券；投资基金的风险低于股票投资而高于债券投资。

二、证券投资的概念和目的、种类

(一)证券投资的概念和目的

证券投资是指企业以获取投资收益或控股为目的将资金投放于金融市场，用于购买股票、债券等金融资产的投资行为，以便将来能够获取收益或取得对被投资企业控制权的行为。

不同企业进行证券投资的目的各有千秋，但总的来说有以下几个方面。

1. 充分利用闲置资金，获取投资收益

企业正常经营过程中有时会有一些暂时多余的资金闲置，为了充分有效地利用这些资金，可购入一些有价证券，在价位较高时抛售，以获取较高的投资收益。

2. 为了控制相关企业，增强企业竞争能力

企业有时从经营战略上考虑需要控制某些相关企业，可通过购买该企业大量股票，从而取得对被投资企业的控制权，以增强企业的竞争能力。

3. 为了积累发展基金或偿债基金，满足未来的财务需求

企业如欲在将来扩建厂房或归还到期债务，可按期拨出一定数额的资金投入一些风险较小的证券，以便到时售出，满足所需的整笔资金的需求。

4. 满足季节性经营对现金的需求

季节性经营的公司在某些月份资金有余，而有些月份则会出现短缺，可在资金剩余时购入有价证券，短缺时则售出。

(二)证券投资的种类

1. 债券投资

债券投资是指企业将资金投入各种债券，如国债、公司债和短期融资券等，相对于股票投资，债券投资一般风险较小，能获得稳定收益，但要注意投资对象的信用等级。

2. 股票投资

股票投资是指企业购买其他企业发行的股票作为投资，如普通股、优先股股票。股票投资风险较大，收益也相对较高。

3. 组合投资

组合投资是指企业将资金同时投放于债券、股票等多种证券，这样可分散证券投资风险，组合投资是企业证券投资的常用投资方式。

4. 基金投资

基金就是投资者的钱和其他许多人的钱合在一起，然后由基金公司的专家负责管理，用来投资于多家公司的股票或者债券。基金按受益凭证可否赎回分为“封闭式基金”与“开放式

基金”。“封闭式基金”在信托契约期限未满时，不得向发行人要求赎回；而“开放式”就是说投资者可以随时要求基金公司收购所买基金（即“赎回”），当然目标应该是卖出价高于买入价，同时在“赎回”的时候，要承担一定的手续费。而投资者的收益主要来自于基金分红。与封闭式基金普遍采取的年终分红所不同，根据行情和基金收益状况的“不定期分红”是开放式基金的主流分红方式。基金投资由于由专家经营管理，风险相对较小，正越来越受广大投资者的青睐。

本项目将主要介绍债券投资、股票投资及组合投资。

三、证券投资的一般程序

（一）合理选择投资对象

合理选择投资对象是证券投资成功的关键，企业应根据一定的投资原则，认真分析投资对象的收益水平和风险程度，以便合理选择投资对象，将风险降低到最低限度，从而取得较好的投资收益。

（二）委托买卖

由于投资者无法直接进场交易，买卖证券业务需委托证券商代理。企业可通过电话委托、电脑终端委托、递单委托等方式委托券商代为买卖有关证券。

（三）成交

证券买卖双方通过中介券商的场内交易员分别出价委托，若买卖双方的价位与数量合适，交易即可达成，这个过程叫成交。

（四）清算与交割

企业委托券商买入某种证券成功后，即应解交款项，收取证券。清算即指证券买卖双方结清价款的过程。

（五）办理证券过户

证券过户只限于记名证券的买卖业务。当企业委托买卖某种记名证券成功后，必须办理证券持有人的姓名变更手续。

四、证券投资风险和收益

（一）证券投资的风险

一般说来，风险是指在一定条件下和一定时期内可能发生的各种结果的变动程度。证券投资风险就是某一证券投资决策预期收益的不确定性。就证券投资而言，其风险主要来源于以下几个方面。

1. 违约风险

违约风险是指证券发行人无法按期支付利息或偿还本金的风险。

2. 利率风险

利率风险是指市场利率变化导致证券价格波动而使投资者遭受损失的可能性。在市场经济条件下，利率由金融市场的资金供求状况来决定。随着市场供求格局的变化，利率水平也会随之发生改变，证券的价格，将随利息率的变动而变动。一般说来，市场利率上升，会导致证券价格下跌；相反市场利率下降，则导致证券价格上升。

3. 购买力风险

购买力风险又称通货膨胀风险，是指由于通货膨胀率上升和货币贬值而使投资者出售证券或到期回收所获取资金的实际购买能力下降的风险。

4. 变现能力风险

变现能力风险又称流动性风险，是指企业无法在短期内以合理价格出售有价证券的风险。也就是说，如果投资人遇到另一个更好的投资机会，需要在短期内出售现有有价证券，以便实现新的投资，但找不到愿意出合理价格的买主，这样，投资者就会丧失新的投资机会或者蒙受损失。

5. 期限性风险

期限性风险是指由于证券期限长而给投资人带来的风险。一项投资，期限越长，投资人遭受到的不确定性因素就越多，承担的风险就越大。

6. 市场风险

市场风险是指因证券市场变化不定，证券的市价有较大的不确定性或难以预见性，从而造成投资者损益的不确定性，如国家宏观经济政策变化、经济是否景气、突发性事件等，均可能引起证券市场各种证券价格的大幅度升跌，从而使投资者损益难以预定。

(二)证券投资的收益

证券投资的风险与收益总是相伴的。证券投资收益是指投资者进行证券投资所获得的净收益。证券投资收益主要来源于两个方面，即投资利润和资本利得。

1. 投资利润

投资利润是指企业进行证券投资所获得的股利、股息和利息等。证券本身是一种财产性权利，反映了特定的财产权，证券持有人可以通过行使该项财产权而获得收益，如取得股息收入(股票)或者取得利息收入(债券)。

2. 资本利得

资本利得是指证券买卖价格的差额。证券市场的价格是波动的，证券持有人可以通过转让证券获得收益，如二级市场上的低价买入、高价卖出，证券持有人可通过差价获得收益。

证券投资收益主要有安全投资收益、股票投资收益和基金投资收益。在财务管理中，衡量证券投资收益通常使用相对数，即证券投资收益率。证券投资收益率一般用收益额与投资额之比表示。

任务二　证券投资的收益评价

企业要进行证券投资，首先必须进行证券投资的收益评价，评价证券收益水平主要有两个指标，即证券的价值和收益率。

一、债券投资的收益评价

(一)债券

1. 债券的概念

债券是发行者为筹集资金发行的，在约定时间支付一定比例的利息，并在到期时偿还本金的一种有价证券。

2. 债券的面值

债券的面值是指设定的票面金额，它代表发行人借入并且承诺于未来某一特定日期偿付给债券持有人的金额。

3. 债券的票面利率

债券的票面利率是指债券发行者预计一年内向投资者支付的利息占票面金额的比率。债券的计息和付息方式有多种，计息方式如单利计息或复利计息，利息支付方式如半年支付一次、一年支付一次或到期日一次总付。

4. 债券的到期日

债券的到期日是指偿还本金的日期。债券一般都规定到期日，以便到期时归还本金。

(二)债券投资的目的和特点

企业进行短期债券投资的目的主要是为了配合企业对资金的需求，调节现金余额，使现金余额达到合理水平。当企业现金余额太多时，便投资于债券，使现金余额降低；反之，当现金余额太少时，则出售原来投资的债券，收回现金，使现金余额提高。企业进行长期债券投资的目的主要是为了获得稳定的收益。

债券投资的特点如下。

(1)投资风险较低

与股票投资相比，债券投资投资风险较低。政府债券由政府的信誉作担保，安全可靠；金融债券由于其他行金融机构资金实力雄厚，一般比较安全；企业债券由于其发行企业需要经过严格的审批，资信度较高，投资风险也比较低，在企业破产时，企业债务的持有者拥有优先求偿权，优先于股东分得企业资产。

(2)投资收益稳定

债券的收益一般固定不变，发行人必须按照事先约定的利率计算收益并按期支付，而不会因为发行人的经济状况的好坏而变动。因此，债券投资的收益比较稳定。

(3)债券流动性强

许多债券都具有比较好的流动性。企业在资金短缺的情况下，可以随时把所持有的债券在金融市场上迅速出售，获得资金，如一些政府及大企业发行的债券流动性都非常强。

(4)没有经营管理权

债券投资人与债券发行企业之间产生的是债权债务关系。作为债权人，债券投资者没有参与发行企业经营管理的权利。

(5)购买力风险大

由于债券面值和利率都是固定的，如果投资期间通货膨胀率较高，则本金和利息的实际购买力降低。

(三)债券的价值

债券的价值又称债券的内在价值。根据资产的收入资本化定价理论，任何资产的内在价值都是在投资者预期的资产可获得的现金收入的基础上进行贴现决定的。运用到债券上，债券的价值是指进行债券投资时投资者预期可获得的现金流入的现值。债券的现金流入主要包括利息和到期收回的本金或出售时获得的现金两部分。当债券的购买价格低于债券价值时，才值得购买。

1. 债券价值计算的基本模型

债券价值的基本模型主要是指按复利方式计算的每年定期付息、到期一次还本情况下的债券的估价模型。

$$V=\sum_{t=1}^{n}\frac{i\times F}{(1+K)^{t}}+\frac{F}{(1+K)^{n}}$$
$$=i\times F\ (P/A,K,n)+F\times(P/F,K,n)$$
$$=I\times(P/A,K,n)+F\times(P/F,K,n)$$

式中：V——债券价值；

i——债券票面利息率；

I——债券利息；

F——债券面值；

K——市场利率或投资人要求的必要收益率；

n——付息总期数。

【实例 6—1】 凯利公司债券面值为 1 000 元，票面利率为 6%，期限为 3 年，某企业要对这种债券进行投资，当前的市场利率为 8%，问债券价格为多少时才能进行投资？

解：$V=1\,000\times6\%\times(P/A,8\%,3)+1\,000\times(P/F,8\%,3)$

$=60\times2.5771+1\,000\times0.7938$

$=948.43$（元）

该债券的价格必须低于 948.43 元时才能进行投资。

2. 一次还本付息的单利债券价值模型

我国很多债券属于一次还本付息、单利计算的存单式债券，其价值模型为：

$$V=F(1+i\cdot n)/(1+K)^{n}$$
$$=F(1+i\cdot n)\cdot(P/F,K,n)$$

公式中符号概念同前式。

【实例 6—2】 凯利公司拟购买另一家公司的企业债券作为投资，该债券面值 1 000 元，期限 3 年，票面利率 5%，单利计息，当前市场利率为 6%，该债券发行价格为多少时才能购买？

解：$V=1\,000\times(1+5\%\times3)\times(P/F,6\%,3)$

$=1\,000\times1.15\times0.8396$

$=965.54$（元）

该债券的价格必须低于 965.54 元时才适宜购买。

3. 零息债券的价值模型

零息债券的价值模型是指到期只能按面值收回，期内不计息债券的估价模型。

$$V=F/(1+K)^{n}=F\times(P/F,K,n)$$

公式中的符号概念同前式。

【实例 6—3】 某债券面值 1 000 元，期限 3 年，期内不计息，到期按面值偿还，市场利率 6%，价格为多少时，企业才能购买？

解：$V=1\,000\times(P/F,6\%,3)=1\,000\times0.8396=839.6$（元）

该债券的价格只有低于 839.6 元时，企业才能购买。

(四)债券的收益率

1. 短期债券收益率的计算

短期债券由于期限较短，一般不用考虑货币时间价值因素，只需考虑债券价差及利息，将其与投资额相比，即可求出短期债券收益率。其基本计算公式为：

$$K=\frac{S_1-S_0+I}{S_0}$$

式中：S_0 — 债券购买价格；

S_1——债券出售价格；

I——债券利息；

K——债券投资收益率。

【实例 6—4】 某企业于 2017 年 5 月 8 日以 920 元购进一张面值 1 000 元的债券，票面利率 5%，每年付息一次，并于 2017 年 5 月 8 日以 970 元的市价出售，问该债券的投资收益率是多少？

解：$K=(970-920+50)/920\times100\%=10.87\%$

该债券的投资收益率为 10.87%。

2. 长期债券收益率的计算

对于长期债券，由于涉及时间较长，需要考虑货币时间价值，其投资收益率一般是指购进债券后一直持有至到期日可获得的收益率，它是使债券利息的年金现值和债券到期收回本金的复利现值之和等于债券购买价格时的贴现率。

(1)一般债券收益率的计算

一般债券的价值模型为

$V=I\times(P/A,K,n)+F\times(P/F,K,n)$

式中：V—债券的购买价格；

I——每年获得的固定利息；

F——债券到期收回的本金或中途出售收回的资金；

K——债券的投资收益率；

n—投资期限。

由于无法直接计算收益率，必须采用逐步测试法及内插法来计算，即先设定一个贴现率代入上式，如计算出的 V 正好等于债券买价，该贴现率即为收益率；如计算出的 V 与债券买价不等，则须继续测试，再用内插法求出收益率。

【实例 6—5】 某公司 2012 年 1 月 1 日用平价购买一张面值为 1 000 元的债券，其票面利率为 8%，每年 1 月 1 日计算并支付一次利息，该债券于 2017 年 1 月 1 日到期，按面值收回本金，计算其到期收益率。

$I=1\,000\times8\%=80$ 元，$F=1\,000$ 元；

设收益率 i=8%，

则 $V=80\times(P/A,8\%,5)+1\,000\times(P/F,8\%,5)$

$=1\,000$ 元

用 8%计算出来的债券价值正好等于债券买价，所以该债券的收益率为 8%。可见，平价发行的每年复利计息一次的债券，其到期收益率等于票面利率。

如该公司购买该债券的价格为 1 100 元，即高于面值，则该债券收益率应为多少？

要求出收益率，必须使下式成立：$1\,100=80\times(P/A,i,5)+1\,000\times(P/F,i,5)$

通过前面计算已知，$i=8\%$时，上式等式右边为 1 000 元。由于利率与现值呈反向变化，即现值越大，利率越小，而债券买价为 1 100 元，收益率一定低于 8%，降低贴现率进一步试算。

用 $i_1=6\%$试算：

$$V_1=80\times(P/A,6\%,5)+1\,000\times(P/F,6\%,5)$$
$$=80\times4.2124+1\,000\times0.7473$$
$$=1\,084.29(\text{元})$$

由于贴现结果仍小于 1 100 元，还应进一步降低贴现率试算。

用 $i_2=5\%$试算：

$$V_2=80\times(P/A,5\%,5)+1\,000\times(P/F,5\%,5)$$
$$=80\times4.3295+1\,000\times0.7835$$
$$=1\,129.86(\text{元})$$

用内插法计算：

$$i=5\%+\frac{1\,129.86-1\,100}{1\,129.86-1\,084.29}\times(6\%-5\%)=5.66\%$$

所以如果债券的购买价格为 1 100 元时，债券的收益率为 5.66%。

(2)一次还本付息的单利债券收益率的计算

【实例 6—6】 某公司 2017 年 1 月 1 日以 1 020 元购买一张面值为 1 000 元，票面利率为 10%，单利计息的债券，该债券期限 5 年，到期一次还本付息，计算其到期收益率。

解：一次还本付息的单利债券价值模型为：$V=F(1+i\times n)\times(P/F,K,n)$

$1\,020=1\,000\times(1+5\times10\%)\times(P/F,K,5)$

$(P/F,K,5)=1\,020\div1\,500=0.68$

查复利现值表，5 年期的复利现值系数等于 0.68 时，K=8%。

如此时查表无法直接求得收益率，则可用内插法计算。

债券的收益率是进行债券投资时选购债券的重要标准，它可以反映债券投资按复利计算的实际收益率。如果债券的收益率高于投资人要求的必要报酬率，则可购进债券；否则就应放弃此项投资。

(五)债券投资的优点和缺点

1. 债券投资的优点

(1)本金安全性高。与股票相比，债券投资风险比较小。政府发行的债券有国家财力作后盾，其本金的安全性非常高，通常视为无风险证券。公司债券的持有者拥有优先求偿权，即当公司破产时，优先于股东分得公司资产，因此，本金损失的可能性相对较小。

(2)收入稳定性强。债券票面一般都标有固定利息率，债券的发行人有按时支付利息的法定义务。因此，在正常情况下，投资债券能获得比较稳定的利息收入。

(3)市场流动性好。许多债券都具有较好的流动性，政府及大公司发行的债券一般都可在金融市场上迅速出售，流动性很好。

2. 债券投资的缺点

(1)无经营管理权。债券投资者只能定期取得利息，无权影响或控制被投资企业。

(2)购买力风险较大。由于债券面值和利率是固定的,如投资期间通货膨胀率较高,债券面值和利息的实际购买力就会降低。

(3)利率风险大。由于债券的价格和利率呈反比,因此利率变动会对债券的价格产生直接影响。

二、股票投资的收益评价

(一)股票

1. 股票的概念

股票是股份公司发给股东的所有权凭证,是股东借以取得股利的一种有价证券。按照不同的方法和标准,股票有不同的分类。按股东所享有的权利的不同,股票可分为普通股和优先股;按是否记名,股票可分为记名股票和不记名股票;按有无面额,股票可分为有面额股票和无面额股票。

2. 股票的价格

股票本身是没有价格的,仅是一种凭证。它之所以有价格,可以买卖,是因为它能给持有人带来预期收益。公司在初次发行股票时,要规定发行总额和每股金额,一旦股票发行后上市买卖,股票价格就与原来的面值分离。股票市场上的价格分为开盘价、收盘价、最高价和最低价,投资者在进行股票估价时主要使用收盘价。股票价格会随着经济形势和公司的经营状况而变化。

(二)股票投资的目的和特点

企业进行股票投资的目的主要有两种:一是获利,即作为一般的证券投资,获取股利收入及股票买卖差价;二是控股,即通过购买某一企业的大量股票达到控制该企业的目的。在第一种情况下,企业仅将某种股票作为它的证券组合的一个组成部分,不应冒险将大量资金投资于某一企业的股票上。在第二种情况下,企业应集中资金投资于被控企业的股票上,这时考虑更多的不应是目前利益——股票投资收益的高低,而应是长远利益——占有多少股权才能达到控制的目的。

股票投资的特点如下。

(1)投资风险较大

股票价格受多种因素的影响,波动的幅度较大。政治因素、经济因素、投资者心理因素、企业的盈利情况和风险情况,都会影响股票价格,也使得股票投资具有较高的风险。

(2)投资报酬较高

股票投资的高风险与其高报酬相辅相成。股票的投资风险大,也意味着投资者有可能获得较高的投资收益。当发行公司的经济效益相当好时,股票投资人有可能获得比债券投资人高得多的股息收入。而且,可以利用股票价格的涨落谋取较大的资本利得报酬。

(3)投资者拥有一定的经营控制权

公司的股东有权监督和控制企业的生产经营情况,投资者对股票发行单位有表决权、参与决策与管理权。投资者可以通过购买股票对其他企业的生产经营方向进行控制。

(4)求偿权居后

企业在破产后,投资者对被投资企业的资产求偿权居于最后,其投资有可能得不到全额补偿。

(三)股票的价值

股票的价值又称股票的内在价值,是进行股票投资所获得的现金流入的现值。股票带给投资者的现金流入包括两部分:股利收入和股票出售时的资本利得。因此股票的内在价值由一系列的股利和将来出售股票时的资本利得构成。

1. 股票价值的基本模型

$$V=\sum_{t=1}^{n}\frac{d_t}{(1+K)^t}+\frac{V_n}{(1+K)^n}$$

式中:V——股票内在价值;

d_t——第 t 期的预期股利;

K——投资人要求的必要资金收益率;

V_n——未来出售时预计的股票价格;

n—预计持有股票的期数。

股票价值的基本模型要求无限期的预计历年的股利,如果持有期是个未知数的话,上述模型实际上很难计算。因此应用的模型都是假设股利零增长或固定比例增长时的价值模型。

2. 股利零增长、长期持有的股票价值模型

股利零增长、长期持有的股票价值模型为:$V=d/K$

式中:V——股票内在价值;

d——每年固定股利;

K——投资人要求的资金收益率。

【实例 6—7】 凯利公司拟投资购买并长期持有某公司股票,该股票每年分配股利 2 元,必要收益率为 10%,该股票价格为多少时适合购买?

解:V=d/K=2/10% = 20 (元)

股票价格低于 20 元时才适合购买。

3. 长期持有股票,股利固定增长的股票价值模型

设上年股利为 d_0,本年股利为 d_1,每年股利增长率为 g,则股票价值模型为:

$$V=d_0(1+g)/(K-g)$$
$$=d_1/(K-g)$$

【实例 6—8】 凯利公司拟投资某公司股票,该股票上年每股股利为 2 元,预计年增长率为 2%,必要投资报酬率为 7%,该股票价格为多少可以投资?

解:$V=d_0(1+g)/(K-g)=2\times(1+2\%)/(7\%-2\%)=40.8$(元)

该股票价格低于 40.8 元时才可以投资。

4. 非固定成长股票的价值

有些公司的股票在一段时间里高速成长,在另一段时间里又正常固定增长或固定不变,这样我们就要分段计算,才能确定股票的价值。

【实例 6—9】 某企业持有 A 公司股票,其必要报酬率为 12%,预计 A 公司未来三年股利高速增长,成长率为 20%,此后转为正常增长,增长率为 8%。公司最近支付的股利是 2 元,计算该公司的股票价值。

首先,计算非正常增长期的股利现值,如表 6—1 所示。

表 6—1

年份	股利	现值因素	现值
1	2×1.2=2.4	0.892 9	2.143 0
2	2.4×1.2=2.88	0.797 2	2.295 9
3	2.88×1.2=3.456	0.711 8	2.460 0
合计(3 年股利现值)			6.898 9

其次,按固定股利成长模型计算固定增长部分的股票价值:

$$V_3=\frac{d_3\times(1+g)}{K-g}=\frac{3.456\times1.08}{0.12-0.08}=93.312(元)$$

由于这部分股票价值是第三年年底以后的股利折算的内在价值,需将其折算为现值:

$V_3\times(P/F,12\%,3)=93.312\times0.7118=66.419$(元)

最后,计算股票目前的内在价值:

$V=6.8989+66.419=73.32$(元)

(四)股票投资的收益率

1. 短期股票收益率的计算

如果企业购买的股票在一年内出售,其投资收益主要包括股票投资价差及股利两部分,不须考虑货币时间价值,其收益率计算公式如下:

$$\begin{aligned}K&=(S_1-S_0+d)/S_0\times100\%\\&=(S_1-S_0)/S_0+d/S_0\\&=预期资本利得收益率+股利收益率\end{aligned}$$

式中:K——短期股票收益率;

S_1——股票出售价格;

S_0——股票购买价格;

d——股利。

【实例 6—10】 2015 年 3 月 10 日,凯利公司购买某公司每股市价为 20 元的股票,2016 年 1 月,凯利公司每股获现金股利 1 元。2016 年 3 月 10 日,凯利公司将该股票以每股 22 元的价格出售,问投资收益率应为多少?

解:$K=(22-20+1)/20\times100\%=15\%$

该股票的收益率为 15%。

2. 股票长期持有,股利固定增长的收益率的计算

由固定增长股利价值模型,我们知道:$V=d_1/(K-g)$,

将公式移项整理,求 K,可得到股利固定增长收益率的计算模型:

$$K=d_1/V+g$$

【实例 6—11】 有一只股票的价格为 40 元,预计下一期的股利是 2 元,该股利将以大约 10%的速度持续增长,该股票的预期收益率为多少?

解:$K=2/40+10\%=15\%$

该股票的收益率为 15%。

3. 一般情况下股票投资收益率的计算

一般情况下，企业进行股票投资可以取得股利，股票出售时也可收回一定资金，只是股利不同于债券利息，股利是经常变动的，股票投资的收益率是使各期股利及股票售价的复利现值等于股票买价时的贴现率。即：

$$V=\sum_{t=1}^{n}\frac{d_t}{(1+K)^t}+\frac{V_n}{(1+K)^n}$$

式中：V——股票的买价；

d_t——第 t 期的股利；

K——投资收益率；

V_n——股票出售价格；

n——持有股票的期数。

【实例 6—12】 凯利公司于 2013 年 6 月 1 日投资 600 万元购买某种股票 100 万股，在 2014 年、2015 年和 2016 年的 5 月 30 日分得每股现金股利分别为 0.6 元、0.8 元和 0.9 元，并于 2016 年 5 月 30 日以每股 8 元的价格将股票全部出售，试计算该项投资的收益率。

解：用逐步测试法计算，先用 20% 的收益率进行测算：

$$\begin{aligned}V&=60/(1+20\%)+80/(1+20\%)^2+890/(1+20\%)^3\\&=60\times0.8333+80\times0.6944+890\times0.5787\\&=620.59(\text{万元})\end{aligned}$$

由于 620.59 万元比 600 万元大，再用 24% 测试：

$$\begin{aligned}V&=60/(1+24\%)+80/(1+24\%)^2+890/(1+24\%)^3\\&=60\times0.8065+80\times0.6504+890\times0.5245\\&=567.23(\text{万元})\end{aligned}$$

然后用内插法计算如下：

$$\begin{aligned}K&=20\%+(620.59-600)/(620.59-567.23)\times4\%\\&=21.54\%\end{aligned}$$

(五)股票投资的优点和缺点

1. 股票投资的优点

股票投资是一种具有挑战性的投资，收益和风险都比较高。其优点主要有以下几点。

(1)投资收益高。普通股的价格虽然变动频繁，但从长期看，优质股票的价格总是上涨的居多，只要选择得当，就能取得优厚的投资收益。

(2)购买力风险低。普通股的股利不固定，当通货膨胀率比较高时，由于物价普遍上涨，股份公司盈利增加，股利的支付也随之增加。因此，与固定收益证券相比，普通股可以有效地降低购买力风险。

(3)拥有经营控制权。普通股股东是股份公司的所有者，有权监督和管理公司。因此，欲控制某家公司，最好是收购这家公司的股票。

2. 股票投资的缺点

股票投资的缺点主要是风险大，其原因如下。

(1)求偿权居后。普通股对公司盈利和剩余资产的求偿权均居于最后。公司破产时，股东原来的投资可能得不到全额补偿，甚至会一无所有。

(2)价格不稳定。普通股的价格受众多因素影响,很不稳定。政治因素、经济因素、投资者心理因素、公司的盈利情况和风险情况都会影响股票价格,这会使股票投资具有较高的风险。

(3)股利收入不稳定。普通股股利的多少,视公司经营状况和财务状况而定,其有无、多寡均无法律上的保证,其收入的风险也远远大于固定收益证券。

任务三 证券投资基金

一、证券投资基金的概念及特点

证券投资基金是指通过公开发售基金份额募集资本,由基金托管人托管,由基金管理人管理和运用资本,为保障基金份额持有人的利益,以资产组合方式进行证券投资的一种利益共享、风险共担的集合投资方式。

作为一种大众化的信托投资工具,各国和地区对证券投资基金的称谓不尽相同,如美国称共同基金,英国和中国香港地区称单位信托基金,日本和中国台湾地区则称证券投资信托基金等。证券投资基金之所以在许多国家和地区受到投资者的广泛欢迎,发展迅速,是由证券投资基金本身的特点决定的。作为一种现代化投资工具,证券投资基金所具备的特点是十分明显的。

(1)集合投资。基金的特点是将零散的资本汇集起来,交给专业机构投资于各种金融工具,以谋取资产的增值。基金对投资的最低限额要求不高,投资者可以根据自己的经济能力决定购买数量,有些基金甚至不限制投资额大小,因此,基金可以最广泛地吸收社会闲散资本。

(2)分散风险。基金可以凭借其集中的巨额资本,在法律规定的投资范围内进行科学的组合,分散投资于多种证券,实现资产组合多样化,达到分散投资风险的目的。

(3)专业理财。基金实行专业理财制度,由受过专门训练、具有比较丰富的证券投资经验的专业人员运用各种技术手段收集、分析各种信息资料,预测金融市场上各个投资品种的价格变动趋势,制定投资策略和投资组合方案,从而可以避免投资决策失误,提高投资收益。

二、证券投资基金的分类

(一)按基金的组织形式划分,分为契约型基金和公司型基金

契约型基金又称为单位信托基金,是指将投资者、管理人、托管人三者作为信托关系的当事人,通过签订基金契约的形式发行受益凭证而设立的一种基金。契约型基金是基于信托原理而组织起来的代理投资方式,没有基金章程,也没有公司董事会,而是通过基金契约来规范三方当事人的行为。基金管理人负责基金的管理操作;基金托管人作为基金资产的名义持有人,负责基金资产的保管和处置,对基金管理人的运作实行监督。

公司型基金是依据基金公司章程设立,在法律上具有独立法人地位的股份投资公司。公司型基金以发行股份的方式募集资本,投资者购买基金公司的股份后,以基金持有人的身份成为投资公司的股东,凭其持有的股份依法享有投资收益。公司型基金在组织形式上与股份有限公司类似,由股东选举董事会,由董事会选聘基金管理公司,基金管理公司负责管理基金的投资业务。

由此可见,契约型基金和公司型基金在法律依据、组织形式以及有关当事人的地位等方面

是不同的，但它们都是把投资者的资本集中起来，按照基金设立时所规定的投资目标和策略，将基金资产分散投资于众多的金融产品上，获取收益后再分配给投资者的投资方式。目前，我国的基金全部是契约型基金。

（二）按基金的运作方式划分，分为封闭式基金和开放式基金

封闭式基金是指经核准的基金份额总额在基金合同期限内固定不变，基金份额可以在依法设立的证券交易场所交易，但基金份额持有人不得申请赎回的基金。由于封闭式基金在封闭期内不能追加认购或赎回，因此投资者只能通过证券经纪商在二级市场上进行基金的买卖。封闭式基金的期限是指基金的存续期，即基金从成立起到终止之间的时间。基金期限届满即为基金终止，管理人应组织清算小组对基金资产进行清产核资，并将清产核资后的基金净资产按照投资者的出资比例进行公正合理的分配。

开放式基金是指基金份额总额不固定，基金份额可以在基金合同约定的时间和场所申购或者赎回的基金。为了满足投资者赎回资本、实现变现的要求，开放式基金一般都从所筹资本中拨出一定比例，以现金形式保持这部分资产。这虽然会影响基金的盈利水平，但对开放式基金来说是必需的。

（三）按基金的投资标的划分，分为债券基金、股票基金、货币市场基金

1. 债券基金

债券基金是一种以债券为主要投资对象的证券投资基金。由于债券的年利率固定，因而这类基金的风险较低，适合于稳健型投资者。债券基金的收益会受市场利率的影响，当市场利率下降时，其收益会上升；反之，当市场利率上升时，其收益将下降。

在我国，根据《证券投资基金运作管理办法》的规定，80%以上的基金资产投资于债券的，为债券基金。

2. 股票基金

股票基金是指以上市股票为主要投资对象的证券投资基金。股票基金的投资目标侧重于追求资本利得和长期资本增值。股票基金是最重要的基金品种，它的优点是资本的成长潜力较大，投资者不仅可以获得资本利得，还可以通过它将较少的资本投资于各类股票，从而实现在降低风险的同时保持较高收益的投资目标。

在我国，根据《证券投资基金运作管理办法》的规定，60%以上的基金资产投资于股票的，为股票基金。

3. 货币市场基金

货币市场基金是以货币市场工具为投资对象的一种基金，其投资对象期限较短，一般在1年以内，包括银行短期存款、国库券、公司短期债券、银行承兑票据及商业票据等货币市场工具。根据《证券投资基金运作管理办法》的规定，仅投资于货币市场工具的，为货币市场基金。货币市场基金的优点是资本安全性高，购买限额低，流动性强，收益较稳定，管理费用低，有些还不收取赎回费用。因此，货币市场基金通常被认为是低风险的投资工具。

三、证券投资基金的费用

基金从设立到终止都要支付一定的费用。通常情况下，基金所支付的费用主要有以下几个方面。

(一)基金管理费

基金管理费是指从基金资产中提取的、支付给为基金提供专业化服务的基金管理人的费用,即基金管理人为管理和运作基金而收取的费用。基金管理费通常按照每个估值日基金净资产的一定比率(年率)逐日计提,累计至每月月底,按月支付。管理费率通常与基金规模成反比,与风险成正比。基金规模越大,风险越小,管理费率就越低;反之,则越高。

(二)基金托管费

基金托管费是指基金托管人为保管和处置基金资产而从基金中提取的费用。基金托管费通常按照基金资产净值的一定比率提取,逐日计算并累计,按月支付给基金托管人。基金托管费从基金资产中提取,费率也会因基金种类不同而异。股票型基金的托管费率高于债券型基金及货币市场基金的托管费率。

(三)基金交易费

基金交易费是指基金在进行证券买卖交易时所发生的相关交易费用。目前,我国证券投资基金的交易费用主要包括印花税、交易佣金、过户费、经手费、证管费等。交易佣金由证券公司按成交金额的一定比例从基金中提取,印花税、过户费、经手费、证管费等则由登记公司或交易所按有关规定收取。

(四)基金运作费

基金运作费是指为保证基金正常运作而发生的应由基金承担的费用,包括审计费、律师费、上市年费、信息披露费、分红手续费、持有人大会费、开户费、银行汇划手续费等。按照有关规定,如果发生的费用大于基金份额净值十万分之一的,应采用预提或待摊的方法计入基金损益;发生的费用小于基金份额净值十万分之一的,应于发生时直接计入基金损益。

(五)基金销售服务费

基金销售服务费是指从基金资产中扣除的用于支付销售机构佣金以及基金管理人的基金营销广告费、促销活动费、持有人服务费等方面的费用。目前,只有货币市场基金以及其他经中国证监会核准的基金产品才收取基金销售服务费,基金管理人可以按照相关规定从基金财产中持续计提一定比例的销售服务费。

四、证券投资基金的投资风险

证券投资基金是一种集中资本、专家管理、分散投资、降低风险的投资工具,但投资者投资于基金仍有可能面临风险。证券投资基金存在的风险主要有以下几种。

(一)市场风险

基金主要投资于证券市场,投资者购买基金,相对于购买股票而言,由于能有效地分散投资和利用专家优势,可能对控制风险有利。分散投资虽能在一定程度上消除来自个别公司的非系统性风险,但无法消除市场的系统性风险。因此,当证券市场价格因经济因素、政治因素等各种因素的影响而产生波动时,将导致基金收益水平和净值发生变化,从而给基金投资者带来风险。

(二)管理能力风险

基金管理人作为专业投资机构,虽然比普通投资者在风险管理方面有某些优势,如能较好地认识风险的性质、来源和种类,能较准确地度量风险,并通常能够按照自己的投资目标和风险承受能力构造有效的证券组合,在市场变动的情况下,及时地对投资组合进行更新,从而将基金资产风险控制在预定的范围内。但是,不同的基金管理人的基金投资管理水平、管理手段和管理技术存在差异，从而会对基金收益水平产生影响。

(三)技术风险

当计算机、通信系统、交易网络等技术保障系统或信息网络支持出现异常情况时，可能导致基金日常的申购或赎回无法在正常时限内完成、注册登记系统瘫痪、核算系统无法按正常时限要求显示基金净值、基金的投资交易指令无法及时传输等风险。

(四)巨额赎回风险

这是开放式基金所特有的风险。当因市场剧烈波动或其他原因而连续出现巨额赎回，并导致基金管理人出现现金支付困难时，基金投资者申请赎回基金份额，可能会遇到部分顺延赎回或暂停赎回等风险。

任务四　证券投资风险与组合

一、证券投资风险

风险性是证券投资的基本特征之一。在证券投资活动中，投资者买卖证券是希望获取预期的收益。在投资者持有证券期间，各种因素的影响可能使预期收益减少甚至使本金遭受损失；持有期间越长，各种因素产生影响的可能性越大。

证券投资风险是指投资者在证券投资过程中遭受损失或达不到预期收益的可能性。与证券投资活动相关的所有风险称为总风险。总风险按是否可以通过投资组合加以回避及消除，可分为系统性风险与非系统性风险。

(一)系统性风险

系统性风险，是指由于政治、经济及社会环境的变动而影响证券市场上所有证券的风险。这类风险的共同特点是:其影响不是作用于某一种证券，而是对整个证券市场发生作用，导致证券市场上所有证券出现风险。由于系统性风险对所有证券的投资总是存在的，并且无法通过投资多样化的方法加以分散、回避与消除，故称不可分散风险。它包括市场风险、利率风险、购买力风险以及自然因素导致的社会风险等。

1. 市场风险

市场风险是指由有价证券的“空头”和“多头”等市场因素所引起的证券投资收益变动的可能性。

空头市场即熊市，是证券市场价格指数从某个较高点(波峰)下降开始，一直呈下降趋势至某一较低点(波谷)结束。多头市场即牛市，是证券市场价格指数从某一个较低点开始上升，一直呈上升趋势至某个较高点并开始下降时结束。从这一点开始，证券市场又进入空头市场。多头市场和空头市场的这种交替，导致市场证券投资收益发生变动，进而引起市场风险。多头市场和空头市场的交替就是就证券市场的总趋势而言，显然，市场风险是无法回避的。

2. 利率风险

利率风险是指由于市场利率变动引起证券投资收益变动的可能性。

因为市场利率与证券价格具有负相关性，即当利率下降时，证券价格上升；当利率上升时，证券价格下降。由于市场利率变动引起证券价格变动，进而引起证券投资收益变动，这就是利率风险。市场利率的波动是基于市场资金供求状况与基准利率水平的波动。不同经济发展阶段市场资金供求状况不同,中央银行根据宏观金融调控的要求调节基准利率水平,当中央银行调整利率时,各种金融资产的利率和价格必然作出灵敏的市场反应,所以利率风险是无法回避的。

3. 购买力风险

购买力风险又称通货膨胀风险,是指由于通货膨胀所引起的投资者实际收益水平下降的风险。由于通货膨胀必然引起企业制造成本、管理成本、融资成本的提高,当企业无法通过涨价或内部消化加以弥补时,就会导致企业经营状况与财务状况的恶化,投资者因此会丧失对股票投资的信心,股市价格随之跌落。一旦投资者对通货膨胀的未来态势产生持久的不良预期时,股价暴跌风潮也就无法制止。世界证券市场发展的历史经验表明,恶性通货膨胀是引发证券市场混乱的祸根。

此外,通货膨胀还会引起投资者本金与收益的贬值,使投资者货币收入增加却并不一定真的获利。通货膨胀是一种常见的经济现象,它的存在必然使投资者承担购买力风险,而且这种风险不会因为投资者退出证券市场就可以避免。

(二)非系统性风险

非系统性风险是指由于市场、行业以及企业本身等因素影响个别企业证券的风险。它是由单一因素造成的并非只影响某一证券收益的风险,属个别风险,能够通过投资多样化来抵消,又称可分散风险或公司特别风险。它包括行业风险、企业经营风险、企业违约风险等。

1. 行业风险

行业风险是指由证券发行企业所处的行业特征所引起的该证券投资收益变动的可能性。有些行业本身包含较多的不确定因素,如高新技术行业,而有些行业则包含较少的不确定因素,如电力、煤气等公用事业。

2. 经营风险

经营风险是指企业由于经营不善竞争失败,企业业绩下降而使投资者无法获取预期收益或者亏损的可能性

3. 违约风险

违约风险是指企业不能按照证券发行契约或发行承诺支付投资者债息、股息、红利及偿还债券本金而使投资者遭受损失的风险。

二、单一证券投资风险的衡量

衡量单一证券的投资风险对于证券投资者具有极为重要的意义,它是投资者选择合适投资对象的基本出发点。如果各种证券具有相同的期望收益率,那么投资者在选择投资对象时,显然会倾向于风险低的证券。

单一证券投资风险的衡量一般包括算术平均法与概率测定法两种。

(一)算术平均法

算术平均法是最早产生的单一证券投资风险的测定方法。其计算公式为:

$$平均价差率=\frac{\sum_{i=1}^{n}各期价差率}{n}$$

式中:

各期价差率=(该时期最高价－最低价)/(该时期最高价＋最低价)/2

n 为计算时期数。

如果将风险理解为证券价格可能的波动，平均价差率则是衡量证券投资风险的较好指标。证券投资决策可以根据平均价差率的大小来判断该证券的风险大小，平均价差率大的证券风险也大；平均价差率小的证券风险则较小。

利用算术平均法对证券投资风险的测定，其优点是简单明了，但其测定范围有限，着重于过去的证券价格波动，测定风险所包含的内容过于狭窄。因此，不能准确地反映该证券投资未来风险的可能趋势。

(二)概率测定法

概率测定法是衡量单一证券投资风险的主要方法，它依据概率分析原理，计算各种可能收益的标准差与标准离差率，从而反映相应证券投资的风险程度。

1. 标准差

判断实际可能的收益率与期望收益率的偏离程度，一般可采用标准差指标。其计算公式为：

$$\sigma=\sqrt{\sum_{i=1}^{n}(K_i-\bar{K})^2P_i}$$

式中：$\bar{K}$——期望收益率（$\sum_{i=1}^{n}(K_i \cdot P_i)$）；

K_i——第 i 种可能结果的收益率；

P_i——第 i 种可能结果的概率；

n——可能结果的个数；

σ——标准差。

一般来说，标准差越大，说明实际可能的结果与期望收益率偏离越大，实际收益率不稳定，因而该证券投资的风险大；标准差越小，说明实际可能的结果与期望收益率偏离越小，实际收益率比较稳定，因而该证券投资的风险较小。但标准差只能用来比较期望收益率相同的证券投资风险程度，而不能用来比较期望收益率不同的证券投资的风险程度。

2. 标准离差率

标准离差率又称标准差系数，可用来比较不同期望收益率的证券投资风险程度。其计算公式为：

$$q=\sigma/K\times100\%$$

标准差系数是通过标准差与期望收益率的对比，以消除期望收益率水平高低的影响，以此比较不同收益率水平的证券投资风险程度的大小。一般来说，标准差系数越小，说明该证券投资风险程度相对较低；否则反之。

【实例 6－13】 某企业拟对两种证券进行投资，每种证券均可能遭遇繁荣、衰退两种行情，各自的预期收益率及概率如表 6－2 所示，试比较 A、B 两种证券投资的风险程度。

表 6－2　　两种证券投资的风险比较

经济趋势	发生概率(P_i)	收益率(K_i)	
		A	B
衰退	50%	－20%	10%
繁荣	50%	70%	30%

解:(1)分别计算A、B证券的期望收益率:

$\overline{K_A}=(-20\%)\times0.5+70\%\times0.5=25\%$

$\overline{K_B}=10\%\times0.5+30\%\times0.5=20\%$

(2)分别计算A、B证券的标准差:

$\sigma_A=\sqrt{(-20\%-25\%)^2\times0.5+(70\%-25\%)^2\times0.5}$

$=45\%$

$\sigma_B=\sqrt{(10\%-20\%)^2\times0.5+(30\%-20\%)^2\times0.5}$

$=10\%$

(3)分别计算A、B证券的标准离差率:

$q_A=45\%/25\%=180\%$

$q_B=10\%/20\%=50\%$

由此可以判定:尽管证券A的期望收益率高于证券B,但其风险程度也高于证券B。

二、证券投资组合

前已述及,证券投资充满了各种各样的风险,为了规避风险,可采用证券投资组合的方式,即投资者在进行证券投资时,不是将所有的资金都投向单一的某种证券,而是有选择地投向多种证券,这种做法就叫证券的投资组合或者投资的多样化。

(一)证券投资组合的策略与方法

1. 证券投资组合的策略

在证券组合理论的发展过程中,形成了各种各样的派别,从而也形成了不同的组合策略,现介绍其中最常见的几种。

(1)保守型策略。这种策略认为,最佳证券投资组合策略是要尽量模拟市场现状,将尽可能多的证券包括进来,以便分散掉全部可分散风险,得到与市场所有证券的平均收益同等的收益。这种投资组合的好处是:能分散掉全部可分散风险;不需要高深的证券投资的专业知识;证券投资的管理费比较低。但这种组合获得的收益不会高于证券市场上所有证券的平均收益。因此,此种策略属于收益不高,风险不大的策略,故称为保守型策略。

(2)冒险型策略。这种策略认为,与市场完全一样的组合不是最佳组合,只要投资组合做得好,就能击败市场或超越市场,取得远远高于平均水平的收益。在这种组合中,一些成长型的股票比较多,而那些低风险、低收益的证券不多。另外,其组合随意性强,变动频繁。采用这种策略的人都认为,收益就在眼前,何必死守苦等。对于追随市场的保守派,他们是不屑一顾的。这种策略收益高,风险大,因此,称冒险型策略。

(3)适中型策略。这种策略认为,证券的价格,特别是股票的价格,是由特定企业的经营业绩来决定的。市场上股票价格的一时沉浮并不重要,只要企业经营业绩好,股票一定会升到其本来的价值水平。采用这种策略的人,一般都善于对证券进行分析。适中型策略如果做得好,可获得较高的收益,而又不会承担太大风险。但进行这种组合的人必须具备丰富的投资经验,拥有进行证券投资的各种专业知识。这种投资策略风险不太大,收益却比较高,所以是一种最常见的投资组合策略。各种金融机构、投资基金和企事业单位在进行证券投资时一般都采用此种策略。

2. 证券投资组合的方法

进行证券投资组合的方法有很多，但最常见的方法通常有以下几种：

(1)选择足够数量的证券进行组合。这是一种最简单的证券投资组合方法。在采用这种方法时，不是进行有目的的组合，而是随机选择证券。随着证券数量的增加，可分散风险会逐步减少，当数量足够时，大部分可分散风险的都能分散掉。

(2)把风险大、风险中等、风险小的证券放在一起进行组合。这种组合方法又称1/3法，是指把全部资金的分成三等份，分别投资于风险大的证券；风险中等的证券和风险小的证券。一般而言，风险大的证券对经济形势的变化比较敏感，当经济处于繁荣时期，风险大的证券获得高额收益，但当经济衰退时，风险大的证券却会遭受巨额损失；相反，风险小的证券对经济形势的变化则不十分敏感，一般都能获得稳定收益，而不致遭受损失。因此，这种1/3的投资组合法，是一种进可攻、退可守的组合法，虽不会获得太高的收益，但也不会承担巨大风险，是一种常见的组合方法。

(3)把投资收益呈负相关的证券放在一起进行组合。一种股票的收益上升而另一种股票的收益下降的两种股票，称为负相关股票。把收益呈负相关的股票组合在一起，能有效地分散风险。

(二)证券组合投资的期望收益率

$$\overline{K_p}=\sum_{i=1}^{n}K_i\cdot W_i\cdot P_i=\sum_{i=1}^{n}\overline{K_i}\cdot W_i$$

式中：$\overline{K_p}$——证券组合投资的期望收益率；

$\overline{K_i}$——第 i 种证券的期望收益率；

W_i——第 i 种证券价值占证券组合投资总价值的比重；

n——证券组合中的证券数。

【实例6—14】 仍沿用【实例6—13】中的资料，如该企业各投资50%于A、B证券，则组合投资的期望收益率为：

$\overline{K_p}=25\%\times0.5+20\%\times0.5=22.5\%$

(三)证券组合投资的风险

证券组合投资的期望收益率可由各个证券期望收益率的加权平均而得，但证券组合投资的风险并不是各个证券标准差的加权平均数，即 $\sigma_p\neq\sum_{i=1}^{n}\sigma_i\cdot w_i$。证券投资组合理论研究表明，理想的证券组合投资的风险一般要小于单独投资某一证券的风险，通过证券投资组合可以规避各证券本身的非系统性风险。现举例说明如下：

【实例6—15】 某企业投资于由W、M两种证券组成的投资组合，投资比重各为50%，从2013—216年各年的收益率及标准差资料如表6—3所示：

表6—3　完全负相关的两种证券组合

年　度	证券W收益率 K_W(%)	证券M收益率 K_M(%)	W、M投资组合收益率 K_p
2013	—10	40	15
2014	35	—5	15

续表

年　度	证券W收益率 K_W(%)	证券M收益率 K_M(%)	W、M投资组合收益率 K_p
2015	−5	35	15
2016	15	15	15
平均收益率	15	15	15
标准差	22.6	22.6	0

由此可见，如果只投资W或M，它们的风险都很高；但如将两种证券进行组合投资，则其风险为零(标准差为零)。这种组合之所以会风险为零，是因为这两种证券的投资收益率的变动方向正好相反：当W的投资收益率上升时，M的投资收益率下降；反之，当W的投资收益率下降时，M的投资收益率上升。这种收益率的反向变动趋势统计学上称之为完全负相关，相关系数 $r=-1.0$。如果两种证券的收益率变动方向完全一致，统计学上称之为完全正相关($r=+1.0$)，这样的两种证券进行投资组合，不能抵消风险。对于大多数证券，一般表现为正相关，但又不是完全正相关，所以投资组合可在一定程度上降低投资风险，但不能完全消除投资风险。一种证券组合的风险，不仅取决于组合中各构成证券个别的风险，也决定于它们之间的相关程度。

(四)系统性风险的衡量

前已述及，系统性风险是由于政治、经济及社会环境的变动影响整个证券市场上所有证券价格变动的风险。它使证券市场平均收益水平发生变化，但是，每一种具体证券受系统性风险的影响程度并不相同。β 值就是用来测定一种证券的收益随整个证券市场平均收益水平变化程度的指标，它反映了一种证券收益相对于整个市场平均收益水平的变动性或波动性。如果某种股票的 β 系数为1，说明这种股票的风险情况与整个证券市场的风险情况一致，即如果市场行情上涨了10%，该股票也会上涨10%；如果市场行情下跌10%，该股票也会下跌10%。如果某种股票的 β 系数大于1，说明其风险大于整个市场的风险；如果某种股票的 β 系数小于1，说明其风险小于整个市场的风险。

单一证券的 β 值通常会由一些投资服务机构定期计算并公布，证券投资组合的 β 值则可由证券组合投资中各组成证券 β 值加权计算而得，其计算公式如下：

$$\beta_p=\sum_{i=1}^{n}w_i\beta_i$$

式中：β_p——证券组合的 β 系数；

w_i——证券组合中第 i 种股票所占的比重；

β_i——第 i 种股票的 β 系数；

n——证券组合中股票的数量。

【实例6－16】 某公司持有共100万元的3种股票，该组合中A股票20万元，B股票40万元，β 系数均为1.5；C股票40万元，β 系数为0.8，则该投资组合的 β 系数为：

$\beta_p=20\%\times1.5+40\%\times1.5+40\%\times0.8=1.22$

(五)证券投资组合的风险与收益

1. 证券投资组合的风险收益

投资者进行证券投资，就会要求对承担的风险进行补偿，股票的风险越大，要求的收益率就越高。由于证券投资的非系统性风险可通过投资组合来抵消，投资者要求补偿的风险主要是系统性风险。因此证券投资组合的风险收益是投资者因承担系统性风险而要求的超过资金时间价值的那部分额外收益。其计算公式为：

$$R_p = \beta_p \cdot (K_m - R_f)$$

式中：R_p——证券组合的风险收益率；

β_p——证券组合的β系数；

K_m——市场收益率，证券市场上所有股票的平均收益率；

R_f——无风险收益率，一般用政府公债的利率来衡量。

【实例 6－17】 根据实例 6－16 资料，如股票的市场收益率为 10%，无风险收益率为 6%，试确定该证券投资组合的风险收益率。

解：$$R_p = 1.22 \times (10\% - 6\%) = 4.88\%$$

在其他因素不变的情况下，风险收益取决于证券投资组合的β系数，β系数越大，风险收益越大；β系数越小，风险收益越小。

2. 证券投资的必要收益率

证券投资的必要收益率等于无风险收益率加上风险收益率，即：

$$K_i = R_f + \beta(K_m - R_f)$$

这就是资本资产计价模型(CAPM)。

式中：K_i——第i种股票或证券组合的必要收益率；

β——第i种股票或证券组合的β系数；

K_m——市场收益率，证券市场上所有股票的平均收益率；

R_f——无风险收益率。

【实例 6－18】 华为公司股票的β系数为 1.5，无风险利率为 4%，市场平均收益率为 8%，则该股票的必要收益率为多少时，投资者才会购买？

解：$K_i = R_f + \beta(K_m - R_f)$

$= 4\% + 1.5 \times (8\% - 4\%)$

$= 10\%$

华为公司的股票的收益率达到或超过 10%时，投资者才会购买。

关键术语

证券　证券投资　债券的价值　股票的价值　证券投资基金　契约型基金　公司型基金　封闭式基金　开放式基金　债券基金　股票基金　货币市场基金　系统性风险　非系统性风险　证券投资组合

应知考核

一、单项选择题

1. 下列哪项证券投资能获得被投资企业的控制权？(　　)

A. 债券　　B. 普通股股票　　C. 优先股股票　　D. 认股权证

2. 证券组合投资是指将资金投向于( )。

A. 债券　B. 股票　C. 期货　D. 多种证券

3. 下列能够更好避免购买力风险的证券是( )。

A. 国库券　B. 普通股股票　C. 公司债券　D. 优先股股票

4. 违约风险最大的证券是( )。

A. 政府债券　B. 金融债券　C. 公司股票　D. 公司债券

5. 证券投资者在购买证券时,可以接受的最高价格是( )。

A. 出卖市价　B. 风险价值　C. 内在价值　D. 票面价值

6. 某公司发行的股票,预期报酬率为10%,最近刚支付的股利为每股1元,估计股利年增长率为4%,则该种股票的价值为( )元。

A. 17.33　B. 10　C. 25　D. 16.67

7. 股票的价值是指( )。

A. 股票的内在价值　B. 股票的价格　C. 股息　D. 红利

8. 市盈率是( )与每股收益的比值。

A. 每股净资产　B. 每股股票的价格　C. 每股股息　D. 每股销售收入

9. 按照基金运作方式,证券投资基金可以划分为( )。

A. 私募基金和公募基金　B. 上市基金和不上市基金

C. 开放式基金和封闭式基金　D. 契约型基金和公司型基金

10. 下列关于β系数说法不正确的是( )。

A. β系数可用来衡量可分散风险的大小

B. 某种股票的β系数越大,风险收益率越高,预期报酬率也越大

C. β系数反映个别股票的市场风险,系数为零,说明该股票的市场风险为零

D. 某种股票β系数为1,说明该种股票的风险与整个市场风险一致

二、多项选择题

1. 证券投资相对于实物资产投资而言的特点是( )。

A. 流动性强　B. 交易成本高　C. 价值不稳定　D. 投资风险小

2. 企业进行证券投资的目的是( )。

A. 充分利用闲置资金　B. 为了取得对相关企业的控制权

C. 满足未来的财务需求　D. 获得长期稳定的投资收益

3. 企业初次进行证券投资,其投资程序一般包括( )。

A. 合理选择投资对象　B. 委托买卖

C. 清算交割　D. 过户

4. 证券投资的对象可以是( )。

A. 股票　B. 债券　C. 基金　D. 以上三者组合

5. 与股票投资相比,债券投资的优点有( )。

A. 本金安全性好　B. 投资收益率高

C. 购买力风险低　D. 收入稳定性强

6. 决定债券收益率的因素主要有( )。

A. 票面利率　B. 持有时间　C. 市场利率　D. 购买价格

7. 股票投资的缺点有(　　)。

A. 求偿权居后　　B. 价格不稳定　　C. 收入不稳定　　D. 购买力风险大

8. 股票投资的优点有(　　)。

A. 投资收益高　　B. 收入不稳定

C. 拥有经营控制权　　D. 购买力风险低

9. 下列关于系数的表述中,正确的有(　　)。

A. 某股票的β系数越大,说明其市场风险越大

B. 某股票的β系数等于1,则其风险与整个市场的平均风险相同

C. 某股票的β系数等于2,则其风险程度是股票市场平均风险的2倍

D. 某股票的β系数等于0.5,则其风险程度是股票市场平均风险的一半

10. 证券投资的系统风险包括(　　)。

A. 利率风险　　B. 违约风险　　C. 再投资风险　　D. 破产风险

三、判断题

1. 在财务管理中,证券投资与项目投资均属于投资,区别仅在于投资的对象不同。(　　)

2. 证券投资是通过购买股票、债券等金融资产的投资行为,属于间接投资。(　　)

3. 证券投资的唯一目的就是为了获利。(　　)

4. 证券价格波动大对于证券投资来说是一个不利因素。(　　)

5. 证券投资亏损的主要原因之一是证券投资交易成本高。(　　)

6. 证券期限越长,利率风险越大,期限性风险也越大。(　　)

7. 证券价格与市场利率的变化方向相同。(　　)

8. 证券投资人不能在未来出售证券的风险就是流动性风险。(　　)

9. 债券投资的购买力风险最大。(　　)

10. 对于证券投资中的系统性风险,只要多买几家公司的股票,就可以降低其风险程度。(　　)

四、简述题

1. 简述证券投资的目的和收益。

2. 简述债券投资的特点及优缺点。

3. 简述股票投资的特点及优缺点。

4. 简述证券投资基金的投资风险。

5. 简述证券投资组合的策略与方法。

五、计算题

1. 某投资者的投资组合中包括三种证券,债券占40%、A股票占30%、B股票占30%,其系数分别为1、1.5和2,市场全部股票的平均收益率为12%,无风险收益率为5%。

要求:

(1)计算投资组合的系数;

(2)计算投资组合的预期收益率。

2. A公司股票的系数为2.5,无风险收益率为6%,市场上所有股票的平均报酬率为10%。

要求：

(1)计算该公司股票的预期收益率；

(2)若该股票为固定增长股票，增长率为6%，预计1年后的股利为1.5元，则该股票的价值为多少？

3. 乙企业欲对A公司发行的已上市每年付息债券进行投资，该债券的面值为500元，票面利率为14%，期限为10年，已发行2年；且已知当时的市场利率为12%，该债券的实际交易价格为530元。请对乙企业应否进行该种债券投资作出决策。

4. 某公司持有A、B、C三种股票构成的证券组合，它们目前的市价分别为20元/股、7元/股和5元/股，β系数分别为2.1、1.0和0.5，在证券组合中所占的比例分别为50%、40%和10%，上年的股利分别为2元/股、1元/股和0.5元/股，预期持有B、C股票每年可分别获得稳定的股利，持有A股票每年获得的股利每年增长率为5%，若目前的市场收益率为14%，无风险收益率为10%。

要求：

(1)计算持有A、B、C三种股票投资组合的风险收益率。

(2)若投资总额为50万元，风险收益额是多少？

(3)分别计算投资A股票、B股票、C股票的必要收益率。

(4)计算投资组合的必要收益率。

(5)分别计算A股票、B股票、C股票的内在价值。

(6)判断该公司是否应出售A、B、C三种股票。

5. 云华公司准备购买某种7年期债券，面值10 000元，票面利率为8%，每年付息一次，到期还本。

要求：如果发行时市场利率为6%，试计算债券价格为多少时才值得购买？

应会考核

■ 观念应用

【背景资料】

A企业于2017年1月1日以每张1 020元的价格购买B企业发行的企业债券。该债券的面值为1 000元，期限为3年，票面年利率为10%。购买时市场年利率为8%。不考虑所得税。

【考核要求】

(1)假设该债券一次还本付息，按单利计息，利用债券估价模型评价A企业购买此债券是否划算？

(2)假设该债券每年支付一次利息，按复利计算，评价A企业是否可以购买此债券？

(3)假设该债券以800元的价格发行，没有票面利率，到期按面值偿还，则该债券是否值得购买？

■ 技能应用

某公司现有100万元资金，拟累积一笔资金5年后扩大生产规模，现准备进行长期投资，初步决定要么全部购买100万元平价发行的Y债券，要么购买10万股Z股票(每股买入价10

元)。Y债券的期限为5年,票面利率为8%,每年付息一次,到期一次还本。Z股票为零成长股票,每股每年股利1.1元,第5年末,该股票可以按其内在价值出售。该公司要求的投资报酬率为10%。

【技能要求】

请代该公司作出投资决策。

■ **案例分析**

【情景与背景】

某投资者于2016年准备投资购买股票,现有A、B两家公司可供选择,从A公司、B公司2015年12月31日的有关会计报表及补充资料中获知,2015年A公司发放的每股股利为5元,股票每股市价为40元;2015年B公司发放的每股股利为2元,股票每股市价为20元。预期A公司未来5年内股利固定,以后转为正常增长,年增长率为6%;预期B公司股利将持续增长,年增长率为4%。假定目前无风险收益率为8%,市场上所有股票的平均收益率为12%,A公司股票的β系数为2,B公司股票的β系数为1.5。

【分析要求】

请仔细阅读以上资料,分析与回答下面的问题。

(1)通过计算股票价值并与股票市价相比较,判断是否应当购买两公司的股票。

(2)若投资购买这两种股票各1 000股,该投资组合的预期收益率是多少?

(3)求(2)中投资组合的β系数。

项目实训

【实训项目】

证券投资管理

【实训情境】

投资者李美安于2017年7月5日在杭州广发证券营业部开设了一个A股股票账户,并与证券公司达成一致意见:投资者进行股票买卖支付给证券公司的交易佣金为成交金额的5‰,最低5元起。2017年7月20日,李美安投入资金50 000元,2017年7月26日,他以每股12.04元的价格(不含各种交易费用)购入1 000股的苏宁云商股票(股票代码:002024);2017年7月28日,他以每股11.77元的价格(不含各种交易费用)购入1 000股的鄂尔多斯股票(股票代码:600295);2017年7月30日,他又以16.10元的价格(不含各种交易费用)购入1 000股的大同煤业股票(股票代码:601001)。2017年8月4日,李美安以每股12.78元的价格(不含各种交易费用)出售其所持有的1 000股苏宁云商股票;2017年8月9日,他以每股12.45元的价格(不含各种交易费用)出售其所持有的1 000股鄂尔多斯股票;2017年8月10日,他以每股17.25元的价格(不含各种交易费用)出售其所持有的1 000股大同煤业股票。

财务顾问吴斌计算苏宁云商的投资收益率为:

$$
\begin{aligned}
投资收益率&=[(12.78\times1\ 000-12.78\times1\ 000\times0.001-12.78\times1\ 000\times0.0\ 005)\\
&\quad-12\ 058.06]\div12\ 058.06\div(10/360)\\
&=5.83\%
\end{aligned}
$$

这个收益率与五年期银行定期存款利率(5.5%/年)相接近,但银行存款没有风险,而股票价格变动不稳定，投资者亏损可能性很大，因此，不值得进行股票投资。

【实训任务】

(1)吴斌的这种观点正确吗？

(2)请指出李美安通过其证券账户进行A股票交易，其支付的交易费用有哪些？该如何计算？

(3)计算2017年7月26日、7月28日和7月30日李美安账户上的人民币余额分别是多少？

(4)计算李美安投资苏宁云商股票、鄂尔多斯股票和大同煤业股票在各自投资期间的名义投资收益率(一年按360天计算)是多少？

(5)计算从2017年7月20日到2017年8月10日，李美安投入资金50 000元的名义投资收益率是多少？

项目七　营运资金管理

学习目标

知识目标

理解：营运资金的概念和特点；营运资金的管理原则、政策；营运资金管理的内容。

熟知：现金管理、应收账款和存货日常管理的内容、目的；企业存货决策。

掌握：现金的持有动机和成本、最佳现金持有量的管理模式；企业应收账款政策的制定、功能和成本；存货的功能与成本、存货资金需要量的预测、存货经济批量决策。

能力目标

能够结合企业的具体情况，有针对性地预测最佳现金持有量、信用政策决策、确定存货资金需要量的预测和经济批量决策。

素质目标

能够根据企业的具体情况，对企业营运资金进行全面评估和分析，并对企业营运资金管理进行决策。

项目引例

大连星海公司的营运资金如何管理

大连星海公司是一个专业从事手表生产与销售的企业。该企业下设一个手表专营公司负责手表的销售，专营公司的副经理叫孙尧。该企业主要生产销售机械表。2007 年左右，市场发生了变化，电子表畅销，机械表销售下降。该企业的产品积压严重，仅专营公司就积压了 100 多万只机械表。当时孙尧给厂里打报告，请示处理积压产品，当时市价为 120 元一只的机械表，孙尧准备以 25 元一只处理掉，然后利用收回资金生产销售电子表。厂里没有批准孙尧的报告。孙尧又给主管局打报告，主管局也没有批示。在这种情况下，孙尧自作主张，以 25 元/只的价格处理积压产品。经过三个月的努力，积压产品全部售出，收回资金 2 500 万元。孙尧用这些资金引进香港表盘、机芯，根据市场需求，生产多花色的产品去争取市场，到 2009 年，专营公司盈利 900 多万元。但是由于该手表厂也是个老大难企业，先后换了 10 多名厂长，孙尧的行为让企业领导感到难堪，遂在 2010 年将专营公司撤销。2012 年手表厂面临破产，累计亏损 4 000 多万元，银行存款只有 4 万元，固定资产达 8 000 万元，并且有几百台进口设备。在这种情况下，2012 年 4 月孙尧被任命为该厂厂长。8 个月后，该企业减亏 747 万元，2013 年全面扭亏，实现利税 574 万元。2012 年到 2016 年还清了近 1 亿元债务。

分析讨论：

企业应该怎样进行有效的营运资金管理？

知识支撑

任务一　营运资金管理概述

一、营运资金的概念和特点

(一)营运资金的概念

营运资金是指企业生产经营活动中占用于流动资产上的资金。营运资金有广义和狭义之分。广义的营运资金又称毛营运资金(总营运资金)，是指一个企业流动资产的总额；狭义的营运资金又称净营运资金，是指流动资产减去流动负债后的差额。

流动资产是指可以在一年内或者超过一年的一个营业周期内变现或耗用的资产。进行流动资产的管理，需要在资产的流动性和收益性之间作出正确的抉择。流动负债是指将在1年(含1年)或者超过1年的一个营业周期内偿还的债务，包括短期借款、应付账款、应交税费和一年内到期的长期借款等。

企业应控制营运资金的持有数量，既要防止营运资金过度，也要避免营运资金不足。营运资金越多，风险越小，收益越低；相反，营运资金越少，风险越大，但收益率越高。企业需要在风险和收益之间进行权衡，从而将营运资金的数量控制在一定范围之内。本章所讲的营运资金的管理主要是流动资产的管理即现金、应收账款和存货的管理。

(二) 营运资金的特点

为了有效地管理企业的营运资金，必须研究营运资金的特点，以便有针对性地进行管理。营运资金一般具有如下特点。

1. 流动资产的特点

(1)回收期短。企业占用在流动资产上的资金一般在一年或一个营业周期内收回，对企业影响的时间比较短。

(2)流动性强。流动资产相对固定资产等长期资产来说具有较强的变现能力，这对于财务上满足临时性资金需求具有重要意义。

(3)波动性大。流动资产易受到企业内外环境的影响，其资金占用量的波动往往很大。

(4)具有并存性。流动资产在循环周转过程中，各种不同形态的流动资产在空间上并存，在时间上继起。

2. 流动负债的特点

(1)速度快。申请短期借款往往比申请长期借款更容易、更便捷，通常在较短时间内便可获得。

(2)弹性大。与长期债务相比，短期贷款给债务人更大的灵活性。

(3)成本低。短期负债筹资所发生的利息支出一般低于长期负债筹资的利息支出。

(4)风险大。由于流动负债占用时间比较短，因此风险较大。

二、营运资金的管理原则

从企业财务管理的实务看，财务经理的大量时间用于营运资金的管理。企业进行营运资金管理，必须遵循以下原则。

（一）合理确定营运资金的需要量

企业营运资金的需要量与企业生产经营活动有直接关系，当企业产销两旺时，流动资金会不断增加，流动负债也会相应增加；而当企业产销量不断减少时，流动资产和流动负债也会相应减少。因此，企业财务人员应认真分析生产经营状况，采用一定的方法预测营运资金的需要数量，以便合理使用营运资金。

（二）提高资金使用效率

加速资金周转是提高资金使用效率的主要手段之一。提高营运资金使用效率的关键就是采取得力措施，缩短营业周期，加速变现过程，加快营运资金周转。因此，企业要千方百计地加速存货、应收账款等流动资产的周转，以便用有限的资金，服务于更大规模的产业，为企业取得更好的经济效益提供条件。

（三）提高周转速度，充分利用资金

营运资金周转是指企业的营运资金从现金投入生产经营开始，经过储备资金、生产资金、成品资金又回到现金的过程，在保证资金需要及其他因素不变的情况下，加速资金的周转，可以达到降低资金占用量的目的，也就相应地提高了资金的利用效果。因此，企业应加速存货、应收账款等流动资产的周转，以便用有限的使用资金，取得较好的经济效益。

（四）保持足够的短期偿债能力

偿债能力的高低是企业财务风险高低的标志之一。合理安排流动资产与流动负债的比例关系，保持流动资产结构与流动负债结构的适配性，保证企业有足够的短期偿债能力是营运资金管理的重要原则之一。流动资产、流动负债以及二者之间的关系能较好地反映企业的短期偿债能力。流动负债是在短期内需要偿还的债务，而流动资产则是在短期内可以转化为现金的资产。因此，如果一个企业的流动资产比较多，流动负债比较少，说明企业的短期偿债能力较强；反之，则说明短期偿债能力较弱。但如果企业的流动资产太多，流动负债太少，也不是正常现象，这可能是因流动资产闲置或流动负债利用不足所致。

三、营运资金政策

（一）营运资金持有政策

1. 宽松的营运资金政策

宽松的营运资金政策就是为保证经营活动的安全性而持有较高的营运资本，避免由于营运资本不足而不能偿还到期债务及支付材料价款等带来的风险。

2. 紧缩的营运资金政策

紧缩的营运资金政策就是企业为提高收益率而持有较低的营运资本，较少的现金、有价证券持有量和较低的存货保险储备量却会降低偿债能力和采购的支付能力，可能会造成信用损失，会加大企业的风险。

3. 适中的营运资金政策

适中的营运资金政策就是在权衡收益和风险的情况下使企业营运资本的持有量既不过高

也不过低，恰好能够满足生产经营活动的需要，既不多余，也不会出现短缺。

(二)营运资金筹集政策

营运资金筹集政策主要是就如何安排临时性流动资产和永久性流动资产的资金来源而言的，这里的临时性流动资产和永久性流动资产是按照流动资产的用途加以区分的，临时性流动资产指那些受季节性、周期性影响的流动资产；永久性流动资产则指那些即使企业处于经营低谷也仍然需要保留的、用于满足企业长期稳定需要的流动资产。

与流动资产按照用途划分的方法相对应，流动负债也可以分为临时性负债和自发性负债。临时性负债指为了满足临时性流动资金需要而发生的负债，自发性负债指直接产生于企业持续经营中的负债，如企业在日常运营中产生的各种应付款项。

营运资金筹集政策一般可以区分为三种：配合型筹资政策、激进型筹资政策和稳健型筹资政策。

1. 配合型筹资政策

配合型筹资政策的特点是：对于临时性流动资产，运用临时性负债筹集资金满足其资金需要；对于永久性流动资产和固定资产(统称为永久性资产，下同)，运用长期负债、自发性负债和权益资本筹集资金满足其资金需要。

配合型筹资政策要求企业临时负债筹资计划严密，实现现金流动与预期安排相一致，在季节性低谷时，企业应当除了自发性负债外没有其他流动负债；只有在有临时性流动资产需求时，企业才举借各种临时性债务。

2. 激进型筹资政策

激进型筹资政策的特点是：临时性负债不但融通临时性流动资产的资金需要，还解决部分永久性资产的资金需要。

激进型筹资政策下临时性负债所占比重较大，企业的资本成本较低，但同时存在较大风险。因此，这种筹资政策是一种收益性和风险性均较高的营运资金筹集政策。

3. 稳健型筹资政策

稳健型筹资政策的特点是：临时性负债只融通部分临时性流动资产的资金需要，另一部分临时性流动资产和永久性资产，则由长期负债、自发性负债和权益资本作为资金来源。

稳健型筹资政策下临时性负债所占比重较小，企业的风险较低，但同时加大了企业的资本成本。因此，这种筹资政策是一种风险性和收益性均较低的营运资金筹集政策。

四、营运资金管理的内容

(一)营运资金管理的综合策略的制定

营运资金管理的综合策略是指流动资产与流动负债的匹配策略，即在满足企业经营需要的流动资产占用量的基础上，其流动资产与流动负债筹资的匹配情况。营运资金管理的综合策略能够体现企业管理者对风险与收益的态度。

(二)现金管理

从企业的角度来说，现金是不产生收益的资产，因此从企业价值最大化的角度讲，应尽量减少现金的持有量。但企业由于经营的需要，又不能不持有部分现金。现金管理的主要内容就是要在满足企业生产经营需要的前提下，如何降低企业的现金持有量。

(三)应收账款管理

应收账款是企业赊销的结果,并与企业的信用政策密切相关。应收账款的管理一方面要确定企业的信用标准和信用政策,另一方面要制定收款政策,加速应收账款的收回。

(四)存货管理

存货在企业流动资产中所占的比例最大,它涉及企业的供、产、销全过程。存货管理的目标是在确保生产经营活动顺利开展的前提下,尽量降低资金占用。

任务二　现金管理

在企业的流动资产中,现金是流动性最强的资产。现金有广义、狭义之分。广义的现金是指在生产经营过程中以货币形态存在的资金,包括库存现金、银行存款和其他货币资金等。狭义的现金仅指库存现金。这里所讲的现金是指广义的现金。

一、现金管理的内容与目的

(一)现金管理的内容

企业现金管理的内容主要包括:按照国家有关现金管理的规定和企业的实际情况,建立现金的内部管理制度;编制现金收支计划,以便合理地估计未来的现金需求;对日常的现金收支计划进行控制,力求加速收款,同时,在允许的情况下,尽量延缓付款;采用一定的方法确定企业的最佳现金持有量,为企业的现金持有水平确定一个参照标准;对存放在银行、购买有价证券及持有库存现金的数量结构进行决策;同时对现金的筹措进行决策。

(二)现金管理的目的

现金虽然是一种无法产生收益或产生极少收益的资产,但是为了应付经营过程中的正常支出和某些突然支出,企业又不得不持有现金。因此,现金管理的目标就是在保证企业生产经营所需资金的情况下,尽量降低现金的持有成本。具体而言,现金管理有两个主要的目标:(1)现金的持有量能满足企业各种业务往来的需要;(2)将闲置资金减少到最低限度。

二、现金的持有动机和成本

(一)现金的持有动机

一般而言,企业持有现金的动机主要有三种:交易动机、预防动机和投机动机。

1. 交易动机

交易性动机是指满足日常业务的现金支付需要。一般企业都要持有一定量的现金用于日常的交易如采购原材料、支付工人工资、向国家上缴税款等。尽管企业每天都会发生一定数量的现金收入和现金支出,但难以做到现金收付的数量平衡。如果不保持适当的现金余额,就会影响企业正常的交易活动。

2. 预防动机

预防动机是指企业持有现金作为安全存量以防意外的支付。在经营风险和销售收入变动幅度较大的企业,现金流量变动也较大,很难准确地预测企业的现金流量。一般企业预计的现金需要量一般是指正常情况下的需要量,但是有许多意外事件如水灾、火灾等自然灾害也会影响企业现金的收入与支出,从而打破现金收支计划,使现金出现不平衡。持有一定量的现金可以更好地应付这些事件的发生。并且现金流量的不确定性越大，预防性现金数额就越大；反之，现金流量的可预测性越强，则预防性现金余额就越低。此外，预防性现金余额的高低还与企业的融资能力相关，融资能力越强，预防性现金余额则可以适度降低。预防性现金余额并非一定都需要持有现金，也可以由随时能够变现的有价证券来充当。

3. 投机动机

投机动机是企业为了抓住突然出现的获利机会而持有的现金，这种机会大都是一闪即逝的，如证券价格的突然下跌，企业若没有用于投机的现金，就会错过这一机会。

除了上述三种基本的现金需求以外，还有许多企业是将现金作为补偿性余额来持有的。补偿性余额是企业同意保持的账户余额，它是企业对银行所提供借款或其他服务的一种补偿。

(二)现金的成本

企业拥有任何资产都有成本，现金的成本通常由以下四个部分组成。

1. 现金的管理成本

现金的管理成本是指企业因持有一定数额的现金而必须发生的有关成本，如保管设备费、安全保护费、管理人员工资等。由于现金在一般情况下其管理成本不受持有现金的数量的变化而变化，因此其管理成本基本不变，属于固定成本。

2. 现金的机会成本

现金的机会成本是指企业因持有一定数额的现金所付出的代价，如未将现金借给他人而丧失的利息收入、未将现金注入某长期投资项目而丧失的投资收益。这种成本在数量上等于现金持有量乘以平均收益率(或报酬率)，例如企业预持有 10 万元现金，报酬率为 5%，则需要放弃 5 000 元的投资收益，即它的机会成本为 5 000 元，足可见机会成本属于变动成本，其金额的大小随着持有量的增加而增加，随着持有量的减少而减少。

3. 现金的转换成本

现金的转换成本是指用现金购入有价证券以及转让有价证券换取现金时所支付的委托买卖佣金、手续费、证券过户费和实物交割手续费等费用。由于每一次转换成本与每一次转换数量没有直接的关系，而是与转换次数有关。在一定时期内，现金的转换成本一般会随着转换次数的增加而增加，随着转换次数的减少而减少。也就是说转换成本与转换次数成正比例关系。因此在一定时期转换数量总额一定的情况下，每一次转换的数量越少，则转换的次数越多，其发生的转换成本越多；反之每一次转换的数量越多，则转换的次数越少，其发生的转换成本越少。

4. 现金的短缺成本

现金的短缺成本是指在现金持有量不足而又无法及时通过有价证券变现加以补充而给企业造成的损失，包括直接损失与间接损失。现金的短缺成本与现金持有量呈反方向变动关系，即随着现金持有量的减少而上升，随着现金持有量的增加而下降。

三、最佳现金持有量的管理模式

现金是一种流动性最强的资产，但是又是盈利性最差的资产。因此现金过多，会使企业盈利水平下降，而持有现金太少，又有可能出现现金短缺，影响企业正常生产经营。因此企业在现金持有的问题上存在着风险与收益的权衡问题。那么企业到底持有多少现金才能使企业在满足日常经营的情况下，又能够实现企业的盈利水平最大化。做好现金管理工作，需要控制好现金的持有规模，确定最佳现金持有量。最佳现金持有量是指既能保证企业生产经营的需要，又能使企业获得最大收益的最低限度的现金持有量。最佳现金持有量的确定方法有很多，常用的方法有以下几种。

(一)成本分析模式

成本分析模式是根据现金持有的相关成本如：管理成本、短缺成本与机会成本，分析、预测其总成本最低时现金持有量的一种方法。管理成本具有固定成本的性质，它的多少与现金持有量不存在线性关系；机会成本与现金持有量成正比例变动；短缺成本同现金持有量呈负相关，现金持有量愈大，现金短缺成本愈小；反之，现金持有量愈小，现金短缺成本愈大。这些成本同现金持有量之间的关系可以从图 7—1 反映出来。

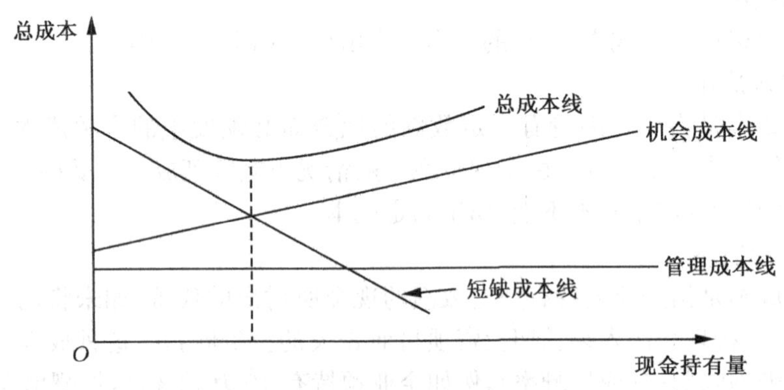

图 7—1 成本分析模型式

从图 7—1 中可以看出：机会成本线向右上方倾斜，短缺成本线向右下方倾斜，管理成本线为平行于横轴的平行线，总成本线是一条抛物线，该抛物线的最低点即为持有现金的最低总成本。这一点横轴上的量，即是最佳现金持有量。当总成本线最低的时候即持有现金的管理成本、机会成本与短缺成本之和为最低时持有的现金数量为最佳现金持有量。一般在实际工作中运用成本分析法确定最佳现金持有量时，首先分别确定不同现金持有量的方案下的机会成本、管理成本和短缺成本，然后计算出不同方案下的现金持有总成本，并且进行比较，最后通过比较不同方案下的总成本，以确定最佳现金持有量。

【实例 7—1】 西域公司现有四种现金持有方案，它们各自的机会成本、短缺成本和管理成本如表 7—1 所示。

表 7—1　　现金持有量备选方案　　金额单位：元

方案项目	A	B	C	D
现金持有量	20 000	30 000	40 000	50 000
机会成本率(%)	10	10	10	10
管理成本	1 000	1 000	1 000	1 000
短缺成本	6 000	4 000	2 000	1 200

注：假设该公司向有价证券投资的收益率为 10%。

根据表 7—1 编制公司最佳现金持有量测算表，如表 7—2 所示。

表 7—2　　最佳现金持有量测算表　　单位:元

方案项目	A	B	C	D
机会成本	2 000	3 000	4 000	5 000
管理成本	1 000	1 000	1 000	1 000
短缺成本	6 000	4 000	2 000	1 200
总成本	9 000	8 000	7 000	7 200

通过比较可知,丙方案的总成本最低,因此 40 000 元即为最佳现金持有量。

(二)现金周转模式

现金周转模式是从现金周转的角度出发,根据现金的周转速度来确定最佳现金持有量。现金周转是指从用现金购买原材料开始,到销售产品并最终收回现金的整个过程所花费的时间。具体包括以下三方面:(1)存货周转期,是指将原材料转化为产成品并出售所需要的时间;(2)应收账款周转期,是指将应收账款转化为现金所需要的时间;(3)应付账款周转期,是指从收到尚未付款的原材料到以现金支付货款所需的时间。

$$现金周转期=存货周转期+应收账款周转期-应付账款周转期$$

$$现金周转率(次数)=\frac{360(天)}{现金周转期}$$

$$现金周转率(次数)=360(天)\div现金周转期$$

一般来说,利用现金周转模式确定最佳现金持有量,包括以下三个步骤:(1)计算现金周转期;(2)计算现金周转率;(3)计算最佳现金持有量。公式如下:

$$最佳现金持有量=预计期全年现金需要量/现金周转率$$

$$最佳现金持有量=\frac{预计期全年现金持有量}{现金周转率}$$

【实例 7—2】　西域公司预计全年需用现金 1 440 万元,预计的存货周转期为 100 天,应收账款周转期为 50 天,应付账款周转期为 60 天,试计算该企业的最佳现金持有量。

解:根据资料计算如下:

现金周转期=100+50−60=90(天)

现金周转率=360/90=4(次)

最佳现金持有量=1 440÷4=360(万元)

(三)存货模式

存货模式是引入存货的经济批量模型计算最佳现金持有量的一种分析方法,其基本原理源于计算存货经济批量的基本模型。这种方法主要考虑机会成本和转换成本,对短缺成本不予考虑。引入存货的经济批量模型计算最佳现金持有量时,主要是对现金持有量的机会成本和转换成本进行权衡,寻求两项成本之和达到最低时的现金持有量。

采用这一模式的假设条件是企业的收入是每隔一段时间发生的,而支出则是在一定时期均匀发生的,并且现金收入的取得可以通过销售有价证券取得。其每次有价证券的转换成本是固定的。

在图 7—2 所示,在最开始的时候企业原有 Q 元现金,当此笔现金在 t_1 点用掉之后 ,出售

Q 元有价证券补充现金；随后当此笔现金到 t_2 时又使用完了，再出售 Q 元有价证券补充现金。以此不断重复。按照这种模式所发生的成本主要涉及现金持有成本和现金转换成本。由于现金持有成本与现金余额成正比例变化，其属于变动成本，而由于现金每次转换成本是固定不变的与现金持有量无关，只是与转换的次数有关。

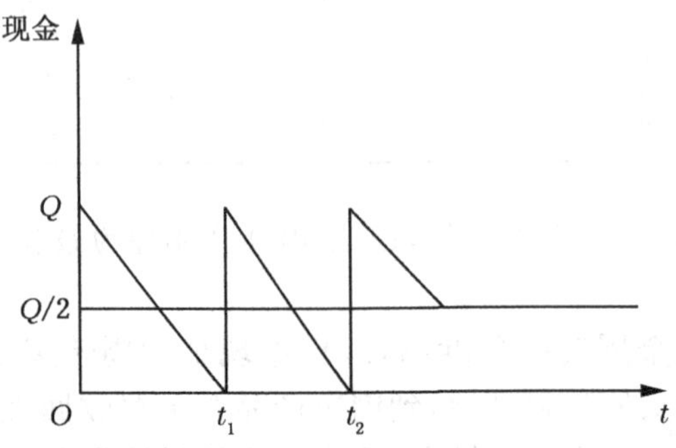

图 7—2　现金持有成本与现金余额的关系

因此采用这种模式确定的现金总成本公式为：

现金总成本＝持有机会成本＋(每次)固定性转换成本

设 T 为一个周期内现金总需求量；F 为每次转换有价证券的固定成本；Q 为最佳现金持有量(每次证券变现的数量)，K 为有价证券利息率(机会成本)；TC 为现金管理总成本。则：

$$TC=\frac{Q}{2}\times K+\frac{T}{Q}\times F$$

对自变量 Q 求导数，TC 极小时：

$$Q=\sqrt{\frac{2FT}{K}}$$

即为最佳现金持有量。

$$TC=\frac{Q}{2}\times K+\frac{T}{Q}\times F$$

现金管理总成本：$TC=\sqrt{2TFK}$

$$\text{有价证券交易次数}=\frac{T}{Q}=\sqrt{\frac{TK}{2F}}$$

【实例 7—3】　某企业现金收支状况比较稳定，预计全年(按 360 天计算)需要现金 25 万元，现金与有价证券的转换成本为每次 500 元，有价证券的年利率为 10%，则最佳现金持有量为多少？

解：

$$\text{最佳现金持有量}(Q)=\sqrt{\frac{2\times 250\ 000\times 500}{10\%}}=50\ 000(\text{元})$$

其中：

转换成本＝(250 000/50 000)×500＝2 500(元)

机会成本＝(50 000/2)×10%＝2 500(元)

有价证券交易次数＝250 000/50 000＝5(次)

有价证券交易间隔期＝360/5＝72(天)

【实例 7－4】 西域公司现金收支状况比较稳定，预计全年现金总需用量为 800 000 元，每次出售有价证券的转换成本为 400 元，有价证券的年利息率为 10%，则最佳现金持有量为多少？

解：最佳现金持有量(Q)＝$\sqrt{\dfrac{2\times 800\ 000\times 400}{10\%}}$＝80 000(元)

最佳现金管理总成本(TC)＝$\sqrt{2\times 800\ 000\times 400\times 10\%}$＝8 000(元)

其中：机会成本＝(80 000÷2)×10%＝4 000(元)

转换成本＝(800 000÷80 000)×400＝4 000(元)

存货模式是假定现金支出比较稳定的情况下计算最佳现金持有量，但现实经济生活中，如此均衡的现金收支动态是很难形成的，因此该模式测算的结果只能作为企业判断现金持有量的一个参考标准。

(四)因素分析法

因素分析法是根据企业上年现金实际占用额以及本年有关因素的变动情况，对不合理的现金占用进行调整，从而确定最佳现金持有量的一种方法。这种方法在实际工作中具有较强的实用性，而且比较简便易行。一般说来，现金持有量与企业的业务量呈正比，业务量增加，现金需要量也会随之增加。因此，因素分析法可按以下计算公式表示：

最佳现金持有量＝(上年现金平均占用额－不合理占用额)×(1±预计业务量变动百分比)

【实例 7－5】 某公司 2016 年的现金实际平均日占用额为 10 万元，经分析其中不合理的现金占用不 1 万元。2017 年预计公司销售额可比上年增长 20%。要求利用因素分析法确定该公司 2017 年的最佳现金持有量。

解：根据因素分析法的计算公式，该公司 2017 年的最佳现金持有量为：

最佳现金持有量＝(10－1)×(1＋20%)＝10.8(万元)

四、现金的日常管理

(一)现金管理的有关规定

按照现行制度，国家有关部门对企业使用现金有如下规定，企业必须严格遵守：

1. 现金的使用范围。这里的现金，是指人民币现钞，即企业用现钞从事交易，只能在一定范围内进行。该范围包括：支付职工工资、津贴；支付个人劳务报酬；根据国家规定颁发给个人的科学技术、文化艺术、体育等各种奖金；支付各种劳保、福利费用以及国家规定的对个人的其他支出；向个人收购农副产品和其他物资的价款；出差人员必须随身携带的差旅费；结算起点(1 000 元)以下的零星支出；中国人民银行规定需要支付现金的其他支出。

2. 库存现金限额。企业库存现钞，由其开户银行根据企业的实际需要核定限额一般以 3～5 天的零星开支额为限。

3. 不得坐支现金。即企业不得从本单位的人民币现钞收入中直接支付交易款。现钞收入应于当日终了时送存开户银行。

4. 不得出租、出借银行账户。

5. 不得签发空头支票和远期支票。

6. 不得套用银行信用。

7. 不得保存账外公款，包括不得将公款以个人名义存入银行和保存账外现钞等各种形式的账外公款。

(二)现金收支管理

现金收支管理的目的就是要加速现金的周转，提高现金的使用效率。

1. 加速收款

在不影响未来销售的情况下，尽可能地加快现金的收回。如果现金折扣在经济上可行，则应尽量采用，以加速账款的收回。

2. 力争现金流入和流出同步

一般而言，企业现金流入与流出是不同步的。如果能想办法使现金流量同步，则可以使企业所持有的交易性现金余额降到较低水平，从而提高现金的使用效率。

3. 合理利用"浮游量"

现金浮游量是指企业的银行存款账簿上现金余额与银行存款账户上的存款余额之间的差额。一般而言，企业账簿上存款余额要小于银行账户上的存款余额。如果企业能够正确预测浮游量并加以利用，则可节约大量资金。但是，使用现金浮游量也存在一定的风险。首先，可能出现支付不及时的情况，从而破坏企业的信用关系；其次，可能出现银行存款透支现象。因此，企业在使用现金浮游量的时候，必须控制好使用的额度和使用的时间。

4. 推迟支付应付款

企业在不影响自身信誉的情况下，应尽量推迟应付款的支付时间。例如，某企业的付款条件是"3/10，n/40"。若企业想获得3%的现金折扣，则应当在开出发票后的第10天内支付账款，但是假如遇到更好的投资机会，则可以放弃现金折扣，而在信用期限的最后一天付款。

5. 采用汇票付款

企业在使用支票付款时，只要受票人将支票存入银行，企业就要无条件地付款。但是汇票就不同，因为汇票不是"见票即付"的付款方式，所以利润汇票就可以合法地延期付款。

6. 改进员工工资支付模式

企业可以为支付工资专门设立一个工资账户，通过银行向职工支付工资。为了最大限度地减少工资账户的存款余额，企业要合理预测开出支付工资的支票到职工去银行兑现的具体时间。

7. 使用零余额账户

企业与银行合作，保持一个主账户和一系列子账户。企业只在一个主账户保持一定的安全储备，而在一系列子账户不需要保持安全储备。当某个子账户签发的支票需要现金时，所需要的资金立即从主账户划拨过来，从而使更多的资金可以用作他用。

任务三　应收账款管理

应收账款是指企业因销售产品、材料或提供劳务及其他原因，而应向购货单位或接受劳务单位及其他单位收取的款项。随着市场经济的发展，商业信用成了企业促销的重要方式之一，同时也使企业应收账款的数额日渐增多，加强对应收账款的管理已成为企业财务管理的重要内容。

一、企业应收账款的功能和成本

(一)企业应收账款的功能

应收账款的功能是指应收账款在生产经营中的作用。主要表现在以下两个方面。

1. 扩大销售

现销与赊销是企业在销售产品时可以采用的两种基本方式。现销可以较快收回现金,减少坏账的发生,但是现销不利于市场的拓展。在市场竞争激烈的情况下,赊销成为企业占领市场、争夺顾客和打败对手的一种重要的促销方式。特别是在企业开拓新市场、推销新商品时,赊销能更高的提升企业的竞争能力。

2. 减少存货

存货在企业的流动资金总额中占有相当大的比重。存货过多会影响到企业资金总额的运用效率。赊销由于具有扩大销售的功能,因而可以降低存货量以及存货的管理费用、仓储费用和保险费用等各方面的支出,从客观上促进了存货向收入的转变。

(二)企业应收账款的成本

应收账款的成本是指企业因为持有应收账款而应当付出的代价。主要包括机会成本、管理成本和坏账成本三项。

1. 机会成本(Opportunity Cost)

应收账款的机会成本是指企业因将资金投资于应收账款而失去的再投资所获得的收益。应收账款机会成本的大小取决于维持赊销业务所需要的资金以及企业资金成本率或有价证券率。其计算公式为:

应收账款机会成本 = 维持赊销业务所需要的资金 × 资金成本率(或有价证券率)

其中:

维持赊销业务所需要的资金=应收账款平均余额×(变动成本/销售收入)

=应收账款平均余额×变动成本率

应收账款平均余额=年赊销收入净额/应收账款周转率

=平均日赊销收入净额×平均收账天数

应收账款周转率=360/平均收账天数

所以,公式也可以写为:

应收账款机会成本=年赊销收入净额/360×平均收账天数×变动成本率×资金成本率

【实例 7—6】 湘华集团预测 2017 年的年度赊销收入金额为 600 万元,应收账款平均收账天数为 30 天,变动成本率为 60%,资金成本率为 10%。计算其应收账款的机会成本。

解:应收账款周转率=360÷30=12(次)

应收账款平均余额=6 000 000÷12=500 000(元)

维持赊销业务所需要的资金=500 000×60%=300 000(元)

应收账款机会成本=300 000×10%=30 000(元)

计算结果表明,湘华集团占用 30 万元的资金,就可以维持 600 万元的赊销业务,而这笔资金的机会成本是 3 万元,也就是说湘华集团所失去的潜在收益为 3 万元。

一般而言,应收账款的收账天数越短,说明资金周转速度越快,维持赊销业务所需要的资金就越少;反之,则越多。

2. 管理成本(Managerial Cost)

应收账款的管理成本是指企业对应收账款进行管理所发生的费用。主要包括客户信用调查的费用、收集各种信息的费用、账簿记录费用、收账费用等。应收账款的管理成本与应收账款余额正向变化。

一般而言,应收账款金额越大,管理成本也就越高。

3. 坏账成本(Bad Debt Cost)

应收账款的坏账成本是指企业由于某种原因导致不能收回应收账款而给企业带来的损失。应收账款的坏账成本与应收账款余额正向变化。

一般而言,应收账款金额越大,坏账成本也就越高。

二、企业应收账款政策的制定

企业应收账款政策又称信用政策(Credit Policy),信用政策是指企业对应收账款进行规划与控制而确立的基本原则与行为规范,包括信用标准、信用条件和收账政策。

(一)信用标准(Credit Standard)

信用标准是指客户获得企业的交易信用应当具备的基本条件,通常用预期的坏账损失率表示。

确定合理的信用标准,有两种分析方法:

1. 定性分析法

(1)同行业竞争对手情况

一般而言,如果同行业竞争对手的实力比较强,则企业可以将信用标准降低来吸引客户;如果同行业竞争对手的实力比较弱,则企业应当将信用标准提高来巩固企业信誉。

(2)企业承担违约风险的意愿和能力

一般而言,如果企业承担违约风险的意愿和能力比较强,则可以降低信用标准,提高竞争力,以争取更多的客户;反之,如果企业承担违约风险的意愿和能力比较弱,则可以提高信用标准,降低客户违约风险。

(3)客户的信用状况

评价客户的信用状况的指标有五个,称为"5C"系统评价法,主要有:

品质(Character)。是指客户履约付款或违约赖账的可能性。这是决定是否给予客户商业信用的首要因素;

偿付能力(Capacity)。是指客户偿还债务的能力。客户的偿付能力主要体现在流动资产上面。如果客户的流动资产数量多,变现能力强,则偿付能力也强;

资本(Capital)。是指客户的经济实力和财务状况的好坏。如果客户的有关财务比率正常、留存收益大、注册资本数额大,则企业偿债能力强;

抵押品(Collateral)。是指客户拒绝支付或者无力支付货款时,能够用做抵押的资产。如果客户拥有足够多的、变现能力强的抵押品,则可以提供资信安全的保证;

经济状况(Conditions)。是指可能影响客户偿付能力的外部经济环境。如果客户处于不利的经济环境中,则企业在为其提供商业信用时,应当谨慎为之。

2. 定量分析法

定量分析法是指企业通过分析既有或潜在客户的相关财务指标,确定其可能的坏账损失率，进行风险排队后将潜在客户划分为不同的信用等级，并在此基础上对不同信用等级的客户采用不同的信用政策。

(二)信用条件(Credit Terms)

信用条件是指企业向客户提供商业信用时要求其支付销货款的条件。信用条件主要包括三个方面的内容：信用期限、折扣期限和现金折扣率。基本表现方式如“2/15，n/30”，其意思是：客户如果能在开出发票后15天内付款，则可享受2%的现金折扣；客户如果不想获得这笔折扣，则必须在30天内将货款付清。这里2%为现金折扣率，15天为折扣期限，30天为信用期限。

1. 信用期限

信用期限是指企业允许客户从购货到付款的间隔期间，也就是企业允许客户偿还货款的最长时间。

一般而言，信用期限过长，可以扩大产品的销售，但会增加应收账款的成本；信用期限过短，可以减少应收账款的成本，但会降低产品的销售。

信用期限决策的标准是：比较不同信用条件下的成本与收益，选择净收益最大的信用条件下的方案为最佳方案。

2. 折扣期限与现金折扣

折扣期限是指为顾客规定的可享受现金折扣的付款时间，而现金折扣是指企业为了加速客户偿还货款的速度而给予客户的优惠条件。

一般而言，现金折扣可以使客户缩短还款的时间，减少应收账款的成本，但是增加了企业的折扣成本，减少了销售收益。

现金折扣决策的标准是：比较不同现金折扣条件下的成本与收益，选择信用成本后收益最大的现金折扣方案为最佳方案。

【实例7—7】 西域公司预测的年度赊销收入净额为3 000万元，其信用条件是：N/30，变动成本率为60%，有价证券的利息率(机会成本率)为20%。假设企业收账政策不变，固定成本总额不变。该企业设有二个信用条件的备选方案：甲方案维持N/30的信用条件；乙方案将信用条件放宽到N/60。

解：应收账款机会成本的计算公式如下：

应收账款周转率＝日历天数(360)/应收账款周转天数

应收账款平均余额＝年赊销收入净额/应收账款周转率

维持赊销业务占用资金＝应收账款平均余额×变动成本率

应收账款机会成本＝维持赊销业务占用资金×机会成本率

各方案有关数据如表7—3所示。

表7—3 **信用条件备选方案表** 单位：万元

项　目	甲方案(n/30)	乙方案(n/60)
年赊销收入净额	3 000	3 300
应收账款周转率(次)	12	6
应收账款平均余额	250	550

续表

项　目	甲方案(n/30)	乙方案(n/60)
维持赊销业务占用资金	250×60%=150	550×60%=330
坏账损失占赊销额(%)	2	4
坏账损失	3 000×2%=60	3 300×4%=132
收账费用	30	37

根据以上资料计算有关指标如表 7—4 所示。

表 7—4　　信用条件决策分析评价表　　单位:万元

项　目	甲方案(n/30)	乙方案(n/60)
年赊销收入净额		
变动成本	3 000×60%=1 800	3 300×60%=1 980
信用成本前收益	1 200	1 320
信用成本:		
应收账款机会成本	150×20%=30	330×20%=66
坏账损失	60	132
收账费用	30	37
小　计	120	235
信用成本后收益	1 080	1 085

根据表 7—4 中的计算结果,乙方案信用成本后收益最大,在其他条件不变的情况下,应选择乙方案。

【实例 7—8】 承实例 7—7,如果企业选择了乙方案,但为了加速应收账款的回收,决定将信用条件改为"2/10,1/20,N/60"(丁方案)。假设有 60%的客户(按赊销额计算)利用 2%的折扣,15%的客户将利用 1%的折扣,其余客户放弃折扣于信用期限届满时付款。坏账损失占赊销额比例降为 2%,收账费用降为 30 万元。根据上述资料计算有关指标。

解:应收账款周转天数=60%×10+15%×20+25%×60=24(天)

应收账款周转率(次)=360/24=15(次)

应收账款平均余额=3 300/15=220(万元)

维持赊销业务所占用资金=220×60%=132(万元)

应收账款机会成本=132×20%=26.4(万元)

坏账损失=3 300×2%=66(万元)

收账费用=30(万元)

现金折扣=3 300×(2%×60%＋1%×15%)=44.55(万元)

根据以上资料编制决策分析评价表如表 7—5 所示。

表 7—5　　决策分析评价表　　单位:万元

项 目	乙方案(n/60)	丁方案(2/10,1/20,n/60)
年赊销收入净额	3 300	3 300
减:现金折扣	—	44.55
变动成本	1 980	1 980
信用成本前收益	1 320	1 275.45
减:应收账款机会成本	66	26.4
坏账损失	132	66
收账费用	37	30
信用成本后收益	1 085	1 153.05

计算结果表明,采用丁方案虽然增加了现金折扣,但由于应收账款机会成本、坏账损失、收账费用均有较大降低,使企业的收益增加了68.05万元(1 153.05—1 085),因此,应选择丁方案。

(三)收账政策(Collection Policy)

收账政策是指当客户违反信用条件时,企业所采取的收账策略与措施。

对于逾期时间长短不同的应收账款,应采用不同的收账政策。对逾期较短的顾客可以暂不打扰,以便保持与客户之间的长期赊销关系;对逾期稍长的顾客可去信函有礼有节地提醒对方付款;对逾期较长的顾客应去电话或较明朗的信函催收;对逾期很长的顾客,则应派专人登门催收,若对方故意拒付时则可诉诸法律。

收账政策运用得当,可以缩短应收账款的回收期,减少坏账损失,但要增加收账成本;收账政策运用不力,将会增加坏账损失,但会减少收账成本。所以当企业在制订收账政策时,必须权衡坏账损失、收账费用等之间的关系。

【实例7—9】 西域公司现采用的收账政策和拟改变的收账政策的有关数据资料如表7—6所示。

表 7—6　　收账政策数据资料表　　金额单位:万元

项 目	现采用收账政策	拟改变收账政策
年收账费用	8	12
平均收账期(天)	72	45
坏账损失占赊销额(%)	3	2
赊销额	560	560
变动成本率(%)	60	60

假设有价证券的利息率(机会成本率)为20%,根据表7—6中的资料,计算两种方案的收账总成本,并进行对比分析评价如表7—7所示。

表 7—7　　收账政策分析评价表　　金额单位：万元

项　目	现采用收账政策	拟改变收账政策
赊销额	560	560
应收账款周转率(次)	360÷72=5	360÷45=8
应收账款平均余额	560÷5=112	560÷8=70
维持赊销业务占用资金	112×60%=67.2	70×60%=42
应收账款机会成本	67.2×20%=13.44	42×20%=8.4
坏账损失	560×3%=16.8	560×2%=11.2
收账费用	8	12
收账总成本	38.24	31.6

表 7—7 计算结果表明，拟改变收账政策发生的收账总成本较现采用收账政策的收账总成本降低了 6.64(38.24—31.6)万元，因此，应选择改变收账政策这一方案。

综上所述，企业的信用政策主要包括信用标准、信用条件和收账政策三部分内容。而影响企业信用标准、信用条件及收账政策的因素很多，这就使得信用政策的确定会更为复杂，它要求全面、综合地考虑诸如销售额、赊销期限、收账期限、现金折扣、坏账损失、过剩生产能力、机会成本、存货投资等因素及其可能发生的变化，适时确定相应的信用政策。一般来说，当企业采取或松或紧的信用政策所带来的收益最大时，就是理想的信用政策。

三、企业应收账款的日常控制

企业发生应收账款之后，必须加强对应收账款的日常控制，常见的行之有效的控制措施有以下四种。

(一)对客户的信用进行调查

对客户的信用进行调查是应收账款日常管理的重要内容。只有企业对客户的信用状况作出正确的评价，才能合理地执行企业的信用政策，信用调查包括：

1. 直接调查

直接调查是指企业调查人员直接与客户接触，通过问询、采访、观看、记录等方式获取客户信用资料的一种方法。

2. 间接调查

间接调查是以被调查单位以及其他单位保存的有关原始记录和核算资料为基础，通过加工整理获得被调查单位信用资料的一种方法。这些资料主要来自以下几个方面：

(1)财务报表。通过财务报表分析，可以基本掌握一个企业的财务状况和信用状况。

(2)信用评估机构。专门的信用评估部门，因为它们的评估方法先进，评估调查细致，评估程序合理，所以可信度较高。

(3)银行。银行是信用资料的一个重要来源，许多银行都设有信用部，为其顾客服务，并负责对其顾客信用状况进行记录、评估。但银行的资料一般仅愿意在内部及同行进行交流，而不愿向其他单位提供。

(4)其他途径。如财税部门、工商管理部门、消费者协会等机构都可能提供相关的信用状况资料。

我国信用评估机构目前主要有三种形式：

第1种，独立的社会评估机构。它们的行为既不受行政机构的干预，也不受利益集团的干预，根据自身的情况，聘请有关专家参加，独立地开展信用评估业务。

第2种，商业银行组织的评估机构。它们由商业银行组织专家对其客户进行评估。

第3种，政策性银行组织的评估机构。它们由银行的有关人员和各部门专家进行评估。

我国信用评估机构采用的评估等级，主要有两种：

第1种，采用三级制，即AAA，AA，A。其中AAA为最高等级，A为最低等级。

第2种，采用三类九级制，即AAA，AA，A；BBB，BB，B；CCC，CC，C。其中AAA为最高等级，C为最低等级。

此外，企业获取客户信息资料的渠道还有银行、财税部门、工商管理部门、客户的上级主管部门、消费者协会等。另外，企业也可以通过一些信息载体获取客户的信用情况。

(二)应收账款账龄分析

应收账款账龄是指企业应收账款从产生到编制账龄分析表时的时间长度。一般而言，应收账款的账龄越长，回收的难度及成为呆账、坏账的可能性也就越大。

【实例7—10】 湘华集团2016年末编制应收账款账龄分析表，如表7—8所示。

表7—8　　2016年12月31日

应收账款账龄	客户数量	金额(万元)	比重(%)
信用期内(45天)	300	6 000	76.73
逾期1个月内	100	1 000	12.79
逾期3个月内	60	600	7.67
逾期6个月内	10	100	1.28
逾期1年内	8	80	1.02
逾期1年以上	4	40	0.51
合　计	482	7 820	100

根据表7—8中的结果可知，湘华集团2010年应收账款金额中，有6 000万元尚在信用期内，占全部应收账款的76.73%。逾期数额1 820万元，占全部应收账款的23.27%，其中逾期在1个月、3个月、6个月内的依次为12.79%、7.67%、1.28%。另有1.53%的应收账款逾期6个月以上。此时，湘华集团应分析逾期账款形成的原因，制订出经济可行的不同的收账方法。

(三)应收账款收现保证率分析

应收账款收现保证率是指企业对应收账款收现水平制订的一个控制标准，来满足现金支付的需要。用公式表示为：

$$\text{应收账款收现保证率}=\frac{\text{当期必要现金支付总额}-\text{当期其他稳定可靠的现金流入量}}{\text{当期应收账款总额}}\times 100\%$$

其中，当期其他稳定可靠的现金流入量主要包括短期有价证券变现净额、可随时取得的银行贷款等。

应收账款收现保证率指标反映了企业既定会计期间预期现金支付数额扣除各种可靠、稳定性来源后的差额，必须通过应收账款有效收现予以弥补的最低保证程度。

计算应收账款收现保证率是因为应收账款未来发生坏账与否，并不是企业最为关注的方面，企业最为关注的是当期收回的现金能否满足当期现金支付的需要。

【实例 7－11】 湘华集团预计 2017 年必须以现金支付的款项有：支付工人工资 80 万元，支付所得税 40 万元，支付应付账款 100 万元，其他现金支出 20 万元。预计 2011 年稳定可靠的现金回收是 120 万元。2010 年年末应收账款明细期末账上有 A 客户 60 万元、B 客户 80 万元和 C 客户 60 万元。计算应收账款收现保证率。

解：当期现金支付总额＝80＋40＋100＋20 ＝240（万元）

当期应收账款总额＝60＋80＋60＝200（万元）

应收账款收现保证率＝（240－120）/200 × 100％＝60％

计算结果表明：湘华集团必须在当期收回应收账款的 60％，才能最低限度地保证当期必要的现金支出，否则企业将出现支付危机。

（四）建立应收账款坏账准备制度

企业按照权责发生制和谨慎原则建立应收账款的坏账准备制度既是应收账款管理的重要内容之一，也是保障企业能稳定发展的重要手段。

任务四　存货管理

存货是指企业在生产经营过程中为了生产或销售而储备的物资。具体而言，为生产而储备的存货主要包括企业的库存原材料、辅助材料、包装物、低值易耗品等，为销售而储备的存货主要有库存商品、产成品等。存货在流动资产中所占的比重较大。存货管理水平的高低，对企业生产经营的顺利与否具有直接的影响，并且最终会影响到企业的收益、风险和流动性的综合水平，因此，存货管理在整个流动资产管理中具有重要的地位。

一、存货管理的目的与内容

（一）存货管理的目的

对于一般的企业（尤其是制造业、商业等）来说，持有一定数量的存货是十分必要的，一方面，一定数量的存货有利于保障企业生产经营的顺利进行；另一方面，可以使企业的生产与销售具有较大的机动性，适应市场不规则的突然变化，以免失去商机。但是，存货的增加必然要占用更多的资金，使企业付出较多的持有成本。因此，存货管理的目标就是在充分发挥存货作用的前提下，不断降低存货成本，以最低的存货成本保障企业生产经营的顺利进行。

（二）存货管理的内容

（1）根据企业生产经营的特点，制定存货管理的程序和办法；

（2）合理确定存货的采购批量和储存期，降低各种相关成本；

（3）对存货实行归其管理，使存货管理责任具体化；

（4）加强存货的日常控制与监督，充分发挥存货的作用。

二、存货的功能与成本

(一)存货的功能

企业持有存货的原因一方面是保证生产或销售的经营需要,另一方面是出自价格的考虑,零购物资的价格往往较高,而整购买在价格上有优惠。但是,过多地存货要占用较多资金,并且会增加包括仓储费、保险费、维护费、管理人员工资在内的各项开支,因此,存货管理具体以下功能。

1. 保证生产正常进行

生产过程中需要的原材料和在产品,是生产的物质保证,为保障生产的正常进行,必须储备一定量的原材料;否则可能会造成生产中断、停工待料的现象。尽管当前部分企业的存货管理已经实现计算机自动化管理,但要实现存货为零的目标实属不易。

2. 有利于销售

一定数量的存货储备能够增加企业在生产和销售方面的机动性和适应市场变化的能力。当企业市场需求量增加时,若产品储备不足就有可能失去销售良机,所以保持一定量的存货是有利于市场销售的。

3. 便于维持均衡生产,降低产品成本

有些企业产品属于季节性产品或者需求波动较大的产品,此时若根据需求状况组织生产,则可能有时生产能力得不到充分利用,有时又超负荷生产,这会造成产品成本的上升。为了降低生产成本,实现均衡生产,就要储备一定的产成品存货,并应相应地保持一定的材料存货。

4. 降低存货取得成本

一般情况下,当企业进行采购时,进货总成本与采购物资的单价和采购次数有密切关系。而许多供应商为鼓励客户多购买其产品,往往在客户采购量达到一定数量时,给予价格折扣,所以企业通过大批量集中进货,既可以享受价格折扣,降低购置成本,也因减少订货次数,降低了订货成本,使总的进货成本降低。

5. 防止意外事件的发生

企业在采购、运输、生产和销售过程中,都可能发生意料之外的事故,保持必要的存货保险储备,可以避免和减少意外事件的损失。

(二)企业存货管理的成本

企业要维持生产经营必须持有一定量的存货,因持有存货发生的成本支出,就是存货管理的成本。企业存货管理的成本由以下三个方面组成。

1. 进货成本(Purchasing Cost)

进货成本是指企业取得存货时的成本,又称取得成本,主要包括存货的进价成本和进货费用。

进价成本是指存货本身的价值,也称购置成本,在数量上等于采购单价与采购数量的乘积。在一定时期进货总量既定,物价不变且无商业折扣的条件下,无论企业采购次数如何变化,存货的进价成本通常保持相对稳定(属于存货决策的一项无关成本)。

进货费用是指企业为组织采购存货而发生的支出,也称为订货成本,包括差旅费、运杂费、办公费、电信费、邮资费、检验费、入库前的整理挑选费以及入库搬运费等。

2. 储存成本(Storing Cost)

储存成本是指在存货储存过程中发生的资金占用费、仓储费、保险费、存货库存损耗、搬运费等。储存成本按照与存货储存数额的关系分为变动性储存成本和固定性储存成本。

变动性储存成本是指那些随储存数额的增减成正比例变动的费用,如存货资金占用的应计利息、保险费等。这类成本的高低,取决于存货数量,平均库存量越大,成本额越高,因此属于决策的相关成本。

固定性储存成本是指那些与存储数额没有多少直接关系的费用,如保管人员的固定工资、仓库折旧费等。这类成本与存货决策无关。

3. 缺货成本(Out—of—Stock Cost)

缺货成本是指企业因存货储备不足不能满足需要给企业造成的损失。主要包括因材料供应不及时而造成的停工损失、库存商品不足而造成的丧失销售机会损失、信誉损失等。缺货成本因其计量十分困难常常不予考虑,但如果缺货成本能够准确计量的话,也可以在存货决策中考虑缺货成本。

三、存货资金需要量的预测

分企业持有存货必然会需要一定的资金,而对存货占用资金的需要量进行预测,有利于提前做好购买存货的资金准备。存货资金需要量的预测方法主要有以下几种:

(一)周转期计算法

周转期计算法是根据各种存货平均每天的周转额和资金周转日数来确定存货资金需要量的一种方法。其计算公式为:

存货资金需要量=平均每日周转额×资金周转日数

其中平均每日周转额是指某项存货资金平均每天垫支额。资金周转日数是指存货完成一次周转所需要的天数。

周转期计算法是计算存货资金需要量的最基本的方法,它适用于原材料、在产品和产成品等资金数额的测定。

(二)因素分析法

因素分析法是以上年资金实际占用量为基础,分析计划期影响资金占用额的各种因素的变动情况,加以调整后,测定存货资金需要量的一种方法。

存货资金需要量=(上年资金实际平均需要量－不合理占用额)×(1±预测年度各因素变动百分比)

这种方法主要适用品种繁多、规模复杂和价格较低的材料物资项目资金占用额的测算,也可用这种方法匡算全部存货资金需要量。

(三)比例计算法

比例计算法是根据存货资金需要量和有关因素之间的比例关系来测算资金需要量的一种方法。计算公式如下:

存货资金需要量=预测年度预计销售收入总额×预计销售收入存货资金率

预计销售收入存货资金率=上年存货资金平均余额－不合理占用额/上年实际销售收入总额÷(1－预测年度存货资金周转加速率)

这种方法以前主要用于辅助材料、修理备件等资金需要量的测算,现在也用于全部资金需要量的测算。

四、存货经济批量决策

企业在确定了计划采购总量后，还要确定合理的每次进货批量，以防止盲目采购造成损失。合理的进货批量也就是经济进货批量，是指能够使一定时期存货的总成本达到最低点的进货数量。通过上述对存货成本分析可知，决定存货经济进货批量的成本因素主要包括变动性进货费用(简称进货费用)、变动性储存成本(简称储存成本)以及允许缺货时的缺货成本。不同的成本项目与进货批量呈现着不同的变动关系。减少进货批量，增加进货次数，在影响储存成本降低的同时，也会导致进货费用与缺货成本的提高；相反，增加进货批量，减少进货次数，尽管有利于降低进货费用与缺货成本，但同时会影响储存成本的提高。因此，如何协调各项成本费用间的关系，使其总和保持最低水平，是企业组织进货时需解决的主要问题。经济进货批量是指能够使一定时期存货的相关总成本达到最低点的进货数量。

(一)存货经济进货批量基本模型

为了将问题简化，在进行经济批量决策时，常常作如下假设：①企业一定时期的进货总量可以较为准确的预测；②存货的流转比较均衡；③存货的价格稳定，且不考虑商业折扣；④进货日期完全由企业自行决定，并且采购不需要时间；⑤所需存货市场供应充足，并能集中到货。⑥仓储条件及所需现金不受限制；⑦不允许出现缺货；

在满足以上假设的前提下，经济批量考虑的仅仅是变动性的进货费用(简称进货费用)与变动性的储存成本(简称储存成本)之和最低。

存货相关总成本＝进货费用＋存储成本

设：Q 为存货的经济批量；A 为某种存货的全年需要量；B 为平均每次进货费用；C 为单位存货平均储存成本；TC 为经济批量的相关总成本；N 为最佳进货次数；W 为经济批量的资金平均占用额；P 为进货单价。则：

$$TC=\frac{A}{Q}\times B+\frac{Q}{2}\times C$$

由此公式可推出 Tc 极小时：

存货的经济批量：

$$Q=\sqrt{\frac{2AB}{C}}$$

经济批量的变动总成本：

$$TC=\sqrt{2ABC}$$

最佳进货次数：

$$N=\frac{A}{Q}=\sqrt{\frac{AC}{2B}}$$

经济批量的资金平均占用额：

$$W=\frac{Q}{2}\times P=P\sqrt{\frac{AB}{2C}}$$

其中：Q 为经济进货批量；A 为某种存货年度计划进货总量；B 为平均每次进货费用；C 为单位存货年度储存成本。TC 为存货总成本。

【实例 7—12】 某企业 2017 年度计划耗用甲材料 360 000 公斤，该材料的单位采购成本为 100 元，单位年储存成本为 2 元，平均每次进货费用为 400 元，试作出经济批量决策。

解：依据题意，则：

$$Q=\sqrt{2\times 360\ 000\times 400/2}=12\ 000(\text{千克})$$

$$TC=\sqrt{2\times 360\ 000\times 400\times 2}=24\ 000(\text{元})$$

$$W=100\times\frac{12\ 000}{2}=600\ 000(\text{元})$$

$$N=\frac{360\ 000}{12\ 000}=30(\text{次})$$

【实例 7—13】 湘华集团每年需耗用甲材料 640 000 千克，该材料的单位采购成本 100 元，单位年储存成本 4 元，平均每次进货费用 200 元。

解：$Q=\sqrt{\dfrac{2AB}{C}}=\sqrt{\dfrac{2\times 640\ 000\times 200}{4}}=8\ 000(\text{千克})$

$$TC=\sqrt{2AB}=\sqrt{2\times 640\ 000\times 200\times 4}=32\ 000(\text{元})$$

$$N=\frac{A}{Q}=\frac{640\ 000}{8\ 000}=80(\text{次})$$

$$W=\frac{PQ}{2}=\frac{100\times 800}{2}=400\ 000(\text{元})$$

(二)存在商业折扣的经济订货批量模型

在市场经济条件下，为了鼓励客户购买更多的商品，销售企业通常会以提供商业折扣的方式吸引客户。购买越多，所获得的价格优惠越大。此时，企业对经济订货批量的确定，除了考虑进货费用与储存成本之外，还要考虑存货的进价成本。

在经济订货批量基本模型其他各种假设条件均不变的前提下，存在商业折扣的存货的总成本的计算公式为：

存货相关总成本＝进价成本＋相关进货费用＋相关储存成本

其中：

进价成本 ＝ 进货数量×进货单价

实行数量折扣的经济进货批量具体确定步骤如下：

第一步，按照基本经济进货批量模式确定经济进货批量；

第二步，计算按基本经济进货批量进货时的存货相关总成本；

第三步，计算按给予数量折扣的不同批量进货时，计算存货相关总成本；

第四步，比较不同批量进货时的存货相关总成本。此时最佳进货批量，就是使存货相关总成本最低的进货批量。

【实例 7—14】 假设在实例 7—12 中，一次订购甲材料 20 000 公斤以上，则可获得 2%的商业折扣，此时应如何做出采购决策？

解：(1)按基本经济批量采购时的总成本：

总成本(一次采购 12 000 公斤)＝年需要量×单价

＋基本经济批量的存货变动相关总成本

＝360 000×100＋24 000 ＝ 36 024 000(元)

(2)按享受商业折扣的最低批量采购时的总成本：

总成本(一次采购 20 000 公斤)=年需要量×单价+年储存成本+年采购费用

=360 000×100×(1−2%)+2×20 000/2

+400×360 000/20 000

=35 307 200(元)

经比较，应享受商业折扣，即应一次采购 20 000 千克，这样可以节约 716 800 元的采购总成本。

(三)再订货点(Reorder Point)

再订货点是指企业发出订货指令时尚存的原材料数量。用公式表示为：

再订货点=原材料每日平均耗用量 × 原材料的交货时间

【实例 7—15】 湘华集团生产周期为一年，甲材料全年需用量为 360 000 千克，材料的交货时间为 5 天。

解：原材料每日平均耗用量=原材料全年需用量/360

=360 000/360

=1 000(千克)

再订货点=1 000 × 5=5 000(千克)

计算结果表明：当湘华集团原材料库存降为 5 000 千克时，就需要发出订购指令。

再订货点的操作可以用图 7—3 说明。

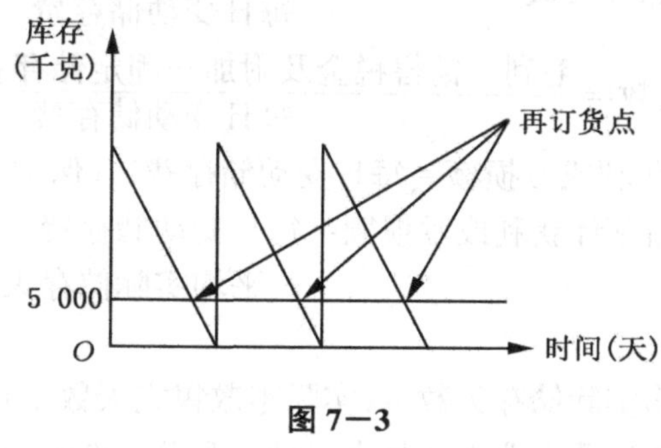

图 7—3

(四)订货提前期

订货提前期是指企业从发出订单到货物验收完毕所用的时间。用公式表示为：

订货提前期=预计交货期内原材料的使用量÷原材料每日平均耗用量

【实例 7—16】 湘华集团预计交货期内原材料的使用量为 100 千克，每日平均耗用量为 20 千克。

解：订货提前期=100÷20=5(天)

也就是说，当湘华集团原材料数量还差 5 天用完时，就需要发出订购指令。

(五)保险储备

保险储备是指企业为了防止耗用量突然增加或交货延期等意外情况而进行的储备。一般情况下，存货需求和供应的变化越大，公司需要保持的保险储备量越多。公司的保险储备量越多，储存成本越高，但缺货成本越低；相反，保险储备量越少，储存成本越低，但缺货造成损失的可能性增加。所以，公司在建立保险储备量时，必须在缺货成本与储存成本之间进行权衡，以确定理想的保险储备量。用公式表示为：

保险储备量(SS)＝1÷2 ×(预计每天最大耗用量 × 最长订货提前期
－原材料每日平均耗用量×订货提前期)

【实例 7－17】 承实例 7－15 和实例 7－16，湘华集团预计每天最大耗用量为 1 200 千克，预计最长订货提前期为 8 天。请计算再订货点。

解：保险储备量(SS)＝1/2×(1 200×8－1 000×5)
＝2 300(千克)

再订货点＝1 000×5＋2 300
＝7 300(千克)

计算结果表明：当湘华集团原材料库存降为 7 300 千克时，就需要发出订货指令。

四、存货日常管理

存货日常管理包括存货储存期控制、存货 ABC 分类管理等。

(一)存货储存期管理

存货储存期控制包括存货保本储存期控制和保利储存期控制两项内容，有关计算公式为：

利润＝毛利－销售税金及附加－固定储存费－变动储存费用

其中：变动储存费用＝每日变动储存费×储存天数

$$存货保本储存天数=\frac{毛利-销售税金及附加-固定储存费用}{每日变动储存费}$$

$$存货保本储存天数=\frac{毛利-销售税金及附加-固定储存费用-目标利润}{每日变动储存费}$$

批进批出经销某商品实际获利或亏损额＝每日变动储存费×(保本储存天数－实际储存天数)

批进零售经销某商品预计获利或亏损额＝每日变动储存费×(平均保本储存天数
－平均实际储存天数)

其中：

平均实际储存天数＝(实际零散售完天数＋1)/2

【实例 7－18】 某商品流通企业批进批出一批商品共 500 件，该商品单位进价 500 元(不含增值税)，单位售价为 550 元(不含增值税)，经销该批商品的一次性费用为 5 000 元。已知，该商品的进货款来自于银行贷款，年利率为 9%，商品的月保管费用率为 3‰，流转环节的税金及附加为 2 500 元。(一年按 360 天计算)

要求：(1)计算该批商品的保本储存天数。

(2)如果企业要求获得目标利润 8 750 元，计算该批商品的保利期天数。

(3)如果该批商品超过保利期 10 天后售出，计算该批商品的实际获利额。

解：

(1)保本天数＝[(550－500)×500－5 000－2 500] /[500×500×(9%/360＋3‰/30)]
＝17 500/87.5＝200(天)

(2)保利天数＝[(550－500)×500－5 000－2 500－8 750]/[500×500×(9%/360＋3‰/30)]
＝100(天)

(3)超过保利期10天售出的实际获利额＝[500×500×(9%/360＋3‰/30)]×(200－110)

＝7 875(元)

(二)ABC分类控制法

ABC分类控制法是意大利经济学家巴雷特(Barrett)于19世纪发明的,之后经过不断发展和完善,已广泛应用于存货、成本和生产等方面。所谓ABC分类管理就是按照一定的标准,将企业的存货划分为A、B、C三类,分别实行分品种重点管理、分类别一般控制和按总额灵活掌握的存货管理方法。

ABC分类管理方法的基本原理是:先将存货分为A、B、C三类,其分类的标准有两个:一是金额标准;二是品种数量标准。其中金额标准是最基本的,品种数量标准仅作为参考。

A类存货的特点是金额巨大,品种数量较少;B类存货金额一般,品种数量相对较多;C类存货品种数量繁多,但价值较少。三类存货的金额比重大致为A∶B∶C＝0.7∶0.2∶0.1

运用ABC分类控制法一般分以下四个步骤:

第一步,根据每一种存货在一定期间内(例如一年内)耗用量乘以价格计算出该种存货的资金耗用总额;

第二步,计算出每一种存货资金耗用总额占全部存货资金耗用总额的百分比,并按大小顺序排列,编成表格;

第三步,根据事先测定好的标准,把各项存货分为A、B、C三类,并用直角坐标图表示出来;

第四步,对A类存货实施重点控制,对B类存货实施次重点控制,对C类存货实施一般性的控制。

ABC三类存货的特点与控制要求:

(1)A类存货的特点与控制要求。A类存货品种数量少,但占用资金多。企业应集中主要力量进行周密的规划和严格的管理,应列为控制重点。其控制措施有:一是计算确定其经济订货批量,最佳保险储备和再订货点,严格控制存货数量;二是采用用续盘存制,对存货的收发结存进行严密监视,当存货数量达到再订货点时,应及时通知采购部门组织进货。

(2)B类存货的特点与控制要求。B类存货品种,数量、占用资金均属中间状态,不必像A类存货控制那样严格,但也不能过于宽松。其控制要求是:确定每种存货的经济订货批量,最佳保险储备量和再订货点,并采用永续盘存制对存货的收发结存情况进行反映和监督。

(3)C类存货的特点和控制要求。C类存货品种多,数量大,但资金占用量很小。企业对此类存货不必花费太多的精力,可以采用总金额控制法,根据历史资料分析后,按经验适当增大订货批量,减少订货次数。

五、企业存货决策

企业存货决策可分为存货与否决策、存货数量决策、存货期限决策等几个方面。其中,存货与否决策涉及零库存问题;存货数量决策决定存货的批量,包括采购批量和生产批量;存货期限决策涉及商品保本期和商品保利期问题。企业存货的决策主要涉及存货订购点决策和订购量决策。

(一)订购点决策

存货的基本性质是在当期内随着提取而降低,因此企业的管理人员需要决定在何种剩货水平时就必须发出新的订单,以避免届时完全缺货,这个剩货水平就称为订购点。如果订购点为20,则表明企业所存货物降到20单位时,就必须发出订单,以保持应有的存货量。订购点决定于订购前置时间、使用率、服务水平以及其他因素。

1. 订购前置时间

是指自订购单发出到接到货物所需要的平均时间。这段时间越长,则订购点就越高。譬如,订购后等候20天才取得货物比仅需10天所采用的订货点要高,也就是必须提早订货。

2. 使用率

是指在某一段时间内,顾客的平均购买数量。使用率越高,则订购点就应越高。因此,每天销售4单位就比每天销售2单位使用的订购点高。

3. 服务水平

是指企业希望从存货中直接用来完成顾客订单的百分比。服务水平越高,订购点就应越高。使用率与订购前置时间变动越大,则订购点应越高。只有这样,才能达到一定的服务水平。一般把高于订购点的存货叫安全存货,这与补充存货相反。企业安全存货的大小,取决于顾客服务与成本两项因素。

由此可见,"何时订购"这一决策,乃是寻求一个最低的存货水平,当达到这一水平时,就须发出新订单。在使用率越高,订购时间越长以及在使用率及订购前置时间变动的条件下,服务水平越高,则所需的订购点也应越高。换言之,订购点是由平衡缺货的风险和存货过多的成本来决定的。

(二)订购量决策

企业有关订购多少(即订购量)的决策直接影响企业的订购频率。订购量越大,则购买频率越低(即购买次数越少)。每次订购要花费成本费用,但保留大量存货也需要成本费用。企业在决定订购数量时,就要比较订购成本和存货占用成本这两种不同的成本。

1. 订购成本

订购成本也就是订货处理成本,对于经销商和制造商来讲有所不同。经销商订购成本是指每次从发出订单到收货、验货所发生的成本,如物品费用(邮票、订单表格、信封等项支出)及人工费用等。不同企业对订货处理成本估计数值的差异,有些是真实的,即来自实际经营成本的差异;有些是人为的,即来自会计方法的不同。

制造商订购成本包括装置成本与运转成本。如果装置成本很低,则制造商可以经常生产该产品,该产品的成本将变得非常牢固。然而,如果装置成本过高,制造商只有在大量生产的情况下才能降低平均单位成本。此时,企业愿采取大量生产但生产次数较少的生产方式。

2. 存货占用成本

存货占用成本大致可以分为四种。

(1)存货空间费用

存货的保存常常需要热、光、冷冻、安全等专门的服务,有关设备可以租赁,也可以建造,但无论是租赁设备还是自建设备,都是存货越多,空间费用越高。

(2)资金成本

实际上,存货也是企业投资的一种形式,因此企业会丧失投资于其他方面的机会收益。存货越多，全部存货的资金成本也就越高。

(3)税金与保险费

企业的存货通常都须加以保险，并负担税金。在制定购买决策时，必须考虑到这两项费用。

(4)折旧与报废损失

企业的存货须冒损坏、降价、报废等风险。尽管这项成本难以计算，但很显然，存货越多，这项成本越高。

关键术语

营运资金　成本分析模式　现金周转模式　存货周转期　应收账款周转期
应付账款周转期　存货模式　因素分析法　应收账款　信用政策　存货　进货成本
储存成本　缺货成本

应知考核

一、单项选择题

1. 广义的营运资金是指占用在(　　)上的资金。

A. 流动资产　B. 存货　C. 现金　D. 应收账款

2. 流动负债不包括(　　)。

A. 短期借款　B. 未分配利润　C. 应付股利　D. 应付职工薪酬

3. 营运资金的特点不包括(　　)。

A. 营运资金周转期短　B. 营运资金形态波动大
C. 营运资金变现性强　D. 营运资金投资风险大

4. 现金作为一种资产，它的(　　)。

A. 流动性强，盈利性也强　B. 流动性强，盈利性差
C. 流动性差，盈利性强　D. 流动性差，盈利性也差

5. 企业置存现金的原因，主要是为了满足(　　)。

A. 交易性、预防性、收益性需要　B. 交易性、投机性、收益性需要
C. 交易性、预防性、投机性需要　D. 预防性、收益性、投机性需要

6. 在一定时期的现金需求总量一定时，与现金持有量呈反方向变动的成本是(　　)。

A. 管理成本　B. 机会成本　C. 短缺成本　D. 委托买卖佣金

7. 在确定最佳现金持有量时，成本分析模式和存货模式均需考虑的因素是(　　)。

A. 持有现金的机会成本　B. 固定性转换成本
C. 现金短缺成本　D. 现金保管费用

8. 将资金投资于应收账款而不能进行其他投资所丧失的收益是指应收账款的(　　)。

A. 坏账成本　B. 机会成本　C. 转换成本　D. 管理成本

9. 下列项目中，属于存货储存成本的是(　　)。

A. 进货差旅费　B. 存货占有资金的应计利息

C. 由于材料供应中断所造成的停工损失　D. 采购人员工资

10. 因采购存货而发生的邮资和差旅费构成了存货的(　　)。

A. 取得成本　B. 订货的固定成本　C. 订货的变动成本　D. 缺货成本

二、多项选择题

1. 流动资产可分为(　　)。

A. 应收账款　B. 永久性流动资产　C. 波动性流动资产　D. 储备资产

2. 营运资金管理的内容包括(　　)。

A. 流动资产管理　B. 流动负债管理　C. 债券筹资管理　D. 项目投资管理

3. 营运资金的特点有(　　)。

A. 周转期短　B. 形态波动大　C. 变现性强　D. 来源多而灵活

4. 一般来说,营运资金管理的目的是通过管理活动的实施实现(　　)。

A. 保证企业具有足够的流动性　B. 同时努力提高企业的盈利能力

C. 足够的偿债能力　D. 首先保证企业实现利润最大化

5. 确定最佳现金持有量的模式包括(　　)。

A. 存货模式　B. 现金周转期模式　C. 成本分析模式　D. 随机模式

6. 在确定经济订货量时,下列表述中正确的有(　　)。

A. 随每次进货批量的变动,进货费用和储存成本成反方向变化

B. 储存成本的高低与每次进货批量成正比

C. 订货成本的高低与每次进货批量成反比

D. 年变动储存成本与年变动进货费用相等时的采购批量,即为经济订货量

7. 企业持有现金的总成本主要包括(　　)。

A. 占有成本　B. 转换成本　C. 管理成本　D. 短缺成本

8. 提供比较优惠的信用条件,可增加销售量,但也会付出一定代价,主要有(　　)。

A. 应收账款机会成本　B. 坏账损失

C. 收账费用　D. 现金折扣成本

9. 企业对客户进行资信评估应当考虑的因素主要包括(　　)。

A. 信用品质　B. 偿付能力　C. 资本和抵押品　D. 经济状况

10. 企业持有应收账款发生的费用包括(　　)。

A. 坏账成本　B. 管理成本　C. 机会成本　D. 现金折扣

三、判断题

1. 营运资金管理就是流动资产管理。(　　)

2. 企业应该尽可能减少流动资产。(　　)

3. 流动负债风险较大,因此应该尽可能减少流动负债。(　　)

4. 营运资金的变现能力较弱。(　　)

5. 流动资产只能通过流动负债融资。(　　)

6. 由于现金的收益能力较差,企业不宜保留过多的现金。(　　)

7. 在利用存货模式计算最佳现金持有量时,一般不考虑机会成本。(　　)

8. 一般而言,信用期限过长,可以扩大产品的销售,但会增加应收账款的成本。(　　)

9. 现金折扣是企业为了鼓励客户提前还款而给予的价格优惠，是信用条件的组成因素。（　　）

10. 能够使企业的进货成本、储存成本和缺货成本之和最低的进货批量，便是经济进货批量。（　　）

四、简述题

1. 简述营运资金的特点。

2. 简述营运资金管理的原则。

3. 简述营运资金管理的内容。

4. 简述如何加强现金收支管理。

5. 简述企业如何加强应收账款的日常控制。

五、计算题

1. 某企业有四种现金持有方案，各方案有关成本资料如表7—9所示。

表 7—9

方案项目	甲	乙	丙	丁
现金持有量(元)	15 000	25 000	35 000	45 000
机会成本率	10%	10%	10%	10%
短缺成本(元)	8 500	4 000	3 500	2 200

要求：计算该企业的最佳现金持有量。

2. A公司是一个商业企业，由于目前的收账政策过于严厉，不利于扩大销售，且收账费用较高，该公司正在研究修改现行的收账政策。现有甲和乙两个放宽收账政策的备选方案，有关数据如表7—10所示。

表 7—10

项　目	现行收账政策	甲方案	乙方案
销售额(万元/年)	2 400	2 600	2 700
收费费用(万元/年)	40	20	10
所有账户的平均收账期	2个月	3个月	4个月
所有账户的坏账损失率	2%	2.5%	3%

已知A公司的销售毛利率为20%，应收账款投资要求的最低报酬率为15%。坏账损失率是指预计年度坏账损失和销售额的百分比。假设不考虑所得税的影响。

要求：通过计算分析，回答应否改变现行的收账政策？如果要改变，应选择甲方案还是乙方案？

3. 某企业每年需要耗用甲材料5 000千克，该材料的单位采购成本为8元，单位存货年变动储存成本为3元，平均每次订货成本为1 200元。

要求：

(1)计算经济订货批量；

(2)计算最佳订货次数；

(3)计算最佳订货周期；

(4)计算与批量有关的存货总成本；

(5)计算经济订货批量占用的资金；

(6)假设材料的订货提前期为 4 天，保险储备量为 50 千克，计算再订货点。

应会考核

■ 观念应用

【背景资料】

甲公司是电脑经销商，预计 2017 年度需求量为 7 200 台，购进电脑平均单价为 3 000 元，平均每日供货量为 100 台，每日销售量为 20 台(一年按 360 天计算)，单位缺货成本为 100 元。与订货和储存有关的成本资料预计如下：

(1)采购部门全年办公费为 10 万元，平均每次差旅费为 2 000 元，每次装卸费为 200 元；

(2)仓库职工的工资每月为 3 000 元，仓库年折旧为 6 万元，每台电脑平均占用资金为 1 500 元，银行存款利率为 2%，平均每台电脑的破损损失为 200 元，每台电脑的保险费用为 210 元；

(3)从发出订单到第一批货物运到需要的时间有五种可能，分别是 8 天(概率 10%)、9 天(概率 20%)、10 天(概率 40%)、11 天(概率 20%)、12 天(概率 10%)。

【考核要求】

(1)计算经济订货批量、送货期和订货次数；

(2)确定合理的保险储备量和再订货点；

(3)计算 2017 年与批量相关的存货总成本；

(4)计算 2017 年与储备存货相关的总成本。(单位：万元)

■ 技能应用

万达公司目前的信用条件是“n/30”，其预测的年度赊销额是 2 000 万元，预计的坏账损失率为 3%，收账费用为 25 万元；如果将信用条件放宽到“n/60”，预计年赊销额可达到 2 500 万元，坏账损失率为 4%，收账费用为 30 万元。假设万达公司的固定成本总额不变，变动成本率为 60%，资金成本率为 20%。

【技能要求】

分析该公司应该选择哪一个信用期限。

■ 技能应用

【情景与背景】

大力公司现有甲、乙、丙、丁四种现金持有量方案，它们各自的机会成本率、短缺成本和管理成本如表 7—11 所示。

表 7—11　现金持有量备选方案金额　　单位：元

方案项目	甲	乙	丙	丁
现金持有量	60 000	120 000	180 000	240 000

续表

方案项目	甲	乙	丙	丁
机会成本率(%)	8	8	8	8
短缺成本	22 400	12 950	4 500	0
管理成本	45 000	45 000	45 000	45 000

假设该公司向有价证券投资的收益率为8%。

【分析要求】

计算这四种现金持有量方案各自的总成本,并为大力公司做出最佳现金持有量决策提供建议。

项目实训

【实训项目】

营运资金管理

【实训情境】

海生公司于1990年注册登记成立,其主要经营范围是生产和销售家用电器。在成立初期,公司凭借着产品质量过硬、售后服务周到等特点,在市场中不断扩大销售份额、扩充自身经营领域。公司的财务总监方先生属于风险厌恶者,对于风险一般采取规避的态度,因而,公司的信用政策制定得非常严格,对于客户的信用要求标准很高。然而,鉴于当时的市场供求环境和竞争程度,公司的销售未受到很大影响,客户的数量仍然呈现逐步上升的趋势。

但是,随着市场经济的发展,家电企业不断涌现,竞争对手不断增加,家电行业的竞争逐渐加剧,海生公司的销售开始出现下滑的态势。公司管理当局为此召开会议,分析产生这种情况的原因。与会人员包括总经理高先生、财务总监方先生、技术总监王先生、销售部门经理姚先生等。经过调研取证、讨论分析,与会人员发表了各自的意见。

技术总监王先生通过对现有证据的充分论证认为,公司产品在质量、功能、品种、特性等方面是处于行业前列的,而且公司的生产技术也在不断更新,已经采用了FMS(弹性制造系统),可以依据市场需求的变化来调整生产,因而销售下滑的原因不是出自技术问题。

销售部门经理姚先生通过在销售过程中客户对产品的反馈意见证实,王先生所说的确属实,并且姚先生依据销售部对市场进行的调研指出:公司售后服务工作周到,得到了现有客户的认可;公司销售环节采取了有奖销售、商业折扣等促销手段,然而成效不大,客户数量有减无增,其主要原因是公司信用政策制定得过于严格,信用期限短,对于客户信用要求的标准太高,提供的信用优惠政策范围限制较大。同时,姚先生还指出,家电行业的主要客户是家电销售超市和销售公司,由于家电产品的单位价格比较高,因而这些客户为了避免占用大量资金,在管理上倾向于先赊购商品,待商品销售后再结算货款。然而,海生公司由于信用政策严格,使得部分客户望而生怯。因此,姚先生建议,适当调整现有信用政策,适当放宽优惠政策的范围,降低标准,以吸引更多客户。姚先生的建议将矛头指向了财务总监方先生,方先生对此陈述了自己的观点。

方先生认为,放宽信用政策、延长信用期限、降低标准,虽然可以增加销售量,但也会将一些信用度较低的客户引入企业,使得客户群鱼龙混杂,不利于公司的管理,而且会加大发生坏账的可能性,增加公司的机会成本、呆账损失和后期收账费用,因而这样做有可能会得不偿失。

在双方僵持不下时,总经理高先生决定,由财务总监方先生、销售部门经理姚先生牵头组成工作小组,对放宽信用政策后公司收益变化的情况进行调研分析,并在三个月内提交分析报告,届时公司将依据该报告做出相应决策。

会议后,财务总监方先生、销售部门经理姚先生立即商讨并研究成立了工作小组,该小组成员由财务部门、销售部门和市场调研部门的工作人员组成。工作小组成立后,方先生、姚先生召开会议商榷工作方案,分配工作任务。最后,工作小组制订出工作计划,该计划的简要内容如下:①首先由市场调研部门对现在的市场状况进行调查分析,搜集同行业企业的信用政策信息,并进行归类总结,以供参考;②由销售部门依据市场调研部门的调查结果及销售情况的历史资料,对在不同信用政策情况下,本公司的销售状况进行市场分析预测,估算出赊销收入金额;③以销售部门的预测为基础,由财务部门会同信用管理等相关部门,对在不同信用政策情况下,本公司的收益、成本费用等相关资料进行预测搜集和计算分析;④依据财务部门的计算分析结果,形成分析报告,提交管理当局决策。

按照工作计划,小组成员开始分头行动。经过两个多月的努力,小组成员的数据采集工作结束了,其数据的基本情况为:

1. 公司目前执行的信用政策

政策包括:信用期限为 30 天;不提供现金折扣;对信用等级评价为 A+和 A 的客户提供赊销。公司目前的年赊销收入为 2 000 万元,坏账损失率为 3%,年收账费用为 50 万元。公司的变动成本率为 40%,资金成本率为 15%。

2. 公司可选择的信用政策的三种方案

A. 信用期限延长至 60 天,将客户的信用标准放宽为 A+、A、A-三个等级,仍然不提供现金折扣。在这种信用政策条件下,公司的年赊销收入额将增至 3 500 万元,坏账损失率为 5%,年收账费用为 80 万元。

B. 信用期限延长至 90 天,将客户的信用标准放宽为 A+、A、A-、B+四个等级,并为在 30 天内付款的客户提供 2%的折扣。在这种信用政策条件下,公司的年赊销收入额将增至 5 500 万元,约有 40%的客户能享受现金折扣优惠,此时的坏账损失率为 10%,年收账费用为 120 万元。

C. 信用期限延长至 120 天,将客户的信用标准放宽为 A+、A、A-、B+四个等级,并为在 30 天内付款的客户提供 5%的折扣,为在 60 天内付款的客户提供 2%的折扣。在这种信用政策条件下,公司的年赊销收入额将增至 6 500 万元,约有 20%的客户能享受 5%的现金折扣优惠,约有 30%的客户能享受 2%的现金折扣优惠,此时的坏账损失率为 15%,年收账费用为 250 万元。

【实训任务】

问题:

(1)计算公司目前信用政策的收益。

(2)分别计算 A、B、C 三种信用政策的收益。

(3)你建议公司采取哪一种信用政策?

(4)海生公司的信用政策决策在营运资金管理方面给我们哪些启示?

项目八　收益与分配管理

学习目标

知识目标

理解：收益与分配管理的意义、原则和内容；收入的概念与作用；收入管理的要求。

熟知：商品销售价格的制定和新产品定价的基本方法；利润的概念、作用和要求。

掌握：收入的日常管理、成本归口分级管理、成本性态分析、标准成本管理、作业成本管理、利润的预测、影响股利分配的因素；股利支付程序；股利支付方式；股利政策的类型；股票分割和股票回购。

能力目标

能够理解不同的公司在不同的条件下收入管理、成本费用管理和利润管理、股票分配政策和股票回购与分割的目的和相关计算

素质目标

能够正确的解读收益与分配管理的意义，并根据企业的具体情况确定利润分配程序，制定股利分配政策。

项目引例

帮上市公司制定股利政策

某上市公司自1995年以来经营状况和收益状况一直处于相对稳定状态，且在收益分配上，每年均发放了一定比例的现金股利(0.2元/股～0.5元/股)。然而2016年由于环境因素的影响，公司获利水平大幅下降，总资产报酬率从上年的15%下降至4.5%，且现金流量也明显趋于恶化。公司于2001年初召开了董事会，会议的重要议题是就2016年度的分配进行讨论，形成预案，以供股东大会决议。以下是两位董事的发言：

董事张兵：我认为公司2016年度应分配一定比例的现金股利，理由在于：第一，公司长期以来均分配了现金股利，且呈逐年递增趋势，若2016年停止分配股利，难免会影响公司的市场形象和理财环境。第二，根据测算，公司若按上年分配水平(0.5元/股)支付现金股利，约需现金2 500万元，而我公司目前的资产负债率仅为40%，尚有约20%的举债空间，按目前的总资产(约50 000万元)测算，可增加举债约10 000万元，因此，公司的现金流量不会存在问题。

董事刘强：我认为公司2016年度应暂停支付现金股利，理由在于：第一，公司2016年经营及获利状况的不利变化主要是因环境因素所决定的，这些环境因素能否在短期内有明显改观尚难以预测。因此，为保护公司的资本实力，公司不宜分配现金股利。第二，公司尽管有较大

的负债融资空间，但由于资产报酬率下降，使得举债的财务风险较大，因此，不宜举债发放现金股利。鉴于公司目前尚有近8 000万元的未分配利润，建议可实行股票股利，这样一方面有利于稳定公司市场形象，另一方面又能节约现金支出。

分析讨论：

公司应该怎样制定股利政策？

知识支撑

任务一　收益与分配管理概述

收益与分配管理是对企业收益与分配的主要活动及其形成的财务关系的组织与调节，是企业将一定时期内所创造的经营成果合理地在企业内、外部各利益相关者之间进行有效分配的过程。企业的收益分配有广义和狭义两种概念。广义的收益分配是指对企业的收入和净利润进行分配，包含两个层次的内容：第一层次是对企业收入的分配；第二层次是对企业净利润的分配。狭义的收益分配则仅仅是指对企业净利润的分配。本章所指收益分配采用广义的收益分配概念，即对企业收入和净利润的分配。

企业通过经营活动取得收入后，要按照补偿成本、缴纳所得税、提取公积金、向投资者分配利润等的顺序进行收益分配。对于企业来说，收益分配不仅是资产保值、保证简单再生产的手段，同时也是资产增值、实现扩大再生产的工具。收益分配可以满足国家政治职能与组织经济职能的需要，是处理所有者、经营者等各方面物质利益关系的基本手段。

一、收益与分配管理的意义

收益与分配管理作为现代企业财务管理的重要内容之一，对于维护企业与各相关利益主体的财务管理、提升企业价值具有重要意义。具体而言，企业收益与分配管理的意义表现在以下三个方面：

(一)收益分配集中体现了企业所有者、经营者与职工之间的利益关系

企业所有者是企业权益资金的提供者，按照谁出资、谁受益的原则，其应得的投资收益须通过企业的收益分配来实现，而获得投资收益的多少取决于企业盈利状况及利润分配政策。通过收益分配，投资者能实现预期的收益，提高企业的信誉程度，有利于增强企业未来融通资金的能力。

企业的债权人再向企业投入资金的同时也承担了一定的风险，企业的收益分配应体现出对债权人利益的充分保护。除了按时支付到期本金、利息外，企业在进行收益分配时也要考虑债权人未偿付本金的保障程度，否则将在一定程度上削弱企业的偿债能力，从而降低企业的财务弹性。

职工是价值的创造者，是企业收入和利润的源泉。通过薪资的支付以及各种福利的提供，可以提高职工的工作热情，为企业创造更多价值。因此，为了正确、合理地处理好企业各方利益相关者的需求，就必须对企业所得的收益进行合理分配。

(二)收益分配是企业再生产的条件以及优化资本结构的重要措施

企业在生产经营过程中所投入的各类资金，随着生产经营活动的进行不断地发生消耗和

转移,形成成本费用,最终构成商品价值的一部分。销售收入的取得,为企业成本费用的补偿提供了前提,为企业简单再生产的正常进行创造了条件。通过收益分配,企业能形成一部分自行安排的资金,可以增强企业生产经营的财力,有利于企业适应市场需要扩大再生产。

此外,留存收益是企业重要的权益资金来源,收益分配的多少,影响企业积累的多少,会影响权益与负债的比例,即资本结构。企业价值最大化的目标要求企业的资本结构最优化,因而收益分配便成了优化资本结构、降低资本成本的重要措施。

(三)收益分配是国家建设资金的重要来源之一

在企业正常的生产经营活动中,职工不仅为自己创造了价值,还为社会创造了一定的价值,即利润。利润代表企业的新创财富,是企业收入的重要构成部分。除了满足企业自身的生产经营性积累外,通过收益分配,国家财政也能够集中一部分企业利润,由国家有计划地分配使用,实现国家政治职能和经济职能,发展能源、交通和原材料基础工业,为社会经济的发展创造良好条件。

二、收益与分配的原则

收益与分配作为一项重要的财务活动,应当遵循以下原则。

(一)依法分配原则

企业的收益分配必须依法进行。为了规范企业的收益分配行为,维护各利益相关者的合法权益,国家颁布了相关法规。这些法规规定了企业收益分配的基本要求、一般程序和重要比例,企业应当认真执行,不得违反。

(二)分配与积累并重原则

企业的收益分配必须坚持积累与分配并重的原则。企业通过经营活动赚取收益,既要保证企业简单再生产的持续进行,又要不断积累企业扩大再生产的财力基础。恰当处理分配与积累之间的关系,留存一部分净收益以供未来分配之需,能够增强企业抵抗风险的能力,同时,也可以提高企业经营的稳定性与安全性。

(三)兼顾各方利益原则

企业的收益分配必须兼顾各方面的利益。企业是经济社会的基本单元,企业的收益分配涉及国家、企业股东、债权人、职工等多方面的利益。正确处理它们之间的关系,协调其矛盾,对企业的生存、发展是至关重要的。企业在进行收益分配时,应当统筹兼顾,维护各利益相关者的合法权益。

(四)投资与收益对等原则

企业进行收益分配应当体现"谁投资谁受益"、收益大小与投资比例相对等的原则。这是正确处理投资者利益关系的关键。企业在向投资者分配收益时,应本着平等一致的原则,按照投资者投资额的比例进行分配,不允许任何一方随意多分多占,从根本上实现收益分配中的公开、公平和公正,保护投资者的利益。

(五)资本保全的原则

合理的利润分配关系必须建立在资本保全的原则基础之上,为此,企业应确认一定时期的盈利,确保向投资者分配的利润是投资者资本增值的部分,而不是投资者资本金的返还。

三、收益与分配管理的内容

企业通过销售产品、提供劳务、转让资产使用权等活动取得收入,而这些收入的去向主要是两个方面：一是弥补成本费用，即为取得收入而发生的资源耗费；二是形成利润，即收入匹配成本费用后的余额。收入、成本费用和利润三者之间的关系可以简单表述为：

$$收入 - 成本费用 = 利润$$

可以看出，广义的收益分配首先是对企业收入的分配，即对成本费用进行弥补，进而形成利润的过程，然后，对其余额（即利润）按照一定的程序进行再分配。显然，收入的取得、成本费用的发生以及利润的形成与流向便构成了收益分配的主要内容。因此，收益分配管理包括了收入管理、成本费用管理和利润分配管理三个部分。

（一）收入管理

收入是企业收益分配的首要对象。企业的收入多种多样，其中，销售收入是指企业在日常经营活动中，由于销售产品、提供劳务等所形成的货币收入。这是企业收入的主要构成部分，是企业能够持续经营的基本条件。企业的再生产过程包括供应、生产和销售三个相互联系的阶段。企业只有把生产出来的产品及时销售出去，取得销售收入，才能保证再生产过程的继续进行。

销售收入的制约因素主要是销量与价格。由于企业一般是按照“以销定产”的原则组织生产，那么对于销售量的预测便显得尤为重要。科学的销售预测可以加速企业的资金周转，提高企业的经济效益。产品价格是企业获得市场占有率、提升产品竞争能力的重要因素。产品价格的制定直接或间接地影响着销售收入。一般来说，价格与销售量呈反向变动关系：价格上升，销量减少；反之，销量增加。企业可以通过不同的价格制定方法与运用策略来调节产品的销售量，进而提高销售收入。所以，销售预测分析与销售定价管理便构成了收入管理的主要内容。

（二）成本费用管理

企业取得的收入首先应当弥补成本费用。成本费用是商品价值中所耗费的生产资料的价值和劳动者必要劳动所创造的价值之和，在数量上表现为企业的资金耗费。收入必须首先弥补成本费用，才可以保证企业简单再生产的继续进行。成本费用有多种不同的分类，比如，按照经济用途可以分为生产成本和期间费用；按照成本性态可以分为固定成本、变动成本和混合成本等。

成本费用管理对于提高经营效率、增加企业收益具有重要意义，主要的成本费用管理模式包括归口分级管理、成本性态分析、标准成本管理、作业成本管理和责任成本管理等。

（三）利润分配管理

利润分配是收益分配第二层次的内容，也是狭义的收益分配。利润是收入弥补成本费用后的余额。由于成本费用包括的内容与表现的形式不同，利润所包含的内容与形式也有一定的区别。若成本费用不包括利息和所得税，则利润表现为息税前利润；若成本费用包括利息而不包括所得税，则利润表现为利润总额；若成本费用包括了利息和所得税，则利润表现为净利润。

值得说明的是，本项目所指利润分配是指对净利润的分配。根据我国公司法及相关法律制度的规定，公司净利润的分配应按照下列顺序进行：

1. 弥补以前年度亏损

企业在提取法定公积金之前，应先用当年利润弥补亏损。企业年度亏损可以用以下年度的税前利润弥补，下一年度不足弥补的，可以在五年之内用税前利润连续弥补，连续五年未弥补的亏损则用税后利润弥补。其中,税后利润弥补亏损可以用当年实现的净利润,也可以用盈余公积转入。

2. 提取法定盈余公积金

根据公司法的规定,法定盈余公积金的提取比例为当年税后利润(弥补亏损后)的10%。当年法定盈余公积的累积额已达注册资本的50%时,可以不再提取。法定盈余公积金提取后,根据企业的需要,可用于弥补亏损或转增资本,但企业用盈余公积金转增资本后,法定盈余公积金的余额不得低于转增前公司注册资本的25%。提取法定盈余公积金的目的是为了增加企业内部积累,以利于企业扩大再生产。

3. 提取任意盈余公积金

根据公司法的规定,公司从税后利润中提取法定公积金后,经股东会或股东大会决议,还可以从税后利润中提取任意盈余公积。这是为了满足企业经营管理的需要,控制向投资者分配利润的水平,以及调整各年度利润分配的波动。

4. 向股东(投资者)分配股利(利润)

根据公司法的规定,公司弥补亏损和提取公积金后所余税后利润,可以向股东(投资者)分配股利(利润)。其中,有限责任公司股东按照实缴的出资比例分取红利,全体股东约定不按照出资比例分取红利的除外;股份有限公司按照股东持有的股份比例分配,但股份有限公司章程规定不按照持股比例分配的除外。

【实例8—1】 某股份有限公司2016年有关资料如下:(1)2015年度实现利润总额4 800万元,所得税税率按25%计缴;(2)公司前两年累计亏损800万元;(3)经董事会决定,任意盈余公积金提取比例为20%;(4)支付1 000万股普通股股利,每股1.5元。

根据上述资料,该公司利润分配的程序如下:

(1)弥补亏损、计缴所得税后的净利润为:(4 800 —800)×(1—25%)=3 000(万元)

(2)提取法定盈余公积金:3 000×10%=300(万元)

(3)提取任意盈余公积金:3 000×20%=600(万元)

(4)可用于支付股利的利润:3 000—300—600=2 100(万元)

(5)实际支付普通股股利:1 000×1.5=1 500(万元)

(6)年末未分配利润:2 100—1 500=600(万元)

任务二　收入管理

一、收入的概念与作用

(一)收入的概念

收入是指企业在销售商品、提供劳务及让渡资产使用权等日常活动中所形成的经济利益的总流入。

取得收入是企业从事生产或经营活动的主要目的之一,也是企业实现利润最大化的必循途径。各种类型的收入按其在企业中的重要性可分为基本业务收入和其他业务收入。基本业务收入是指企业在其主要的或主体业务活动中所取得的收入,也称主营业务收入。在工业企业中,产品销售收入属于基本业务收入范畴,它是指销售产成品、半成品、代制品、代修品和提供工业性劳务所取得的产品销售收入。在商品流通企业中商品销售收入与基本业务收入相对应；施工企业则是指承包工程价款结算收入及向发包单位收取的索赔款；交通运输企业是指运送旅客和货物的运输装卸收入、仓库储存与堆存收入、委托代理收入及港务管理收入；旅游企业、饮食服务企业是指企业供应食宿、理发、照相、洗染、浴池、修理、咨询及相关服务的收入；房地产开发企业是指对外转让、销售、结算和出租开发产品所取得的收入。其他业务收入是企业在其次要的或者附带的业务活动中所取得的收入，亦称附营业务收入。

将企业的收入划分为基本业务收入和其他业务收入，目的是为了加强收入的管理，据以向管理部门和外界提供有用的决策信息，从而对生产经营和其他投资活动进行有效的控制和管理，也便于考察国家经济各部门的发展。

(二)收入的作用

收入是衡量企业生产经营成果的重要标志；收入是企业现金流入量的主要组成部分；收入是企业再生产顺利进行的必要条件；收入是实现企业利润的主要源泉。

二、收入管理的要求

收入的重要作用决定了加强收入管理的必要性。在我国，随着社会主义市场经济体制的逐步完善，企业的生存环境已发生了根本性转变，竞争将非常激烈，市场、销售、收入将成为企业日益关心的焦点。相应地，收入管理的任务日趋重要，要求也将愈益提高，管理的形式、方法、体系也势必会步入完善和科学的境地，就目前而言，企业收入管理应遵循以下几项基本要求：

1. 合理地制定商品价格

作为最有效的一种理性竞争工具，价格对于企业而言，具有重要的战略意义。价格策略的制定，应考虑市场供求状况、竞争激烈程度、消费者心理以及市场定位等因素。

2. 正确预测收入

收入的预测分析实际上就是市场动态与销售情况的预测分析，在市场经济体制下，企业依靠市场生存，以销促产，因而销售预测变得极为重要。

3. 有效地进行收入的日常管理

要保证企业销售活动有计划地进行，并取得预计的收入，必须加强日常管理控制，即企业主要根据市场需求组织安排生产，及时签订并严格履行销售合同，加快组织货款回笼，节约销售费用，建立健全销售岗位责任制度和控制制度，经营组织销售及收入的考核与分析，并与奖惩措施挂钩，从而使销售管理工作逐步实现科学化和规范化。

三、商品销售价格的制定

企业的商品销售收入取决于商品销售量和商品销售价格两个因素。在商品销售量一定的情况下，销售价格的高低对销售收入的多少至关重要。在市场经济条件下，企业拥有商品的定价权，应根据各自的定价目标选择科学可行的定价方法，合理确定商品的销售价格。常用的定价方法主要有：

(一)标准产品定价的基本方法

对标准产品制定正常的、长期性价格时，最常用的就是成本加成定价法。其基本点就是所确定的售价除需补偿全部成本费用外，还应为投资者提供合理的报酬。其基本表达式为：

产品售价＝单位产品制造成本＋单位产品应负担的期间费用＋单位产品目标利润

表达式中，单位产品制造成本可根据企业会计核算资料确定。单位产品应负担的期间费用是指其应负担的销售费用、管理费用和财务费用。在定价时，这部分费用通常按照销售收入的一定比例计算。即：

单位产品应负担的期间费用＝产品售价×期间费用率

单位产品目标利润可根据销售收入利润率计算，即：

单位产品目标利润＝产品售价×销售收入利润率

将上述公式，整理可得：

产品售价＝单位产品制造成本＋产品售价×期间费用率＋产品售价×销售收入利润率

整理得出产品定价的基本公式为：

$$产品售价=\frac{单位产品制造成本}{1-(期间费用率+销售收入利润率)}$$

【实例 8－2】 A 产品单位制造成本为 80 元，期间费用率为 10%，销售收入利润率为 18%，则 A 产品单位售价应为多少？

$$解：产品售价=\frac{80}{1-(10\%+18\%)}=111.11(元)$$

(二)新产品定价的基本方法

市场上已经出现而在本企业属于投产的新产品，其定价工作是被动的。企业可以根据市场上其他企业同种产品的售价对比确定。

市场上从未出现过的新产品，情况就大不相同了。这种新产品具有不确定性：什么样的价格能为消费者所接受，推销费用能发生多少，销售达到多大，销量、价格、利润之间关系如何？如此等等的问题很难确定。在这种情况下，企业可以采用“撇脂性”或“渗透性”定价两种截然不同的非常定价方法。“撇脂性”定价是一种高价策略，即在新产品刚进入市场的阶段，利用消费者求新求奇的心理，在产品价格的可行范围内尽可能制定高价，以便在短期内赚取最大利润。

“渗透性”定价是一种低价策略，它与撇脂性定价策略相反，是指企业向市场推出新产品时，利用顾客的求廉心理，在产品价格的可行范围内，采取保本微利、薄利多销、尽量低价的方法。这是一种考虑未来利益的长远的定价方法。

(三)特殊情况下的定价问题

这里所说的特殊情况下，主要是指企业尚有剩余生产能力未被充分利用、市场需求发生特殊变化、遇到强劲的竞争对手等。在这种特殊情况下，前述的定价方法无法应用。此时，可按变动成本(边际贡献)定价法确定价格。其定价原则可用如下模式来说明：

变动成本 ⟹ 最低价格
固定成本、利润 ⟹ 价格的弱性范围
目标售价 ⟹ 最高价格

这一模式表明，在遇到特殊情况时，企业可以根据具体情况，把价格定在最高价格和最低价格之间，而不一定使价格高于企业的全部成本。

如果企业有多余的生产能力，暂时又不能作为其他利用，此时的订货价格，可以不考虑价格对总成本的补偿，只考虑价格对变动成本的补偿，只要所确定的价格不低于单位变动成本，也即只要有边际贡献能用于补偿固定成本或形成利润，该价格即为可行。由于边际贡献＝销售收入－变动成本，当边际贡献＞变动成本时，其超过部分的收益可用以补偿固定成本；若边际贡献刚好能全部补偿固定成本，则只能补偿变动成本；不能补偿固定成本；若边际贡献＜变动成本，则不但不能补偿固定成本，也不能补偿变动成本，这两种情况下企业就亏损。

如果企业遇到较强的竞争对手，为了增强产品的竞争能力，也可以以变动成本为基础而把价格暂时定在全部成本之下；如果市场上某产品需要突然减少，迫使企业不得不降价出售时，只要价格略高于变动成本就能补偿一部分固定成本，比完全停产损失要小些。现举例说明如下：

【实例 8—3】 某厂生产乙产品的年设计生产能力为 10 000 件，销售单价为 100 元，单位制造成本为 80 元，其中直接材料费用 40 元，直接人工费用 18 元，制造费用中的变动制造费用 8 元，制造费用中的固定制造费用 14 元。该企业目前每年尚有 40%的生产能力闲置。某日，一客户欲与该厂签订如下条件的订货合同：以每件 70 元的价格为其生产 4 000 件乙产品，且该批订货中有某种额外要求，需购置一台专用设备价值 5 000 元。那么，这批订货能否接受呢?

按时传统观念来看，该订货价格绝不可以接受，宁可让机器设备闲置。因为每件产品单位制造成本为 80 元，而订货合同价却只有 70 元，每件亏损 10 元，同时还要额外增加 5 000 元的固定资产投资，会产生高达 45 000 元的损失。但是，按照边际贡献法分析，该价格或者说该批订货是完全可以接受的。因为在该企业目前的状况下，无论是否要将闲置生产能力加以利用，生产中需发生的固定成本额是一定的，因而它不是该项决策的相关成本，无须加以考虑。只要对方出价高于本次订货的相关成本——包括变动成本和专属固定成本，即能提供贡献毛益即可。因为只要有贡献毛益，那就必然会增加本企业利润总额或减少本企业的亏损总额。

该批订货提供的贡献毛益额＝

该批订货的销售收入额－该批订货的变动成本额－该批订货追加的专属固定成本额

＝4 000×70－4 000×(40＋18＋8)－5 000＝11 000(元)

不难看出，该批订货会使该企业增加利润或送减少亏损计 11 000 元，这个价格是可行的。从道理上讲，价格只要高于单位变动成本 67.25 元(66＋5 000/4 000)即为可行。

四、收入的日常管理

(一)销售合同的签订与履行

销售合同是企业为取得营业收入而与购货人或劳务接受人就双方在购销或服务过程中的权利义务关系所签订的具有法律效力的书面文件。除采用钱货两讫等即时清结的销售方式外，企业在向购买方销售货物或向劳务接受人提供劳务时，都应该同对方签订合同。

为了保证合同的顺利履行，企业财务人员应掌握合同的签订情况，有条件的要参与合同的签订工作。对企业财务状况影响较大的销售合同签订，财务部门和经营部门要事先协商取得一致意见。财务部门和财务人员在销售合同的签订和履行中要做好以下工作。

1. 审查对方的资信状况

合同签约对方的资信状况的好坏对合同的签订和未来的履约有很大影响，财务部门负责销售后的收款工作

应掌握有关企业资信状况的第一手资料。财务部门一旦发现客户的资信状况有可疑之处，应当立即提醒经营部门选择采用下列措施：(1)要求货款两清，向对方即清结货款；(2)收取

一定数额或比例的定金;(3)要求客户提供抵押担保物品;(4)要求客户提供履约保证人,并出具该保证人具有保证能力的有关证明文件。

2. 检查合同价格,控制商业折扣

经营部门有时为追求经营实绩,会在合同签约过程中对客户作不适当让步。对于经营部门在其职权范围内的必要的妥协,财务部门应当予以支持。但如果在价格方面减让过多或者给予的商业折扣比例过大,就会影响企业既定的商品定价策略的实施,减少企业营业收入。因此,财务部门如果发现经营部门减价过多或者商业折扣比例过大,应及时与经营部门联系,提请更正,必要时可要求企业行政负责人出面协调。

3. 控制信用规模和信用期限

为了促进销售,大部分企业都对客户提供一定的商业信用,如赊销、分期付款、接受商业汇票等。但商业信用本身会在一定程度上占压企业的资金,影响企业营运资金的周转,导致企业利息费用增加,而且还加大了企业的财务风险。因而,企业对外提供的商业信用规模不宜过大,期限不可太长。

4. 监督结算方式的选择

不同的结算方式,其安全性是不一样的。现金销售,钱货两清,安全性最高,但除商业零售外,大部分企业都不可能完全做到这一点。在现金销售中,除收取结算货币现款以外,银行本票和银行汇票的安全性取决于出票银行的信誉状况。

企业的销售合同应规定款项的结算方式,财务部门应该提醒经营部门尽可能选择对本企业有利、能及时收回价款的结算方式。

5. 及时收回价款

在向对方提交商品或提供劳务以后,财务部分要按照合同规定的期限、结算方式向对方收取款项。对未能按期收回的价款,应立即查明原因;如果对方款项已经付出,属于银行方面的原因,应通过开户银行追款;如果对方拒付,要立即反馈给经营部门,属于本企业责任的,要责成有关部分或人员及时处理;属于对方无理拒付的,要采取一定的措施组织催收。

6. 监督解除合同的善后处理

销售合同签订以后,因已方或对方原因致使合同无法履行的时,要及时解除合同。如果是因为己方原因解除合同,除法律规定可以不予承担责任的部分以外,要赔偿对方的损失,但此项赔偿以合同规定的违约责任为限。如果是对方原因解除合同,除法律规定可以不承担责任的部分以外,应没收定金并追偿造成的损失。财务部门应监督解除合同的处理过程,以保证本企业的合法利益不受侵害。

(二)销售市场的扩展

稳定的市场是取得稳定营业收入的可靠保证。在激烈的市场竞争中,稳定是相对的,企业只有不断进取,才能保住现有市场。为了扩大营业收入,企业还必须不断地开拓新的市场,扩展市场可以采取的措施主要有:

1. 进行市场细分,选定商品目标市场

市场细分是企业在市场调查的基础上,根据客户的需要、购买行为、购买习惯等,将本企业商品的整体市场划分为具有明显区分标准的若干个“小市场”。市场的细分化能为企业选择目标市场指明方向,有助于企业发掘新的市场,可以使企业以较少的营业费用支出,获取较多的营业收入。

2. 正确进行广告宣传

广告是企业利用一定的媒体向公众宣传企业及产品的一种营销手段。得当的广告宣传可以提高企业知名度，诱导潜在客户购买本企业商品。但是广告宣传要付出可观的广告费用，所以必须重视广告的效果。

首先，要选择适当的媒体；其次，要精心制作广告内容；再次，要选择广告发布的时间和频率。

3. 搞好售后服务

企业成本费用的开支并不因销售的实现而停止，售后服务费用在企业营业费用中占不小比重。企业的售后服务包括送货、安装、调试、退换、修理等许多方面。完善的售后服务可以解除客户的后顾之忧，不但对巩固现有市场不可或缺，也可以因此招揽新的客户，提高企业的市场占有率。

任务三　成本费用管理

成本费用是企业生产经营过程中资金消耗的反映，可以理解为企业为取得预期收益而发生的各项支出，主要包括制造成本和期间费用等。成本费用是衡量企业内部运行效率的重要指标，在收入一定的情况下，它直接决定了公司的盈利水平。成本费用指标在促进企业提高经营管理水平、降低生产经营中的劳动耗费方面起着十分重要的作用。

成本费用管理是指企业对在生产经营过程中全部费用的发生和产品成本的形成所进行的计划、控制、核算、分析和考核等一系列科学管理工作的总称。加强成本费用管理，具有重要意义。它既是企业提高经营管理水平的重要因素，也是企业增加盈利的要求，并且为企业抵抗内外压力、求得生存发展提供了可靠保障。主要的成本费用管理模式有成本归口分级管理、成本性态分析、标准成本管理、作业成本管理和责任成本管理等。

一、成本归口分级管理

成本归口分级管理，又称成本管理责任制，它是在企业总部(如厂部)的集中领导下，按照费用发生的情况，将成本计划指标进行分解，并分别下达到有关部门、车间(或分部)和班组，以明确责任，把成本管理纳入岗位责任制。其目的是要进行全过程、全员性的成本费用管理，使成本费用管理人员监测企业生产经营过程中的成本消耗，同时，使生产技术人员参与企业的成本费用管理。

成本归口分级管理要注意两个方面的关系：一是要正确处理财务部门同其他有关部门在成本管理中的关系，以财务部门为中心，把财务部门同生产、销售、人事等部门的成本管理结合起来；二是要正确处理厂部、车间、班组在成本管理中的关系，以厂部为主导，把厂部、车间、班组各级组织的成本管理结合起来。

成本归口分级管理可以分为成本的归口管理和分级管理两个部分。其中，成本的归口管理主要是指将企业成本与费用预算指标进行分解，按照其所发生的地点和人员进行归口，具体落实到每一个责任人，将成本与费用预算指标作为控制标准，把成本费用管理工作建立在广泛的群众基础上，实现全员性成本费用管理。成本的分级管理主要是指按企业的生产组织形式，从上到下依靠各级、各部门的密切配合来进行成本费用管理。一般分为三级，即厂部、车间和班组,同时开展企业的成本费用管理。

成本归口管理和分级管理是密切联系、相辅相成的。在企业分为厂部、车间和班组三级的情况下,各级成本费用管理的权责和内容概括如下。

(一)厂部的成本费用管理

厂部主要是负责全厂的成本费用指标,并将其分解归口到有关部门去,随时进行调节和控制。其成本费用管理的主要内容有:制定和组织全厂成本管理制度;进行成本预测分析,编制成本计划;加强成本控制,核算产品成本,编制成本报表;综合分析、考核全厂成本计划的完成情况;组织和指导各车间、部门开展成本管理工作。

厂部对成本费用的管理是在厂长(经理)领导下,通过财务部门进行的。同时,要按照各职能部门的分工和生产费用的发生地点,分解、落实各职能部门归口管理的成本指标,并在此基础上确定各分管部门的责任、权限和管理内容。

(二)车间的成本费用管理

车间的成本管理处于企业成本与费用管理的中心环节,是成本控制的重点。其主要工作有:根据厂部下达的成本计划或费用指标,编制车间成本或节约措施计划;根据厂部批准的车间成本计划,向各班组下达有关消耗指标和费用指标;组织车间成本核算,按计划控制车间生产费用;检查和分析车间成本计划和班组有关指标的完成情况,不断提高车间成本管理水平。

车间成本费用管理工作,是在车间主任直接领导下,由车间成本组或成本核算员负责组织执行的。在车间内部也应实行归口管理,即按照生产费用的内容,规定各有关职能人员分管费用的职责。

以前,车间一般只进行费用核算或成本核算,但随着车间管理职能的加强,近几年来不少企业已把车间列作企业内部的利润核算单位,或者将某些重要的车间单独设置为分厂,实行单独核算。

(三)班组的成本费用管理

班组是车间具体活动的执行者,在成本费用管理上主要遵循“干什么,用什么,就管什么”的原则,调动直接生产人员来参与成本费用的控制,从加工的工序或工艺过程中节约费用消耗,达到有效控制成本费用的目的。其成本费用管理的主要内容有:讨论全厂和车间的成本费用计划,为班组制订各项消耗定额和费用计划;根据消耗定额和费用计划,控制班组所发生的各种消耗和费用开支;核算班组负责执行的计划指标,并及时公布;检查、分析消耗定额和费用指标的执行情况等。

班组成本费用管理,是在班组长领导下,由工人核算员负责组织执行的,并要与其他工人管理员密切配合,共同努力,以降低生产消耗。

二、成本性态分析

成本性态,又称成本习性,是指成本的变动与业务量(产量或销售量)之间的依存关系。成本性态分析就是对成本与业务量之间的依存关系进行分析,从而在数量上具体掌握成本与业务量之间的规律性关系,以便为企业正确地进行最优管理决策和改善经营管理提供有价值的资料。它对于及时采取有效措施,挖掘降低成本的潜力,争取实现最大的经济效果,具有重要意义。

按照成本性态,通常可以把成本区分为固定成本、变动成本和混合成本。

(一) 固定成本

1. 固定成本的基本特征

固定成本是指其总额在一定时期及一定产量范围内，不直接受业务量变动的影响而保持固定不变的成本。例如，固定折旧费用、房屋租金、行政管理人员工资、财产保险费、广告费、职工培训费、办公费、产品研究开发费用等，均属于固定成本。其基本特征是：固定成本总额不因业务量的变动而变动，但单位固定成本（单位业务量负担的固定成本）会与业务量的增减呈反向变动。

2. 固定成本的分类

固定成本按其支出额是否可以在一定期间内改变而分为约束性固定成本和酌量性固定成本。

约束性固定成本是指管理部门的短期经营决策行动不能改变其具体数额的固定成本。例如，保险费、房屋租金、管理人员的基本工资等。这些固定成本是企业的生产能力一经形成就必然要产生的最低支出，即使生产中断也仍然要产生。由于约束性固定成本一般是由既定的生产能力所决定的，是维护企业正常生产经营必不可少的成本，所以也称为经营能力成本，它最能反映固定成本的特性。降低约束性固定成本的基本途径，只能是合理利用企业现有的生产能力，提高生产效率，以取得更大的经济效益。

酌量性固定成本是指管理部门的短期经营决策行动能改变其数额的固定成本。例如，广告费、职工培训费、新产品研究开发费用等。这些费用发生额的大小取决于管理当局的决策行动。一般是由管理当局在会计年度开始前，斟酌计划期间企业的具体情况和财务负担能力，对这类固定成本项目的开支情况分别作出决策。酌量性固定成本并非可有可无，它关系到企业的竞争能力，因此，要想降低酌量性固定成本，只有厉行节约、精打细算，编制出积极可行的费用预算并严格执行，防止浪费和过度投资等。

(二) 变动成本

1. 变动成本的基本特征

变动成本是指在特定的业务量范围内，其总额会随业务量的变动而成正比例变动的成本。如直接材料、直接人工，按销售量支付的推销员佣金、装运费、包装费，以及按产量计提的固定设备折旧等都是和单位产品的生产直接联系的，其总额会随着产量的增减成正比例的增减。其基本特征是：变动成本总额因业务量的变动而成正比例变动，但单位变动成本（单位业务量负担的变动成本）不变。

2. 变动成本的分类

变动成本也可以区分为两大类：技术变动成本和酌量性变动成本。

技术变动成本是指与产量有明确的技术或实物关系的变动成本。如生产一台汽车需要耗用一台引擎、一个底盘和若干个轮胎等，这种成本只要生产就必然会发生，若不生产，其技术变动成本便为零。

酌量性变动成本是指通过管理当局的决策行动可以改变的变动成本。如按销售收入的一定百分比支付的销售佣金、技术转让费等。这类成本的特点是其单位变动成本的发生额可由企业最高管理层决定。

(三) 混合成本

1. 混合成本的基本特征

从成本习性来看，固定成本和变动成本只是两种极端的类型。在现实经济生活中，大多数成本与业务量之间的关系处于两者之间，即混合成本。顾名思义，混合成本就是“混合”了固定成本和变动成本两种不同性质的成本。一方面，它们要随业务量的变化而变化；另一方面，它们的变化又不能与业务量的变化保持着纯粹的正比例关系。

2. 混合成本的分类

混合成本兼有固定与变动两种性质，可进一步将其细分为半变动成本、半固定成本、延期变动成本和曲线变动成本。

(1)半变动成本。半变动成本是指在有一定初始量基础上，随着产量的变化而呈正比例变动的成本。这些成本的特点是：它通常有一个初始的固定系数，在此基数内与业务量的变化无关，这部分成本类似于固定成本；在此基数之上的其余部分，则随着业务量的增加成正比例增加。如，固定电话座机费、水费、煤气费等均属于半变动成本。

(2)半固定成本。半固定成本也称阶梯式变动成本，这类成本在一定业务量范围内的发生额是固定的，但当业务量增长到一定限度，其发生额就突然跳跃到一个新的水平，然后在业务量增长的一定限度内，发生额又保持不变，直到另一个新的跳跃。例如，企业的管理员、运货员、检验员的工资等成本项目就属于这一类。

(3)延期变动成本。延期变动成本在一定的业务量范围内有一个固定不变的基数，当业务量增长超出了这个范围，它就与业务量的增长成正比例变动。例如，职工的基本工资，在正常工作时间情况下是不变的；但当工作时间超出正常标准，则需按加班时间的长短成比例地支付加班薪金。其成本习性模型如图 8－1 所示。

(4)曲线变动成本。曲线变动成本通常有一个不变的初始量，相当于固定成本，在这个初始量的基础上，随着业务量的增加，成本也逐步变化，但它与业务量的关系是非线性的。这种曲线成本又可以分为以下两种类型：

一是递增曲线成本，如累进计件工资、违约金等，随着业务量的增加，成本逐步增加，并且增加幅度是递增的。

二是递减曲线成本，如有价格折扣或优惠条件下的消费成本、“费用封顶”的通信服务费等，其曲线达到高峰后就会下降或持平。

在实际经济生活中，企业大量的费用项目属于混合成本，为了经营管理的需要，必须把混合成本分为固定与变动两个部分。混合成本的分解主要有以下几种方法：

(1)高低点法。它是以过去某一会计期间的总成本和业务量资料为依据，从中选取业务量最高点和业务量最低点，将总成本进行分解，得出成本性态的模型。其计算公式为：

单位变动成本＝最高点业务量－最低点业务量

固定成本总额＝最高点业务量成本－单位变动成本×最高点业务量

或：＝最低点业务量成本－单位变动成本×最低点业务量

采用高低点法计算较简单，但它只采用了历史成本资料中的高点和低点两组数据，故代表性较差。

(2)回归分析法。这是一种较为精确的方法。它根据过去一定期间的业务量和混合成本的历史资料，应用最小二乘法原理，算出最能代表业务量与混合成本关系的回归直线，借以确定混合成本中固定成本和变动成本的方法。

(3)账户分析法。账户分析法又称会计分析法，它是根据有关成本账户及其明细账的内容，结合其与产量的依存关系，判断其比较接近哪一类成本，就视其为哪一类成本。这种方法简便易行，但比较粗糙且带有主观判断。

(4)技术测定法。技术测定法又称工业工程法，它是根据生产过程中各种材料和人工成本消耗量的技术测定来划分固定成本和变动成本的方法。该方法通常只适用于投入成本与产出数量之间有规律性联系的成本分解。

(5)合同确认法。它是根据企业订立的经济合同或协议中关于支付费用的规定，来确认并估算哪些项目属于变动成本，哪些项目属于固定成本的方法。合同确认法要配合账户分析法使用。

(四) 根据成本性态建立总成本公式

在将混合成本按照一定的方法区分为固定成本和变动成本之后，根据成本性态，企业的总成本公式就可以表示为：

总成本＝固定成本总额＋变动成本总额

＝固定成本总额＋(单位变动成本×业务量)

这个公式在变动成本计算、本量利分析、正确制定经营决策和评价各部门工作业绩等方面具有不可或缺的重要作用。

三、标准成本管理

(一) 标准成本管理及相关概念

标准成本是指通过调查分析、运用技术测定等方法制定的，在有效经营条件下所能达到的目标成本。标准成本主要用来控制成本开支，衡量实际工作效率。

标准成本管理又称标准成本控制，是以标准成本为基础，将实际成本与标准成本进行对比，揭示成本差异形成的原因和责任，进而采取措施，对成本进行有效控制的管理方法。标准成本管理以标准成本的确定作为起点，通过差异的计算、分析等得出结论性报告，然后据以采取有效措施，巩固成绩或克服不足。

(二) 标准成本的确定

企业在确定标准成本时，可以根据自身的技术条件和经营水平，在以下类型中进行选择：

一是理想标准成本，这是一种理论标准，它是指在现有条件下所能达到的最优成本水平，即在生产过程无浪费、机器无故障、人员无闲置、产品无废品的假设条件下制定的成本标准。

二是正常标准成本，是指在正常情况下，企业经过努力可以达到的成本标准，这一标准考虑了生产过程中不可避免的损失、故障和偏差等。

通常来说，正常标准成本大于理想标准成本。由于理想标准成本要求异常严格，一般很难达到，而正常标准成本具有客观性、现实性和激励性等特点，所以，正常标准成本在实践中得到广泛应用。

产品成本由直接材料、直接人工和制造费用三个项目组成。无论是确定哪一个项目的标准成本，都需要分别确定其用量标准和价格标准，两者的乘积就是每一成本项目的标准成本，将各项目的标准成本汇总，即得到单位产品的标准成本。其计算公式为：

单位产品的标准成本＝直接材料标准成本＋直接人工标准成本＋制造费用标准成本

1. 直接材料标准成本的制定

单位产品耗用的直接材料的标准成本是由材料的价格标准和用量标准来确定的。

材料的价格标准通常采用企业编制的计划价格，它通常是以订货合同的价格为基础，并考虑到未来物价、供求等各种变动因素后按材料种类分别计算的。一般由财务部门和采购部门等共同制定。

材料的用量标准是指在现有生产技术条件下,生产单位产品所需的材料数量。它包括构成产品实体的材料和有助于产品形成的材料,以及生产过程中必要的损耗和难以避免的损失所耗用的材料。材料的用量标准一般应根据科学的统计调查,以技术分析为基础计算确定。

在制定直接材料标准成本时,其基本程序是:首先,区分直接材料的种类;其次,逐一确定它们在单位产品中的标准用量和标准价格;再次,按照种类分别计算各种直接材料的标准成本;最后,汇总得出单位产品的直接材料标准成本。

【实例 8—4】 假定某企业 A 产品耗用甲、乙、丙三种直接材料,其直接材料标准成本的计算如表 8—1 所示。

表 8—1　　A 产品直接材料标准成本

项　目	标　准		
材料种类	甲材料	乙材料	丙材料
价格标准①	45 元/千克	15 元/千克	30 元/千克
用量标准②	3 千克/件	6 千克/件	9 千克/件
成本标准③=①×②	135 元/件	90 元/件	270 元/件
单位产品直接材料标准成本 ④ = $\sum$③	495 元		

2. 直接人工标准成本的制定

直接人工是由直接人工的价格和直接人工用量两项标准决定的。

直接人工的价格标准就是标准工资率,它通常由劳动工资部门根据用工情况制定。当采用计时工资时,标准工资率就是单位标准工资率,是由标准工资总额与标准总工时的商来确定的,即:

人工用量标准,即工时用量标准,它是指现有的生产技术条件下,生产单位产品所耗用的必要的工作时间,包括对产品直接加工工时,必要的间歇或停工工时以及不可避免的废次品所耗用的工时等。一般由生产技术部门、劳动工资部门等运用特定的技术测定方法和分析统计资料后确定。有关计算公式如下:

$$直接人工标准成本 = 标准工资率 \times 工时用量标准$$

【实例 8—5】 沿用实例 8—4 中的资料,A 产品直接人工标准成本的计算如表 8—2 所示。

表 8—2　　A 产品直接人工标准成本

项　目	标　准
月标准总工时 ①	15 600 小时
月标准总工资 ②	168 480 元
标准工资率 ③=②÷①	10.8 元/小时
单位产品工时用量标准 ④	1.5 小时/件

续表

项　目	标　准
直接人工标准成本 ⑤=③×④	16.2 元/件

3. 制造费用标准成本

制造费用的标准成本是由制造费用价格标准和制造费用用量标准两项因素决定的。

制造费用价格标准，即制造费用的分配率标准。制造费用的用量标准，即工时用量标准，其概念与直接人工用量标准相同。

因此，制造费用标准成本= 制造费用分配率标准×工时用量标准

成本按照其性态分为变动成本和固定成本。前者随着产量的变动而变动；后者相对固定，不随产量波动。所以，制定费用标准时，也应分别制定变动制造费用和固定制造费用的成本标准。

【实例 8—6】 沿用实例 8—4 中的资料，甲产品制造费用的标准成本计算如表 8—3 所示。

表 8—3　　甲产品制造费用标准成本

项　目		标　准
工　时	月标准总工时①	15 600 小时
	单位产品工时标准②	1.5 小时/件
变动制造费用	标准变动制造费用总额③	56 160 元
	标准变动制造费用分配率④=③÷①	3.6 小时/件
	变动制造费用标准成本⑤=②×④	5.4 元/件
固定制造费用	标准固定制造费用总额⑥	187 200 元
	标准固定制造费用分配率⑦=⑥+①	12 元/小时
	固定制造费用标准成本⑧=②×⑦	18 元/件
单位产品制造费用标准成本⑨=⑤+⑧		23.4 元

(三) 成本差异的计算及分析

在标准成本管理模式下，成本差异是指一定时期生产一定数量的产品所发生的实际成本与相关的标准成本之间的差额。凡实际成本大于标准成本的称为超支差异；凡实际成本小于标准成本的则称为节约差异。

从标准成本的制定过程可以看出，任何一项费用的标准成本都是由用量标准和价格标准两个因素决定的，因此，差异分析就应该从这两个方面进行。实际产量下的总差异的计算公式为：

总差异=实际价格×实际用量−标准价格×标准用量

　　=(实际价格×实际用量−标准价格×实际用量)

　　　+(标准价格×实际用量−标准价格×标准用量)

　　=(实际价格−标准价格)×实际用量+标准价格×(实际用量−标准用量)

　　=价格差异+用量差异

其中，价格差异 ＝（实际价格－标准价格）×实际用量

用量差异 ＝ 标准价格×（实际用量－标准用量）

1. 直接材料成本差异的计算分析

直接材料成本差异，是指直接材料的实际总成本与实际产量下标准总成本之间的差异。它可进一步分解为直接材料价格差异和直接材料用量差异两部分。有关计算公式如下：

直接材料成本差异＝实际产量下实际成本－实际产量下标准成本

＝实际价格×实际用量－标准价格×标准用量

＝直接材料价格差异＋直接材料用量差异

直接材料价格差异＝（实际价格－标准价格）×实际用量

直接材料用量差异＝标准价格×（实际用量－实际产量下标准用量）

材料价格差异的形成受各种主客观因素的影响，较为复杂，如市场价格、供货厂商、运输方式、采购批量等等的变动，都可以导致材料的价格差异。但由于它与采购部门的关系更为密切，所以其差异应主要由采购部门承担责任。

直接材料的用量差异形成的原因是多方面的，有生产部门原因，也有非生产部门原因。如产品设计结构、原料质量、工人的技术熟练程度、废品率的高低等等都会导致材料用量的差异。材料用量差异的责任需要通过具体分析才能确定，但往往主要由生产部门承担。

【实例 8－7】 沿用实例 8－4 的资料，A 产品甲材料的标准价格为 45 元/千克，用量标准为 3 千克/件。假定企业本月投产 A 产品 8 000 件，领用甲材料 32 000 千克，其实际价格为 40 元/千克。其直接材料成本差异计算如下：

直接材料成本差异＝40×32 000－45×3×8 000＝200 000（元）（超支）

其中：材料价格差异＝（40－45）×32 000＝－160 000（元）（节约）

材料用量差异＝45×（32 000－8 000×3）＝360 000（元）（超支）

通过以上计算可以看出，A 产品本月耗用甲材料发生 200 000 元超支差异。由于生产部门耗用材料超过标准，导致超支 360 000 元，应该查明材料用量超标的具体原因，以便改进工作，节约材料。从材料价格而言，由于材料价格降低节约了 160 000 元，从而抵消了一部分由于材料超标耗用而形成的成本超支。这是材料采购部门的工作成绩，也应查明超支原因，保持和发扬良好成绩。

2. 直接人工成本差异的计算分析

直接人工成本差异的计算分析

直接人工成本差异是指直接人工的实际总成本与实际产量下标准总成本之间的差异。它可分为直接人工工资率差异和直接人工效率差异两部分。有关计算公式如下：

直接人工成本差异＝实际总成本－实际产量下标准成本

＝实际工资率×实际人工工时－标准工资率×标准人工工时

＝直接人工工资差异率＋直接人工效率差异

直接人工工资率差异＝（实际工资率－标准工资率）×实际人工工时

直接人工效率差异＝标准工资率×（实际人工工时－实际产量下标准人工工时）

工资率差异也是价格差异，其形成原因比较复杂，工资制度的变动、工人的升降级、加班或临时工的增减等都将导致工资率差异。一般地，这种差异的责任不在生产部门，劳动人事部门更应对其承担责任。

直接人工效率差异是效率差异，其形成原因也是多方面的，工人技术状况、工作环境和设备条件的好坏等，都会影响效率的高低，但其主要责任还是在生产部门。

【实例8—8】 沿用实例8—5中的资料，A产品标准工资率为10.8元/小时，工时标准为1.5小时/件，工资标准为16.2元/件。假定企业本月实际生产A产品8 000件，用工10 000小时，实际应付直接人工工资110 000元。其直接人工差异计算如下：

直接人工成本差异＝110 000－16.2×8 000＝－19 600(元)(节约)

其中：直接人工工资率差异＝(110 000÷10 000－10.8)×10 000＝2 000(元)(超支)

直接人工效率差异＝10.8×(10 000－1.5×8 000)＝－21 600(元)(节约)

通过以上计算可以看出，该产品的直接人工成本总体上节约19 600元。其中，人工效率差异节约21 600元，但工资率差异超支2 000元。工资率超过标准，可能是为了提高产品质量，调用了一部分技术等级和工资级别较高的工人，使小时工资率增加了0.2(110 000÷10 000－10.8)元。但也因此在提高产品质量的同时，提高了销路，使工时的耗用由标准的12 000(8 000×1.5)小时降低为10 000小时，节约工时2 000小时，从而导致了最终的成本节约。可见生产部门在生产组织上的成绩是值得肯定的。

3. 变动制造费用成本差异的计算和分析

变动制造费用成本差异是指实际发生的变动制造费用总额与实际产量下标准变动费用总额之间的差异。它可以分解为耗费差异和效率差异两部分。其计算公式如下：

变动制造费用成本差异＝实际总变动制造费用－实际产量下标准变动制造费用

＝实际变动制造费用分配率×实际工时－标准变动制造费用分配率×标准工时

＝变动制造费用耗费差异＋变动制造费用效率差异

变动制造费用耗费差异＝(变动制造费用实际分配率－变动制造费用标准分配率)×实际工时

变动制造费用效率差异＝变动制造费用标准分配率×(实际工时－实际产量下标准工时)

其中，耗费差异属于价格差异，效率差异是用量差异。变动制造费用效率差异的形成原因与直接人工效率差异的形成原因基本相同。

【实例8—9】 沿用实例8—6中的资料，A产品标准变动费用分配率为3.6元/小时，工时标准为1.5小时/件。假定企业本月实际生产A产品8 000件，用工10 000小时，实际发生变动制造费用40 000元。其变动制造费用成本差异计算如下：

变动制造费用成本差异＝40 000－3.6×1.5×8 000 ＝ －3 200(元)(节约)

其中：变动制造费用耗费差异＝(40 000÷10 000－3.6)×10 000 ＝ 4 000(元)(超支)

变动制造费用效率差异＝3.6×(10 000－1.5×8 000) ＝ －7 200(元)(节约)

通过以上计算可以看出，A产品变动制造费用节约3 200元，这是由于提高效率，工时由12 000小时(1.5×8 000)降为10 000小时的结果。由于费用分配率由3.6元提高到4元(40 000÷10 000)，使变动制造费用发生超支，从而抵消了一部分变动制造费用的节约额。应该查明费用分配率提高的具体原因。

4. 固定制造费用成本差异的计算分析

固定制造费用成本差异是指实际发生的固定制造费用与实际产量下标准固定制造费用的差异。其计算公式为：

固定制造费用成本差异＝实际产量下实际固定制造费用－实际产量下标准固定制造费用

＝实际分配率×实际工时－标准分配率×实际产量下标准工时

其中，标准分配率＝固定制造费用预算总额/预算产量下标准总工时

由于固定制造费用相对固定，实际产量与预算产量的差异会对单位产品所应承担的固定制造费用产生影响，所以，固定制造费用成本差异的分析有其特殊性，分为两差异分析法和三差异分析法。

(1) 两差异分析法。它是指将总差异分为耗费差异和能量差异两部分，计算公式如下：

耗费差异＝实际固定制造费用－预算产量下标准固定制造费用

＝实际固定制造费用－标准分配率×工时标准×预算产量

＝实际固定制造费用－标准分配率×预算产量下标准工时

能量差异＝预算产量下标准固定制造费用－实际产量下固定制造费用

＝标准分配率×(预算产量下标准工时－实际产量下标准工时)

【实例 8－10】 沿用实例 8－6 中的资料，A 产品固定制造费用标准分配率为 12 元/小时，工时标准为 1.5 小时/件。假定企业 A 产品预算产量为 10 400 件，实际生产 A 产品 8 000 件，用工 10 000 小时，实际发生固定制造费用 190 000 元。其固定制造费用的成本差异计算如下：

固定制造费用成本差异＝190 000－12×105×8 000 ＝ 46 000(元)(超支)

其中：耗费差异＝19 0000－12×1.5×10 400 ＝ 2 800(元)(超支)

能量差异＝12×(1.5×10 400－1.5×8 000) ＝ 43 200(元)(超支)

通过以上计算可以看出，该企业 A 产品固定制造费用超支 46 000 元，主要是由于生产能力不足，实际产量小于预算产量所致。

(2) 三差异分析法。它是将两差异分析法下的能量差异进一步分解为产量差异和效率差异，即将固定制造费用成本差异分为耗费差异、产量差异和效率差异三个部分。其中耗费差异的概念和计算与两差异法下一致。相关计算公式为：

耗费差异＝实际固定制造费用－预算产量下标准固定制造费用

＝实际固定制造费用－标准分配率×工时标准×预算产量

＝实际固定制造费用－标准分配率×预算产量下标准工时

产量差异＝标准分配率×(预算产量下标准工时－实际产量下实际工时)

效率差异＝标准分配率×(实际产量下实际工时－实际产量下标准工时)

【实例 8－11】 沿用例实例 8－6 中的资料，计算其固定制造费用的成本差异如下：

固定制造费用成本差异＝190 000－12×1.5×8 000＝46 000(元)(超支)

其中：耗费差异＝19 000－12×1.5×10 400＝2 800(元)(超支)

产量差异＝12×(1.5×10 400－10 000)＝67 200(元)(超支)

效率差异＝12×(10 000－1.5×8 000)＝－24 000(元)(节约)

通过上述计算可以看出，采用三差异法，能够更好地说明生产能力利用程度和生产效率高低所导致的成本差异情况，便于分清责任。

5. 分析结果的反馈

标准成本差异分析是企业规划与控制的重要手段。通过差异分析，企业管理人员可以进一步揭示实际执行结果与标准不同的深层次原因。差异分析的结果，可以更好地凸显实际生产经营活动中存在的不足或在必要时修改成本标准，这对企业成本的持续降低、责任的明确划

分以及经营效率的提高具有十分重要的意义。

四、作业成本管理

作业成本计算法，最开始只是作为一种产品成本的计算方法，其对传统成本计算方法的改进，主要表现在采用多重分配标准分配制造费用的技术变革上。随着成本计算方法的完善，它也开始兼顾对制造费用和销售费用的分析，以及对价值链成本的分析，并将成本分析的结果应用到战略管理中，从而形成了作业成本管理。

（一）作业成本计算法及相关概念

所谓作业，是指在一个组织内为了某一目的而进行的耗费资源的工作，它是作业成本计算系统中最小的成本归集单元。作业贯穿产品生产经营的全过程，从产品设计、原材采购、生产加工，直至产品的发运销售。在这一过程中，每个环节、每道工序都可以视为一项作业。

成本动因，亦称成本驱动因素，是指导致成本发生的因素，即成本的诱因。成本动因通常以作业活动耗费的资源来进行度量，如质量检查次数、用电度数等。在作业成本法下，成本动因是成本分配的依据。成本动因又可以分为资源动因和作业动因。资源动因反映作业量与耗费之间的因果关系，而作业动因反映产品产量与作业成本之间的因果关系。按照统一的作业动因，将各种资源耗费项目归结在一起，便形成了作业中心，也称成本库。

作业成本计算法是指通过对所有作业活动动态地追踪反映，进行作业和成本对象的成本计量，并评价作业业绩和资源利用情况的方法。它基于资源耗用的因果关系进行成本分配，根据作业耗用资源的情况，将资源分配给作业，再依照成本对象消耗作业的情况，把作业成本分配给成本对象。

在作业成本法下，对于直接费用的确认和分配与传统的成本计算方法一样，而间接费用的分配对象不再是产品，而是作业。分配时，首先根据作业中心对资源的耗费情况将资源耗费的成本分配到作业中心去，然后再将上述分配至作业中心的成本按照各自的成本动因，依据作业的耗用数量分配到各产品。作业成本法很好地克服了传统成本方法中间接费用责任划分不清的缺点，使以往一些不可控的间接费用变为可控，这样可以更好地发挥决策、计划和控制的作用，以促进作业管理和成本控制水平的不断提高。

（二）作业成本管理

作业成本管理是以提高客户价值、增加企业利润为目的，基于作业成本法的新型集中化管理方法。它通过对作业及作业成本的确认、计量，最终计算产品成本，同时将成本计算深入到作业层次，对企业所有作业活动进行追踪并动态反映。此外还要进行成本链分析，包括动因分析、作业分析等，从而为企业决策提供准确的信息，指导企业有效地执行必要的作业，消除和精简不能创造价值的作业，以达到降低成本、提高效率的目的。作业成本管理是一种符合战略管理思想要求的现代成本计算和管理模式。它既是精确地成本计算系统，也是改进业绩的工具。作业成本管理包含两个维度的概念：成本分配观和流程观，如图 8—1 所示。

图 8—1 中垂直部分反映了成本分配观，它说明成本对象引起作业需求，而作业需求又引起资源的需求。因此，成本分配是从资源到作业，再从作业到成本对象，而这一流程正是作业成本计算的核心。

图 8—1 中水平部分反映了流程观，它为企业提供所引起作业的原因（成本动因）以及作业完成情况（业绩计量）的信息。流程观关注的是确认作业成本的根源、评价已经完成的工作和

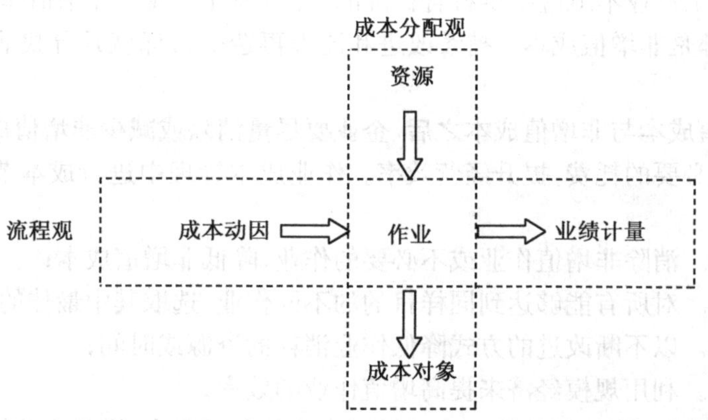

图 8—1 作业成本管理结构

已实现的结果。企业利用这些信息，可以改进作业链，提高从外部顾客获得的价值。

(三)流程价值分析

流程价值分析关心的是作业的责任，包括成本动因分析、作业分析和业绩考核三个部分。其基本思想是：以作业来识别资源，将作业分为增值作业和非增值作业，并把作业和流程联系起来，确认流程的成本动因，计量流程的业绩，从而促进流程的持续改进。

1. 成本动因分析

要进行作业成本管理，必须找出导致作业成本的原因。每项作业都有投入和产出。作业投入是为取得产出而由作业消耗的资源，而作业产出则是一项作业的结果或产品。比如说，原料搬运，搬运到指定地点的材料数量，则是该“搬运”作业的产出量，也可以称为作业动因。然而，产出量指标不一定是作业发生的根本原因，必须进一步进行动因分析，找出形成作业成本的根本原因。例如：搬运材料的根本原因，可能是车间布局不合理造成的。一旦得知了根本原因，就可以采取相应的措施改善作业，如改善车间布局，减少搬运成本。

2. 作业分析

作业分析的主要目标是认识企业的作业过程，以便从中发现持续改善的机会及途径。分析和评价作业、改进作业和消除非增值作业构成了流程价值分析与管理的基本内容。改进流程首先需要将每一项作业分为增值作业或非增值作业，明确增值成本和非增值成本，然后再进一步确定如何将非增值成本减至最小。

按照对顾客价值的贡献，作业可以分为增值作业和非增值作业。

所谓增值作业，就是那些顾客认为可以增加其购买的产品或服务的有用性，有必要保留在企业中的作业。一项作业必须同时满足下列三个条件才可断定为增值作业：

(1)该作业导致了状态的改变；

(2)该状态的变化不能由其他作业来完成；

(3)该作业使其他作业得以进行。

非增值作业是指即便消除也不会影响产品对顾客服务的潜能，不必要的或可消除的作业。如果一项作业不能同时满足增值作业的三个条件，就可断定其为非增值作业。例如检验工作，只能说明产品是否符合标准，而不能改变其形态，不符合第一个条件；次品返工作业是重复作业，在其之前的加工作业本就应提供符合标准的产品，因此也属于非增值作业。执行非增值作业发生的成本全部是非增值成本。持续改进和流程再造的目标就是寻找非增值作业，将非增值成本降至最低。

在区分了增值成本与非增值成本之后，企业要尽量消除或减少非增值成本，最大化利用增值作业，以减少不必要的耗费，提升经营效率。作业成本管理中进行成本节约的途径，主要有以下四种形式。

(1)作业消除。消除非增值作业或不必要的作业，降低非增值成本；

(2)作业选择。对所有能够达到同样目的的不同作业，选取其中最佳的方案；

(3)作业减少。以不断改进的方式降低作业消耗的资源或时间；

(4)作业共享。利用规模经济来提高增值作业的效率。

作业分析是流程价值分析的核心。通过对作业的分析研究，进而采取措施，消除非增值作业，改善低效作业，优化作业链，对于削减成本、提高效益具有非常重要的意义。

3. 作业业绩考核

实施作业成本管理，其目的在于找出并消除所有非增值作业，提高增值作业的效率，削减非增值成本。当利用作业成本计算系统随别出流程中的非增值作业及其成本动因后，就为业绩改善指明了方向。若要评价作业和流程的执行情况，必须建立业绩指标，可以是财务指标，也可以是非财务指标，以此来评价是否改善了流程。财务指标主要集中在增值成本和非增值成本上，可以提供增值与非增值报告，以及作业成本趋势报告。而非财务指标主要体现在效率、质量和时间三个方面，如投入产出比、次品率和生产周期等。

任务四　利润管理

一、利润的概念、作用和要求

(一)利润的概念

利润是指企业在一定时期内的经营成果，包括营业利润、利润总额和净利润。

营业利润是指主营业务收入减去主营业务成本和税金及附加，加上其他业务利润，减去销售费用、管理费用和财务费用后的金额。

利润总额是指企业在一定时期所获得的利润总数，是营业利润加上投资收益、补贴收入、营业外收入，减去营业外支出后的金额。

净利润是指利润总额减去所得税后的金额。其中，所得税是指企业计入当期损益的所得税费用。净利润是归企业所有者的利润，是企业进行利润分配的基础。在股份公司中，它是制约股份公司发展、影响股东收益高低的首要因素，对实现股东财富最大化目标，具有十分重要的意义。

(二)利润的作用

搞好利润管理，不断提高企业的利润水平，无论对企业还是对国家，都具有十分重要的意义。

1. 利润是衡量企业生产经营水平的一项综合性指标

从利润的构成内容看，企业利润既包括营业利润又包括投资利润，还包括营业外利润。这就概括了企业的全部生产经营工作。因此，利润的多少反映了企业生产经营水平的高低。企业获得的利润越多，说明企业经营管理有方，生产经营活动中的消耗少，产品成本低，产品适销对路、质量好、产销数量多。

2. 利润是国家财政收入的重要来源

企业作为国民经济的基本单位，有义务将其实现的利润在国家和企业之间进行分配，企业要依法向国家缴纳所得税。由于所得税具有强制性、无偿性、固定性等特点，因此构成了国家财政收入的重要来源。

3. 利润是企业实现财务目标的基础

现代化企业财务管理的最大目标是企业价值最大化，而企业价值最大化是利润与风险的最佳组合，因而企业只有实现足够的利润，才能完成企业财务目标，企业债权人、股东的利益才会得到保险。利润是一项综合性很强的指标，企业经营管理的质量、市场开拓能力、成本费用的开支、各种财务风险最终都会在企业利润上体现出来，因而利润也是对企业作出评价的最重要的指标。

4. 利润是企业扩大再生产的资金保障

在社会主义市场经济条件下，企业是一个独立的经济实体。在激烈的市场竞争中，企业要想发展壮大，站稳脚跟，必须积累充裕的资金用以扩大再生产。企业的资金来源是多方面的，其中利润是一项重要的资金来源。企业要扩大生产经营规模，提高生产技术主要应依靠企业自身的内部积累。这不仅能给企业带来更多的未来利润，也有利于提高企业的安全性。

(三)利润管理的要求

树立正确的盈利观念，不断提高盈利水平；实行利润目标分管责任制，保证利润目标的完成；严格执行有关财经法规，正确进行利润分配。

二、利润的预测

利润预测是企业在收入预测的基础上，对销售量、商品或服务成本、营业费用以及其他对利润发生影响的因素的分析和研究，对企业在未来某一时期可以实现的利润的预计和测算。正确的利润预测可以为企业未来的经营找到利润目标，便于按利润目标对企业经营效果进行考核。

(一)营业利润的预测

营业利润预测的方法很多，主要有量本利分析法、目标利润法、比例测算法和因素分析法。

1. 量本利分析法

量本利分析法，就是根据商品销售数量、成本和利润之间的相互关系，进行综合分析，从而预测营业利润的方法。运用量本利分析法预测企业利润，关键是要解决成本和销售量之间的数量关系。首先将成本分解为固定成本和变动成本，再把收入和利润考虑进来，成本、销量和利润的关系就可以统一于下面这个数学模型中：

$$利润=单价\times销量-单位变动成本\times销量-固定成本$$

它可用来预测企业盈亏平衡点、目标利润以及各有关因素变动对利润的影响。

(1)盈亏平衡点预测

①单一产品盈亏平衡点的确定。盈亏平衡点也称保本点，它是区分盈利和亏损的分界点，在这点上销售利润等于零，即销售净收入总额与成本总额(变动成本总额加固定成本总额)相

等，其计算公式如下：

$$盈亏平衡点销售量=\frac{固定成本总额}{销售单价-单位变动成本}=\frac{固定成本总额}{单位边际贡献}$$

上式两边同时乘以产品销售单价，则可得：

$$盈亏平衡点销售额=\frac{固定成本总额}{1-变动成本率}=\frac{固定成本总额}{边际贡献率}$$

【实例 8－12】 某企业生产甲产品，固定成本总额为 10 000 元，单位变动成本为 22 元，单位售价为 30 元，则：

盈亏平衡点销售量＝10 000÷(30－22)＝1 250(件)

盈亏平衡点销售额＝10 000÷(1－22÷30)＝37 500(元)

②多产品盈亏平衡点的确定。现代经济社会中，只生产一种产品的企业只占少数，大部分企业产销多种产品。如果企业生产经营多种产品，在采用量本利分析法预测盈亏平衡点时，可先求出各种产品的综合边际贡献率，计算公式为：

综合边际贡献率＝∑(各种产品的边际贡献率×各种产品销售收入占全部销售收入总额的比重)

然后，计算出企业综合的盈亏平衡点的销售收入，计算公式为：

$$综合盈亏平衡点销售收入=\frac{固定成本总额}{综合边际贡献率}$$

最后，再计算出各产品盈亏平衡点的销售收入，计算公式为：

某种产品盈亏平衡点销售收入＝综合盈亏平衡点销售收入×该种产品销售收入占全部销售收入总额的比重

【实例 8－13】 某企业生产甲、乙、丙三种产品，固定成本总额为 90 万元，三种产品边际贡献率分别为 30％，42％，50％，其销售比重分别为 40％，40％，20％则：

综合边际贡献率＝30％×40％＋42％×40％＋50％×20％＝38.8％

综合盈亏平衡点销售收入＝900 000÷38.8％＝2 319 587.63(元)

甲产品盈亏平衡点销售收入＝2 319 587.63×40％＝927 835.05(元)

乙产品盈亏平衡点销售收入＝2 319 587.63×40％＝927 835.05(元)

丙产品盈亏平衡点销售收入＝2 319 587.63×20％＝463 917.53(元)

③盈亏平衡点作业率与安全边际。盈亏平衡点作业率是指盈亏平衡点销售量占企业正常销售量的比重。所谓正常销售量，是指正常市场和正常开工情况下企业产品的销售数量或销售额。

$$盈亏平衡点作业率=\frac{盈亏平衡点销售量}{正常销售量}\times 100\%$$

这个比率表明企业保本的业务量在正常业务量中所占的比重。由于多数企业的生产经营能力是按正常销售量来规划的，生产经营能力与正常销售量基本相同，因此，盈亏平衡点作业率还表明保本状态下的生产经营能力的利用程度。

安全边际是指正常销售额超过盈亏平衡点销售额的差额。它表明销售额下降多少企业仍不至亏损。安全边际率是安全边际与正常销售额(或当年实际订货额)的比值。其计算公式为：

安全边际＝正常销售额－盈亏平衡点销售额

安全边际率＝安全边际/正常销售额(或实际订货额)

安全边际和安全边际率的数值越大，企业发生亏损的可能性就越小，企业就越安全。安全边际率是相对指标，便于不同企业和不同行业的比较。

盈亏平衡点把正常销售分为两部分：一部分是盈亏平衡点销售额，另一部分是安全边际。即：

$$正常销售额=盈亏平衡点销售额+安全边际$$

上述公式两边同时除以正常销售额，得：

$$1=盈亏平衡点作业率+安全边际率$$

(2)实现目标利润销售量及销售收入的预测

预测实现目标利润的销售量和销售收入，只需在盈亏平衡点销售量或销售额计算公式的分子中加上目标利润即可。计算公式为：

$$实现目标利润的销售量=\frac{固定成本总额+目标利润}{销售单价-单价变动成本}$$

$$实现目标利润的销售收入=\frac{固定成本总额+目标利润}{1-变动成本率}$$

(3)各有关因素变动对利润影响的预测

企业利润额的增加或减少，是各有关因素变动影响的结果，因此，在决定任何生产经营问题时，都应事先分析拟采取的行动对利润有何影响。如果该行动产生的收益大于它所引起的支出，可以增加企业的盈利，则这项行动在经济上是可取的。虽然企业在决策时需要考虑各种非经济因素，但是经济分析总是最基本的，甚至是首要的分析。

分析影响利润的各有关因素，主要方法是将变化了的参数代入本量利方程式，测定其对利润变动的影响。

【实例 8－14】　甲企业 2016 年(基期)有关资料如表 8－4 所示。

表 8－4　　单位：元

销售收入(1 000×20 元/件)	20 000
销售成本：	
变动成本(1 000×12 元/件)	12 000
固定成本	4 000
销售和管理费(全部固定)	2 000
利　润	2 000

显然，如果销售量、单价、单位变动成本、固定成本诸因素中的一项或多项同时变动，都会对利润产生影响。

①外界单一因素发生变化的影响。假设由于原材料涨价，使单位变动成本上升到 14 元，则利润将变为：

利润＝1 000×20－1 000×14－(4 000＋2 000)＝0

可见，由于单位变动成本上升 2 元，使企业最终利润减少 2 000 元。企业应根据这种预见到的变化，采取措施，设法抵消这种影响。

如果价格、固定成本或销售量发生变动，也可以用上述统一方法测定其对利润的影响。

②企业拟采取某项行动对利润的影响。由于企业拟采取某项行动，使有关因素发生变动，企业需要测定其对利润的影响，作为评价该行动经济合理性的尺度。

A. 假设甲企业拟采取更有效的广告方式，从而使销售量增加10%，利润将因此变为：

利润＝1 000×(1＋10%)×20－1 000×(1＋10%)×12－(4 000＋2 000)＝2 800(元)

这项措施将使企业利润增加800元，它是增加广告开支的上限。如果这次广告宣传的支出超过800元，就可能得不偿失。

B. 假设甲企业拟实施一项技术培训计划，以提高工效，使单位变动成本由12元降至10元。利润将因此变为：

利润＝1 000×20－1 000×10－(4 000＋2 000)＝4 000(元)

这项计划将使企业利润增加2 000元，它是培训计划开支的上限。如果培训计划的开支不超过2 000元，则可从当年新增利润中得到补偿，并可获得长期收益。如果开支超过2 000元，则要慎重考虑这项计划是否真的有意义。

C. 假设甲企业拟自建销售门市部，售价由目前的20元提高到22元，而能维持销售量不变。利润将因此变为：

利润＝1 000×22－1 000×12－(4 000＋2 000)＝4 000(元)

这项计划将使企业利润增加2 000元，它是门市部每年开支的上限。

由于企业的任何经济活动都要消耗钱物，因此，权衡得失总是必要的。利用本量利分析法，可以具体计算出对最终利润的影响，有利于经营者决策。

③有关因素发生相互关联变化对利润的影响。由于外界因素变化或企业拟采取某项行动，有关因素发生相互关联的影响，企业需要测定其引起的利润变动，以便选择决策方案。

假设甲企业按国家规定普调工资，使单位变动成本增加4%，固定成本增加1%，结果将会导致利润下降。为了抵消这种影响，企业有两个应对措施：一是提高价格5%，而提价会使销售量减少10%；二是增加产量20%，为使这些产品能销售出去，要追加500元广告费。

调整工资后不采取措施的利润为：

利润＝1 000×[20－12×(1＋4%)]－(4 000＋2 000)×(1＋1%)＝1 460(元)

采取第一方案的预计利润为：

利润＝1 000×(1－10%)×[20×(1＋5%)－12×(1＋4%)]－(4 000＋2 000)×(1＋1%)＝1 608(元)

采取第二方案的预计利润为：

利润＝1 000×(1＋20%)×[20－12×(1＋4%)]－[(4 000＋2 000)×(1＋1%)＋500]＝2 464(元)

通过比较可知，第二方案较好。

2. 目标利润法

目标利润是企业事先确定，要在一定时间内努力实现的利润。它可以是某一产品所要实现的利润，也可以是企业要实现的全部利润。确定目标利润的方法主要有利润公式确定法、递增率确定法、定额确定法。

(1)利润公式确定法。利润公式确定法是指在销售收入一定的情况下，根据目标成本确定目标利润的一种方法。其计算公式为：

目标利润＝商品销售收入－目标制造成本－目标期间费用

对目标制造成本和目标期间费用的确定，可以按同行业类似或相同商品的先进水平确定，也可以根据本企业基期的实际水平和预测期的降低目标计算确定。

(2)递增率确定法。递增率确定法是根据企业的基期利润和利润递增比率来确定目标利润的一种方法。其计算公式是：

$$P_n = P_o \times (1+i)^n$$

式中：P_n 为第 n 期的目标利润；P_o 为基期利润；i 为利润的递增比率；n 为利润递增的期数。

3. 比例测算法

比例测算法是根据各种利润率和其他相关指标来确定目标利润的一种方法。我国目前主要有两种形式：一是根据企业占用的资金和资金利润率来确定；二是根据销售收入和销售利润率来确定。它们的计算公式分别是：

目标利润＝预计资金占用额×目标资金利润率

目标利润＝预计销售收入×目标销售利润率

这里，预计资金平均占用额和预计销售收入是根据资金或销售预测的数据来确定的。目标资金利润率或目标销售利润率则是根据企业的历史资料和现实条件，参考同行业的先进水平确定的。

4. 因素测算法

因素测算法是在基期利润水平的基础上，考虑预测期影响销售利润增减变动的各种因素，来预测企业产品销售利润的一种方法。该种方法主要用于可比产品销售利润的测算。

用因素测算法预测可比产品销售利润，一般包括以下几个步骤：

(1)确定基年利润额和利润率，计算预测年度生产的应销可比产品利润

利润预测一般在计划年度开始前一个季度着手进行，要根据基年1～3季度实现的实际利润和实际成本与基年第四季度预计利润和预计成本来计算，计算公式如下：

基年销售利润＝基年前三季度实际销售利润＋基年第四季度预计销售利润

基年销售成本＝基年前三季度实际销售成本＋基年第四季度预计销售成本

$$基年成本利润率＝\frac{基年销售利润总额}{基年销售成本总额}\times 100\%$$

在计算上年成本利润率时，必须注意两点：一是上年生产而预测年度不再继续生产的产品，其有关数字应在计算时加以扣除；二是如果上年曾经调整过产品销售价格或者税率，应将上年的利润全部按变动后的价格和税率加以调整。

(2)预测年度生产的应销可比产品利润

预测年度生产的应销可比产品利润＝按上年单位成本计算的预测年度可比产品总成本
×预测年度生产的可比产品应销比例
×上年成本利润率

公式中的应销比例是预测期产品销售量占生产量的百分比，它是对预测期按上年单位成本计算的总成本打一个折扣，相当于可以实现销售的产品的销售生产成本，再按上年成本利润率计算可以实现的销售利润。

在这个公式中，由于成本和利润都保持在上年水平，所以这一指标仅包括了销售数量变动对利润的影响，在其他因素不变的情况下，销售数量的变化同产品销售利润的变化是成正比的，销售越多，利润也越多。

【实例 8－15】 乙企业生产 A,B 两种可比产品,上年实际及预计的有关资料如下:

(1)上年 1～9 月份实际产品销售利润	405 720 元
(2)上年 10～12 月份预计产品销售利润	124 200 元
(3)上年 1～9 月份实际产品销售成本	1 242 000 元
(4)上年 10～12 月份预计产品销售成本	414 000 元
(5)按上年单位成本和计划产量计算的总成本	2 349 000 元
(6)计划年度可比产品应销比例	95％

根据以上资料计算:

$$\text{上年成本利润率}=\frac{405\ 720+124\ 200}{124\ 200+414\ 000}\times 100\%=32\%$$

预测年度生产的应销可比产品销售利润＝2 349 000×95％×32％＝714 096(元)

第二步,测算各因素变动对销售利润的影响。

预测年度影响销售利润变动的因素包括销售数量、品种、成本和销售价格。销售数量的变动对利润的影响在前面已经予以确定。

其中,

(1)单位产品销售数量变动对利润的影响作为第一个影响因素

$$\begin{array}{c}\text{销售数量变动}\\\text{对利润的影响}\end{array}=\left(\begin{array}{c}\text{按上年单位成本计算的预测}\\\text{年度可比产品成本总额}\end{array}\times\begin{array}{c}\text{应销}\\\text{比例}\end{array}-\begin{array}{c}\text{上年销售}\\\text{总成本}\end{array}\right)\times\begin{array}{c}\text{上年成本}\\\text{利润率}\end{array}$$

$$=(2\ 349\ 000\times 95\%-1\ 656\ 000)\times 32\%=184\ 176(\text{元})$$

(2)预测年度可比产品品种结构变动对利润的影响

企业生产和销售的产品在多品种的情况下,利润的变动会受到产品品种结构的影响。产品品种结构是指各种产品销售额(或销售成本)占全部产品销售总额或销售成本总额)的比重。在各种产品的成本利润率都相等的情况下,品种结构的变化销售利润不会产生任何影响。品种结构之所以会对利润的增减产生影响,是因为各种产品的利润率不同,这样,利润率高的产品品种结构提高,会导致销售利润的增长。反之,利润率高的产品品种结构降低会导致销售利润的减少。这里,利润的增长和减少,是品种结构变动通过企业的综合利润率来影响的。企业综合利润率的计算公式为:

$$\text{企业综合利润率}=\sum(\text{各种产品的个别利润率}\times\text{各种产品的品种结构比重})$$

换言之,产品品种结构的变动,会直接导致企业的综合利润率的变动;同时,综合利润率的高低变化,又导致了企业销售利润的增减变化。计算公式为:

$$\begin{array}{c}\text{可经产品品种}\\\text{结构变动成而增}\\\text{加或减少的利润}\end{array}=\begin{array}{c}\text{按上年单位成本}\\\text{计算的预测年度}\\\text{可比产品成本总额}\end{array}\times\begin{array}{c}\text{预测年度生产}\\\text{的可比产品的}\\\text{应销比例}\end{array}\times\left[\begin{array}{c}\text{预测年度}\\\text{的综合利}\\\text{润率}\end{array}-\begin{array}{c}\text{上年度}\\\text{的综合}\\\text{利润率}\end{array}\right]$$

【实例 8－16】 接实例 8－15,乙企业 A,B 两种产品利润率及品种结构的资料如表 8－5 所示。

表 8－5　　A、B 两种产品利润率及品种结构

产品种类	上年成本利润率	上年综合成本利润率		预测年度综合成本利润率		差异
		品种结构	乘积	品种结构	乘积	
	(1)	(2)	(3)＝(1)＋(2)	(4)	(5)＝(1)＋(4)	(6)＝(5)－(3)

续表

产品种类	上年成本利润率	上年综合成本利润率		预测年度综合成本利润率		差异
		品种结构	乘积	品种结构	乘积	
A	32.5%	60%	19.5%	80%	26%	6.5%
B	31.25%	40%	12.5%	20%	6.25%	−6.25%
合计	—	100%	32%	100%	32.25%	0.25%

可比产品品种结构变动对销售利润的影响＝2 349 000×95%×(32.25%−32%)＝5 578.88

(3)预测年度可比产品成本变动对利润的影响

在价格不变的情况下，计划年度成本降低，就会使利润增加；反之，利润减少，计算公式为：

$$\text{可比产品成本降低而增加的利润}=\text{按上年单位成本计算的预测年度可比产品成本总额}\times\text{预测年度生产的可比产品的应销比例}\times\text{预测年度成本降低率}$$

【实例 8—17】　承实例 8—15，乙企业预测年度的成本降低率为 5%，则：

可比产品成本降低而增加的利润＝2 349 000×95%×5%＝111 577.5(元)

(4)预测可比产品销售价格变动对利润的影响

产品销售价格的变动，直接影响利润数额的增减，在其他因素不变的情况下，销售价格提高，利润就会增加；反之，就会减少。

在确定销售价格变动对利润数额的影响时，应当具体考虑销售价格变动的时间。在价格变动前发出的产品，仍按原价计算，不受价格变动的影响，计算公式如下：

$$\text{可比产品价格变动而增减的利润}=\text{预测年度可比产品的销售量}\times\left[\text{计划年度单位售价}-\text{上年单位售价}\right]$$

【实例 8—18】　承实例 8—15，乙企业预测年度 A 产品的销售量为 2 000 件，上年单价为 12 元，计划单价为 10 元，则：

由于价格变动而增减的利润＝2 000×(10−12)＝−4 000(元)

【实例 8—19】　汇总以上计算结果，便可确定出预测年度可比产品的销售利润数额，如表 8—6 所示。

表 8—6　　乙企业预测年度可比产品销售利润计算汇总表

项　目	计算依据	结　果
①按上年成本利润率计算的可比产品销售利润	2 349 000×95%×32%	714 096 元
②因预测年度产品品种结构变动而增减的利润	2 349 000×95%×(32.25%−32%)	5 578.88 元
③因预测年度成本降低而增加的利润	2 349 000×95%×5%	111 577.7 元
④预测年度由于价格变动而增减的利润	2 000×(10−12)	−4 000 元
⑤预测年度可比产品销售利润		827 252.38 元

(二)投资净收益和营业外收支净额的预测

1. 投资净收益的预测

投资净收益的预测是对未来时期企业投资所实现的净收益进行的预测。进行投资净收益预测，首先，必须对过去投资净收益的实现情况进行分析，找出投资净收益与投资总额之间的内在联系。然后，根据未来期对投资总额以及可能引起投资收益发生变化的因素，对投资净收益作出综合判断。

2. 营业外收支净额的预测

营业外收入和支出的项目一般由国家统一规定，非经财政部门批准企业不得自行变更。因此，对营业外收支净额的预测，主要是指对其中可以事先预计的项目进行测算。一般可以采用按上期实际发生额作为预测数的方法确定。

任务五　股利分配政策、股票分割与回购

股利分配政策是指企业管理层对与股利有关的事项所采取的方针策略。股利分配在公司制企业经营理财决策中，始终占有重要地位。这是因为股利的发放，既关系到公司股东的经济利益，又关系到公司的未来发展。通常较高的股利，一方面可使股东获取可观的投资收益；另一方面还会引起公司股票市价上涨，从而使股东除股利收入外还获得了资本利得。但是过高的股利必将使公司留存收益大量减少，或者影响公司未来发展，或者大量举债，增加公司资本成本负担，最终影响公司未来收益，进而降低股东权益。而较低的股利，虽然使公司有较多的发展资金，但与公司股东的愿望相背离，股票市价可能下降，公司形象将受到损害。因而对公司管理当局而言，如何均衡股利发放与企业的未来发展，并使公司股票价格稳中有升，便成为企业经营管理层孜孜以求的目标。

一、影响股利分配的因素

理论上，股利是否影响企业价值存在相当大的分歧，现实经济生活中，企业仍然是要进行股利分配的。当然，企业分配股利并不是无所限制，总是要受到一些因素的影响，一般认为，企业股利政策的影响因素主要有法律因素、企业因素、股东因素及其他因素等几个方面。

(一)法律因素

为了保护债权人、投资者和国家的利益，有关法规对企业的股利分配有如下限制。

1. 资本保全限制

资本保全限制规定，企业不能用资本发放股利。如我国法律规定：各种资本公积准备不能转增股本，已实现的资本公积只能转增股本，不能分派现金股利；盈余公积主要用于弥补亏损和转增股本，一般情况下不得用于向投资者分配利润或现金股利。

2. 资本积累限制

企业积累限制规定，企业必须按税后利润的一定比例和基数，提取法定公积金和法定公益金。企业当年出现亏损时，一般不得给投资者分配利润。

3. 偿债能力限制

偿债能力限制是指企业按时足额偿付各种到期债务的能力。如果企业已经无力偿付到期债务或因支付股利将使其失去偿还能力，则企业不能支付现金股利。

(二)企业因素

企业资金的灵活周转是企业生产经营得以正常进行的必要条件。因此企业长期发展和短期经营活动对现金的需求，便成为对股利的最重要的限制因素。其相关因素主要有：

1. 资产的流动性

企业现金股利的分配应以一定资产流动性为前提。如果企业的资产流动性越好，说明其变现能力越强，股利支付能力也就越强。高速成长的盈利性企业，其资产可能缺乏流动性，因为，他们的大部分资金投资在固定资产和永久性流动资产上了，这类企业当期利润虽然多但资产变现能力差，企业的股利支付能力就会削弱。

2. 投资机会

有着良好投资机会的企业需要有强大的资金支持，因而往往少发现金股利，将大部分盈余留存下来进行再投资；缺乏良好投资机会的企业，保留大量盈余的结果必然是大量资金闲置，于是倾向于支付较高的现金股利。所以，处于成长中的企业，因一般具有较多的良好投资机会而多采取低股利政策，许多处于经营收缩期的企业，则因缺少良好的投资机会而多采取高股利政策。

3. 筹资能力

如果企业规模大、经营好、利润丰厚，其筹资能力一般很强，那么在决定股利支付数额时，有较大选择余地。但对那些规模小、新创办、风险大的企业，其筹资能力有限，这类企业应尽量减少现金股利支付，而将利润更多地留存在企业，作为内部筹资。

4. 盈利的稳定性

企业的现金股利来源于税后利润。盈利相对稳定的企业，有可能支付较高股利，而盈利不稳定的企业，一般采用低股利政策。这是因为，对于盈利不稳定的企业，低股利政策可以减少因盈利下降而造成的股利无法支付、企业形象受损、股价急剧下降的风险，还可以将更多的盈利用于再投资，以提高企业的权益资本比重，减少财务风险。

5. 资本成本

留用利润是企业内部筹资的一种重要方式，同发行新股或举借债务相比，不但筹资成本较低，而且具有很强的隐蔽性。企业如果一方面大量发放股利，而另一方面又以支付高额资本成本为代价筹集其他资本，那么，这种舍近求远的做法无论如何是不恰当的，甚至有损于股东利益。因而从资本成本考虑，如果企业扩大规模，需要增加权益资本时，不妨采取低股利政策。

(三)股东因素

股东在避税、规避风险、稳定收入和股权稀释等方面的意愿，也会对企业的股利政策产生影响。毫无疑问，企业的股利政策不可能使每个股东财富最大化，企业制定股利政策的目的在于，对绝大多数股东的财富产生有利影响。

1. 稳定的收入和避税

一些依靠股利维持生活的股东，往往要求公司支付稳定的股利，若公司留存较多的利润将受到这部分股东的反对。另外，一些高股利收入的股东又出于避税的考虑(股利收入的所得税高于股票交易的资本利得税)，往往反对公司发放较多的股利。

2. 控制权的稀释

公司支付较高的股利就会导致留存盈余减少，这又意味着将来依靠发行股票等方式筹集资金的可能性增大；而发行新股，尤其是普通股，意味着企业控制权有旁落他人或其他公司的可能，因为发行新股必然稀释公司的控制权，这是公司原有持有控制权的股东们所不愿看到的局面。因此，若他们拿不出更多的资金购买新股以满足公司的需要，宁肯不分配股利也要反对募集新股。

3. 投资机会

如果股东在外部有更好的投资机会(高于公司项目的投资收益率),则会希望公司采取高股利支付政策;否则相反。

(四)其他因素

影响股利政策的其他因素主要包括:不属于法规规范的债务合同约束、政府对机构投资者的投资限制以及因通货膨胀带来的企业对重置实物资产的特殊考虑等。

1. 债务合同约束

企业的债务合同特别是长期债务合同,往往有限制企业现金股利支付的条款,这使得企业只能采用低股利政策。

2. 机构投资者的投资限制

机构投资者包括养老基金、储蓄银行、信托基金、保险企业和其他一些机构。机构投资者对投资股票种类的选择,往往与股利特别是稳定股利的支付有关。如果某种股票的连续几年不支付股利或所支付的股利金额起伏较大,则该股票一般不能成为机构投资者的投资对象。因此,如果某一企业想更多地吸引机构投资者,则应采用较高而且稳定的股利政策。

3. 通货膨胀的影响

在通货膨胀的情况下,企业固定资产折旧的购买水平会下降,会导致没有足够的资金来源重置固定资产。这时较多的留存利润就会当作弥补固定资产折旧购买力水平下降的资金来源,因此,在通货膨胀时期,企业股利政策往往偏紧。

二、股利支付程序

企业通常在年度末,计算出当期盈利之后,才决定向股东发放股利。但是,在资本市场中,股票可以自由交换,公司的股东也经常变换。那么,哪些人应该领取股利,对此,公司必须事先确定与股利支付相关的时间界限。这个时间界限包括以下几种。

(一)股利宣告日

股利一般是按每年度或每半年进行分配。一般来说,分配股利首先要由公司董事会向公众发布分红预案,在发布分红预案的同时或之后,公司董事会将公告召开公司股东大会的日期。股利宣告日是指董事会将股东大会决议通过的分红方案(或发放股利情况)予以公告的日期。在公告中将宣布每股股利、股权登记日、除息日和股利支付日等事项。

(二)股权登记日

股权登记日是指有权领取股利的股东资格登记截止日期。只有在股权登记日前在公司股东名册上有名的股东,才有权分享当期股利,在股权登记日以后列入名单的股东无权领取股利。

(三)除息日

除息日是指领取股利的权利与股票相互分离的日期。在除息日前,股利权从属与股票,持有股票者即享有领取股利的权利;从除息日开始,股利权与股票相分离,新购入股票的人不能享有股利。除息日的确定是证券市场交割方式决定的。因为股票的买卖的交接、过户需要一定的时间。在美国,当股票交割方式采用例行日交割时,股票在成交后的第五个营业日才办理交割,也即在股票登记日的四个营业日以前购入股票的新股东,才有资格领取股利。在我国,由于采用次日交割方式,则除息日与登记日差一个工作日。

(四)股利发放日

即向股东发放股利的日期。

【实例 8—20】 某上市公司于 2017 年 4 月 10 日公布 2016 年度的最后分红方案,其公告如下:"2016 年 4 月 9 日在北京召开的股东大会,通过了董事会关于每股分派 0.15 元的 2016 年股息分配方案。股权登记日为 4 月 25 日,除息日为 4 月 26 日,股东可在 5 月 10 日至 25 日之间通过深圳交易所按交易方式领取股息。特此公告。"该公司的股利支付程序如图 8—3 所示。

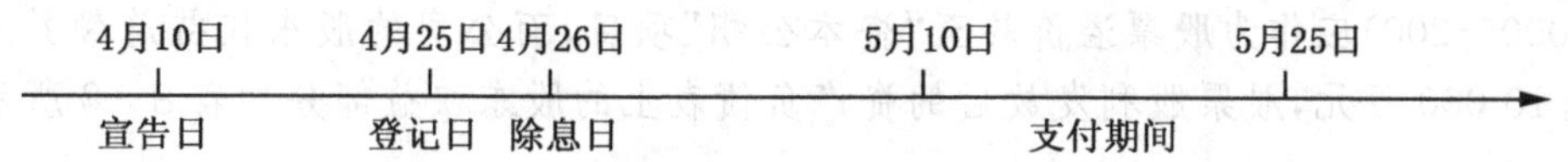

图 8—3　公司股利支付程序

三、股利支付方式

股利支付方式可以分为不同的种类,主要有以下四种:

(一)现金股利

现金股利是以现金支付的股利,它是股利支付的最常见的方式。公司选择发放现金股利除了要有足够的留存收益外,还要有足够的现金,而现金充足与否往往会成为公司发放现金股利的主要制约因素。

(二)财产股利

财产股利是以现金以外的其他资产支付的股利,主要是以公司所拥有的其他公司的有价证券,如债券、股票等,作为股利支付给股东。

(三)负债股利

负债股利,是以负债方式支付的股利,通常以公司的应付票据支付给股东,有时也以发放公司债券的方式支付股利。

财产股利和负债股利实际上是现金股利的替代,但这两种股利支付形式在我国公司实务中很少使用。

(四)股票权利

股票权利是公司以增发股票的方式所支付的股利,我国实务中通常也称其为"红股"。股票股利对公司来说,并没有现金流出企业,也不会导致公司的财产减少,而只是将公司的留存收益转化为股本和资本公积。但股票权利会增加流通在外的股票数量,同时降低股票的每股价值。它不改变公司股东权益总额,但会改变股东权益的构成。

【实例 8—21】 某上市公司在 2017 年发放股票股利前,其资产负债表上的股东权益账户情况如表 8—7 所示。

表 8—7　　单位:万元

项目	金额
普通股(面值 1 元,发行在外 2 000 万股)	2 000
资本公积	3 000
盈余公积	2 000

续表

未分配利润	3 000
股东权益合计	10 000

假设该公司宣布发放10%的股票股利，现有股东每持有10股，即可获赠1股普通股。若该股票当时市价为5元，那么随着股票股利的发放，需从"未分配利润"项目划转出的资金为：

2 000×10%×5 ＝ 1 000(万元)

由于股票面值(1元)不变，发放200万股，"普通股"项目只应增加200万元，其余的800万元(1 000－200)应作为股票溢价转至"资本公积"项目，而公司的股东权益总额并未发生改变，仍是10 000万元，股票股利发放后的资产负债表上的股东权益部分如表8—8所示。

表8—8 单位：万元

普通股(面值1元，发行在外2 200万股)	2 200
资本公积	3 800
盈余公积	2 000
未分配利润	2 000
股东权益合计	10 000

假设某股东在公司派发股票股利之前持有公司的普通股10万股，那么，他所拥有的股权比例为：

10万股÷2 000万股＝0.5%

派发股利之后，他所拥有的股票数量和股份比例为：

10×(1＋10%)＝11(万股)

11万股/2 200万股＝0.5%

可见，发放股票股利，不会对公司股东权益总额产生影响，但会引起资金在各股东权益项目间的再分配。而股票股利派发前后每一位股东的持股比例也不会发生变化。需要说明的是，例题中股票股利以市价计算价格的做法，是很多西方国家所通行的，但在我国，股票股利价格则是按照股票面值来计算的。

发放股票股利虽不直接增加股东的财富，也不增加公司的价值，但对股东和公司都有特殊意义。

对股东来讲，股票股利的优点主要有以下几点。

(1)派发股票股利后，理论上每股市价会成比例下降，但实务中这并非必然结果。因为市场和投资者普遍认为，发放股票股利往往预示着公司会有较大的发展和成长，这样的信息传递会稳定股价或使股价下降比例减少甚至不降反升，股东便可以获得股票价值相对上升的好处。

(2)由于股利收入和资本利得税率的差异，如果股东把股票股利出售，还会给他带来资本利得纳税上的好处。

对公司来讲，股票股利的优点主要有以下几点。

(1)发放股票股利不需要向股东支付现金，在再投资机会较多的情况下，公司就可以为再投资提供成本较低的资金，从而有助于公司的发展。

(2)发放股票股利可以降低公司股票的市场价格，既有利于促进股票的交易和流通，又有利于吸引更多的投资者成为公司股东，进而使股权更为分散，有效地防止公司被恶意控制。

(3)股票股利的发放可以传递公司未来发展前景良好的信息,从而增强投资者的信心,在一定程度上稳定股票价格。

四、股利政策的类型

股利政策由企业在不违反国家有关法律、法规的前提下,根据本企业具体情况制定。股利政策既要保持相对稳定,又要符合公司财务目标和发展目标。在实际工作中,通常有以下几种股利政策可供选择:

(一)剩余股利政策

剩余股利政策是指公司在有良好的投资机会时,根据目标资本结构,测算出投资所需的权益资本额,先从盈余中留用,然后将剩余的盈余作为股利来分配,即净利润首先满足公司的资金需求,如果还有剩余,就派发股利;如果没有,则不派发股利。剩余股利政策的理论依据是MM股利无关理论。根据MM无关理论,在完全理想状态下的资本市场中,公司的股利政策与普通股每股市价无关,故而股利政策只需随着公司投资、融资方案的制定而自然确定。因此,采用剩余股利政策时,公司要遵循如下四个步骤:

(1)设定目标资本结构,在此资本结构下,公司的加权平均资本将达到最低水平;

(2)确定公司的最佳资本预算,并根据公司的目标资本结构预计资金需求中所需增加的权益资本数额;

(3)最大限度地使用留存收益来满足资金需求中所需增加的权益资本数额;

(4)留存收益在满足公司权益资本增加需求后,若还有剩余再用来发放股利。

【实例8—22】 万利公司2016年提取公积金之后的税后净利为2 500万元。目前,公司的最优资本结构为:权益资本占70%,债务资本占30%。2017年公司有一个投资项目,该项目需要的投资总额为2 000万元。该公司决定采用剩余股利政策来向股东分配股利,已知公司流通在外的普通股为1 000万股,那么每股普通股至多能分配多少股利?投资项目需要的2 000万元资金应如何筹集呢?

解:2 000万元投资总额对公司权益资本的需求为:2 000×70%=1 400(万元)

所以投资总额的筹集方式是:1 400万元用税后净利来满足,剩余的600万元通过举债的方式来筹集。

在满足投资项目对权益资本的需要之后剩余的部分为:2 500—1 400=1 100(万元)。

每股普通股可以分配的股利为:1 100÷1 000=1.1(元)

剩余股利政策的优点是:留存收益优先保证再投资的需要,有助于降低再投资的资金成本,保持最佳的资本结构,实现企业价值的长期最大化。

剩余股利政策的缺点是:若完全遵照执行剩余股利政策,股利发放额就会每年随着投资机会和盈利水平的波动而波动。在盈利水平不变的前提下,股利发放额与投资机会的多寡呈反方向变动;而在投资机会维持不变的情况下,股利发放额将与公司盈利呈同方向波动。剩余股利政策不利于投资者安排收入与支出,也不利于公司树立良好的形象,一般适用于公司初创阶段。

(二)固定或稳定增长的股利政策

固定或稳定增长的股利政策是指公司将每年派发的股利额固定在某一特定水平或是在此基础上维持某一固定比率逐年稳定增长。公司只有在确信未来应该不会发生逆转时才会宣布实施固定或稳定增长的股利政策。在这一政策下，应首先确定股利分配额，而且该分配额一般不随资金需求的波动而波动。

固定或稳定增长股利政策的优点有：(1) 由于股利政策本身的信息含量，稳定的股利向市场传递着公司正常发展的信息，有利于树立公司的良好形象，增强投资者对公司的信心，稳定股票的价格。(2) 稳定的股利额有助于投资者安排股利收入和支出，有利于吸引那些打算进行长期投资并对股利有很高依赖性的股东。(3) 稳定的股利政策可能会不符合剩余股利理论，但考虑到股票市场会受多种因素影响(包括股东的心理状态和其他要求)，为了将股利维持在稳定的水平上，即使推迟某些投资方案或暂时偏离目标资本结构，也可能比降低股利或股利增长率更为有利。

固定或稳定增长股利政策的缺点有，股利的支付与企业的盈利相脱节，即不论公司盈利多少，均要支付固定的或按固定比率增长的股利，这可能会导致企业资金紧缺，财务状况恶化。此外，在企业无利可分的情况下，若依然实施固定或稳定增长的股利政策，也是违反《公司法》的行为。

因此，采用固定或稳定增长的股利政策，要求公司对未来的盈利和支付能力能作出准确的判断。一般来说，公司确定的固定股利额不宜太高，以免陷入无力支付的被动局面。固定或稳定增长的股利政策通常适用于经营比较稳定或正处于成长期的企业，且很难被长期采用。

【实例 8－23】 中恒公司成立于 2016 年 1 月 1 日，2016 年度实现的净利润为 1 000 万元，提取盈余公积 450 万元(所提盈余公积均已指定用途)分配现金股利 550 万元。2017 年实现的净利润为 950 万元。若中恒公司采用固定股利政策，计算该公司 2017 年度应发放的股利。如果中恒公司继续执行固定股利政策，则中恒公司 2017 年度应分配发放的股利为：

2017 年度应发放的股利＝上年分配的股利＝550(万元)

(三)固定股利支付率政策

固定股利支付率政策是指公司将每年净利润的某一固定百分比作为股利分派给股东。这一百分比通常称为股利支付率，股利支付率一经确定，一般不得随意变更。在这一股利政策下，只要公司的税后利润一经计算确定，所派发的股利也就相应确定了。固定股利支付率越高，公司留存的净利润越少。

固定股利支付率的优点：(1) 采用固定股利支付率政策，股利与公司盈余紧密地配合，体现了“多盈多分、少盈少分、无盈不分”的股利分配原则。(2) 由于公司的获利能力在年度间是经常变动的，因此，每年的股利也应当随着公司收益的变动而变动。采用固定股利支付率政策，公司每年按固定的比例从税后利润中支付现金股利，从企业的支付能力的角度看，这是一种稳定的股利政策。

固定股利支付率的缺点：(1) 大多数公司每年的收益很难保持稳定不变，导致年度间的股利额波动较大，由于股利的信号传递作用，波动的股利很容易给投资者带来经营状况不稳定、投资风险较大的不良印象，称为公司的不利因素。(2) 容易使公司面临较大的财务压力。这是因为公司实现的盈利多，并不能代表公司有足够的现金流用来支付较多的股利额。(3) 合适的固定股利支付率的确定难度比较大。

由于公司每年面临的投资机会、筹资渠道都不同，而这些都可以影响到公司的股利分派，所以，一成不变地奉行固定股利支付率政策的公司在实际中并不多见，固定股利支付率政策只是比较适用于那些处于稳定发展且财务状况也较稳定的公司。

【实例 8—24】 某公司长期以来用固定股利支付率政策进行股利分配，确定的股利支付率为 30%。2016 年税后净利润为 1 500 万元，如果仍然继续执行固定股利支付率政策，公司本年度将要支付的股利为：

1 500×30%=450(万元)

但公司下一年度有较大的投资需求，因此，准备本年度采用剩余股利政策。如果公司下一年度的投资预算为 2 000 万元，目标资本结构为权益资本占 60%。按照目标资本结构的要求，公司投资方案所需的权益资本额为：2 000×60%=1 200(万元)

公司 2016 年度可以发放的股利为：1 500－1 200=300(万元)

(四)低正常股利加额外股利政策

低正常股利加额外股利政策是指在正常情况下，公司按照一个相对较低的稳定的水平支付股利(低正常股利额)，并可在此基础上根据公司的盈利状况、现金流量状况，在公司盈利较多且现金较为充裕的年度增加一定数量的额外股利支付的政策。低正常股利部分是稳定的，而额外股利部分是可调整的，可以有，也可以没有，可以高，也可以低，具体金额视公司的盈利状况和现金流量状况而定。可以用以下公式表示：

$$Y = a + bX$$

其中：Y——每股股利；X——每股收益；a——低正常股利；b——股利支付比率。

低正常股利加额外股利政策的优点：(1) 赋予公司较大的灵活性，使公司在股利发放上留有余地，并具有较大的财务弹性。公司可根据每年的具体情况，选择不同的股利发放水平，以稳定和提高股价，进而实现公司价值的最大化。(2) 使那些依靠股利度日的股东每年至少可以得到虽然较低但比较稳定的股利收入，从而吸引住这部分股东。

低正常股利加额外股利政策的缺点：(1) 由于年份之间公司盈利的波动使得额外股利不断变化，造成分派的股利不同，容易给投资者收益不稳定的感觉。(2) 当公司在较长时间持续发放额外股利后，可能会被股东误认为“正常股利”，一旦取消，传递出的信号可能会使股东认为这是公司财务状况恶化的表现，进而导致股价下跌。

相对来说，对那些盈利随着经济周期而波动较大的公司或者盈利与现金流量很不稳定时，低正常股利加额外股利政策也许是一种不错的选择。

【实例 8—25】 中恒公司 2016 年度实现的净利润为 1 000 万元，2017 年实现的净利润为 1 050 万元，如果公司采用低正常股利加额外股利政策，规定每年较低的正常股利额为 100 万元，当实现净利润比上年增加 5%时或 5%以上时，净利润的 1%作为额外股利。2017 年公司净利润(1 050 万元)较 2016 年(1 000 万元)恰好增加 5%。若中恒公司采用低正常股利加额外股利政策，计算中恒公司 2017 年度应发放的股利。

如果中恒公司继续执行低正常股利加额外股利政策，则该公司 2017 年度应发放的股利为：

100+1 050×1%=110.5(万元)

五、股票分割和股票回购

(一)股票分割

股票分割又称拆股，即将一股股票拆分成多股股票的行为。股票分割一般只会增加发行在外的股票总数，但不会对公司的资本结构产生任何影响。股票分割与股票股利非常相似，都是在不增加股东权益的情况下增加了股份的数量，所不同的是，股票股利虽不会引起股东权益总额的改变，但股东权益的内部结构会发生变化，而股票分割之后，股东权益总额及其内部结构都不会发生任何变化，变化的只是股票面值。

股票分割的作用如下：

（1）降低股票价格。股票分割会使每股市价降低，买卖该股票所需资金量减少，从而可以促进股票的流通和交易。流通性的提高和股东数量的增加，会在一定程度上加大对公司股票恶意收购的难度。此外，降低股票价格还可以为公司发行新股做准备，因为股价太高会使许多潜在投资者力不从心而不敢轻易对公司股票进行投资。

（2）向市场和投资者传递"公司发展前景良好"的信号，有助于提高投资者对公司股票的信心。

与股票分割相反，如果公司认为其股票价格过低，不利于其在市场上的声誉和未来的再筹资时，为提高股票的价格，会采取反分割措施。反分割又称股票合并或逆向分割，是指将多股股票合并为一股股票的行为。反分割显然会降低股票的流通性，提高公司股票投资的门槛，它向市场传递的信息通常都是不利的。

【实例 8—26】 某上市公司在 2017 年年末资产负债表上的股东权益账户情况如表 8—9 所示。

表 8—9 单位：万元

普通股（面值 10 元，发行在外 1 000 万股）10 000	
资本公积	10 000
盈余公积	5 000
未分配利润	8 000
股东权益合计	33 000

（1）假设股票市价为 20 元，该公司宣布发放 10%的股票股利，即现有股东每持有 10 股即可获赠 1 股普通股。发放股票股利后，股东权益有何变化？每股净资产是多少？

（2）假设该公司按照 1:2 的比例进行股票分割。股票分割后，股东权益有何变化？每股净资产是多少？

解：根据上述资料，分析计算如下：

（1）发放股票股利后股东权益情况如表 8—10 所示。

表 8—10 单位：万元

普通股（面值 10 元，发行在外 1 100 万股）	11 000
资本公积	11 000
盈余公积	5 000
未分配利润	6 000
股东权益合计	33 000

每股净资产为：33 000÷（1 000＋100） ＝ 30（元/股）

（2）股票分割后股东权益情况如表 8—11 所示。

表 8—11 单位:万元

普通股(面值 5 元,发行在外 2 000 万股)	10 000
资本公积	10 000
盈余公积	5 000
未分配利润	8 000
股东权益合计	33 000

每股净资产为:33 000÷(1 000×2) = 16.5(元/股)

(二)股票回购

1. 股票回购的概念及方式

股票回购是指上市公司出资将其发行在外的普通股以一定价格购买回来予以注销或作为库存股的一种资本运作方式。公司不得随意收购本公司的股份。只有满足相关法律规定的情形才允许股票回购。

股票回购的方式主要包括公开市场回购、要约回购和协议回购三种。其中,公开市场回购,是指公司在公开交易市场上以当前市价回购股票;要约回购是指公司在特定期间向股东发出的以高出当前市价回购股票;协议回购则是指公司以协议价格直接向一个或几个主要股东回购股票。

2. 股票回购的动机

在证券市场上,股票回购的动机多种多样,主要有以下几点:

(1)现金股利的替代。现金股利政策会对公司产生未来的派现压力,而股票回购不会。当公司有富余资金时,通过回购股东所持股票将现金分配给股东,这样,股东就可以根据自己的需要选择继续持有股票或出售获得现金。

(2)改变公司的资本结构。无论是现金回购还是举债回购股份,都会提高公司的财务杠杆水平,改变公司的资本结构。公司认为权益资本在资本结构中所占比例较大时,为了调整资本结构而进行股票回购,可以在一定程度上降低整体资金成本。

(3)传递公司信息。由于信息不对称和预期差异,证券市场上的公司股票价格可能被低估,而过低的股价将会对公司产生负面影响。一般情况下,投资者会认为股票回购意味着公司认为其股票价值被低估而采取的应对措施。

(4)基于控制权的考虑。控股股东为了保证其控制权,往往采取直接或间接的当时回购股票,从而巩固既有的控制权。另外,股票回购使流通在外的股份数变少,股价上升,从而可以有效地防止敌意收购。

3. 股票回购的影响

第一,股票回购对上市公司的影响主要表现在以下几个方面:

(1)股票回购需要大量资金支付回购成本,容易造成资金紧张,降低资产流动性,影响公司的后续发展。

(2)股票回购无异于股东退股和公司资本的减少,也可能会使公司的发起人股东更注重创业利润的实现,从而不仅在一定程度上削弱了对债权人利益的保护,而且忽视了公司的长远发展,损害了公司的根本利益。

(3)股票回购容易导致公司操纵股价。公司回购自己的股票容易导致其利用内幕消息进行炒作，加剧公司行为的非规范化，损害投资者的利益。

第二，股票回购对股东的影响如下。

对投资者来说，与现金股利相比，股票回购不仅可以节约个人税收，而且具有更大的灵活性。因为股东对公司派发的现金股利没有是否接受的可选择性，而对股票回购则具有可选择性，需要现金的股东可选择卖出股票，而不需要现金的股东可继续持有股票。

关键术语

收入　成本费用　成本费用管理　标准成本管理　成本差异　作业成本计算法
作业成本管理　利润　目标利润法　比例测算法　因素分析法　量本利分析法
现金股利　财产股利　负债股利　股票权利　剩余股利政策
固定或稳定增长的股利政策　固定股利支付率政策　低正常股利加额外股利政策
股票分割　股票回购

应知考核

一、单项选择题

1. 狭义的收益分配是指对(　　)的分配。

A. 息税前利润　　B. 营业利润　　C. 利润总额　　D. 净利润

2. 公司在弥补亏损后再计提法定盈余公积，这是遵守了(　　)。

A. 依法分配原则　　B. 分配与积累并重原则

C. 兼顾各方利益原则　　D. 投资与收益对等原则

3. 我国《公司法》规定，当年净利润抵补亏损后按(　　)计提法定盈余公积。

A. 1%　　B. 5%　　C. 10%　　D. 25%

4. 法定盈余公积可用于弥补亏损、扩大公司生产经营或转增资本，但企业用盈余公积转增资本后，法定盈余公积的余额不得低于公司注册资本的(　　)。

A. 1%　　B. 5%　　C. 10%　　D. 25%

5. 公司当年税前利润最多可以先用来弥补前(　　)年的亏损，之后再按所得税税率缴纳所得税。

A. 1　　B. 3　　C. 5　　D. 10

6. 股利分配涉及的方面很多，如股利支付程序中各日期的确定、股利支付比例的确定、股利支付形式的确定、支付现金股利所需资金的筹集方式的确定等。其中，最主要的是确定(　　)。

A. 股利支付程序中各个日期　　B. 股利支付比例

C. 股利支付形式　　D. 支付现金股利所需资金

7. 主要依靠股利维持生活的股东最赞成的公司股利政策是(　　)。

A. 剩余股利政策　　B. 固定或持续增长的股利政策

C. 固定股利支付率政策　　D. 低正常股利加额外股利政策

8. 与现金股利十分相似的是(　　)。

A. 股票股利　B. 股票回购　C. 股票分割　D. 股票出售

9. 容易使股利支付与盈余数脱节的是(　　)。

A. 剩余股利政策　B. 固定股利或稳定增长股利政策

C. 固定股利支付率政策　D. 低正常股利加额外股利政策

10. 采用剩余股利政策(　　)。

A. 是为了保持理想的资本结构

B. 有利于树立公司良好的形象,稳定股票价格

C. 能使股利与公司盈余紧密结合

D. 能使公司具有较大的灵活性

二、多项选择题

1. 下列说法不正确的是(　　)。

A. 只要本年净利润大于零,就可以进行利润分配

B. 只要可供分配利润大于零,则必须提取法定公积金

C. 不存在用公积金支付股利的可能

D. 提取公积金的基数是本年的税后利润

2. 法定公积金可以用于(　　)。

A. 弥补亏损　B. 发放股利

C. 扩大公司生产经营　D. 转增资本

3. 股利分配应遵守的原则是(　　)。

A. 依法分配原则　B. 分配与积累并重原则

C. 兼顾各方利益原则　D. 投资与收益对等原则

4. 任意盈余公积按照公司章程或股东会议决议提取和使用,其主要目的是为了(　　)。

A. 增加公司的资本积累　B. 控制向投资者分配利润的水平

C. 调整各年利润的波动　D. 公司法规定

5. 可以选择的股利政策有(　　)。

A. 剩余股利政策　B. 固定股利或稳定增长的股利政策

C. 固定股利支付率政策　D. 低正常股利加额外股利政策

6. 股利支付的方式包括(　　)。

A. 现金股利　B. 财产股利　C. 负债股利　D. 股票股利

7. 剩余股利政策的优点是(　　)。

A. 留存收益优先保证再投资的需要,从而有助于降低再投资的资金成本

B. 保持最佳的资本结构,实现企业价值的长期最大化

C. 有利于吸引那些打算作长期投资的股东

D. 股利与公司盈余紧密结合

8. 公司股利的发放必须遵循相关的要求,按照日程安排来进行,股东应关注以下时间(　　)。

A. 预案公布日　B. 股利宣布日　C. 股权登记日　D. 除息日

9. 下列关于发放股票股利的说法不正确的是(　　)。

A. 直接增加股东的财富　B. 对公司股东权益总额产生影响

C. 改变每位股东所持股票的市场价值总额　D. 改变股东权益内部项目的比例关系

10. 股票分割之后，(　　)。

A. 公司价值不变　B. 股东权益内部结构发生变化

C. 股东权益总额不变　D. 每股面额降低

三、判断题

1. 股票回购一定会损害股东的利益。(　　)
2. 可以用资本发放股利，但不能在没有累计盈余的情况下提取公积金。(　　)
3. 法定盈余公积金达到注册资本的50%时，可不再提取。(　　)
4. 收益分配中提取盈余公积金和未分配利润都形成了公司的留存收益。(　　)
5. 企业在进行收益分配时将把股东的回报放在第一位考虑。(　　)
6. 为了保护投资者的利益，我国不允许发放负债股利。(　　)
7. 依靠股利维持生活的股东，往往要求公司支付较高的股利。(　　)
8. 在剩余股利政策下，"保持目标资本结构"是指一年中始终保持同样的资本结构。(　　)
9. 股票分割比股票股利能更大幅度地降低股价。(　　)
10. 股票分割与股票股利对公司股东权益的影响完全一样。(　　)

四、简述题

1. 简述收益与分配管理的意义。
2. 简述收益与分配的原则和要求。
3. 简述标准成本的确定。
4. 简述流程价值分析。
5. 简述影响股利分配的因素、股票回购的影响。

五、计算题

1. 某公司2015年实现的税后净利为1 000万元，法定盈余公积金、任意盈余公积金的提取比例为15%，如果2016年的投资计划所需资金为800万元，公司的目标资金结构为自有资金占70%。

要求：

(1)如果公司采用剩余股利政策，则2015年末可发放多少股利?

(2)如果公司发行在外的股数为1 000万股，计算每股利润及每股股利。

(3)如果2016年公司决定将股利政策改为逐年稳定增长的股利政策，设股利的逐年增长率为2%，投资者要求的必要报酬率为12%，计算该股票的价值。

2. 某公司年终利润分配前拥有股本100万股，每股2元，资本公积160万元，未分配利润840万元，公司股票的每股现行市价为30元。

要求：

计算回答下述互不关联的问题。

(1)计划按每10股送1股的方案发放股票股利，并按发放股票股利后的股数派发每股现金股利0.2元，股票股利的金额按现行市价计算。计算完成这一分配方案后的股东权益各项目数额。

(2)如果按1股换2股的比例进行股票分割,计算股东权益各项目数额、普通股股数。

3. 某公司是一家发展地产项目的上市公司。公司的税后利润为550 000元,市盈率为10。公司现有流通在外的普通股为2 000 000股。公司董事会宣布发放20%的股票股利。

要求:

(1)股利发放前后的股价各为多少?

(2)假设在股利发放前,某股东拥有10 000股该公司股票,请问他的股票总值在股利发放后有何改变?

4. 假设某公司流通在外的股票为200 000股,每股股价为100元,某股东拥有10%的股票,公司管理层宣布进行2∶1的股票分割计划。

要求:

(1)股票分割后,该股东的股票总价值有何改变?

(2)公司管理层相信在股票分割后,因市场有正面反应,股票价格只会下跌40%,请问该股东是否获利?

5. 顺达公司2014年度提取公积金和公益金后的净利润为800万元,2014年支付股利320万元。2016年度投资计划所需资金700万元,公司的目标资本结构为自有资金占60%,借入资金占40%。

要求:

(1)如果公司实行剩余股利政策,2015年净利润与2014年净利润相同,则该公司2015年度可向投资者发放多少股利?

(2)如果公司实行固定或稳定增长的股利政策,固定股利增长率为10%,2015年净利润比2016年净利润净增5%,则该公司2015年度向投资者支付股利为多少?

(3)如果公司实行固定股利支付率政策,公司每年按40%的比例分配股利,2015年净利润比2014年净利润净增5%,则该公司2015年度应向投资者分配的股利为多少?

(4)如果公司实行低正常股利加额外股利政策,规定当净利润增长5%时,增长后净利润的1%作为额外股利,2015年净利润增长5%,则该公司2014年度应向投资者支付的股利为多少?

应会考核

■ 观念应用

【背景资料】

晨辉股份有限公司某年度有关资料如下:

(1)公司本年年初未分配利润贷方余额为181.92万元,本年息税前利润为800万元,适用的所得税税率为25%。

(2)公司股东大会决定本年度按10%的比例计提法定公积金,按10%的比例计提任意盈余公积金,本年按可供投资者分配利润的40%向普通股股东发放现金股利。

【考核要求】

计算以下财务指标:

(1)该公司本年度净利润。

(2)该公司本年应计提盈余公积。

(3)该公司本年末可供投资者分配的利润。

(4)该公司每股支付的现金股利。

■ **技能应用**

华夏公司经营的前 8 年中实现的税前利润(发生亏损以"—"号表示)如表 8—12 所示。

表 8—12　　华夏公司税前利润　　单位:万元

年份	1	2	3	4	5	6	7	8
利润	—100	—40	30	10	10	10	60	40

假设除弥补亏损以外无其他纳税调整事项,该公司的所得税率一直为 25%,华夏公司按规定享受连续 5 年税前利润弥补亏损的政策,税后利润(弥补亏损后)按 10%计提法定盈余公积金,公司不提取任意盈余公积金。

【技能要求】

该公司第 7 年是否需要缴纳企业所得税?是否有利润用于提取法定盈余公积金?

■ **案例分析**

【情景与背景】

2015 年度股东大会于 2016 年 3 月 9 日在重庆路桥股份有限公司五楼会议室召开,本次会议采用现场投票表决方式,审议并通过了公司 2015 年度利润分配方案:以 2015 年末股本总数 453 781 000 股为基数,按每 10 股派 0.7 元(含税)的比例向全体股东派发现金股利,共计派发现金股利 3 177.097 万元,并按每 10 股送 4.5 股(含税)的比例向全体股东送股,共送股 20 424.195 万股,本年净利润结余 8 398.25 万元作为未分配利润,转以后年度分配。同时,以 2015 年末股本总数 453 871 000 股为基数,按每 10 股转增 5.5 股比例向全体股东进行资本公积金转增股本,共计转增 24 962.905 万股。

公司 2015 年度股利分配方案的股权登记日为 2016 年 4 月 23 日,除权日为 2016 年 4 月 24 日,股利发放日为 2016 年 4 月 24 日下午 3:00。甲股东在 2016 年 4 月 23 日下午 3:00 时是公司的在册股东,持有重庆路桥公司股份 1 000 股,乙投资者于 2016 年 4 月 24 日上午 10:00 购入 1 000 股重庆路桥股份。二者均持有该股票至 2016 年年底。

附:2016 年 6 月 30 日前我国红利所得税实际税率为 10%,用税后利润送红股要按面值缴纳所得税,用资本公积金转增股本不需要缴纳红利所得税。重庆路桥公司股本每股面值为 1 元。

(资料来源:根据重庆路桥公司 2015 年股利分配相关公告整理获得。)

【分析要求】

请仔细阅读重庆路桥公司 2015 年度利润分配方案,回答以下问题。

1. 甲乙投资者能否参加公司的 2015 年年度股利分配?为什么?

2. 如果能够参与公司的 2015 年度股利分配,那么投资者在 2016 年 4 月 25 日账户上拥有多少股重庆路桥股份?

3. 如果能够参与公司的 2015 年度股利分配,那么投资者实际能分到手的现金是多少?

项目实训

【实训项目】

收益与分配管理

【实训情境】

华夏股份有限公司是一家从事药品制造的上市公司。上市5年来，公司一直保持着较好的发展势头和较高的盈利水平，每年的净利润基本上以10%的速度持续增长。公司总股本为8 000万股。近5年来，公司每年均分配现金股利，没有分配股票股利，也没有实施资本公积金转增股本的方案。2014年，公司实现净利润5 800万元，分配现金股利2 610万元。2015年，公司实现税后利润8 400万元，尚未分配。2015年年末，公司的资本结构为权益资本占55%，债务资本占45%。公司2016年准备扩大生产能力，需要增加资本总额10 000万元。2016年年初，公司董事会讨论了2015年度的股利分配方案。财务部门设计了以下几种利润分配方案：①采用稳定增长的股利政策，每年分配的现金股利按照10%的速度稳定增长。②采用固定股利支付率政策，保持上年的股利支付率。③如果公司管理当局认为，目前公司的资本结构是较为理想的资本结构，公司将继续采用剩余股利政策。2016年，公司投资所需债务资本通过长期借款来满足，所需权益资本通过2015年的留存收益来满足，多余的利润分配现金股利。④采用低正常股利加额外股利政策，公司确定的低正常股利为每股0.3元；由于2015年的盈利状况较为理想，考虑再额外增加每股0.2元的股利。

华夏股份有限公司2016年2月28日公布了2015年度报告，并提出了2015年度的利润分配预案：以2015年年末的总股本为基数，向全体股东每10股派发现金股利0.5元；同时提出了按10∶3的比例以资本公积金转增股本的方案。2016年3月26日，公司召开股东大会，审议通过了公司2015年度利润分配及资本公积金转增股本方案。公司董事会于2016年4月13日发布分红派息公告称："以2015年年末总股份205 085 492股为基数，每10股转增3股派0.5元(含税)。股权登记日为2016年4月18日，除权除息日为2016年4月19日，新增可流通股份上市日为2016年4月20日，现金股利发放日为2016年4月26日。"

【实训任务】

(1)针对财务部门设计的各种利润分配方案，分别计算该公司2015年度应分配的现金股利。

(2)写出华夏股份有限公司股利发放的具体日程安排。

(3)如果某一股东在2016年4月20日购入该公司1 000股流通股，那么该股东是否可以享受此次股利分配？

项目九　财务预算与控制

学习目标

知识目标

理解:财务预算概念、作用及编制方法,了解财务控制的概念、特征和基础;

熟知:各类预算的编制方法和各类责任中心的概念、考核指标;

掌握:财务预算的编制和财务控制的应用。

能力目标

能够在工作实践中熟练运用预算编制方法进行各类预算的编制。

素质目标

能够以企业的财务预算为主线,全方位地综合计划和分析企业的经济活动;有序地进行财务预算并在此基础上展开和实施相应的财务控制。

项目引例

潍坊亚星集团公司的预算管理

潍坊亚星集团公司目前拥有两个控股子公司、三个全资子公司和十几个分支机构。近年来,亚星集团逐步建立和完善了一套切合本企业实际的以财务管理为中心的企业经济运行新机制,把企业财务预算控制制度作为贯彻落实以财务管理为中心的基本制度。

亚星集团财务预算的编制按时间分为年度预算编制和月度预算编制。公司预算编制的6个要点为:①预算编制原则:先急后缓、统筹兼顾、量入为出;②预算编制程序:自上而下、自下而上、上下结合;③预算编制基础:集团年度预测目标;④预算编制重点:销售预算;⑤预算前提:企业方针、目标、利润;⑥预算指标的确定:年度预算股东大会审议批准,月度预算董事会审议批准。

全面预算编制紧紧围绕资金收支两条线,涉及企业生产经营活动的方方面面,将产供销、人财物全部纳入预算范围,每个环节疏而不漏。具体细化到:①销售收入、税金、利润及利润分配预算;②产品产量、生产成本、销售费用、财务费用预算;③材料、物资、设备采购预算;④工资及奖金支出预算;⑤大、中、小修缮预算;⑥固定资产基建、技改、折旧预算;⑦各项基金提取及使用预算;⑧对外投资预算;⑨银行借款及还款预算;⑩货币资金收支预算等。预算编制过程中,每一收支项目的数字指标得依据充分确实的材料,并总结出规律,进行严密的计算,不能随意编造。全面预算确定后,层层分解到各分厂、车间、部门、处室,各部门再落实到每个人,从而使每个人都紧紧围绕预算目标各司其职。

财务预算实现了财务部门对整个生产经营活动的动态监控，规范了企业生产经营活动的行为，基本上在物资和货币资金及经营等方面实现了企业资金流、信息流、实物流的同步控制，为企业进入市场，以市场为导向打下了基础。

分析讨论：

企业应该怎样做好预算管理？

知识支撑

任务一　财务预算

一、财务预算概述

预算是计划工作的成果，既是决策的具体化，又是控制生产经营活动的依据。预算在传统上被看成是控制支出的工具，但新的观念将其看成是“利用企业现有资源增加企业价值的一种方法”。而财务预算是整个预算制度成功的关键，有助于财务目标的顺利实现。

（一）财务预算的概念

广义上的财务预算是一系列专门反映企业未来一定预算期内预计财务状况和经营成果，以及现金收支等价值指标的各种预算的总称，如反映销售收入的销售预算、反映成本、费用支出的生产费用预算和期间费用预算、反映资本支出活动的资本预算、反映现金收支活动的现金预算等。狭义上的财务预算通常包括现金预算、利润表预算、资产负债表预算等。通常采用狭义的概念。为了区别财务预算与其他预算，我们通常会将企业未来一定时期内经常发生的各种经营活动的预算称之为营业预算，将专门针对企业固定资产、无形资产等特殊业务归结到资本支出预算。

（二）财务预算的作用

财务预算是企业的综合预算，它在预算体系中有以下重要作用。

1. 财务预算使决策目标具体化、系统化和定量化

在现代企业财务管理中，财务预算须全面、综合地协调、规划企业内部各部门、各层次的经济关系与职能，使之统一服从于未来经营总体目标的要求；同时，财务预算又能使决策目标具体化。系统化和定量化，能够明确规定企业有关生产经营人员各自职责及相应的奋斗目标，做到人人事先心中有数。

2. 财务预算是企业各级部门工作控制的标准

通过财务预算，可以建立评价企业财务状况的标准，各部门将实际数与预算数对比，可及时发现问题和调整偏差，使企业的经济活动按预定的目标进行，从而实现企业的财务目标。

3. 财务预算是企业各级各部门考核的依据

现代企业管理必须在企业建立起健全的责任制度，这就离不开工作业绩的考核。在预算实施过程中，实际偏离预算的差异，既是企业控制日常经营活动的标准，也是考核各部门工作业绩的主要依据。

（三）财务预算的步骤

1. 根据销售预测编制销售预算，确定预计销售量；

2. 在预计销售量的基础上，结合产成品的期初结存量和预计期末结存量编制生产预算，确定预计生产量；

3. 在预计生产量的基础上，先分别编制直接材料采购预算、直接人工预算和制造费用预算，汇总编制出产品生产成本预算；

4. 根据销售预算编制销售及管理费用预算；

5. 根据销售预算和生产预算估计所需的固定资产投资，编制资本资产预算；

6. 根据执行以上各项预算所产生的现金流量和必需的现金流量，编制现金预算；

7. 综合以上各项预算，进行试算平衡，编制预计财务报表。

二、财务预算的编制方法

财务预算的内容比较复杂，编制财务预算需要采用适当的方法。常见的预算方法主要包括固定预算法与弹性预算法、增量预算法与零基预算法、定期预算法与滚动预算法，这些方法广泛应用于与营业活动有关预算的编制。概率预算法主要应用于利润的预算，现金收支法常常应用于现金预算。

（一）固定预算法与弹性预算法

按其业务量基础的数量特征的不同，编制财务预算的方法可以分为固定预算法和弹性预算法两类。

1. 固定预算法

固定预算法又称静态预算法，是指在编制预算时，只根据预算期内正常、可实现的某一固定的业务量（如生产量、销售量）水平作为唯一基础来编制预算的方法。在此法下，不论未来预算期内的实际业务量水平是否发生波动，都只以事先预计的某一个确定的业务量水平作为编制预算基础，显得过于机械呆板；同时对那些未来业务量不稳定、水平经常发生波动的企业来说，如果采用此法，就可能对企业预算的业绩考核和评价产生扭曲甚至误导。

2. 弹性预算法

弹性预算法又称动态预算法，为克服固定预算法的缺点而设计的，以业务量、成本和利润之间的依存关系为依据，按照预算期内可能的一系列业务量（如生产量、销售量、工时等）水平编制的系列预算方法。

由于未来业务量的变动会影响到成本、费用、利润等各方面，因此，弹性预算法理论上适用于编制财务预算中所有与业务量有关的预算。但在实务中，主要用于编制成本费用预算和利润预算。由于收入、利润可以利用概率进行风险分析预算，直接材料、直接人工一般按标准成本制度进行标准预算，因此，制造费用、销售费用等间接费用应用弹性预算法较为广泛。

编制弹性预算首先要选择适当的业务量。选择业务量包括选择业务量计量单位和选择业务量范围两部分内容，两者都应根据企业的具体情况进行选择。例如，以手工操作为主的车间，可以选用人工工时；生产单一产品的部门，可以选用产品数量；修理部门可以选用直接修理工时。

弹性预算法所采用的业务量的范围，要保证实际业务量不至于超出相关业务量范围。一般来说，可定在正常生产能力的70%～120%之间，或以历史上最高业务量或最低业务量为其上下限。弹性预算法编制预算的准确性，在很大程度上取决于成本性态分析的可靠性。弹性预算编制一般采用公式法和列表法两种。

(1)公式法

公式法是运用成本性态模型，测算预算期的成本费用数额，并编制弹性预算的方法。根据成本性态，成本与业务量之间的数量关系可以用公式表示为：y＝a＋bx。(其中，y 表示某项预算成本总额，a 表示该项成本中的预算固定成本额，b 表示该项成本中的预算单位变动成本额，x 表示预计业务量。)

【实例 9－1】 已知：M 公司按公式法编制的制造费用弹性预算见表 9－1。

表 9－1　制造费用弹性预算(公式法)　单位：元

费用项目	7 000～12 000(人工工时)	
	固定费用 a	变动费用 b
管理人员工资	8 000	—
设备租金	6 000	—
保险费	4 000	—
维修费	2 000	0.15
辅助材料	1 000	0.10
辅助工人工资		0.25
检验员工资		0.20
合　计	21 000	0.70

根据表 9－1，可利用 $y=21\,000+0.70x$，计算出人工工时在 7 000～12 000 的范围内，任一业务量基础上的制造费用预算总额，也可计算出在该人工小时变动范围内，任一业务量的制造费用中某一费用项目的预算额，如辅助材料 $y=1\,000+0.10x$，检验员工资 $y=0.20x$ 等。

公式法的优点是便于计算任何业务量的预算成本，编制预算的工作量较小。但是，在进行预算控制和考核时，不能直接了解特定业务量下的成本预算，阶梯形成本和曲线形成本还需要修正为直线，才能采用公式法，比较麻烦，也存在有一定的误差。

(2)列表法

列表法是通过列表的方式，在相关范围内将业务量分为若干个水平，然后按不同的业务量水平编制预算的方法。

【实例 9－2】 已知：M 公司按列表法编制的制造费用弹性预算见表 9－2。

表 9－2　制造费用弹性预算(列表法)　单位：元

直接人工小时	7 000	8 000	9 000	10 000	11 000	12 000
生产能力利用(%)	70	80	90	100	110	120
1. 变动成本项目：	3 150	3 600	4 050	4 500	4 950	5 400
辅助工人工资	1 750	2 000	2 250	2 500	2 750	3 000
检验员工资	1 400	1 600	1 800	2 000	2 200	2 400
2. 混合成本项目：	3 850	4 400	4 950	5 500	6 050	6 600

续表

直接人工小时	7 000	8 000	9 000	10 000	11 000	12 000
维修费	2 450	2 800	3 150	3 500	3 850	4 200
辅助材料	1 400	1 600	1 800	2 000	2 200	2 400
3. 固定成本项目:	18 000	18 000	18 000	18 000	18 000	18 000
管理人员工资	8 000	8 000	8 000	8 000	8 000	8 000
设备租金	6 000	6 000	6 000	6 000	6 000	6 000
保险费	4 000	4 000	4 000	4 000	4 000	4 000
制造费用预算	25 000	26 000	27 000	28 000	29 000	30 000

表9—2中的业务量间距为10%,实际工作中,可以选择更少的间距。显然,业务量的间距越少,实际业务量水平出现在预算表中的可能性就越大,但工作量也就越大。列表法的优点是可以直接从表中找到与业务量相近的预算成本,便于预算的控制和考核,但这种方法工作量较大,且不能包括所有业务量条件下的费用预算。

(二)增量预算法和零基预算法

按起出发点的特征不同,编制预算的方法可分为增量预算法和零基预算法两类。

1. 增量预算法

增量预算法是指在基期成本费用水平的基础上,结合预算期业务量水平及有关影响成本因素的未来变动情况,通过调整有关原有成本费用项目而编制预算的一种方法。增量预算法的前提条件主要有两点:第一,现有的业务活动是企业所必需的。只有保留企业现有的每项业务活动,才能使企业的经营过程得到正常发展。第二,原有的各项业务都是合理的。既然现有的业务活动是必需的,那么原有的各项费用开支就一定是合理的,必须予以保留。

增量预算法以过去的经验为基础,实际上是承认过去所发生的一切都是合理的,主张不需在预算内容上做较大改进,而是因循沿袭以前的预算项目。这种方法容易受原有费用项目限制,可能使原来不合理的费用开支继续存在下去,形成不必要开支的合理化,造成预算上的浪费,也容易滋长预算中的"平均主义",不利于调动各部门降低费用的积极性。按照这种方法编制的费用预算,只对目前已存在的费用项目编制预算,而那些对企业未来发展有利、确实需要开支的费用项目却未予考虑,不利于企业未来的发展。

2. 零基预算法

零基预算法是指在编制预算时,对于所有的预算支出以零为基础,不考虑其以往情况如何,从实际需要与可能出发,研究分析各项预算费用开支是否必要合理,进行综合平衡,从而确定预算费用的一种方法。

零基预算法是美国德州仪器公司彼得·派尔在20世纪70年代提出来的,作为管理间接费用的一种新的有效方法,现在已被很多国家广泛采用。

零基预算打破了传统的编制预算观念,不再以历史资料为基础进行调整,而是一切以零为基础。编制预算时,首先要确定各个项目是否应该存在,然后按项目的轻重缓急,安排企业的费用预算。零基预算法的具体步骤:

第一,根据企业预算期利润目标、销售目标和生产指标等,分析预算期各项费用项目,并预

测费用水平；

第二，拟定预算期预算费用控制总额目标，权衡轻重缓急，划分费用支出的等级并排列先后顺序；

第三，根据企业预算期预算费用控制总额目标，按照费用支出等级及顺序，分解落实相应的费用控制目标，编制相应的费用预算。

【实例 9—3】 M公司为降低费用开支水平，拟对历年来超支严重的业务招待费、劳动保护费、办公费、广告费、保险费等间接费用项目按照零基预算法进行编制。经讨论研究，确定预算年度所需发生的费用项目及支出数额见表 9—3。

表 9—3　　预计费用项目及开支金额　　单位：元

费用项目	开支金额
1. 业务招待费	100 000
2. 差旅费	50 000
3. 办公费	120 000
4. 广告费	200 000
5. 保险费	160 000
6. 租金	30 000
合　计	660 000

对上述各项费用进行充分论证，对各费用项目中属于可避免成本的业务招待费和培训费，参照历史经验，业务招待费成本收益率为 1∶15，广告费成本收益率为 1∶25。然后，权衡上述各项费用开支的轻重缓急，排出等级及顺序：

第一等级：差旅费、办公费、保险费和租金属于约束性成本，为预算必不可少的开支，应全额得到保证。

第二等级：广告费属于可避免成本，可以根据预算期企业资金供应情况酌情增减，但由于广告费的成本收益率高于业务招待费，因而列入第二等级。

第三等级：业务招待费，也属于可避免成本，根据预算期企业资金供应情况酌情增减，但由于成本收益率最低，因而列入第三等级。

假定该公司预算年度对上述各项费用可动用的资金只有 600 000 元，根据以上排列的等级和顺序分配落实预算资金：

(1)第一等级的费用项目所需资金应全额满足：

50 000＋120 000＋160 000＋30 000＝360 000(元)

(2)确定可分配的资金数额：

600 000－360 000＝240 000(元)

(3)按成本收益率的比例分配业务招待费和广告费，则

$$\text{业务招待费可分配资金}=240\ 000\times\frac{15}{15+25}=90\ 000(\text{元})$$

$$\text{广告费可分配资金}=240\ 000\times\frac{25}{15+25}=150\ 000(\text{元})$$

零基预算法与传统预算方法相比，它以零为起点，不受前期费用项目和费用水平的制约，可以促使企业合理有效地进行资源分配，能够调动企业各部门降低费用的积极性，能对环境变化做出较快反应，能够紧密地复核成本状况，但需要对企业现状和市场进行大量的调研，耗时巨大，参加预算工作的人员先要进行培训，并且需要全员参与。因此，实务中，企业并不需要每年都按零基预算法来编制预算，而是每隔几年才按此方法编制一次预算。一般适用于产出较难辨认的服务性部门费用预算的编制。

(三)定期预算法和滚动预算法

按其预算期的时间特征不同，可分为定期预算法和滚动预算法两类。

1. 定期预算法

定期预算法是以固定不变的会计期间(如年度、季度、月份)作为预算期间编制预算的方法。

采用定期预算法编制预算，保证预算期间与会计期间在时期上配比，便于依据会计报告的数据与预算进行比较，考核和评价预算的执行结果。但定期预算往往是年初或提前几个月 编制的，不能随情况的变化及时调整，不利于前后各个期间的预算衔接，不能适应连续不断的业务活动过程的预算管理，不利于企业的长远发展。

2. 滚动预算法

滚动预算法又称永续预算法，是指在编制预算时，将预算期与会计年度脱离，调整和编制下期预算，并将预算期间逐期连续向后滚动推移，使预算期间保持为一个固定期间的一种预算编制方法。滚动预算法按其预算编制和滚动时间单位不同可分为逐月滚动、逐季滚动和混合滚动三种方式。

①逐月滚动方式。逐月滚动方式是指在预算编制过程中，以月份为预算的编制和滚动单位，每个月调整一次预算的方法。如在 2016 年 1 月～12 月的预算执行过程中，需要在 1 月末根据当月预算的执行情况，修订 2 月～12 月的预算，同时补充 2017 年 1 月的预算；到 2 月末可根据当月预算的执行情况，修订 3 月～2017 年 1 月的预算，同时补充 2017 年 2 月的预算……以此类推。逐月滚动预算示意如图 9—1 所示。按照逐月滚动方式编制的预算比较精确，但工作量很大。

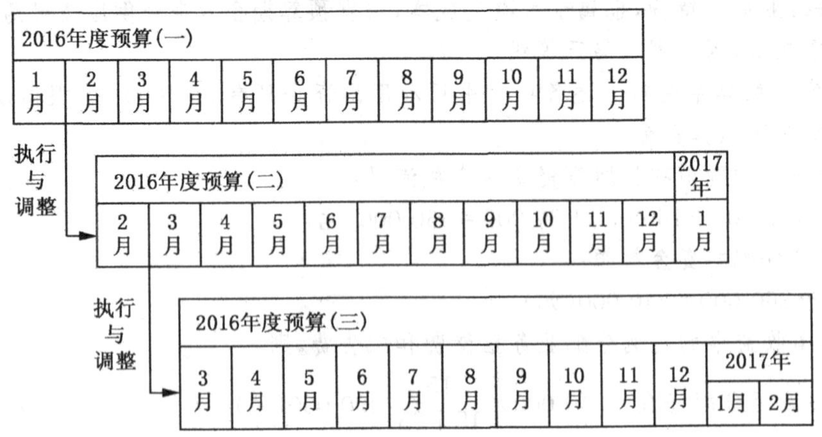

图 9—1　逐月滚动预算示意

②逐季滚动方式。逐季滚动方式是指在预算编制过程中，以季度为预算的编制和滚动单位，每个季度调整一次预算的方法。如在2016年第一季度至第四季度的预算执行中，需要在第一季末根据当季预算的执行情况，修订第二季度至第四季度的预算；同时补充2017年第一季度的预算；第二季度末根据当季预算的执行情况，修订第三季度至2017年第一季度的预算，同时补充2017年第二季度的预算……以此类推。

按照逐季滚动编制的预算比逐月滚动的工作量要小，但预算精度略差。

③混合滚动方式。混合滚动方式是指在预算编制过程中，同时使用月份和季度作为预算的编制和滚动单位的方法。它是滚动预算的一种变通方式。

这种预算方法的理论依据是：人们对未来的了解程度具有对近期把握较大，对远期的预算把握较小的特征。为了做到长计划短安排，远略近详，在预算编制过程中，可以对近期预算提出较高的精确度要求，使预算的内容相对详细；对远期预算提出较低的精确度要求，使预算的内容相对简单，这样可以减少预算工作量。

如对2016年1～3月逐月编制详细预算，4～12月分别按季度编制粗略预算；3月末根据第一季度预算的执行情况，编制4～6月的详细预算，并修订第三至第四季度的预算，同时补充2017年第一季度的预算；以此类推。混合滚动预算示意如图9－2所示。

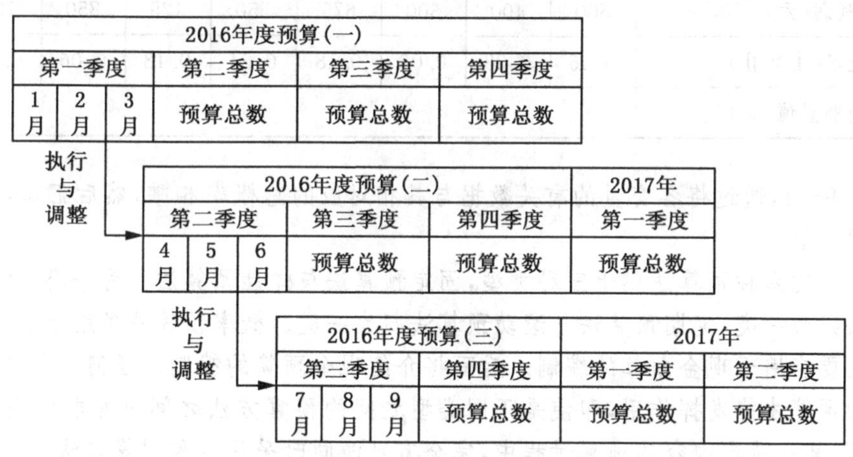

图9－2　混合滚动预算示意

在实际工作中，采用哪一种滚动预算方式应视企业的实际需要而定。

与传统定期预算法相比，由于按滚动预算法编制的预算实现了与日常管理的紧密衔接，可以使管理人员始终能够从动态的角度把握住企业近期的规划目标和远期的战略布局，使预算具有较高的透明度。另外，由于滚动预算能根据前期预算的执行情况，结合各种因素的变动影响，及时调整和修订近期预算，从而使预算更加切合实际，能够充分发挥预算的指导和控制。但缺点是预算工作量较大。

(四)概率预算法

概率预算法是为了反映企业在实际经营过程中各预定指标可能发生的变化而编制的预算。它不仅考虑了各因素可能发生变化的水平范围，而且考虑到在此范围内有关数据可能出现的概率情况。因此，在预算的编制过程中，不仅要对有关变量的相应数值进行加工，还需对有关变量可预期的概率进行分析。用该方法编制出的预算由于在其形成过程中，把各种可预计到的可能性都考虑进去了，因而比较接近客观实际情况，同时还能帮助企业管理者对各种经营情况及其结果出现的可能性做到心中有数，有备无患。

【实例 9—4】 假设 M 公司预算期产品销售单价为 100 元，销售量和变动成本的预测值及相应的概率，以及其他有关数据如表 9—4 所示。

表 9—4 **产品相关资料** 单位：元

销售量(件)	20			25			30		
销售收入(元)	2 000			2 500			3 000		
概率Ⅰ	0.2			0.6			0.2		
变动成本(生产)(元)	50	55	60	50	55	60	50	55	60
变动成本(销售)(元)	5	5	5	5	5	5	5	5	5
概率Ⅱ	0.3	0.4	0.3	0.3	0.4	0.3	0.3	0.4	0.3
固定成本(元)	400	400	400	450	450	450	500	500	500
利润(元)	500	400	300	675	550	425	850	700	550
总概率(Ⅰ×Ⅱ)	0.06	0.08	0.06	0.18	0.24	0.18	0.06	0.08	0.06
利润期望值(元)	550								

根据表 9—4，通过将各变量的有关数据与其相对应的总概率相乘，然后汇总，就可以求得各变量的预期值。

前面介绍的六种预算法属于三种类型，固定预算法与弹性预算法归为一类，增量预算法与零基预算法归为一类，定期预算法与滚动预算法归为一类。概率预算法多用于利润的预算，现金收支法主要应用于现金预算的编制。后面将介绍现金预算的编制。任何一种预算方法只有通过具体的预算才能发挥作用，即使是不同类型之间的预算方法之间也并非完全相互排斥的关系，在编制某一特定内容的预算过程中，完全有可能同时采用两种预算方法。

三、财务预算的编制

(一)营业预算的编制

1. 销售预算

销售收入是企业盈利的主要来源，也是企业现金流量中经营现金流量实现的保证。显然，销售预算既要考虑销售预测，又要避免过高的风险，一般销售预算要略低于企业预测值。销售预算同其他各项预算之间，在不同程度上有着直接或间接的相互关系。因此，销售预算一经确定，就成为生产预算以及各项生产成本预算等的编制依据。

销售预算以销售预测为基础，预测的主要依据是各种产品历史销售量的分析，结合市场预测中各种产品发展前景等资料，先按产品、地区、顾客和其他项目分别加以编制，然后加以归并汇总。本例按照季度销售数据。

销售预算中通常还包括现金收入的计算，是为后面编制现金预算提供必要的资料。第一季度的现金收入包括两部分，即上年应收账款在本年第一季度收到的货款，以及本季度销售中可能收到的货款两部分。

根据销售预测确定未来期间预计的销售量和销售单价后，可得到以下公式：

预计销售收入＝预计销售量×预计销售单价　　(9—1)

预计含税销售收入＝该期预计销售收入＋该期预计销项税额　　(9—2)

某预算期现金收入＝该期现销含税收入＋该期回收以前期的应收账款　　(9—3)

【实例9—5】 M公司生产一种产品，销售单价为1 000元，预算年度内4个季度的销售量分别为100件、150件、200件和180件。假设每季度销售收入中，本季度收到现金60%，另外的40%要到下季度才能收到。预计第一季度可收回上年第四季度的应收账款12 000元。

根据上述资料，编制销售预算及预计现金收入预算表，如表9—5所示。

表9—5　销售预算　　单位：元

季　度	一	二	三	四	全年
预计销售量	100	150	200	180	630
销售单价	100	100	100	100	100
销售收入	10 000	15 000	20 000	18 000	63 000
增值税销项税额	1 700	2 550	3 400	3 060	10 710
含税销售收入	11 700	17 550	23 400	21 060	63 710
期初应收账款	12 000				12 000
第一季度	7 020	4 680			11 700
第二季度		10 530	7 020		17 550
第三季度			14 040	9 360	23 400
第四季度				12 636	12 636
现金收入合计	19 020	1 5210	21 060	21 996	77 286

根据表9—5中的数据还可以计算出M公司年末应收账款的余额：

应收账款余额＝21 060×40%＝8 424(元)

2. 生产预算

生产预算是根据销售预算编制的，计划为满足预算期的销售量以及期末存货所需的资源。通常，企业的生产和销售不能做到“同步同量”，计划期间除必须有足够的产品以供销售之外，还必须考虑到计划期期初和期末存货的预计水平，以避免存货太多形成积压，或存货太少影响下期销售。计算公式：

预计生产量＝预计销售量＋预计期末存货－预计期初存货　　(9—4)

生产预算是所有营业预算中唯一只使用实物量单位的预算，可以为有关费用和成本提供实物量数据。生产预算在实际编制时比较复杂，一方面产量受到生产能力的限制，同时存货数量又会受到仓储容量现状的限制。为了了解现有生产能力是否能够完成预计的生产量，生产设备管理部门有必要再审核生产预算，若无法完成，预算委员会可以修订销售预算或考虑增加生产能力；若生产能力超过需要量，则可以考虑把生产能力用于其他方面。实践中，一般是按事先估计得期末存货量占下期销售量的比例进行估算。

【实例 9—6】 依实例 9—5 资料，假设 M 公司期末存货量为下期销售量的 10%，预算年度第一季度期初存货量为 10 件，期末存货量为 20 件。

根据销售预算的预计销售量和上述有关数据，编制预算年度的生产预算表，如表 9—6 所示。

表 9—6 **生产预算** 单位：元

季　度	一	二	三	四	全年
预计销售量	100	150	200	180	630
加：预计期末存货	15	20	18	20	20
减：预计期初存货	10	15	20	18	650
预计生产量	105	155	198	182	640

3. 直接材料预算

直接材料预算即为直接材料采购预算，是指在预算期内，根据生产预算所确定的材料采购数量和材料采购金额的计划。直接材料采购预算以生产预算为基础，根据生产预算的每季预计生产量、单位产品的材料用量、期初和期末存料量、材料的计划单价以及采购材料的付款条件等编制的预算期直接材料采购计划。“预计生产量”的数据来自生产预算，“单位产品材料用量”的数据来自标准成本资料或消耗定额资料，“生产需用量”是上述两项的乘积。期初、期末的材料库存量是根据当前情况和销售预测估计得到。实践中，各季度“期末材料存量”一般根据下季度需用量的百分比确定。

预计各季度采购量，根据下式计算确定：

预计采购量＝生产需要量＋预计期末库存量－预计期初库存量　　(9—5)

在实际工作中，直接材料采购预算往往还附有“预计现金支出计算表”，用以计算预算期内为采购直接材料而支付的现金数额，以便编制现金预算。

预算期采购金额的计算公式为：

预算期采购金额＝该期预计采购总成本＋该期预计进项税额　　(9—6)

预算期内的采购现金支出的计算公式为：

预算期采购现金支出 ＝该期现购材料现金支出＋该期支付前期的应付账款　(9—7)

【实例 9—7】 假设 M 公司所生产产品只需要一种原材料，单位产品材料用量为 4 千克/件，材料采购单价为 5 元/千克，每季度末的材料存量为下季度生产用量的 20%，估计预算年度期初存货量 120 千克，期末材料存货量 150 千克。假定每季采购金额中，有 60% 需要当季支付现金，其余 40% 到下季支付。预算年度第一季应付上年第四季度赊购材料款为 2 500 元。

根据预计生产量和上述单位产品的材料消耗定额以及期初、期末的材料存量等相关资料，编制直接材料预算及材料采购现金支出计算表，如表 9—7 所示(计算结果保留为整数)。

表 9—7

直接材料预算

单位：元

季　度	一	二	三	四	全年
预计生产量(件)	105	155	198	182	640
单位产品材料用量(千克/件)	4	4	4	4	4
生产需用量(千克)	420	620	792	728	2 560
加：预计期末库存量(千克)	124	158	146	150	150
减：预计期初库存量(千克)	120	124	158	146	120
预计采购量	424	654	780	732	2 590
材料采购单价(元/千克)	5	5	5	5	5
预计采购成本(元)	2 120	3 270	3 900	3 660	12 950
增值税进项税额(元)	360	556	663	622	2 201※
预计采购金额合计(元)	2 480	3 826	4 563	4 282	15 151
预计现金支出：					
上年应付账款	2 500				2 500
第一季度	1 488	992			2 480
第二季度		2 296	1 530		3 826
第三季度			2 738	1 825	4 563
第四季度				2 569	2 569
现金支出合计	3 988	3 288	4 268	4 394	15 938

备注：※的地方有尾差。

根据表 9—7 中的数据还可以计算出 M 公司年末期末应付账款的余额：

应付账款余额＝4 282×40%＝1 713(元)

4. 应交税费预算

应交税费预算是指为规划一定预算期内预计发生的应交增值税、营业税、消费税、资源税、城市维护建设税和教育费附加金额而编制的一种经营预算。本预算中不包括预交的所得税和直接计入管理费用的印花税。

【实例 9—8】 M 公司流通环节只缴纳增值税，并于销售的当期用现金完税，城建税率为 7%，教育费附加征收率为 3%。

根据前例预计的增值税销项税额和进项税，编制应交税费预算表，如表 9—8 所示(计算结果保留为整数)。

表 9—8

应交税费预算

单位：元

季　度	一	二	三	四	全年
增值税销项税额	1 700	2 550	3 400	3 060	10 710
增值税进项税额	360	556	663	622	2 201

续表

季　度	一	二	三	四	全年
应交增值税	1 340	1 994	2 737	2 438	8 509
应交城建税及教育费附加	134	199	274	244	851
现金支出合计	1 474	2 193	3 011	2 682	9 360

5. 直接人工预算

直接人工预算也是以生产预算为基础编制的。其主要内容有预计产量、单位产品工时、人工总工时、单位工时工资率和人工总成本。单位产品工时和单位工时工资率数据来自标准成本资料。人工总工时和人工总成本是在直接人工预算中计算出来的。直接人工预算可以反映预算期内人工工时的消耗水平和人工成本。

由于人工工资一般均由现金支付，通常不单独编制列示与此相关的预计现金支出开支。即便我国有一些企业的工资不一定在提取的当期用现金开支，但这都是不受职工欢迎的。

【实例 9—9】 M公司的单位产品工时定额为5小时，单位工时工资率为8元。

根据单位产品工时定额、单位工时工资率和预计生产量，编制直接人工预算表，如表9—9所示。

表 9—9　　**直接人工预算**　　单位：元

季　度	一	二	三	四	全年
预计生产量(件)	105	155	198	182	640
单位产品工时(小时/件)	5	5	5	5	5
人工总工时(小时)	525	775	990	910	3 200
单位工时工资率(元/小时)	8	8	8	8	8
人工总成本(元)	4 200	6 200	7 920	7 280	25 600

6. 制造费用预算

制造费用是一种能反映直接人工预算和直接材料使用和采购预算以外的所有产品成本的预算计划。为编制预算，制造费用通常可按其成本性态可分为变动制造费用和固定制造费用两部分。固定制造费用可在上年的基础上根据预期变动加以适当修正进行预计；变动制造费用根据预计生产量乘以单位产品预定分配率进行预计。对于制造费用中的混合成本项目，应将其分解为变动费用和固定费用两部分，并分别列入制造费用预算的变动费用和固定费用。

为了全面反映企业资金收支，在制造费用预算中，通常包括费用方面预期的现金支出。需要注意的是，由于固定资产折旧费是非付现项目，在计算时应予剔除。

【实例 9—10】 M公司在预算期间的变动制造费用为3 200元，固定制造费用为8 000元。

根据变动制造费用和固定制造费用相关资料，编制制造费用预算表，如表9—10所示。

表 9—10　　**制造费用预算**　　单位：元

季　度	一	二	三	四	全年
变动制造费用：					

续表

季　度	一	二	三	四	全年
间接人工(1元/件)	105	155	198	182	640
间接材料(1元/件)	105	155	198	182	540
维修费(2元/件)	210	310	396	364	1 280
水电费(1元/件)	105	155	198	182	640
小　计	525	775	990	910	3 200
固定制造费用:					
管理人员工资	1 000	1 000	1 000	1 000	4 000
折旧费	400	400	400	400	1 600
办公费	250	150	180	320	900
保险费	200	350	450	500	1 500
小　计	1 850	1 900	2 030	2 220	8 000
合　计	2 375	2 675	3 020	3 130	11 200
减:折旧	400	400	400	400	1 600
现金支出的费用	1 975	2 275	2 620	2 730	9 600

为了便于以后编制现金预算,需要预计现金支出。在制造费用中,除折旧费外都必须支付现金,所以,根据各个季度制造费用数额扣除折旧费后,即可得出现金支出的费用。

根据表9—10可得:

$$变动制造费用分配率=\frac{3\ 200}{3\ 200}=1(元/小时)$$

$$固定制造费用分配率=\frac{8\ 000}{3\ 200}=2.5(元/小时)$$

7. 产品成本预算

产品成本预算是指为规划一定预算期内每种产品的单位产品成本、生产成本、销售成本等内容而编制的一种日常业务预算。产品成本预算是生产预算、直接材料预算、直接人工预算、制造费用预算的汇总,即产品成本预算主要依据生产预算、直接材料预算、直接人工预算、制造费用预算等汇总编制。产品成本预算的主要内容是产品的总成本与单位成本。单位产品成本,可根据下式计算确定:

某种产品某期预计发生的单位生产成本　　(9—8)

=单位直接材料成本+单位直接人工成本+单位制造费用

不同的存货计价方法,需要采取不同的预算编制方法。此外,不同的成本计算模式也会产生不同的影响。在变动成本法下,产成品存货一般按先进先出法计价,产品成本只考虑直接材料、直接人工和变动制造费用。

【实例9—11】　根据表9—7～表9—10的数据,编制产品成本预算表,如表9—11所示(只编制全年的产品成本预算)。

表 9—11　　产品成本预算　　单位：元

项　目	单位成本			生产成本（640 件）	期末存货（20 件）	销货成本（630 件）
	每千克或每小时	投入量	成本（元）			
直接材料	5	4	20	12 800	400	12 600
直接人工	8	5	40	25 600	800	25 200
变动制造费用	1	5	5	3 200	100	3 150
固定制造费用	2.5	5	12.5	8 000	250	7 875
合　计	/	/	77.5	49 600	1 550	48 825

8. 销售及管理费用预算

销售费用预算是指为了实现销售预算所需支付的费用预算。它以销售预算为基础，要分析销售收入、销售利润和销售费用的关系，力求实现销售费用的最有效利用。在安排销售费用时，要利用本量利分析方法，费用的支付应能获取更多的收益。

管理费用预算是指企业日常生产经营中为搞好一般管理业务所必需的费用预算。在编制管理费用预算时，要分析企业的业务成绩和一般经济状况，务必做到合理化。

销售及管理费用预算也要编制相应的现金支出预算，其中固定资产折旧费、无形资产摊销等均属不需要现金支出的项目，在预计费用现金支出时，应予以扣除。

【实例 9—12】 假定 M 公司在预算期间变动销售及管理费用为 1 260 元，按销售量计算分配率，固定销售及管理费用为 1 200 元，其中年折旧费用为 800 元。

根据预计销售量和上述资料，编制销售及管理费用预算表，如表 9—12 所示。

表 9—12　　销售及管理费用预算　　单位：元

季　度	一	二	三	四	全　年
预计销售量(件)	100	150	200	180	630
变动销售及管理费用分配率	2	2	2	2	2
变动销售及管理费用(元)	200	300	400	360	1 260
固定销售及管理费用(元)	300	300	300	300	1 200
减：折旧费(元)	200	200	200	200	800
现金支出的费用(元)	300	400	500	460	1 660

上例中，变动销售及管理费用分配率＝1 260/630＝2(元/件)

(二)专门决策预算的编制

专门决策预算又称特种决策预算，是指企业为不经常发生的长期投资项目或者一次性专门业务所编制的预算，一般包括资本支出预算和经营决策预算两种。资本支出预算又称投资预算，是指企业为了今后更好的发展，获取更大的报酬而作出的资本支出计划。它是综合反映建设资金来源与运用的预算，其支出主要用于经济建设，其收入主要是债务收入。由于这类预算涉及长期建设项目的投资投放与筹措等，并经常跨年度，因此，除个别项目外一般不纳入日常业务预算,但应计入与此有关的现金预算与预计资产负债表。

经营决策预算是指与短期经营决策密切相关的特种决策预算,该类预算的主要目标是通过制定最优生产经营决策和存货控制决策来合理地利用或调配企业经营活动所需要的各种资源。本类预算通常是在根据短期经营决策确定的最优方案基础上编制的,因而需要直接纳入日常业务预算体系,同时也将影响现金预算等财务预算。

【实例 9—13】 M 公司为了开发新产品,决定预算期间上一条新的生产线,预计在 1 季度购置 60 000 元的设备。为筹措该项投资资金,M 公司年初向银行借入年利率为 10%的 3 年期的长期借款 60 000 元,每季末支付利息,到期还本。

根据上述设备购置及资金筹措的资料,编制投资项目预算表,如表 9—13 所示。

表 9—13　　新产品生产线项目投资预算及资金筹措方案　　单位:元

季　度	一	二	三	四	全　年
设备购置	60 000				60 000
投资支出合计	60 000				60 000
投资资金筹措:					
向银行借款	60 000				60 000
合　计	60 000				60 000

(三)财务预算的编制

1. 现金预算

现金预算又称现金收支预算,是所有有关现金收支预算的汇总。现金预算通常包括现金收入、现金支出、现金收支差额以及资金的筹措及运用等四个方面。

现金收入部分包括期初现金余额和预算期现金收入,主要是销货取得的现金收入,来自销售预算。

现金支出部分包括预算期各项现金支出,由“直接材料”“直接人工”“制造费用”“销售费用”“管理费用”“财务费用”“支付的税金以及预交所得税”等组成,有时还涉及资本性现金支出。

现金收支差额部分列示现金收入合计与现金支出合计的差额。差额为正,说明收大于支,现金有多余,差额为负,说明支大于收,现金不足。

企业根据预算期现金收支差额的性质、数额的大小和期末应保持的现金余额,确定筹集或运用资金的数额。如果现金多余,可用于偿还向银行取得的借款,或用于购买有价证券;如果现金不足,要向银行取得新的借款或抛售有价证券。

【实例 9—14】 假定 M 公司每季末现金余额不得少于 4 000 元,否则向银行借款,借款数额一般为 1 000 的倍数。借款年利率为 12%。现金多余时,可购买年利率为 6%的有价证券作为临时调剂。预计预算期期初现金余额为 4 000 元。

根据前述有关销售预算、直接材料预算等相关资料,编制预算各季度的现金预算表,如表 9—14 所示。

表 9—14　　现金预算　　单位：元

季　度	一	二	三	四	全年
期初现金余额	4 000	4 583	4 857	4 098	4 000
加：销售现金收入	19 020	15 210	21 060	21 996	77 286
可供使用现金合计	23 020	19 793	25 917	26 094	81 286
减：现金支出：					
直接材料	3 988	3 288	4 268	4 394	15 938
直接人工	4 200	6 200	7 920	7 280	25 600
制造费用	1 975	2 275	2 620	2 730	9 600
销售及管理费用	300	400	500	460	1 660
支付增值税、城建税等	1 474	2 193	3 011	2 682	9 360
预交所得税	1 000	1 000	1 000	1 000	4 000
购买设备	60 000				60 000
预分股利(估计)	2 000	2 000	2 000	2 000	8 000
现金支出合计	74 937	17 356	21 319	20 546	134 158
现金收支差额	(51 917)	2 437	4 598	5 548	(52 872)
资金筹措及运用：					
加：借入的长期借款	60 000				60 000
借入的短期借款		4 000			4 000
减：归还借款本金					
短期借款利息(8%)		80			80
长期借款利息(10%)	1 500	1 500	1 500	1 500	6 000
购买有价证券	2 000		(1 000)		1 000
期末现金余额	4 583	4 857	4 098	4 048	4 048

本例中，购置设备向银行借入的长期借款 60 000 元，每季支付利息为 1 500 元：

利息＝60 000×10%÷4＝1 500(元)

现金不足时，向银行借入的短期借款，一般按“每期期初借入，每期期末归还”来预计利息，第二季度末应支付的利息为 80 元。短期借款本金借款期限设定为一年。

现金预算是企业现金管理的重要工具，有助于企业合理安排和调动资金，降低资金的使用成本。现金预算涉及面广，比较复杂，一定要注意现金预算表各项目之间的勾稽关系。

2. 利润表预算

利润表预算是指以货币形式综合反映预算期内企业经营活动成果(包括利润总额、净利润)计划水平的一种财务预算。进行利润表预算时实际利润表格式、内容相同，只不过是预算数据形成不同。该预算需要在销售预算、产品成本预算、营业税金及附加预算、制造费用预算、销售及管理费用预算和财务费用预算等基础上编制。

【实例9—15】 根据M公司前例各预算资料，编制利润表预算表，如表9—15所示。

表9—15 利润表预算 单位：元

项　目	金　额
销售收入	63 000
减：销售成本	48 825
营业税金及附加	851
销售及管理费用	2 460
财务费用	6 080
利润总额	4 784
所得税费用(估计)	4 000
净利润	784

其中，销售收入数据来自销售预算；销售成本数据来自于产品成本预算；营业税金及附加数据来自于应交税费预算；销售及管理费用数据来自于销售及管理费用预算；财务费用的数据来源于现金预算。所得税费用是估计数值，并已列入现金预算。它通常不是根据利润和所得税税率计算出来的，如果根据利润和税率重新计算，就需要修改现金预算，引起信贷计划修订，进而改变利息，最终又要修改利润，从而陷入数据的循环修改。另外，所得税费用计算还存在诸多纳税调整的事项。

通过编制利润表预算，可以了解企业预期的盈利水平，如果预算利润与目标利润有较大出入，就需要重新分析研究，修改目标利润。

3. 资产负债表预算

资产负债表预算是指用于总括反映企业预算期末财务状况的一种财务预算。资产负债表预算与实际资产负债表格式、内容相同，只不过是预算数据形成有差异。资产负债表预算表中除上年期末数已知外，其余项目均应在前述各项营业预算和特种决策预算的基础上分析填列。

【实例9—16】 根据M公司前例各预算资料，编制资产负债表预算表，如表9—16所示。

表9—16 资产负债表预算 单位：元

资　产			负债及所有者权益		
项　目	年初	年末	项　目	年初	年末
库存现金(表9—14)	4 000	4 048	应付账款	2 500	1 713
应收账款(表9—5)	12 000	8 424	短期借款	0	4 000
有价证券投资(表9—14)	0	1 000	长期借款	10 000	70 000
产成品存货(表9—6、表9—10)	775	1 550	负债合计	12 500	75 713
原材料存货(表9—7)	600	750	普通股	20 000	20 000
固定资产(表9—12)	30 000	90 000	未分配利润	12 875	5 659
累计折旧(表9—10、表9—12)	2 000	4 400			

续表

资　产			负债及所有者权益		
项　目	年初	年末	项　目	年初	年末
			所有者权益合计	32 875	25 659
资产总额合计	45 375	101 372	负债及所有者权益合计	45 375	101 372

根据表9－16资料，可知：期末未分配利润＝12 875＋784－8 000＝5 659(元)

编制资产负债表预算的目的在于判断预算反映的财务状况的稳定性和流动性。如果通过资产负债表预算的分析，发现某些财务比率不佳，必要时可修改有关预算，以改善财务状况。

任务二　财务控制

一、财务控制概述

财务控制是内部控制的一个重要组成部分，是内部控制的核心，是内部控制在资金和价值方面的体现。内部控制是指对一个组织活动进行约束和指导，使之按既定目标运行的过程。要达到对企业经营活动实施控制的目的，需要设立一系列控制制度、组织、方法和程序。其中，侧重于对企业财务状况和资金运动过程而进行的监督与跟踪调查，就属于财务控制。

(一)财务控制的概念和特征

财务控制是按照一定的程序和方法，确保企业及其内部机构和人员全面落实、实现对企业资金的取得、投放、使用和分配过程的控制。作为现代企业管理水平的重要标志，它是运用特定的方法、措施和程序，通过规范化的控制手段，对企业的财务活动进行控制和监督。

1. 财务控制是一种价值控制

财务控制的对象以实现财务预算为目标，而财务预算所包含的现金预算、预计利润表和预计资产负债表都是以价值形式反映的，这就决定了财务控制必须实行价值控制。

2. 财务控制是一种全面控制

财务控制用价值手段来实施其控制过程，因此，它不仅可以将各种不同性质的业务综合起来控制，而且可以将不同层次、不同部门的业务综合起来控制，体现财务控制的全面性。

3. 财务控制以现金流量为控制重点

企业日常的财务活动表现为组织现金流量的过程，因此，财务控制的重点应放在现金流量的控制上，通过现金预算、现金流量表等保证企业资金活动的顺利进行。

(二)财务控制的基础

1. 组织基础

财务控制的首要基础是围绕控制目标所建立的组织机构。比如，为确定财务预算建立的决策和预算编制机构，为组织和实施日常财务控制建立的监督、协调、仲裁机构，为便于内部结算建立的内部结算组织，为考评预算的执行结果建立的考评机构等。实践中，可以根据需要将这些机构的职能合并到企业的常设机构中。

2. 制度基础

内部控制制度是企业为了顺利实施控制过程所进行的组织机构的设计控制手段的采取及

各种措施的制定。这些方法和措施的主要作用在于检查财务预算目标的制定、会计信息的准确性和可靠性，确保财务预算的有效执行，以提高财务控制效率。

(三)财务控制应遵循的基本原则

1. 相互制约

处理每一项经济业务的全过程，必须由两人或两人以上共同分工负责，彼此的工作可以相互监督，以起到相互牵制的作用。

2. 会计独立

资金实物形态的保管、处理必须与反映资金变化的记录完全独立开来。即会计工作与其他业务工作分开，会计部门不与其他部门合并。经营财产实物的部门必须由管理当局授权。

3. 记录完备

在会计制度设计中，从设计起就应规定，利用完备的会计记录对企业的经济业务进行分类、整理、总结、监督，以保证企业所发生的所有重要经济业务都有详细的记录并反映在会计报表上。这些记录包括计划、预算、定额标准、会计凭证、账簿及各类报表。

4. 稽核对证

会计部门要充分利用内部稽核办法，保证账账相符。控制实物和货币支出不超过预算定额，并要经常进行实物盘点，及时与账簿记录相互复核对证。

5. 内部审计

在企业中要建立独立于会计部门之外的内部审计部门，对企业的会计记录和会计报告、会计制度执行情况进行经常性检查和监督。

(四)财务控制的分类

1. 按控制时间分类

事前财务控制是在财务收支活动尚未发生之前所进行的控制，如申报审批制度。事中财务控制是在财务收支活动发生过程中所进行的控制，如按财务预算监督财务预算的执行情况，对各项收支的去向进行监督等。事后财务控制是对财务收支活动的结果进行的考核及相应的惩罚

2. 按控制的依据分类

预算控制是以财务预算为依据，对预算执行主体的财务收支活动进行监督、调整的一种控制形式。预算表明了执行主体的责任和奋斗目标，规定了预算执行主体的行为。制度控制是指通过制定企业内部规章制度，并以此为依据约束企业和各责任中心财务收支活动的一种控制形式。制度控制带有防护性的特征，预算控制带有激励性的特征。

3. 按控制的对象分类

收支控制是指对企业和各责任中心的财务收入和支出活动所进行的控制。企业可以通过收支控制来促使企业收入达到既定目标，并使成本达到最小，以实现企业利润最大化。现金控制是指对企业和各责任中心的现金流入和现金流出活动所进行的控制。现金控制的目的在于实现企业现金流入、流出的基本平衡，既要防止因现金短缺而可能出现的支付危机，也要防止现金沉淀而可能带来机会成本的增加。

4. 按控制的手段分类

绝对控制是指对企业和各责任中心的财务指标采用绝对数控制。一般而言，对于激励性指标，是通过绝对数控制其最低限度；对约束性指标，是通过绝对数控制其最高限度。相对控

制是指对企业和各责任中心的财务指标采用相对比率控制。一般而言，相对指标具有反映投入与产出对比、开源与节流并重的特征。

二、财务控制的主要内容

20 世纪早期，最初促使对组织内的财务控制加以利用的就是分权。分权的重要目标是给予决策者作出营运决策的责任。而这一责任要求运用财务控制来控制运营，当经营不好需要改善的时候，财务控制就会揭示相关的信息。我们认为财务控制系统包括管理控制、预算控制、评价控制和激励机制等内容。

(一)制度控制

企业要搞好财务控制，必须建立严密的财务控制制度。财务控制制度的目的在于能够细化并明确企业财务机构和会计人员的职责、工作要求、工作流程，能够规范约束财务机构、人员的行为，保证企业能够正确核算经营成果，对财务管理工作有条不紊地进行具有重要推动作用，能够使财务管理的监管作用更好的发挥。主要体现在三个方面：第一，不相容职务分离制度。第二，授权批准控制制度。第三，会计系统控制制度。

制度控制的优点在于操作简单，便于全员执行；但是也限制了管理者及职工的主观能动性。

(二)预算控制

预算控制是指通过预算的形式规范企业的目标和经济行为过程，调整与修正管理行为与目标偏差，保证各级目标、策略、政策和规划的实现。财务控制包括将与目标有关的财务数字与标准数字，进行比较，以找出差异。不利的差异就是警告的信号，可能会引发一系列的作业活动，以便产生不利业绩的原因并加以改正。

预算控制的优点在于企业行为量化标准明确，企业总体目标与个体目标紧密衔接，可以及时发现问题、纠正偏差。其缺点在于财务预算定制比较复杂，某种程度上限制了人员的主观能动性。

(三)评价控制

评价控制是企业通过评价的方式规范企业中的各级管理者及员工的经济目标和经济行为。财务控制中的各个业绩指标是有所不同的，因此必须了解各个责任的性质和角色。责任中心包括成本中心、利润中心和投资中心。评价控制的目标从总体上与管理控制相一致，即追求经营效率和效果。评价控制的作用在于使各级管理者和员工明确自己的工作效果与自身利益及上级、同级目标的关系，从而调动其主观能动性、规范其行为，为实现个体目标而努力。

评价控制的优点在于既有明确的控制目标，又有相应的灵活性，有利于管理者及员工在实现目标过程中主观能动性的发挥。缺点在于企业文化需要得到职工的认同。

(四)激励控制

激励控制是企业通过激励的方式控制管理者的行为，使管理者的行为与企业战略目标相协调。激励控制的目标从总体上与企业战略控制目标一致，激励控制与评价控制密不可分，如果激励控制与评价控制能很好地衔接，实现以长期业绩为中心的激励目标，管理者与所有者的利益及目标就会协调一致，必然为企业创造更大的价值。

激励控制的优点在于将管理者的利益与所有者的利益相联系，通过利益约束机制来规范管理者的行为，管理者可根据环境的变化及时调整目标和战略，但缺点是对管理者要求较高。

三、财务控制的方法

财务控制作为现代企业管理水平的重要标志，通过规范化的控制手段和特定的方法、措施和程序，对企业的财务活动进行控制和监督。因此财务控制必须以确保单位经营的效率性和效果性、资产的安全性、经济信息和财务报告的可靠性为目的，从这个目的出发，必须了解财务控制的方法。

(一)组织规划控制

根据财务控制的要求，单位在确定和完善组织结构的过程中，应当遵循不相容职务相分离的原则：是指一个人不能兼任同一部门财务活动中的不同职务。单位的经济活动通常划分为五个步骤：授权、签发、核准、执行和记录。如果上述每一步骤由相对独立的人员或部门，实施，就能够保证不相容职务的分离，便于财务控制作用的发挥。

(二)授权批准控制

授权批准控制指对单位内部部门或职员处理经济业务的权限控制。单位内部某个部门或某个职员在处理经济业务时，必须经过授权批准才能进行，否则就无权审批。授权批准控制可以保证单位既定方针的执行和限制滥用职权。授权批准的基本要求是：首先，要明确一般授权与特定授权的界限和责任；其次，要明确每类经济业务的授权批准程序；再次，要建立必要的检查制度，以保证经授权后所处理的经济业务的工作质量。

(三)预算控制

预算控制是财务控制的一个重要方面，包括筹资、融资、采购、生产、销售、投资、管理等经营活动的全过程。其基本要求是：第一，所编制预算必须体现单位的经营管理目标，并明确责任。第二，预算在执行中，应当允许经过授权批准对预算进行调整，以便预算更加切合实际。第三，应当及时或定期反馈预算的执行情况。

(四)成本控制

成本控制分粗放型成本控制和集约型成本控制。粗放型成本控制是从原材料采购到产品的最终售出进行控制的方法。具体包括原材料采购成本控制、材料使用成本控制和产品销售成本控制三个方面；集约型成本控制一是通过改善生产技术来降低成本，二是通过产品工艺的改善来降低成本。

(五)风险控制

风险控制就是尽可能地防止和避免出现不利于企业经营目标实现的各种风险。在这些风险中经营风险和财务风险显得极为重要。经营风险是指因生产经营方面的原因给企业盈利带来的不确定，而财务风险是指由于举债而给企业财务带来的不确定性。由于经营风险和财务风险对企业的发展具有很大的影响，所以企业在进行各种决策时，必须尽力规避这两种风险。

(六)审计控制

审计控制主要是指内部审计，它是对会计的控制和再监督。内部审计是在一个组织内部对各种经营活动与控制系统的独立评价，以确定既定政策的程序是否贯彻，建立的标准是否有利于资源的合理利用，以及单位的目标是否达到。内部审计对会计资料的监督、审查，不仅是财务控制的有效手段，也是保证会计资料真实、完整的重要措施。

四、内部控制业绩评价

财务控制强调通过衡量和评估公司财务成果来评价公司取得财务的成功的过程，财务控制中经常使用的业绩指标包括收入、成本、利润等。而公司整体的业绩目标，需要落实到内部各部门和经营单位，因此组织内运用财务控制的不同类型的部门实质上就是责任中心。也可以说，财务控制的基础就是责任中心的概念。企业根据内部各部门控制成本、收入、利润和投资回报的能力来对其责任进行分类。

(一)责任中心的概念和特征

责任中心是指承担一定经济责任，并享有一定权利的企业内部(责任)单位。凡是管理上可以分离、责任可以辨认、成绩可以单独考核的单位，都可以划分为责任中心，大到分公司、地区工厂或部门，小到车间、班组。如旅店连锁集团中的一家酒店、邮件订货业务中的传运部门。责任中心通常包括以下特征：

1. 责任中心是一个责权利相结合的实体

每一个责任中心都要对财务指标的完成情况负责任。同时，责任中心被赋予与其承担责任的范围大小相适应的权利。

2. 责任中心具有承担责任的条件

责任中心具有履行经济责任中心条款的行为能力，责任中心一旦不能履行经济责任，能对其后果承担责任。

3. 责任中心所承担的责任和行使的权力都应是可控的

责任中心对其职责范围内的成本、收入、利润和投资负责。因此，这些内容必定是该责任中心所能控制的内容。在对责任中心进行责任预算和业绩考核时，也只能包括该中心所能控制的项目。一般而言，责任中心层次越高，其可控范围越大。

4. 责任中心具有相对独立的经营业务和财务收支活动

这是确定经济责任的客观对象及责任中心得以存在的前提条件。

5. 责任中心便于进行责任核算、业绩考核与评价

责任中心不仅要划清责任而且要能够进行单独的责任核算。划清责任是前提，单独核算是保证。只有既划清责任又能进行单独核算的企业内部单位，才能作为一个责任中心。按照责任对象的特点和责任范围的大小，责任中心可以分为成本中心、利润中心和投资中心。

(二)成本中心

1. 成本中心的概念和特征

成本中心是指只发生成本而不取得收入的责任单位，是最基本的责任中心。成本中心只考核责任成本，不考核其他内容。任何发生成本的责任领域都可以成为成本中心。生产工厂的生产部门就是成本中心。成本中心相对于其他层次的责任中心其自身的特点，主要表现在：

(1)成本中心只考评成本费用不考评收益

成本中心一般不具有经营权和销售权，其经济活动的结果不会形成可以用货币计量的收入；工作成果不会形成可以用货币计量的收入，或其工作成果仅计量和考核发生的成本。工作业绩的评价考核，主要是通过一定期间实际发生的成本，与其预定的尺度(通常为“预算成本”)进行对比，编制业绩报告，剖析差异形成的原因和责任。

(2)成本中心只对可控成本承担责任

可控成本是指可以预先知道的、有办法计量的、能为该责任中心所控制、为其工作好坏所影响的成本。成本的可控性，就特定的责任中心、特定的期间和特定权限而言的。

第一，成本的可控与否，与责任中心的权力层次有关；第二，成本的可控与否，与责任中心

的管辖范围有关；第三，可控成本和不可控成本可以在一定条件下发生相互转化。

一般地，成本中心的变动成本大多是可控成本，固定成本大多是不可控成本；各成本中心发生的直接成本大多是可控成本，其他部门分配的间接成本大多是不可控成本。

(3)成本中心只对责任成本进行考核和控制

责任成本是各成本中心当期确定或发生的各项可控成本之和。对成本费用进行控制，应以各成本中心的预算责任成本为依据，确保实际责任成本不会超过预算责任成本。

责任成本与产品成本是既有联系又有区别的两个概念。两者区别有以下四点：

第一，归集和分配的对象不同。责任成本是以责任中心为费用归集和分配对象；而产品成本则是以产品为费用归集和分配对象。

第二，分配的原则不同。责任成本的分配原则是"谁负责，谁承担"，其中的"谁"是指责任中心及其责任人；产品成本的分配原则是"谁受益，谁承担"，其中的"谁"是指产品本身。

第三，核算的基础条件不同。责任成本核算要求以成本的可控性为分类标志；产品成本则是以成本的经济用途为分类标志。

第四，核算的主要目的不同。责任成本核算的主要目的在于控制耗费、降低成本、考核和评价责任中心的工作业绩；产品成本核算的主要目的是为资产的计价、成本的补偿和计量经营成果提供信息。

两者之间也有以下两点联系：第一，成本的本质是相同的，无论是责任成本还是产品成本都是由企业生产经营过程中一定量的资金耗费构成的；第二，在一定时期内，企业发生的全部责任成本之和应当等于全部产品成本之和。

2. 成本中心的业绩考核与评价

成本中心的考核指标包括责任成本的变动额和变动率两类指标，其计算公式为：

$$责任成本的增减额=实际责任成本-预算责任成本 \quad (9-9)$$

$$责任成本的升降率=责任成本增减额/预算责任成本\times100\% \quad (9-10)$$

【实例9－17】 假设M公司有甲、乙、丙三个成本中心，三个成本中心某日的责任成本预算值分别为4 000元、5 000元、6 000元，其可控成本实际发生额分别为3 800元、5 500元、5 800元。根据上述公式计算得到责任成本预算完成情况表，如表9－17所示。

表9－17　　责任成本预算完成情况表　　单位：元

成本中心	预算	实际	增减额	升降率(%)
甲	4 000	3 850	－150	－3.75
乙	5 000	5 500	＋500	10
丙	6 000	5 800	－200	－3.33

显然，在三个成本中心中，甲和丙成本中心的实际成本都比预算节约超过3%，其中甲成本中心的成本预算完成情况最好，而乙成本中心的成本完成情况最差。

在对成本中心的预算完成情况考核时应该注意，如果实际产量与预算产量不一致，首先区分固定成本和变动成本，再按照弹性预算的方法调整预算指标，然后继续上述计算、分析和比较。

责任成本考核与评价通过责任成本差异指标考核各责任中心的责任成本预算执行情况。

考核时既要考核责任成本预算差异，以揭示各项成本的支出水平，评价各责任中心通过增加产量形成的成本相对节约额，促使责任中心寻求降低成本的途径。

特别要注意的是，仅仅根据成本中心控制和降低成本的能力来评估成本中心的业绩是我们经常犯的一个错误，其他一些诸如质量、反应时间等关键衡量方式就会被忽视，因此业绩评价应该体现成本中心对组织做的贡献。

(三)利润中心

1. 利润中心的概念

利润中心是组织中对实行销售以及控制成本负责的责任中心。利润中心管理人员一般有权进行产品定价、决定产品组合等。利润中心就像一个独立的公司，只有一点不同，即在公司中是高层管理人员而不是责任中心经理来控制责任中心的管理水平。如连锁店中的一家经销店经理有责任进行产品定价、选择买入产品以及对产品进行打折，从而经销店满足作为一个利润中心的条件。

2. 利润中心的业绩考核与评价

利润中心的考核指标为可控利润，即责任利润。如果利润中心获得的利润中有该利润中心不可控因素的影响，则必须进行调整。由于不同类型、不同层次的利润中心的可控范围不同，因而用于评价的责任利润指标也不同，主要有边际贡献、可控边际贡献和部门营业利润三种收益形式。

【实例 9—18】 根据M公司的一分公司下有两个利润中心的某一个部门的有关数据，利润中心的责任预算如表 9—18 所示。

表 9—18　　利润中心的责任预算表　　单位：元

项　目	成本费用	收　益
销售净额		20 000
减：销售成本	12 000	
变动费用	2 000	
(1)边际贡献		6 000
可控固定成本	1 000	
(2)部门可控边际贡献		5 000
不可控固定成本	800	
(3)部门营业利润		4 200

显然，以边际贡献 6 000 元作为利润中心的业绩评价依据不够全面。部门经理至少可以控制某些固定成本，并且在固定成本和变动成本的划分上有一定选择余地。这样有可能导致部门经理尽可能多地支出固定成本以减少变动成本。

以可控边际贡献 5 000 元作为利润中心的业绩评价依据可能是最好的。部门经理可控制收入以及变动成本和部分固定成本，因而可以对可控边际贡献承担责任。但是要注意部门经理使用资源的权力有多大，如何区分固定成本的可控性变得困难。如雇员的工资水平通常由公司集中决定，但部门经理有权决定本部门雇佣多少职工，这样一来，工资水平就是他的可控成本了。

以部门营业利润4 200元作为业绩评价依据，可能更适合评价该部门对公司利润和管理费用的贡献，而不适合于部门经理的评价。如果要决定该部门的取舍，部门营业利润是有重要意义的信息。如果要评价部门经理的业绩，因为有一部分固定成本是过去最高管理层决策的结果，部门营业利润已经超出了部门经理的控制范围。

3. 内部转移价格

分散经营的组织单位之间相互提供产品或劳务时，需要制定一个内部转移价格。转移价格对于提供产品或劳务的生产部门来说表示收入，对于使用这些产品或劳务的购买部门来说则表示成本。因此，转移价格会影响到这两个部门的获利水平，使得部门经理非常关心转移价格的制定。制定转移价格的目的有两个：一是防止成本转移带来的部门间责任转嫁，使每个利润都能作为单独的组织单位进行业绩评价；二是作为一种价格引导下级部门采取明智的决策，生产部门据此确定提供产品的数量，购买部门据此确定所需要的产品数量。但是，这两个目的往往有矛盾。我们要根据公司的具体情况，来尽量寻求能够兼顾业绩评价和制定决策的转移价格。通常采用的转移价格有以下几种：

(1)以市场为基准的转移价格。如果存在着中间产品或服务的外部市场，那么市场价格对于责任中心之间传递的货物或劳务是最好的基础。市场价格提供了转移产品或服务的独立的估计以及对于每一个利润中心在交易时对组织做出贡献的独立的评估。比如，销售部门将产品对外销售而不是内部转移。同样的，买入部门可以向外面购买货物而不是接受内部的转移。

值得注意的是，外部供应商为了促使交易可能先报一个较低的价格，同时期望日后抬高价格。因此确认外部价格时要采用可以长期保持的价格。

(2)以成本为基础的转移价格。当转移的货物或劳务并没有一个定义好的价格时，另一种选择就是基于成本来考虑价格的。通常的一些转移价格都是可变成本，可变成本加上其涨价的成分，或完全成本加上其涨价的成分。这种方法假定可以通过一种合理、精确的方式计算产品成本。由于成本核算已经被会计系统所运用，所以该价格方法容易执行。

但是强调任何成本为基础的转移价格而不是边际成本导致了部门容易选择一个次优的交易标准，从而引起整个企业的经济损失。举例来说，如果转移价格比边际成本高，供应单位则希望销售更多的产品，而买入部门则希望买进更少的产品，但是又不能强迫各部门买入或卖出超过他们预期的产品量。因此定购并且提供的产品量往往会少于实际提供并且需要的产品量。

(3)通过谈判确定的转移价格。在没有市场价格时，有些企业允许都是责任中心的供需双方通过谈判来确定转移价格。通过谈判确定的转移价格必须有两个前提：首先，要有一个某种形式的外部市场，部门可以自由选择接受或拒绝某一价格，以防止垄断价格。其次，共享所有的信息资源。只有信息公开畅通，谈判才会有价值。通过谈判确定转移价格反映了责任中心控制下的可信度及可控性，因为每个部门最终要对通过谈判确定的转移价格负责。

通过谈判确定转移价格可能带来问题。双边谈判导致供方希望价格高于最优价，需方希望价格低于最优价。当实际的转移价格与最优价不一致时，组织利益作为一个整体将受到损害。同时，谈判往往浪费时间和精力，可能导致部门之间的矛盾，部门获利能力大小反映的可能是双方的谈判技巧，而不是经济原因。一旦谈判破裂，最高管理层要适时进行必要的干预。

(4)通过行政确定的转移价格。当一种特定的交易经常发生时，企业通常会应用行政手段确定转移价格，比如，比市场价低5%或完全成本基础上加5%。，这是一种实际易操作的方法，但又是非常武断的方法，行政转移价格不可避免地在一些部门中提供补贴，对激励造成不利影响，这也涉嫌违背责任方法的精神。

(四)投资中心的业绩考核与评价

1. 投资中心的概念

投资中心是指除了能够控制成本中心、收入中心和利润中心外，还能对投入的资金进行控制的中心。投资中心是最高层次的责任中心，它拥有最大的决策权，也承担最大的责任。投资中心必然是利润中心，但利润中心并不都是投资中心。如石化企业的油气勘探、化工生产都是投资中心。

2. 投资中心的考核指标

投资中心的考核指标有三种：

(1)投资报酬率。投资报酬率是投资中心一定时期的营业利润和该期的投资占用额之比。这是最常见的考核投资中心业绩的指标。该指标既能揭示投资中心的销售利润水平，又能反映资产的使用效果。其计算公式为：

投资报酬率＝营业利润/部门平均总资产
＝(营业利润/销售收入)×(销售收入/营业资产)　　(9—11)
＝销售利润率×资产周转率

【实例9—19】 假设M公司有A和B两个部门，相关数据如表9—19所示。

表9—19　　**A、B部门相关数据表**　　单位：元

项　目	A部门	B部门
营业收入	1000 000	850 000
营业利润	108 000	90 000
税后利润	27 000	22 500
平均总资产	900 000	600 000
平均经营负债	50 000	40 000
平均净经营资产(投资资本)	850 000	560 000

下面我们计算投资报酬率，并进一步将各投资中心的业绩进行分解。

A部门投资报酬率＝(108 000/1000 000)×(1000 000/900 000)
＝10.8%×1.111＝12%

B部门投资报酬率＝(90 000/850 000)×(850 000/600 000)
＝10.59%×1.417＝15%

通过对投资报酬率的分解可以发现，A部门、B部门两个投资中心的销售利润率均接近10.6%，但是B部门的资产周转率较A部门要高，所以B部门的投资报酬率要高于A部门。

投资报酬率综合反映了投资中心的经营业绩，考虑了投资规模，是一个相对指标，可以用于不同的投资中心的横向比较，也可以用于不同规模的企业和同一企业不同时期的比较。但是投资报酬率存在着自身的缺陷。该指标可能会使部门经理拒绝接受超出企业平均水平的投资报酬率而低于该投资中心现有报酬率的投资项目，有损企业的整体利益。另外，投资报酬率

有可能导致决策的短视行为而损坏公司的长远利益。由于管理层常常想方设法减少经营成本和管理费用，首先会减少诸如研发费用投入等企业未来增长所必要的投资。

依前例，假设M公司要求的投资税前报酬率为11%。目前B部门面临一个投资报酬率为13%的投资机会，投资额为100 000元，每年部门营业利润为13 000元。这个项目远远高于公司要求的投资报酬率，值得投资。但是B部门追加投资后投资报酬率由原来的15%下降到14.71%，即使高于公司要求的投资报酬率，但B部门可能因为业绩评价而放弃这项投资机会。

B部门追加投资后的投资报酬率＝(90 000＋13 000) /(600 000＋100 000)×100%
＝14.71%

若B部门现有一项资产价值50 000元，年获利6 500元，投资报酬率也达到了13%。同样为了业绩评价，B部门拟放弃这项资产，以提高部门的投资报酬。

B部门放弃资产后的投资报酬率＝(90 000－6 500) /(600 000－50 000)×100%
＝15.18%

B部门追加投资后投资报酬率由原来的15%下降到14.71%，即使高于公司要求的投资报酬率，但B部门可能因为业绩评价而放弃这项投资机会；但B部门却愿意放弃一项资产，因为投资报酬率由原来的15%上升到15.18%。

由此可见，使用投资报酬率作为业绩评价标准时，部门经理会容易考虑自身部门利益而忽视整体利益，从引导部门经理顾全大局方面的决策来看，投资报酬率不是很理想的选择。

(2)剩余收益。剩余收益是投资中心获得的利润扣减其投资额(或净资产占用额)按规定的最低收益率计算的投资收益后的余额，其计算公式为：

剩余收益＝部门营业利润－部门资产应计报酬＝部门营业利润－部门资产×资本成本率 (9－12)

(9－12)式中的部门营业利润通常指税前营业利润。

【实例9－20】 依前例，假设A部门资本成本率为10%，B部门的资本成本率为12%，计算剩余收益如下：

A部门剩余收益＝108 000－900 000) ×10%＝18 000(元)

B部门剩余收益＝900 000－600 000) ×12%＝18 000(元)

若B部门接受追加投资额为100 000元(投资报酬率为13%)的投资机会，可知

追加投资后的剩余收益＝(900 000＋13 000)－(600 000＋100 000) ×12%＝19 000(元)

若B部门放弃一项价值为50 000元的资产(投资报酬率为13%)的投资机会，可知

放弃资产后的剩余收益＝(900 000－6 500)－(600 000－50 000) ×12%＝17 500(元)

根据剩余收益的计算结果可知，B部门追加投资后剩余收益增加了1 000元，放弃资产后的剩余收益减少了500元。B部门会选择追加投资的决策，与公司总目标一致。只要投资项目收益高于资本成本率或要求的最低收益率，就会给企业带来利润，也会给投资中心增加剩余收益，从而保证投资中心的决策行为与企业总体目标一致。

因此，剩余收益正是克服投资报酬率的缺点而设计的，它可以使业绩评价与公司的目标协调一致，引导部门经理采取与总公司总体利益一致的决策。另外，剩余收益允许使用不同的风险调整资本成本，比较符合实际。但是剩余收益是一个绝对数指标，不便于不同规模的公司和部门的比较。

(3)经济附加值。EVA(Economic Value Added)是美国思腾思特公司成立于1982年提出并实施的一套以经济增加值理念为基础的财务管理系统、决策机制及激励报酬制度。国务院国有资产监督委员会从2010年开始对央企负责人实行经济增加值考核。经济附加值实质是对剩余收益加以调整后的变形，其中存在的差异在于使用了税后利润，因为支付的税费是不可获取的；其二是总资产减去流动负债，业务短期债权人的资金会马上需要支付，并且在长期来看不会创造利润；其三加权平均资本成本代替了期望回报率。其计算公式为：

$$经济附加值=税后利润+调整项目-(总资产-流动负债)\times加权平均资本成本 \quad (9-13)$$

【实例9—21】 依前例，假设加权平均资本成本为9%，所得税率为25%，无调整项目。

A部门经济附加值=108 000×(1−25%)−(900 000−50 000) ×9%=4 500(元)

B部门经济附加值=90 000×(1−25%)−(600 000−40 000) ×9%=17 100(元)

若B部门追加接受投资额为100 000元(投资报酬率为13%)的投资机会，可知：

追加投资后经济附加值=(90 000+13 000)×(1−25%)−(600 000−40 000+100 000)×9%=17 850(元)

若B部门放弃一项价值为50 000元的资产(投资报酬率为13%)的投资机会，可知

放弃资产后的经济附加值=(90 000−6 500)×(1−25%)−(600 000−40 000−50 000)×9%=16 725(元)

根据计算结果可知，B部门追加投资后经济附加值增加了750元，放弃资产后的剩余收益减少了375元。B部门会选择追加投资的决策，与公司总目标一致。只要投资项目收益高于资本成本率或要求的最低收益率，就会给企业带来利润，也会给投资中心增加剩余收益，从而保证投资中心的决策行为与企业总体目标一致。

以EVA作为考核评价体系的目的就是基于资本市场的计算方法，资本市场上权益成本和债务成本变动时，公司要随之调整加权平均资本成本。而剩余收益根据投资要求的报酬率计算，该资本投资报酬率带有一定主观性。当然，税费也是一个重要因素，经济附加值比剩余收益可以更好地反映部门盈利能力。当然，经济附加值的计算时，净收益的调整事项以及资本成本的确定还无法有统一意见，也不利于建立统一的业绩评价指标。

以上都属于财务指标基础上的业绩评价，事实上责任中心都有重要的非财务指标业绩考评指标，如商品或服务的质量、顾客满意度、员工满意度和市场占有量，等等。这些非财务指标的重要性因责任中心的划分而各不相同。

关键术语

财务预算　增量预算法　零基预算法　定期预算法　滚动预算法　固定预算法　弹性预算法　财务控制　事前财务控制　事中财务控制　事后财务控制　预算控制　制度控制　收支控制　现金控制　绝对控制　相对控制　成本中心　利润中心　投资中心

应知考核

一、单项选择题

1.(　　)预算是其他预算的起点。

A. 销售预算　　B. 现金预算　　C. 生产预算　　D. 产品成本预算

2. 在编制制造费用预算时,计算现金支出应予剔除的项目是(　　)。

A. 间接材料　　B. 间接人工　　C. 管理人员工资　　D. 折旧费

3. 下列项目中,能够克服固定预算方法缺点的是(　　)。

A. 固定预算　　B. 弹性预算　　C. 滚动预算　　D. 零基预算

4. 下列各项中,应当作为编制零基预算出发点的是(　　)。

A. 基期的费用水平　　B. 历史上费用的最好水平

C. 国内外同行业费用水平　　D. 费用为零

5. 下列各项中,能够揭示滚动预算基本特点的表述有(　　)。

A. 预算期是相对固定的　　B. 预算期是连续不断的

C. 预算期与会计年度一致　　D. 预算期不可随意变动

6. 如果存在着中间产品或服务的外部市场,对于责任中心之间传递的货物或劳务最适合的转移价格是(　　)。

A. 以市场为基础的转移价格　　B. 以成本为基础的转移价格

C. 通过谈判确定的转移价格　　D. 通过行政确定的转移价格

7.(　　)指标综合反映了投资中心的经营业绩,考虑了投资规模,但不利于引导部门经理作出与公司目标一致的决策。

A. 销售利润率　　B. 资产周转率　　C. 投资报酬率　　D. 剩余收益

8. 不仅考核成本,还要能根据收入与成本配比计算利润的责任单位的是(　　)。

A. 成本中心　　B. 收入中心　　C. 利润中心　　D. 投资中心

9. 下列关于成本的可控性表述正确的有(　　)。

A. 成本的可控性,就特定的责任中心、特定的期间和特定权限而言的

B. 成本的可控与否,与责任中心的权力层次无关

C. 间接成本都是不可控成本

D. 直接成本都是可控成本

10. 下列考核指标适合作为利润中心的业绩评价依据的是(　　)。

A. 边际贡献　　B. 可控边际贡献　　C. 销售毛利　　D. 部门营业利润

二、多项选择题

1. 编制弹性预算所用业务量可以是(　　)。

A. 产量　　B. 销售量

C. 直接人工工时　　D. 机器工时

2. 下列各项中,能揭示弹性预算优点的是(　　)。

A. 可比性强　　B. 预算范围宽

C. 各预算期预算相互衔接　　D. 不受现有费用项目的限制

3. 零基预算与传统的增量预算相比较，其不同之处在于（　　）。

A. 一切从可能出发　　B. 以零为基础

C. 以现有的费用水平为基础　　D. 一切从实际需要出发

4. 销售预算的主要内容有（　　）。

A. 销售收入　　B. 销售费用　　C. 销售数量　　D. 销售单价

5. 影响预计生产量的因素有（　　）。

A. 预计销售量　　B. 预计期末存货

C. 预计期初存货　　D. 预计采购量

6. 按控制的手段分类，可以分为（　　）。

A. 预算控制与制度控制　　B. 收支控制与现金控制

C. 事前控制与事后控制　　D. 绝对控制与相对控制

7. 下列属于财务控制特征的有（　　）。

A. 财务控制是一种价值控制　　B. 财务控制是一种全面控制

C. 财务控制以现金流量为控制重点　　D. 财务控制就是内部控制

8. 经济附加值与剩余收益的区别在于（　　）。

A. 存在的差异在于使用了税后利润　　B. 考虑了调整项目

C. 加权平均资本成本代替了期望回报率　　D. 税率的变化

9. 下列关于责任成本与产品成本表述正确的有（　　）。

A. 责任成本是以责任中心为费用归集和分配对象

B. 产品成本则是以产品为费用归集和分配对象

C. 责任成本的分配原则是“谁负责，谁承担”

D. 责任成本核算的主要目的在于降低成本、考核和评价责任中心的工作业绩

10. 利润中心是组织中对实行销售以及控制成本负责的责任中心，一般的权限有（　　）。

A. 产品定价　　B. 决定产品组合

C. 对产品进行打折　　D. 决定投资效果

三、判断题

1. 按照财务控制的时序，财务控制分为事前控制和事中控制。（　　）

2. 责任中心是指承担一定的经济责任的企业内部单位。（　　）

3. 只要有成本发生，需要对成本负责，并实施成本控制的单位，都可以称为成本中心。（　　）

4. 投资中心是只需对投资效果负责。（　　）

5. 利润中心是指既对成本负责又对收入和利润负责的责任中心，它有独立或相对独立的收入和生产经营决策权。（　　）

6. 现金预算也称现金收支预算，是以日常业务预算和特种决策预算为基础所编制的反映现金收支情况的预算。（　　）

7. 预计资产负债表是指用于总括反映企业预算期末财务状况的一种财务预算。预计资产负债表中的项目均应在前述各项日常业务预算和专门决策预算的基础上分析填列。（　　）

8. 零基预算是指在编制预算时，对于所有的预算支出均以零字为基础，不考虑其以往情况如何，从根本上研究、分析每项费用是否有支出的必要性和支出数额的大小。（　　）

9. 在编制零基预算时，应以企业现有的费用水平为基础。（　　）

10. 增量预算与零基预算相比能够调动各部门降低费用的积极性。（　　）

四、简述题

1. 简述财务预算的作用。

2. 简述财务预算的步骤。

3. 简述财务控制特征及应遵循的基本原则。

4. 简述财务控制的主要内容和方法。

5. 简述责任中心和成本中心的特征。

五、计算题

1. 某企业期初存货 250 件，本期预计销售 500 件。

要求：

(1)如果预计期末存货 300 件，本期应生产多少件？

(2)如果预计期末存货 260 件，本期应生产多少件？

2. 假设 M 公司只生产一种产品，销售单价为 200 元，预算年度内四个季度的销售量经测算分别为 200 件、250 件、300 件和 350 件。根据以往经验，销货款在当季可收到 60%，下一季度可收到其余的 40%。预计预算年度第一季度可收回上一年第四季度的应收账款 20 000 元。

要求：计算本年各季度的现金收入。

3. 假定预算期生产量为 50 件，每件产品耗费人工 25 小时，小时工资率为 8 元。

要求：计算直接人工预算额。

4. 已知：M 公司 2016 年度制造费用的明细项目如下：间接人工：基本工资为 3 000 元，另外每工时补助津贴为 0.1 元；物料费：每工时负担 0.15 元；折旧费：5 000 元；维护费：固定的维护费 2 000 元，另外每工时负担 0.08 元；水电费：固定部分为 1 000 元，另外每工时负担 0.2 元。

要求：根据上述资料为该公司在生产能量为 3 000～6 000 工时的相关范围内，采用列表法编制一套能适应多种业务量的制造费用弹性预算（间隔为 1 000 工时）。

5. 假设现金期末最低余额为 5 000 元，银行借款起点位 1 000 元，贷款利息年利息率为 5%，还本时付息。要求：将表 9—20 中现金预算的空缺数据按照其内在的联系填补齐全。

表 9—20　　现金预算表　　单位：元

项目	一	二	三	四	全年
期初现金余额	4 500				
加：销售现金收入	10 500		20 000		
可供使用现金合计					
减：现金支出：					
直接材料	3 000	4 000	4 000		15 000
直接人工		1 500			
间接制造费用	1 200	1 200	1 200	1 200	
销售及管理费用	1 000	100	1 000	—	4 000

续表

项目	一	二	三	四	全年
购买设备	5 000	—	—	—	
支付所得税	7 500	7 500	7 500		30 000
现金支出合计	19 000		15 300		64 800
现金收支差额					
资金筹措及运用：					
向银行借款		1 000			
归还借款			5 000	5 000	
支付利息					
期末现金余额		5 800			

应会考核

■ 观念应用

【背景资料 1】

已知某集团下设三个投资中心，有关资料如表 9—21 所示。

表 9—21

指标	集团公司	A 投资中心	B 投资中心	C 投资中心
净利润(万元)	34 560	10 400	15 800	8 450
净资产平均占用额(万元)	315 000	94 500	145 000	75 500
规定的最低投资报酬率	10%			

【考核要求 1】

(1)计算该集团公司和各投资中心的投资利润率，并据此评价各投资中心的业绩。

(2)计算各投资中心的剩余收益，并据此评价各投资中心的业绩。

(3)综合评价各投资中心的业绩。

【背景资料 2】

大华公司生产 A 产品，2016 年预计销售量如表 9—22 所示。

表 9—22　　2016 年 A 产品预计销量表　　单位：件

月份	销售量	月份	销售量
1	10 000	7	13 000
2	12 000	8	12 000
3	10 000	9	12 000

续表

月份	销售量	月份	销售量
4	12 000	10	9 000
5	12 000	11	10 000
6	13 000	12	10 000

A 产品单位售价 100 元,单位产品变动成本 40 元,变动性销售和管理费 5 元,每月固定性制造费用 50 000 元,固定性销售和管理用 30 000 元,所得税率 25%。

【考核要求 2】

根据上述资料,如何编制大华公司 2016 年度利润表的滚动预算(按季度滚动)?

■ 技能应用

1. 某公司下设 A、B 两个投资中心。中心的投资额为 250 万元,投资利润率为 16%;中心的投资额 300 万元,剩余收益为 9 万元;公司要求的平均投资利润率为 13%,现公司决定追加投资 150 万元,若投向 A 中心,该中心每年增加利润 30 万元,若投向 B 中心,该中心每年增加利润 25 万元。

【技能要求】

(1)追加投资前 A 中心的剩余收益;

(2)追加投资前 B 中心的投资利润率;

(3)若 A 中心接受追加投资,计算其投资利润率;若 B 中心接受追加投资,计算其剩余收益。

2. 某公司制造费的成本性态如表 9—23 所示。

表 9—23

成本项目	间接人工	间接材料	维修费用	折旧费用	其他费用
固定部分(元)	6 000	1 000	220	100	880
单位变动率(元/小时)	1.0	0.6	0.15		0.05

【技能要求】

(1)若企业正常生产能力为 10 000 小时,试用列表法编制该企业生产能力在 70%~110%范围内的弹性制造费用预算(间隔为 10%)?

(2)若企业 5 月份实际生产能力只达到正常生产能力的 80%,实际发生的制造费用为 23 000,则其制造费用的控制业绩为多少?

■ 案例分析

【情景与背景 1】

华荣药业股份有限公司的主要产品为蜂王浆和人参素,市场旺销,特别在春节前后,供不应求。今年春节,销售部门要求突击生产,加班加点,以增加利润。然而生产部门却反对,认为会打乱全年生产计划。另外,节假日加班要支付双倍甚至三倍的工资,生产成本很高,在成本指标考核时,对生产部门很不利。销售部门提出,生产部门是否愿意承担失去大量顾客的责任,是否考虑收入和利润指标。生产部门不愿承担责任。双方互争不休,最后找到总经理,总经理请财务部门提出意见，是否接受加班加点的生产建议？如何处理生产部门和销售部门之间的矛盾？

【分析要求1】

请问：假如你是财务部经理，应该怎样回答这个问题？

【情景与背景2】

2012年度，同大股份将持续扩大生产规模和新品研发投入，按计划分步完成“生态超纤高仿真面料扩大生产规模”募投项目和超募资金使用项目的建设，同时通过精益生产体系的构建、7s的实施等不断加强公司管理水平和研发实力，提高经济效益。

根据公司2012年生产经营发展计划确定的经营目标，编制公司2012年度财务预算方案如下：

一、主要财务预算指标

1. 营业总收入：52 905.00 万元；

2. 营业总成本：40 642.00 万元；

3. 利润总额：7 769.00 万元；

4. 净利润：6 629.00 万元；

其他：2012年度，公司计划实现年产各类超纤产品1 287万平方米。

二、公司2012年度财务预算与2014年度经营成果比较表

表9—24 单位：万元

项目	2012年预算	2014年度实际	增减变动率(%)
营业总收入	52 905.00	43 015.00	22.99
营业总成本	40 642.00	33 085.00	22.84
利润总额	7 769.00	6 106.00	27.24
净利润	6 629.00	5 286.00	25.41

三、拟定上述计划所依据的假设条件及原因

公司实现上述计划所依据的假设条件及原因为：(略)

……

四、2012年度预算编制说明

主营业务收入按照公司生产能力、销售目标、市场预测编制，产品销售价格和主要原材料采购价格按照市场价格测定编制，各主要材料消耗指标以公司2014年实际并结合公司考核指标要求测定编制。销售费用、管理费用结合公司2014年实际水平考虑到人工费用、差旅费用、折旧摊销等预计将增加的费用测定编制，财务费用结合公司经营和投资计划测定编制。

(资料来源：同大股份. 山东同大海岛新材料股份有限公司2012年度财务预算报告[EB/OL]. 证券之星网，http://stock.stockstar.com/notice/JC2012061100002649.shtml，2012—06—07.)

【分析要求2】

(1)同大股份编制2012年度预算有什么意义？

(2)同大股份编制财务预算的依据是什么？

(3)如何正确编制财务预算?

【情景与背景3】

武钢动态预算管理

武钢1999年开始推行预算管理,首先在组织结构上进行了配套改革,成立了公司预算管理委员会,并利用机构改革之机,把公司的年度生产经营计划和公司财务管理部门合并,组建了计划财务部,优化了预算管理的组织结构。利用计划财务部这个组织结构平台,不断吸纳生产、销售、设备、运输、能源等各个专业的管理专家,使预算管理真正超越财务管理的范畴,使预算管理部门成为一个综合性的管理部门。预算委员会成员由公司董事长或总经理任免,董事长或总经理对公司预算的管理工作负总责。预算委员会制定公司总体预算目标及保障措施,审定公司总预算、分预算和专项预算。预算委员会设预算管理办公室,集团公司总会计师兼任办公室主任,负责全面预算管理工作的日常事宜。委员会下各单位成立相应的预算管理组织,一般设在财务部门,由多个部门参加,负责本单位内部的预算编制和监督执行。预算委员会建立例会制度,定期分析预算的执行情况,督促检查预算的实施。

武钢预算管理作为企业内部控制的重要方式,它由预算编制、预算执行、预算分析和考核等环节构成。预算管理的内容贯穿在企业的整个生产经营活动中,对管理的各个层面、环节及总体目标进行系列、统一地规划和控制。按企业生产经营的经济内容和层次关系可划分为经营预算、资本支出预算和财务预算三部分。在实际的预算编制过程中,按照预算管理的对象可把预算管理的内容分为总预算、分预算和专项预算三个部分。总预算是以企业总体经济运行为对象制定的预算,分预算是以企业所属或受控制的生产经营为对象制定的预算,专项预算是为企业的生产经营预算提供专业支持、反映企业某一方面的经济活动而制定的预算。

为了比较准确的编制未来年度的预算,一般在每年的9月初开始就要对未来年度的情况进行广泛的调查研究和预测,尤其是对经营预算中的生产、销售、采购、设备和资源的平衡配备等相关情况的了解,对资本支出预算中投资项目对生产经营的影响、对集团损益影响的了解。在充分了解未来年度生产经营的环境、条件后,由预算管理办公室起草年度的《预算编制大纲》,报预算委员会审批后,作为预算编制的基本原则和总体要求。

《预算编制大纲》是编制年度预算的起点,要体现集团企业的经营思想和战略目标,明确提出预算编制的原则、要求,预算编制的具体内容、责任单位和明细分工以及上报时间等。

各责任单位、相关专业预算编制部门在预算管理办公室的组织下,按预算管理责任分工,根据《预算编制大纲》和专业预算目标要求编制各分预算及专项预算,并按时上报预算管理办公室。

预算管理办公室将各单位、各部门上报的分预算及专项预算草案进行分析汇总编制,在综合平衡基础上,编制企业完整的总预算,并报公司预算委员会审定、颁发。此过程一般要经过几个来回,经历两个月时间,最终以公司文件形式下发。

总体来说,武钢集团企业的预算是先“自下而上”,再“自上而下”。这种预算编制方式下,集团先确定预算目标,包括一些关键性的指标,然后将指标分解后由各成员企业编制预算草案,草案上报后由集团预算管理办公室加以汇总、协调、调整,形成预算方案,报预算委员会审定后,下达给成员企业和有关职能部门。事实上,这种模式下预算的编制往往不是一个过程就可以完成,而要经过多次的循环,让集团和成员企业间进行充分的信息沟通和了解,既能顾及集团的整体目标,又充分考虑到成员企业的个体差异。这样使最终的预算成为具有较强的科学性，同时有较强的可操作性的预算。同时在全资子公司的利润预算指标，专项费用、归口费用、可控费用、预算保证措施的增效指标、主要的技术经济指标等专项预算指标上采用联合确定基数法来编制预算。

【分析要求 3】

(1)你怎样评价武钢动态预算管理的特点？

(2)从武钢动态预算管理中你得到哪些启示？

项目实训

【实训项目 1】

财务预算管理

【实训情境】

天元公司生产经营甲产品，2016 年年初应收账款和各季度预测的销售价格和销售数量等资料见表 9—25。

表 9—25

季度		1	2	3	4	应收账款年初值	收现率	
							当季度	下季度
甲产品	单价	65	65	65	65			
	销售量(件)	800	1 000	1 200	1 000	19 000	60%	40%

天元公司年初产成品存货量 80 件，年末产成品存货量 120 件，预计季末产成品存货量占下季度销量的 10%。另外，年初产成品单位成本为 40 元/件。

天元公司生产甲产品使用 A 材料，1、2、3 季度的生产甲产品对于 A 材料的消耗定量均为 3 千克/件，4 季度的消耗定量为 4 千克/件。年初 A 材料存货量为 1 500 千克，年末存货量为 1 800 千克，预计期末材料存货量占下季度需用量的 20%，材料价款当期支付 60%，下期支付 40%。应付账款年初余额 4 400，材料销售单价为 4 元/件。

天元公司单位产品工时定额为 3 小时/件，单位工时工资率前 3 季度均为 3 元/小时，第 4 季度为 4 元/小时。全部费用当季支付。

天元公司变动制造费用的工时分配率为 1.2，预计年度固定制造费用合计 6 000 元，其中折旧费用为 1 200 元。需用现金支付的费用当季支付。

天元公司变动管理和销售费用的单位产品标准费用额为 4 元，全年的固定管理和销售费用为 10 000 元，其中折旧费用为 2 000 元。需用现金支付的费用当季支付。

天元公司季度末现金最低限额为 2 000 元。银行借款利息为 5%。预计缴纳全年所得税费用为 10 000 元，各季度平均分配。期初现金余额为 2 400 元。产成品存货采用先进先出法计价。

【实训任务 1】

请仔细阅读天元公司的有关资料，并编制业务预算、现金预算和预计利润表。

【实训项目 2】

财务控制管理

【实训情境】

中国航空油料是一个高度垄断的市场，中国航油集团唯一的一家海外公司——中国航油（新加坡）股份有限公司（以下简称中航油）在这个市场中占有重要的地位，采购量每年大约占中航集团总采购量的1/3左右，几乎占据了中国内地航油供应的全部市场，同时享有独家进口权。该公司自1997年以来，凭借对国内进口航油市场的实质性垄断，净资产由16.8万美元增加至2003年的1.48亿美元，6年增长762倍，成为股市上的明星，其总裁陈久霖也被《世界经济论坛》评为“亚洲经济新领袖”。但2004年12月1日，中航油“炒油”却上演了让人心惊肉跳的“滑铁卢”，因投机性石油衍生品交易导致的损失达5.54亿美元（折合人民币45亿元），几乎相当于其全部市值。

事实上，中航油有一个完善的风险控制体系，公司开始进入石油期货市场时就聘请当时“五大”之一的永安会计师事务所制定了《风险管理手册》，公司内部专门设有由七人组成的风险管理委员会及软件监控系统。根据公司内部规定，损失20万美元以上的交易，都要提交给公司的风险管理委员会评估；而累计损失超过35万美元的交易，必须得到总裁的同意才能继续；而任何将导致50万美元以上损失的交易，将自动平仓。据统计，按照中航油的风险控制体系的内部规定，最终的亏损额够报告250次，够斩仓110次，最终所有这些斩仓都没完成。相关人士认为，一直没有执行斩仓有如下三个原因：一是投机衍生品是公司熟悉的业务，虽然陈久霖并不是很精通，但它像海潮一样有涨也有落的道理陈久霖是知道的；二是，公司的国际咨询机构高盛和日本三井一致认为斩仓并不可取，挪盘是唯一的也是最佳的措施；三是，交易员和风险管理委员会自始至终隐瞒着亏损的数额。巨大的亏损导致2004年12月中航油向新加坡法院申请破产保护。

2008年6月28日财政部、证监会、审计署、银监会、保监会联合发布了我国第一部《企业内部控制基本规范》，将于2009年7月1日起首先在上市公司范围内施行。

【实训任务2】

(1)财务控制的要素包括哪些内容？

(2)中航油财务控制失败的原因是什么？中航油事件有什么启示？

附　录

附表一　　**复利终值系数表**

期数	1%	2%	3%	4%	5%	6%	7%	8%	9%	10%
1	1.010 0	1.020 0	1.030 0	1.040 0	1.050 0	1.060 0	1.070 0	1.080 0	1.090 0	1.100 0
2	1.020 1	1.040 4	1.060 9	1.081 6	1.102 5	1.123 6	1.144 9	1.166 4	1.188 1	1.210 0
3	1.030 3	1.061 2	1.092 7	1.124 9	1.157 6	1.191 0	1.225 0	1.259 7	1.295 0	1.331 0
4	1.040 6	1.082 4	1.125 5	1.169 9	1.215 5	1.262 5	1.310 8	1.360 5	1.411 6	1.464 1
5	1.051 0	1.104 1	1.159 3	1.216 7	1.276 3	1.338 2	1.402 6	1.469 3	1.538 6	1.610 5
6	1.061 5	1.126 2	1.194 1	1.265 3	1.340 1	1.418 5	1.500 7	1.586 9	1.677 1	1.771 6
7	1.072 1	1.148 7	1.229 9	1.315 9	1.407 1	1.503 6	1.605 8	1.713 8	1.828 0	1.948 7
8	1.082 9	1.171 7	1.266 8	1.368 6	1.477 5	1.593 8	1.718 2	1.850 9	1.992 6	2.143 6
9	1.093 7	1.195 1	1.304 8	1.423 3	1.551 3	1.689 5	1.838 5	1.999 0	2.171 9	2.357 9
10	1.104 6	1.219 0	1.343 9	1.480 2	1.628 9	1.790 8	1.967 2	2.158 9	2.367 4	2.593 7
11	1.115 7	1.243 4	1.384 2	1.539 5	1.710 3	1.898 3	2.104 9	2.331 6	2.580 4	2.853 1
12	1.126 8	1.268 2	1.425 8	1.601 0	1.795 9	2.012 2	2.252 2	2.518 2	2.812 7	3.138 4
13	1.138 1	1.293 6	1.468 5	1.665 1	1.885 6	2.132 9	2.409 8	2.719 6	3.065 8	3.452 3
14	1.149 5	1.319 5	1.512 6	1.731 7	1.979 9	2.260 9	2.578 5	2.937 2	3.341 7	3.797 5
15	1.161 0	1.345 9	1.558 0	1.800 9	2.078 9	2.396 6	2.759 0	3.172 2	3.642 5	4.177 2
16	1.172 6	1.372 8	1.604 7	1.873 0	2.182 9	2.540 4	2.952 2	3.425 9	3.970 3	4.595 0
17	1.184 3	1.400 2	1.652 8	1.947 9	2.292 0	2.692 8	3.158 8	3.700 0	4.327 6	5.054 5
18	1.196 1	1.428 2	1.702 4	2.025 8	2.406 6	2.854 3	3.379 9	3.996 0	4.717 1	5.559 9
19	1.208 1	1.456 8	1.753 5	2.106 8	2.527 0	3.025 6	3.616 5	4.315 7	5.141 7	6.115 9
20	1.220 2	1.485 9	1.806 1	2.191 1	2.653 3	3.207 1	3.869 7	4.661 0	5.604 4	6.727 5
21	1.232 4	1.515 7	1.860 3	2.278 8	2.786 0	3.399 6	4.140 6	5.033 8	6.108 8	7.400 2
22	1.244 7	1.546 0	1.916 1	2.369 9	2.925 3	3.603 5	4.430 4	5.436 5	6.658 6	8.140 3
23	1.257 2	1.576 9	1.973 6	2.464 7	3.071 5	3.819 7	4.740 5	5.871 5	7.257 9	8.954 3
24	1.269 7	1.608 4	2.032 8	2.563 3	3.225 1	4.048 9	5.072 4	6.341 2	7.911 1	9.849 7
25	1.282 4	1.640 6	2.093 8	2.665 8	3.386 4	4.291 9	5.427 4	6.848 5	8.623 1	10.835
26	1.295 3	1.673 4	2.156 6	2.772 5	3.555 7	4.549 4	5.807 4	7.396 4	9.399 2	11.918
27	1.308 2	1.706 9	2.221 3	2.883 4	3.733 5	4.822 3	6.213 9	7.988 1	10.245	13.110
28	1.321 3	1.741 0	2.287 9	2.998 7	3.920 1	5.111 7	6.648 8	8.627 1	11.167	14.421
29	1.334 5	1.775 8	2.356 6	3.118 7	4.116 1	5.418 4	7.114 3	9.317 3	12.172	15.863
30	1.347 8	1.811 4	2.427 3	3.243 4	4.321 9	5.743 5	7.612 3	10.063	13.268	17.449

续表

期数	12%	14%	16%	18%	20%	22%	24%	26%	28%	30%
1	1.120 0	1.140 0	1.160 0	1.180 0	1.200 0	1.220 0	1.240 0	1.260 0	1.280 0	1.300 0
2	1.254 4	1.299 6	1.345 6	1.392 4	1.440 0	1.488 4	1.537 6	1.587 6	1.638 4	1.690 0
3	1.404 9	1.481 5	1.560 9	1.643 0	1.728 0	1.815 8	1.906 6	2.000 4	2.097 2	2.197 0
4	1.573 5	1.689 0	1.810 6	1.938 8	2.073 6	2.215 3	2.364 2	2.520 5	2.684 4	2.856 1
5	1.762 3	1.925 4	2.100 3	2.287 8	2.488 3	2.702 7	2.931 6	3.175 8	3.436 0	3.712 9
6	1.973 8	2.195 0	2.436 4	2.699 6	2.986 0	3.297 3	3.635 2	4.001 5	4.398 0	4.826 8
7	2.210 7	2.502 3	2.826 2	3.185 5	3.583 2	4.022 7	4.507 7	5.041 9	5.629 5	6.274 9
8	2.476 0	2.852 6	3.278 4	3.758 9	4.299 8	4.907 7	5.589 5	6.352 8	7.205 8	8.157 3
9	2.773 1	3.251 9	3.803 0	4.435 5	5.159 8	5.987 4	6.931 0	8.004 5	9.223 4	10.605
10	3.105 8	3.707 2	4.411 4	5.233 8	6.191 7	7.304 6	8.594 4	10.086	11.806	13.786
11	3.478 6	4.226 2	5.117 3	6.175 9	7.430 1	8.911 7	10.657	12.708	15.112	17.922
12	3.896 0	4.817 9	5.936 0	7.287 6	8.916 1	10.872	13.215	16.012	19.343	23.298
13	4.363 5	5.492 4	6.885 8	8.599 4	10.699	13.264	16.386	20.175	24.759	30.288
14	4.887 1	6.261 3	7.987 5	10.147	12.839	16.182	20.319	25.421	31.691	39.374
15	5.473 6	7.137 9	9.265 5	11.974	15.407	19.742	25.196	32.030	40.565	51.186
16	6.130 4	8.137 2	10.748	14.129	18.488	24.086	31.243	40.358	51.923	66.542
17	6.866 0	9.276 5	12.468	16.672	22.186	29.384	38.741	50.851	66.461	86.504
18	7.690 0	10.575	14.463	19.673	26.623	35.849	48.039	64.072	85.071	112.46
19	8.612 8	12.056	16.777	23.214	31.948	43.736	59.568	80.731	108.89	146.19
20	9.646 3	13.744	19.461	27.393	38.338	53.358	73.864	101.72	139.38	190.05
21	10.804	15.668	22.575	32.324	46.005	65.096	91.592	128.17	178.41	247.06
22	12.100	17.861	26.186	38.142	55.206	79.418	113.57	161.49	228.36	321.18
23	13.552	20.362	30.376	45.008	66.247	96.889	140.83	203.48	292.30	417.54
24	15.179	23.212	35.236	53.109	79.497	118.21	174.63	256.39	374.14	542.80
25	17.000	26.462	40.874	62.669	95.396	144.21	216.54	323.05	478.90	705.64
26	19.040	30.167	47.414	73.949	114.48	175.94	268.51	407.04	613.00	917.33
27	21.325	34.390	55.000	87.260	137.37	214.64	332.96	512.87	784.64	1 192.5
28	23.884	39.205	63.800	102.97	164.84	261.86	412.86	646.21	1 004.3	1 550.3
29	26.750	44.693	74.009	121.50	197.81	319.47	511.95	814.23	1 285.6	2 015.4
30	29.960	50.950	85.850	143.37	237.38	389.76	634.82	1 025.9	1 645.5	2 620.0

附表二 **复利现值系数表**

期数	1%	2%	3%	4%	5%	6%	7%	8%	9%	10%
1	0.990 1	0.980 4	0.970 9	0.961 5	0.952 4	0.943 4	0.934 6	0.925 9	0.917 4	0.909 1
2	0.980 3	0.961 2	0.942 6	0.924 6	0.907 0	0.890 0	0.873 4	0.857 3	0.841 7	0.826 4
3	0.970 6	0.942 3	0.915 1	0.889 0	0.863 8	0.839 6	0.816 3	0.793 8	0.772 2	0.751 3
4	0.961 0	0.923 8	0.888 5	0.854 8	0.822 7	0.792 1	0.762 9	0.735 0	0.708 4	0.683 0
5	0.951 5	0.905 7	0.862 6	0.821 9	0.783 5	0.747 3	0.713 0	0.680 6	0.649 9	0.620 9
6	0.942 0	0.888 0	0.837 5	0.790 3	0.746 2	0.705 0	0.666 3	0.630 2	0.596 3	0.564 5
7	0.932 7	0.870 6	0.813 1	0.759 9	0.710 7	0.665 1	0.622 7	0.583 5	0.547 0	0.513 2
8	0.923 5	0.853 5	0.789 4	0.730 7	0.676 8	0.627 4	0.582 0	0.540 3	0.501 9	0.466 5
9	0.914 3	0.836 8	0.766 4	0.702 6	0.644 6	0.591 9	0.543 9	0.500 2	0.460 4	0.424 1
10	0.905 3	0.820 3	0.744 1	0.675 6	0.613 9	0.558 4	0.508 3	0.463 2	0.422 4	0.385 5
11	0.896 3	0.804 3	0.722 4	0.649 6	0.584 7	0.526 8	0.475 1	0.428 9	0.387 5	0.350 5
12	0.887 4	0.788 5	0.701 4	0.624 6	0.556 8	0.497 0	0.444 0	0.397 1	0.355 5	0.318 6
13	0.878 7	0.773 0	0.681 0	0.600 6	0.530 3	0.468 8	0.415 0	0.367 7	0.326 2	0.289 7
14	0.870 0	0.757 9	0.661 1	0.577 5	0.505 1	0.442 3	0.387 8	0.340 5	0.299 2	0.263 3
15	0.861 3	0.743 0	0.641 9	0.555 3	0.481 0	0.417 3	0.362 4	0.315 2	0.274 5	0.239 4
16	0.852 8	0.728 4	0.623 2	0.533 9	0.458 1	0.393 6	0.338 7	0.291 9	0.251 9	0.217 6
17	0.844 4	0.714 2	0.605 0	0.513 4	0.436 3	0.371 4	0.316 6	0.270 3	0.231 1	0.197 8
18	0.836 0	0.700 2	0.587 4	0.493 6	0.415 5	0.350 3	0.295 9	0.250 2	0.212 0	0.179 9
19	0.827 7	0.686 4	0.570 3	0.474 6	0.395 7	0.330 5	0.276 5	0.231 7	0.194 5	0.163 5
20	0.819 5	0.673 0	0.553 7	0.456 4	0.376 9	0.311 8	0.258 4	0.214 5	0.178 4	0.148 6
21	0.811 4	0.659 8	0.537 5	0.438 8	0.358 9	0.294 2	0.241 5	0.198 7	0.163 7	0.135 1
22	0.803 4	0.646 8	0.521 9	0.422 0	0.341 8	0.277 5	0.225 7	0.183 9	0.150 2	0.122 8
23	0.795 4	0.634 2	0.506 7	0.405 7	0.325 6	0.261 8	0.210 9	0.170 3	0.137 8	0.111 7
24	0.787 6	0.621 7	0.491 9	0.390 1	0.310 1	0.247 0	0.197 1	0.157 7	0.126 4	0.101 5
25	0.779 8	0.609 5	0.477 6	0.375 1	0.295 3	0.233 0	0.184 2	0.146 0	0.116 0	0.092 3
26	0.772 0	0.597 6	0.463 7	0.360 7	0.281 2	0.219 8	0.172 2	0.135 2	0.106 4	0.083 9
27	0.764 4	0.585 9	0.450 2	0.346 8	0.267 8	0.207 4	0.160 9	0.125 2	0.097 6	0.076 3
28	0.756 8	0.574 4	0.437 1	0.333 5	0.255 1	0.195 6	0.150 4	0.115 9	0.089 5	0.069 3
29	0.749 3	0.563 1	0.424 3	0.320 7	0.242 9	0.184 6	0.140 6	0.107 3	0.082 2	0.063 0
30	0.741 9	0.552 1	0.412 0	0.308 3	0.231 4	0.174 1	0.131 4	0.099 4	0.075 4	0.057 3

续表

期数	12%	14%	16%	18%	20%	22%	24%	26%	28%	30%
1	0.892 9	0.877 2	0.862 1	0.847 5	0.833 3	0.819 7	0.806 5	0.793 7	0.781 3	0.769 2
2	0.797 2	0.769 5	0.743 2	0.718 2	0.694 4	0.671 9	0.650 4	0.629 9	0.610 4	0.591 7
3	0.711 8	0.675 0	0.640 7	0.608 6	0.578 7	0.550 7	0.524 5	0.499 9	0.476 8	0.455 2
4	0.635 5	0.592 1	0.552 3	0.515 8	0.482 3	0.451 4	0.423 0	0.396 8	0.372 5	0.350 1
5	0.567 4	0.519 4	0.476 1	0.437 1	0.401 9	0.370 0	0.341 1	0.314 9	0.291 0	0.269 3
6	0.506 6	0.455 6	0.410 4	0.370 4	0.334 9	0.303 3	0.275 1	0.249 9	0.227 4	0.207 2
7	0.452 3	0.399 6	0.353 8	0.313 9	0.279 1	0.248 6	0.221 8	0.198 3	0.177 6	0.159 4
8	0.403 9	0.350 6	0.305 0	0.266 0	0.232 6	0.203 8	0.178 9	0.157 4	0.138 8	0.122 6
9	0.360 6	0.307 5	0.263 0	0.225 5	0.193 8	0.167 0	0.144 3	0.124 9	0.108 4	0.094 3
10	0.322 0	0.269 7	0.226 7	0.191 1	0.161 5	0.136 9	0.116 4	0.099 2	0.084 7	0.072 5
11	0.287 5	0.236 6	0.195 4	0.161 9	0.134 6	0.112 2	0.093 8	0.078 7	0.066 2	0.055 8
12	0.256 7	0.207 6	0.168 5	0.137 2	0.112 2	0.092 0	0.075 7	0.062 5	0.051 7	0.042 9
13	0.229 2	0.182 1	0.145 2	0.116 3	0.093 5	0.075 4	0.061 0	0.049 6	0.040 4	0.033 0
14	0.204 6	0.159 7	0.125 2	0.098 5	0.077 9	0.061 8	0.049 2	0.039 3	0.031 6	0.025 4
15	0.182 7	0.140 1	0.107 9	0.083 5	0.064 9	0.050 7	0.039 7	0.031 2	0.024 7	0.019 5
16	0.163 1	0.122 9	0.093 0	0.070 8	0.054 1	0.041 5	0.032 0	0.024 8	0.019 3	0.015 0
17	0.145 6	0.107 8	0.080 2	0.060 0	0.045 1	0.034 0	0.025 8	0.019 7	0.015 0	0.011 6
18	0.130 0	0.094 6	0.069 1	0.050 8	0.037 6	0.027 9	0.020 8	0.015 6	0.011 8	0.008 9
19	0.116 1	0.082 9	0.059 6	0.043 1	0.031 3	0.022 9	0.016 8	0.012 4	0.009 2	0.006 8
20	0.103 7	0.072 8	0.051 4	0.036 5	0.026 1	0.018 7	0.013 5	0.009 8	0.007 2	0.005 3
21	0.092 6	0.063 8	0.044 3	0.030 9	0.021 7	0.015 4	0.010 9	0.007 8	0.005 6	0.004 0
22	0.082 6	0.056 0	0.038 2	0.026 2	0.018 1	0.012 6	0.008 8	0.006 2	0.004 4	0.003 1
23	0.073 8	0.049 1	0.032 9	0.022 2	0.015 1	0.010 3	0.007 1	0.004 9	0.003 4	0.002 4
24	0.065 9	0.043 1	0.028 4	0.018 8	0.012 6	0.008 5	0.005 7	0.003 9	0.002 7	0.001 8
25	0.058 8	0.037 8	0.024 5	0.016	0.010 5	0.006 9	0.004 6	0.003 1	0.002 1	0.001 4
26	0.052 5	0.033 1	0.021 1	0.013 5	0.008 7	0.005 7	0.003 7	0.002 5	0.001 6	0.001 1
27	0.046 9	0.029 1	0.018 2	0.011 5	0.007 3	0.004 7	0.003 0	0.001 9	0.001 3	0.000 8
28	0.041 9	0.025 5	0.015 7	0.009 7	0.006 1	0.003 8	0.002 4	0.001 5	0.001 0	0.000 6
29	0.037 4	0.022 4	0.013 5	0.008 2	0.005 1	0.003 1	0.002 0	0.001 2	0.000 8	0.000 5
30	0.033 4	0.019 6	0.011 6	0.007 0	0.004 2	0.002 6	0.001 6	0.001 0	0.000 6	0.000 4

附表三　　　　　　　　　　　　　年金终值系数表

期数	1%	2%	3%	4%	5%	6%	7%	8%	9%	10%
1	1.000 0	1.000 0	1.000 0	1.000 0	1.000 0	1.000 0	1.000 0	1.000 0	1.000 0	1.000 0
2	2.010 0	2.020 0	2.030 0	2.040 0	2.050 0	2.060 0	2.070 0	2.080 0	2.090 0	2.100 0
3	3.030 1	3.060 4	3.090 9	3.121 6	3.152 5	3.183 6	3.214 9	3.246 4	3.278 1	3.310 0
4	4.060 4	4.121 6	4.183 6	4.246 5	4.310 1	4.374 6	4.439 9	4.506 1	4.573 1	4.641 0
5	5.101 0	5.204 0	5.309 1	5.416 3	5.525 6	5.637 1	5.750 7	5.866 6	5.984 7	6.105 1
6	6.152 0	6.308 1	6.468 4	6.633 0	6.801 9	6.975 3	7.153 3	7.335 9	7.523 3	7.715 6
7	7.213 5	7.434 3	7.662 5	7.898 3	8.142 0	8.393 8	8.654 0	8.922 8	9.200 4	9.487 2
8	8.285 7	8.583 0	8.892 3	9.214 2	9.549 1	9.897 5	10.260	10.637	11.029	11.436
9	9.368 5	9.754 6	10.159	10.583	11.027	11.491	11.978	12.488	13.021	13.580
10	10.462	10.950	11.464	12.006	12.578	13.181	13.816	14.487	15.193	15.937
11	11.567	12.169	12.808	13.486	14.207	14.972	15.784	16.646	17.560	18.531
12	12.683	13.412	14.192	15.026	15.917	16.870	17.889	18.977	20.141	21.384
13	13.809	14.680	15.618	16.627	17.713	18.882	20.141	21.495	22.953	24.523
14	14.947	15.974	17.086	18.292	19.599	21.015	22.551	24.215	26.019	27.975
15	16.097	17.293	18.599	20.024	21.579	23.276	25.129	27.152	29.361	31.773
16	17.258	18.639	20.157	21.825	23.658	25.673	27.888	30.324	33.003	35.950
17	18.430	20.012	21.762	23.698	25.840	28.213	30.840	33.750	36.974	40.545
18	19.615	21.412	23.414	25.645	28.132	30.906	33.999	37.450	41.301	45.599
19	20.811	22.841	25.117	27.671	30.539	33.760	37.379	41.446	46.019	51.159
20	22.019	24.297	26.870	29.778	33.066	36.786	40.996	45.762	51.160	57.275
21	23.239	25.783	28.677	31.969	35.719	39.993	44.865	50.423	56.765	64.003
22	24.472	27.299	30.537	34.248	38.505	43.392	49.006	55.457	62.873	71.403
23	25.716	28.845	32.453	36.618	41.431	46.996	53.436	60.893	69.532	79.543
24	26.974	30.422	34.427	39.083	44.502	50.816	58.177	66.765	76.790	88.497
25	28.243	32.030	36.459	41.646	47.727	54.865	63.249	73.106	84.701	98.347
26	29.526	33.671	38.553	44.312	51.114	59.156	68.677	79.954	93.324	109.18
27	30.821	35.344	40.710	47.084	54.669	63.706	74.484	87.351	102.72	121.10
28	32.129	37.051	42.931	49.968	58.403	68.528	80.698	95.339	112.97	134.21
29	33.450	38.792	45.219	52.966	62.323	73.640	87.347	103.97	124.14	148.63
30	34.785	40.568	47.575	56.085	66.439	79.058	94.461	113.28	136.31	164.49

续表

期数	12%	14%	16%	18%	20%	22%	24%	26%	28%	30%
1	1.000 0	1.000 0	1.000 0	1.000 0	1.000 0	1.000 0	1.000 0	1.000 0	1.000 0	1.000 0
2	2.120 0	2.140 0	2.160 0	2.180 0	2.200 0	2.220 0	2.240 0	2.260 0	2.280 0	2.300 0
3	3.374 4	3.439 6	3.505 6	3.572 4	3.640 0	3.708 4	3.777 6	3.847 6	3.918 4	3.990 0
4	4.779 3	4.921 1	5.066 5	5.215 4	5.368 0	5.524 2	5.684 2	5.848 0	6.015 6	6.187 0
5	6.352 8	6.610 1	6.877 1	7.154 2	7.441 6	7.739 6	8.048 4	8.368 4	8.699 9	9.043 1
6	8.115 2	8.535 5	8.977 5	9.442 0	9.929 9	10.442	10.980	11.544	12.136	12.756
7	10.089	10.731	11.414	12.142	12.916	13.740	14.615	15.546	16.534	17.583
8	12.300	13.233	14.240	15.327	16.499	17.762	19.123	20.588	22.163	23.858
9	14.776	16.085	17.519	19.086	20.799	22.670	24.713	26.940	29.369	32.015
10	17.549	19.337	21.322	23.521	25.959	28.657	31.643	34.945	38.593	42.620
11	20.655	23.045	25.733	28.755	32.150	35.962	40.238	45.031	50.399	56.405
12	24.133	27.271	30.850	34.931	39.581	44.874	50.895	57.739	65.510	74.327
13	28.029	32.089	36.786	42.219	48.497	55.746	64.110	73.751	84.853	97.625
14	32.393	37.581	43.672	50.818	59.196	69.010	80.496	93.926	109.61	127.91
15	37.280	43.842	51.660	60.965	72.035	85.192	100.82	119.35	141.30	167.29
16	42.753	50.980	60.925	72.939	87.442	104.93	126.01	151.38	181.87	218.47
17	48.884	59.118	71.673	87.068	105.93	129.02	157.25	191.73	233.79	285.01
18	55.750	68.394	84.141	103.74	128.12	158.40	195.99	242.59	300.25	371.52
19	63.440	78.969	98.603	123.41	154.74	194.25	244.03	306.66	385.32	483.97
20	72.052	91.025	115.38	146.63	186.69	237.99	303.60	387.39	494.21	630.17
21	81.699	104.77	134.84	174.02	225.03	291.35	377.46	489.11	633.59	820.22
22	92.503	120.44	157.42	206.34	271.03	356.44	469.06	617.28	812.00	1 067.3
23	104.60	138.30	183.60	244.49	326.24	435.86	582.63	778.77	1 040.4	1 388.5
24	118.16	158.66	213.98	289.49	392.48	532.75	723.46	982.25	1 332.7	1 806.0
25	133.33	181.87	249.21	342.60	471.98	650.96	898.09	1 238.6	1 706.8	2 348.8
26	150.33	208.33	290.09	405.27	567.38	795.17	1 114.6	1 561.7	2 185.7	3 054.4
27	169.37	238.50	337.50	479.22	681.85	971.10	1 383.1	1 968.7	2 798.7	3 971.8
28	190.70	272.89	392.50	566.48	819.22	1 185.7	1 716.1	2 481.6	3 583.3	5 164.3
29	214.58	312.09	456.30	669.45	984.07	1 447.6	2 129.0	3 127.8	4 587.7	6 714.6
30	241.33	356.79	530.31	790.95	1 181.9	1 767.1	2 640.9	3 942.0	5 873.2	8 730.0

附表四

年金现值系数表

期数	1%	2%	3%	4%	5%	6%	7%	8%	9%	10%
1	0.990 1	0.980 4	0.970 9	0.961 5	0.952 4	0.943 4	0.934 6	0.925 9	0.917 4	0.909 1
2	1.970 4	1.941 6	1.913 5	1.886 1	1.859 4	1.833 4	1.808 0	1.783 3	1.759 1	1.735 5
3	2.941 0	2.883 9	2.828 6	2.775 1	2.723 2	2.673 0	2.624 3	2.577 1	2.531 3	2.486 9
4	3.902 0	3.807 7	3.717 1	3.629 9	3.546 0	3.465 1	3.387 2	3.312 1	3.239 7	3.169 9
5	4.853 4	4.713 5	4.579 7	4.451 8	4.329 5	4.212 4	4.100 2	3.992 7	3.889 7	3.790 8
6	5.795 5	5.601 4	5.417 2	5.242 1	5.075 7	4.917 3	4.766 5	4.622 9	4.485 9	4.355 3
7	6.728 2	6.472 0	6.230 3	6.002 1	5.786 4	5.582 4	5.389 3	5.206 4	5.033 0	4.868 4
8	7.651 7	7.325 5	7.019 7	6.732 7	6.463 2	6.209 8	5.971 3	5.746 6	5.534 8	5.334 9
9	8.566 0	8.162 2	7.786 1	7.435 3	7.107 8	6.801 7	6.515 2	6.246 9	5.995 2	5.759 0
10	9.471 3	8.982 6	8.530 2	8.110 9	7.721 7	7.360 1	7.023 6	6.710 1	6.417 7	6.144 6
11	10.368	9.786 8	9.252 6	8.760 5	8.306 4	7.886 9	7.498 7	7.139 0	6.805 2	6.495 1
12	11.255	10.575	9.954 0	9.385 1	8.863 3	8.383 8	7.942 7	7.536 1	7.160 7	6.813 7
13	12.134	11.348	10.635	9.985 6	9.393 6	8.852 7	8.357 7	7.903 8	7.486 9	7.103 4
14	13.004	12.106	11.296	10.563	9.898 6	9.295 0	8.745 5	8.244 2	7.786 2	7.366 7
15	13.865	12.849	11.938	11.118	10.380	9.712 2	9.107 9	8.559 5	8.060 7	7.606 1
16	14.718	13.578	12.561	11.652	10.838	10.106	9.446 6	8.851 4	8.312 6	7.823 7
17	15.562	14.292	13.166	12.166	11.274	10.477	9.763 2	9.121 6	8.543 6	8.021 6
18	16.398	14.992	13.754	12.659	11.690	10.828	10.059	9.371 9	8.755 6	8.201 4
19	17.226	15.679	14.324	13.134	12.085	11.158	10.336	9.603 6	8.950 1	8.364 9
20	18.046	16.351	14.878	13.590	12.462	11.470	10.594	9.818 1	9.128 5	8.513 6
21	18.857	17.011	15.415	14.029	12.821	11.764	10.836	10.017	9.292 2	8.648 7
22	19.660	17.658	15.937	14.451	13.163	12.042	11.061	10.201	9.442 4	8.771 5
23	20.456	18.292	16.444	14.857	13.489	12.303	11.272	10.371	9.580 2	8.883 2
24	21.243	18.914	16.936	15.247	13.799	12.550	11.469	10.529	9.706 6	8.984 7
25	22.023	19.524	17.413	15.622	14.094	12.783	11.654	10.675	9.822 6	9.077 0
26	22.795	20.121	17.877	15.983	14.375	13.003	11.826	10.810	9.929 0	9.160 9
27	23.560	20.707	18.327	16.330	14.643	13.211	11.987	10.935	10.027	9.237 2
28	24.316	21.281	18.764	16.663	14.898	13.406	12.137	11.051	10.116	9.306 6
29	25.066	21.844	19.189	16.984	15.141	13.591	12.278	11.158	10.198	9.369 6
30	25.808	22.397	19.600	17.292	15.373	13.765	12.409	11.258	10.274	9.426 9

续表

期数	12%	14%	16%	18%	20%	22%	24%	26%	28%	30%
1	0.892 9	0.877 2	0.862 1	0.847 5	0.833 3	0.819 7	0.806 5	0.793 7	0.781 3	0.769 2
2	1.690 1	1.646 7	1.605 2	1.565 6	1.527 8	1.491 5	1.456 8	1.423 5	1.391 6	1.360 9
3	2.401 8	2.321 6	2.245 9	2.174 3	2.106 5	2.042 2	1.981 3	1.923 4	1.868 4	1.816 1
4	3.037 3	2.913 7	2.798 2	2.690 1	2.588 7	2.493 6	2.404 3	2.320 2	2.241 0	2.166 2
5	3.604 8	3.433 1	3.274 3	3.127 2	2.990 6	2.863 6	2.745 4	2.635 1	2.532 0	2.435 6
6	4.111 4	3.888 7	3.684 7	3.497 6	3.325 5	3.166 9	3.020 5	2.885 0	2.759 4	2.642 7
7	4.563 8	4.288 3	4.038 6	3.811 5	3.604 6	3.415 5	3.242 3	3.083 3	2.937 0	2.802 1
8	4.967 6	4.638 9	4.343 6	4.077 6	3.837 2	3.619 3	3.421 2	3.240 7	3.075 8	2.924 7
9	5.328 2	4.946 4	4.606 5	4.303 0	4.031 0	3.786 3	3.565 5	3.365 7	3.184 2	3.019 0
10	5.650 2	5.216 1	4.833 2	4.494 1	4.192 5	3.923 2	3.681 9	3.464 8	3.268 9	3.091 5
11	5.937 7	5.452 7	5.028 6	4.656 0	4.327 1	4.035 4	3.775 7	3.543 5	3.335 1	3.147 3
12	6.194 4	5.660 3	5.197 1	4.793 2	4.439 2	4.127 4	3.851 4	3.605 9	3.386 8	3.190 3
13	6.423 5	5.842 4	5.342 3	4.909 5	4.532 7	4.202 8	3.912 4	3.655 5	3.427 2	3.223 3
14	6.628 2	6.002 1	5.467 5	5.008 1	4.610 6	4.264 6	3.961 6	3.694 9	3.458 7	3.248 7
15	6.810 9	6.142 2	5.575 5	5.091 6	4.675 5	4.315 2	4.001 3	3.726 1	3.483 4	3.268 2
16	6.974 0	6.265 1	5.668 5	5.162 4	4.729 6	4.356 7	4.033 3	3.750 9	3.502 6	3.283 2
17	7.119 6	6.372 9	5.748 7	5.222 3	4.774 6	4.390 8	4.059 1	3.770 5	3.517 7	3.294 8
18	7.249 7	6.467 4	5.817 8	5.273 2	4.812 2	4.418 7	4.079 9	3.786 1	3.529 4	3.303 7
19	7.365 8	6.550 4	5.877 5	5.316 2	4.843 5	4.441 5	4.096 7	3.798 5	3.538 6	3.310 5
20	7.469 4	6.623 1	5.928 8	5.352 7	4.869 6	4.460 3	4.110 3	3.808 3	3.545 8	3.315 8
21	7.562 0	6.687 0	5.973 1	5.383 7	4.891 3	4.475 6	4.121 2	3.816 1	3.551 4	3.319 8
22	7.644 6	6.742 9	6.011 3	5.409 9	4.909 4	4.488 2	4.130 0	3.822 3	3.555 8	3.323 0
23	7.718 4	6.792 1	6.044 2	5.432 1	4.924 5	4.498 5	4.137 1	3.827 3	3.559 2	3.325 4
24	7.784 3	6.835 1	6.072 6	5.450 9	4.937 1	4.507 0	4.142 8	3.831 2	3.561 9	3.327 2
25	7.843 1	6.872 9	6.097 1	5.466 9	4.947 6	4.513 9	4.147 4	3.834 2	3.564 0	3.328 6
26	7.895 7	6.906 1	6.118 2	5.480 4	4.956 3	4.519 6	4.151 1	3.836 7	3.565 6	3.329 7
27	7.942 6	6.935 2	6.136 4	5.491 9	4.963 6	4.524 3	4.154 2	3.838 7	3.566 9	3.330 5
28	7.984 4	6.960 7	6.152 0	5.501 6	4.969 7	4.528 1	4.156 6	3.840 2	3.567 9	3.331 2
29	8.021 8	6.983 0	6.165 6	5.509 8	4.974 7	4.531 2	4.158 5	3.841 4	3.568 7	3.331 7
30	8.055 2	7.002 7	6.177 2	5.516 8	4.978 9	4.533 8	4.160 1	3.842 4	3.569 3	3.332 1

参考文献

[1]刘春华,刘静中．财务管理[M]．大连:大连出版社,2013.
[2]刘春华,刘静中．财务管理习题与实训[M]．大连:大连出版社,2013.
[3]袁建国,周丽媛．财务管理[M]．大连:东北财经大学出版社,2014.
[4]袁建国,周丽媛．财务管理习题与实训[M]．大连:东北财经大学出版社,2014.
[5]陈宏桥,张俐娟．财务管理实务[M]．大连:东北财经大学出版社,2013.
[6]刘淑莲．财务管理[M]．大连:东北财经大学出版社,2013.
[7]李伟,张楠．财务管理基础[M]．大连:东北财经大学出版社,2015.
[8]黎毅,齐灶娥,李建良．财务管理[M]．大连:东北财经大学出版社,2015.
[9]方明．财务管理[M]．大连:东北财经大学出版社,2015.
[10]王满,任翠玉．财务管理基础[M]．大连:东北财经大学出版社,2014.
[11]孔德兰,许辉．财务管理[M]．大连:东北财经大学出版社,2016.
[12]佟爱琴,孙建良,杨柳,何德宏．中级财务管理[M]．北京:清华大学出版社,2015.
[13]肖蕊,南芳．财务管理[M]．北京:清华大学出版社,2016.
[14]王欣．财务管理[M]．北京:清华大学出版社,2015.
[15]李桓,吴娜娜．财务管理基础[M]．北京:清华大学出版社,2014.
[16]刘瑞红,孙淑娟．财务管理[M]．北京:清华大学出版社,2014.
[17]财政部会计资格评价中心．财务管理[M]．北京:中国财政经济出版社,2015.
[18]谢达理,赵悦．财务管理[M]．大连:大连理工大学出版社,2015.
[19]赵晓丽,赵咏梅．新编财务管理[M]．大连:大连理工大学出版社,2014.
[20]裴更生,熊晴海．新编财务管理[M]．大连:大连理工大学出版社,2014.
[21]黄佑军．财务管理[M]．北京:人民邮电出版社,2016.
[22]李延喜,张悦玫,王哲兵．财务管理[M]．北京:人民邮电出版社,2015.
[23]李志斌,魏前梅．财务管理[M]．北京:人民邮电出版社,2014.
[24]杜君娟．财务管理[M]．北京:人民邮电出版社,2015.
[25]蒋红芸,康玲．财务管理[M]．北京:人民邮电出版社,2014.
[26]中国注册会计师协会．财务成本管理[M]．北京:中国财政经济出版社,2016.
[27]徐哲,李贺,路萍．财务管理基础[M]．上海:上海财经大学出版社,2016.
[27]徐哲,李贺,路萍．管理会计基础[M]．上海:上海财经大学出版社,2017.
[28]张勋阁．公司理财[M]．大连:东北财经大学出版社,2016.
[29]王满．公司理财[M]．北京:人民邮电出版社,2016.